启真馆 出品

商脉与商道

国际华商研究文集

龙登高　刘　宏 著

张　姣　贾俊英 编

浙江大学出版社
ZHEJIANG UNIVERSITY PRESS

图书在版编目（CIP）数据

商脉与商道：国际华商研究文集 / 龙登高，刘宏著；
张姣，贾俊英编 . —杭州：浙江大学出版社，2019.1
ISBN 978-7-308-18655-1

Ⅰ.①商… Ⅱ.①龙… ②刘… ③张…④贾… Ⅲ.
①商业管理-文集 Ⅳ.①F712-53

中国版本图书馆 CIP 数据核字（2018）第 223701 号

商脉与商道：国际华商研究文集

龙登高 刘宏 著 张姣 贾俊英 编

责任编辑	王志毅
责任校对	闻晓虹 牟杨茜
装帧设计	罗 洪
出版发行	浙江大学出版社
	（杭州天目山路148号 邮政编码310007）
	（网址：http://www.zjupress.com）
排 版	北京大观世纪文化传媒有限公司
印 刷	北京时捷印刷有限公司
开 本	635mm×965mm 1/16
印 张	23
字 数	330千
版 印 次	2019年1月第1版 2019年1月第1次印刷
书 号	ISBN 978-7-308-18655-1
定 价	65.00元

序　言

　　从移民离开中国到外国定居谋生，进而在商界打拼，再到建立企业集团与跨国经营，海外华商既没有得到中国政府与银行的支持，也很少得到当地政府与金融机构的支持，反而更多的是遭受歧视、挤压甚至排斥。然而他们在世界各地顽强成长起来，无论是在华侨华人传统聚集的东南亚，还是世界主要移民接收地的北美及大洋洲，或者新近华商崛起的非洲、欧洲等地。东南亚华商企业、集团在当地市场举足轻重，北美科技华商引人注目，贸易型华商既能渗入发达的欧洲市场，也能开拓非洲、南美、中东等新兴市场……伴随着经济全球化的扩大与深化，移民创业日趋活跃，华商经营越来越多地跨越国界，包括来华投资。不仅如此，"达则兼济天下"，成功的华商颇富社会担当，以其侨领的角色引领着华侨华人社会的发展，为当地社会经济及其与中国经济文化的交流做出贡献。

　　是什么因素与力量推动华商克服障碍不断成长？华商经济活动具有哪些特征，存在什么问题，其发展趋势如何？华商在华侨华人社会中的作用如何？对所在国经济文化产生了哪些影响？海内外媒体、商界、学界都非常关注，但是多感性之言，不无偏颇之论，甚至煽动之嫌。就学术成果而言，关于华侨华人的论著汗牛充栋，但华商研究则长期相对薄弱。可喜的是，越来越多的学者通过扎实深入的调研，丰富的资料，准确的数据，严密的学理逻辑与跨学科的研究带来了新收获。

本书精选国际学界知名学者的中文前沿力作，以飨读者。本集论文作者主要是海外华人教授、归侨教授或留学归国教授，来自美国、加拿大、英国、澳大利亚、日本、新加坡、中国等地。这些本领域最活跃的学者，从历史学、社会学、经济学、管理学等不同视野解释上述现象与问题，并力图用规范的学术语言讲好华商故事，解读华商在历史、现在和未来值得关注的焦点，引领读者更加深入了解华商的发展和最新的动态。文集内容分为六个部分，分别是"华商网络""移民与创业""经营与管理""世纪回眸""华商在中国"以及"风云际会"。

第一部分"华商网络"有两篇论文。龙登高主要阐述了华商族群网络有效弥补了国际规则的不足与缺陷，华商网络的运作有效地受制于其内部的信用机制，网络融资则规避了外部风险，替代了制度的不足。刘宏考察了在新移民跨越国界的背景下，跨国性成为新移民企业家的核心特征，以及国家和网络的多层面互动下新移民跨国企业家精神的建构。

第二部分"移民与创业"有三篇论文。周敏、林闽钢以美国华人新移民社区发生的新变化为考察个案，从移民社会与主流社会的关系入手，从三个维度分析族裔资本的作用；林小华、李佳明对加拿大中国移民的最新研究成果表明，移民自主创业存在四种模型：族裔经济、一般企业、海归企业和跨国创业。李明欢通过田野调研发现，在罗马尼亚新移民中，新华商与新市场需要投入更多的互动和调适，罗马尼亚华商的基本发展历程可以为东欧华商在大环境巨变中的发展路径提出参考。

第三部分"经营与管理"有三篇论文。庄国土、王望波在对东南亚华商包括华商上市和非上市的大企业、中小企业和外国华人投资企业的资产总额的估算中，发现东南亚华商企业资产总额约1.5万亿美元，远超过中新社的估算总额。张志楷从妇女和华人家族企业的研究中，看到了当社会越趋向进步，越能强化妇女的商业角色认同，同时，妇女商业地位得到保障也使得她们对社会、经济的贡献相应提高。刘海铭在美国华人餐饮业及其文化认同的研究中，发现新一代华人移民在多元文化背景和与主流社会的磨合中，所追求的生活方式和认同是包括饮食习惯在内的文化认同，新移民保留着中餐的饮食习惯并将之发扬光大，使中式菜肴逐渐成为不断变迁的美国饮食文化的一部分。

第四部分"世纪回眸"有四篇论文。论文对 20 世纪前期华商网络进行案例研究，李培德以陈嘉庚、胡文虎的竞争为个案，发现英殖民统治时期，族群之间彼此的冲突，与中英两国政府对驾驭族群势力有密不可分的关系。廖赤阳通过对近代关门市场、商人及其交易网络的实证性分析，发现华商贸易在历史持续性基础上对亚洲区域内贸易的影响。黎志刚用历史事实证明，惊险的经历造就了具备果断勇气、敢为天下先风范的香山企业家，成为不可忽视的现代中国企业家群，推动了中国工商业的现代化。李正熙围绕朝鲜殖民地时期华侨纺织品进口商的贸易渠道展开研究，发现旅居朝鲜的中国纺织品进口商对日本贸易的影响。

第五部分"华商在中国"有两篇论文。龙登高、张洵君、周丽莎探讨了近年来在中国经济转型过程中，侨资企业发生的深刻变化，系统论证了中国 FDI 近年持续增长的主要推动力在于海外华商与侨资企业，也揭示和解释了侨资企业成功的原因与发展态势。龙登高主持的国家自然科学基金课题组通过田野调查发现，海外华商对侨乡企业采用的内部化服务与集中管理，是一种适应性创新，侨乡市场和投资环境的改善会使这种管理模式开始新的调适与变动。

第六部分"风云际会"有两篇论文。梁英明介绍了在世界经济的变革下，东南亚华商面临适应经济全球化与国内经济民族主义或种族主义的复杂环境，谋求自身更大的发展空间。刘宏、张慧梅、范昕认为，在"一带一路"倡议下，东南亚华商需要互相契合，使历史资本、社会资本和跨界治理在新的发展局势下找到确切定位。

本文集的一个渊源是"国际华商清华论坛"，作者几乎都是历届论坛的贵客。该论坛由清华大学华商研究中心、中国华侨华人历史研究所、新加坡南洋理工大学南洋公共管理研究生院联合主办，其前身为"北美华人学者清华论坛"，已历经七届。该文集列入"国际华商·清华书系"，系列丛书由清华大学华商研究中心主编。清华大学华商研究中心是在国务院侨务办公室等政府部门支持下，由清华大学社会科学学院、经济管理学院、公共管理学院联合成立的一家校级跨学科研究机构，致力于推动海内外政府、学术界和企业界对全球华商的关注与研究。

龙登高　刘　宏　张春旺

2017 年 6 月

目　录

四 世纪回眸

五 华商在中国

六 风云际会

一　华商网络

信用机制与跨国网络

—— 海外华商在跨越制度屏障中成长 *

龙登高

内容提要： 华商族群网络有效弥补了国际交易规则的不足与缺陷，并以其跨国交易与要素组合的稀缺性获取较高的边际收益。即使在国际规则逐渐成熟之后，它也具有相当程度上的不可替代性。

华商网络的运作有赖于其内部的信用机制，它源于人格化，走向社会化。但它是一种非正式制度，在国家制度之外存在，难以法制化而成为具有强制性约束力的机制。也由于它是超越国家的，所以它具有不可替代性和作用的空间，是多元信用构造中的一种有益形式。

华商网络融资则规避了外部风险，替代了制度的不足。网络融资降低了信息不对称风险，降低了信息搜寻、信用的建立与考察等成本，使借贷的手续简单快捷，程序灵活多样，效率得以提高。网络金融资本为华商创业提供了融资渠道，类似于风险投资基金，具有高风险、高收益、低成本的融资特征。海外华商中小企业的创业与成长离不开华商金融网络的支持。

海外华商网络在许多西方学者的笔下是落后的、没有前途的。这里

---

* 本文原载韩国 *Journal of Global Diaspora*，2007 年第 2 期。本文是作者著作《跨越国家的障碍——海外华商在国家、制度与文化之间》（北京：科学出版社，1997 年）的核心内容。可惜正文中的引文出处被技术性地删除。

的认识误区是将人格化交易与非人格交易[1]完全对立，将正式制度与非正式制度对立。采取人格化交易形式的国际族群网络，通过内部的规则实现网络内的跨国交易，与现有其他制度性的国际规则各有功能和空间，达致互利双赢。网络信用，源于人格化，走向社会化，但它是在以国家为载体的正式制度之外而存在的，正因为它是超越国家的，所以其运行空间与作用具有不可替代性，是多元信用构造中的一种有益形式。被人诟病的华商网络金融，实际上是正式金融制度的补充，降低了信息不对称风险，顺应和推动了华商创业与跨国经营。这种人格化交易形式的金融网络，与正式金融制度各有空间，二者并行不悖。

一、交易规则：在网络之内与国家之间

国家，通过纵向一体化的体系进行组织与管理，在特定地域内进行制度的建设与秩序的维护，尤其是对外部经济势力的渗入进行防范与保护，甚至不惜诉诸武力。这种防护同时会对外部资源产生屏障，成为跨国资源流动的障碍。从全球化的角度而言，国家的地理疆界与经济边界及制度差异，是资源配置的壁垒。[2]

---

[1] 阿夫纳·格雷夫从博弈论与制度经济学比较中世纪马格布商人与热那亚商人，发现前者以人格化交易的商人网络形成信用激励与约束，后者缺乏这种机制，欺诈盛行，却反而形成了制度化的信用机制（Aver Greif, *Institutions and the Path to the Modern Economy: Lessons from Medieval Trade*, New York: Cambridge University Press, 2006. 中译本《大裂变：中世纪贸易制度比较和西方兴起》，北京：中信出版社，2008 年）。本文大体同时完成，观点相似，为保持原貌，这里也没有引用阿夫纳·格雷夫的观点与论述。关于华商网络的中英文论著不少，此从略。

[2] 我们会发现当今世界一个有趣的现象：小国更富有，如新加坡、瑞士、卢森堡、丹麦，以及北欧与西欧的一系列国家。它们几乎没有可以依赖的自然资源，如果闭关锁国，可能连基本的生存都无法维持，如朝鲜、古巴等几乎举步维艰。它们唯有敞开国门，融入国际市场之中。它们的国际化程度，卷入全球化的程度，都比其他国家要深、要广。唯其如此，它们不受国界的限制，从国际市场中获利也更多。与之相比，一些大国，尤其是具有意识形态的大国，自恃地大物博，关起国门，不能从资源与生产要素的国际流动与配置中获利，清代中国就是其极致。强调独立自主、自力更生的豪情，也让现代中国与外界隔离开来。直到如今，大国要建立自己的完整的（转下页）

突破国家的障碍，形成交易规则，历史上形式多种多样，如东亚的朝贡贸易、中国的和亲、欧洲各国的姻亲等，主要的常规性手段和途径是历史上的武力[1]，与现代的国际性组织与协调机制。两次世界大战的毁灭性伤害所带来的血的教训，促使各国通过协商来解决利益冲突，以武力决定贸易与产权规则的秩序逐渐得以改变。于是，联合国、国际法庭、世界银行、国际货币基金组织、世界贸易组织等等，相继出现，达成国际间的交易规则。各大地域出现区域性合作组织，乃至国家之间特殊的关系与政体。在北美洲的殖民地国家（State），联合起来形成United States of America，开创了人类文明的先河，欧洲国家之间的整合也日渐密切，从煤钢联盟、农业联盟、关税同盟，到统一的欧元，到欧洲议会，逐渐走向多元一体，可以说是另一种形式的"United States of Europe"。

人格化的国际族群网络，则通过内部的规则达到网络内的跨国交易。突破国界及其制度限制，从中获取一个国家内部所没有的资源与要素组合，实施主体则将从中获取收益。东南亚华商就得益于这种跨国资源组合与配置。东南亚民族国家独立后的相当长时期内，民族主义至上，对于国家组织之外的机构与势力，产生防范与排斥，譬如对外资，对华商，进行限制、压制甚至打击。跨国网络的形成，在某种程度上与华商在各地受到的排斥，从而寻求突破的历史相关。王赓武（2002）的论述极为精到："在东南亚殖民地时代，华人对本土的认同受到殖民者的阻碍，促使他们从区域性的跨国活动中寻求与其他地区华人的合作，尤其

（接上页）国民经济体系，不顾自身的优劣与国际产业格局，什么产业都要发展，提高关税来保护自己的民族产业（如汽车业），强调国家安全而对外来的资本与产业设置障碍，因此它们无法充分享受国际市场的双赢与互利。像印尼，曾经要发展自己的飞机制造业，以对抗欧美的垄断，结果巨额资金石沉大海。相反，中国对电脑与网络技术敞开国门，使国民能够紧跟西方之后享受到新经济的实惠。

[1] 武装海商集团，西方殖民商人集团，都是通过武力后盾，来保障交易过程中自己的利益，来惩罚违约者。商人集团之外，国家与国家之间的关系，也因为缺乏规则，而诉诸武力来维护和扩大本国利益。在欧洲内部，19世纪以前各国之间战争不断，20世纪前期的两次世界大战达到极端。

是本乡籍贯的华人形成网络。在战后民族国家的发展过程中，他们仍在不同程度上受到排挤，促使他们从跨国网络中寻求发展。"王赓武论述马来西亚的华人时指出，马来西亚华人希望通过民族经济的贡献来融入国家并影响国家政策，但其政治行为往往被视为具有种族性质，而且与国家利益相左。这种不完整的国家经验所导致的结果，即使不是鼓励，至少也允许了马来西亚华人继续保留原有的传统，并且以他们独特的方式寻求现代化。这也使得他们跨越国家的界限，去与其他地区有相似经历的华人接触，运用越来越发达的现代化通讯科技手段构造跨国网络。

华商及其网络的运行特征与收益来源，也可以部分解释：为什么马来西亚、印尼、菲律宾等国家扶植原住民经济而抑制与限制华商的政策，并没有让华商消沉下去；越南、柬埔寨、缅甸等国，成功地打击了华商，本国经济也因此一蹶不振。主要的原因就在于：华商是各国经济的有机组成部分，抑制华商无异于自戕；而华商网络是在国家制度之外与国有经济之外产生能量的，抑制华商的政策，只要不是连根拔除，华商就有存在与发展的空间。其一，原住民经济在国家的扶持之下有所发展，但国有经济缺乏活力，政府孵化下的民营经济缺乏自主成长的能力；更重要的是，政府职能天性就不是也不应该是企业经营。其二，华商网络在制度之外与国界之外运行，只要它与国家及其制度没有显性的抵触与冲突，政府的抑制就难以伸入其运行空间而产生实质性的作用，或者华商可以在政策许可的范围之内寻求因应之策，其经济功能就无可替代。因此，华商在抑制政策之下仍能壮大。其三，东南亚国家市场化与国际化的经济战略中，华商网络往往一鞭先著，并比政府力量具有更强的适应性与活力。如果政府继续实行抑制华商的政策，就会伤害自身的经济健康，因此各国政府不得不适时调整。在这一进程中，华商如鱼得水，迅速成长起来。像马来西亚，华商经济在新经济政策之下，不仅没有缩减，反而增大。这不是因为华商抑制了原住民，而是华商网络发挥了政府所不可能发挥的作用，伸入到政府难以进入的领域，特别是跨国资源的配置与要素组合。

综上所述，第一，网络与国家之间，不是你退我进的关系，不是你盈我亏的零和博弈，而是各有功能与空间，同时也是相互补充与促进的关系，能够形成互利双赢。第二，华商壮大的根本原因，在于东南亚经济的市场化与国际化的进程。在这一进程中，华商及其网络获得长袖善舞的空间，华商趁势而上成为必然的趋势。与此相对，国有经济及政府扶持下的经济，与市场化和国际化的进程并不相吻合，有时可能还是背道而驰的，在此轨道下的原住民经济，其增长势头滞后，与全球范围内国有经济的衰落相呼应。

现代技术的发展，跨越国界所带来的收益越来越大。因为没有技术障碍，组合生产要素与配置资源的能力越来越强。廖赤阳、刘宏（2002）发现，基于东亚港口城市的华人社团与区域商贸网络，推动了市场、社会与国家之间的互动。近一二十年来温州商人的跨国发展就是一个突出的事例。罗惠珍《温州成衣商撼动欧洲服装业》（www.chinesenewsnet.com）一文做了精彩的介绍。犹太商人委托巴黎温州商人到中国寻找生产代工厂，温州商人一开始居中牵线协调，后来自行经营进出口贸易，一方面在中国开工厂，找货源自行出口，另一方面又在欧洲（巴黎、米兰）等地开进口公司，经营批发中心。温州移民链中，亲朋好友、左邻右舍、同宗、同学、同乡、同事等外移至欧洲，他们所组成的人际关系网络紧密而且交叉连贯，彼此互通声息。个个以当老板为己任，一有机会就开店，短短几年欧洲就出现"温州人现象"。他们以低成本削价销售，又以其货源供应丰富、见缝插针、有店就买的优势和经营手段，慢慢取代传统在服装业执牛耳的犹太商人。欧洲如雨后春笋般涌现出温州服装批发与百货商场，仅巴黎就有上千家温州人经营的成衣批发店。

华人社团在共同利益基础上的联合，加强了华商网络机制。例如新加坡中华总商会会长郑民川（1999）陈述该会在信息互通上扮演着起承转合的角色：

起：发起、组织及安排商贸团体走访世界各国，扮演一种发动者的角色。

承：接待来自各地的代表，承接来自他方的信息，成为一个商贸信息中心和收集站。

转：把获得的信息转化为供商家参考的资料，作为他们经商的依据。

合：在信息互通下，促进彼此合作的机会。

从华商网络的渊源看，东南亚的华人宗亲会、同乡会在 19 世纪就已频频见于记载，逐渐成为华侨华人内部自助自保的具有一定自治性质的社会组织，成为华商网络的实体表现形态。这些社团，构成华侨商业网络的中枢。19 世纪末 20 世纪初，中华会馆、中华总商会等华侨互助自治团体纷纷建立起来，各地华侨华人社会由分散走向整合，华商网络有效地强化了各地华商的跨国联系。同文同语同乡等纽带，使散居不同国家与地区的华商，容易突破国界开展跨国合作，他们凭借网络内的商业信用关系，在异国他乡能较为便利地获取各种资源，包括资金、劳动力和信息、市场等。第二次世界大战后国际国内政治经济形势的巨大变化使海外华商网络在中国之外运行，本土化发展使之形成更坚实的基础。随着经济全球化的扩展，华商网络走向国际化。

20 世纪七八十年代以来，华商国际化经营加强，东南亚各国华商企业大举展开跨国经营，欧美等地华人数量日增，经济力量开始壮大，中国的改革开放也吸引着华商资本前来寻求合作。地域性、行业性的华商网络国际化拓展，这是华商网络进一步发展的最突出成果。华人社团走向国际联合，形成世界性的同乡、同宗联谊会，名类繁多。地缘性社团以世界客属恳亲大会为先，该会于 1971 年在中国香港成立。至 1996 年 11 月在新加坡举行的第十三届大会，出席人数由 250 人增至 3000 人。20 世纪 80 年代，国际潮团联谊年会、世界广西同乡联谊会、世界越棉寮华人团体联合会、世界福清同乡联谊会、世界海南乡团联谊大会等纷纷开始了定期世界性联谊活动，展开了卓有成效的经济联络与合作。1992 年世界福州十邑同乡总会第二届大会上，主席呼吁："通过乡情乡谊的延伸和召唤，组成一个超越区域的经济联体，走向经济世界，共谋同乡利益。"（《星洲日报》1992 年 9 月 8 日）2000 年，拥有华侨华人最多的世界广东同乡联谊大会（世粤联会）在新加坡举行，第二届于 2002 年 12 月在广州隆重召开。血缘性国际社团为数更多，70 年代就有世界昭伦宗亲恳亲大会（谈、谭、许、谢四姓）、世界至德宗亲总会（吴姓）、世界梅氏宗亲恳亲大会、世界谢氏宗亲恳亲大会、世界柯蔡宗亲总会、世界黄氏宗亲总会等。中国的民间团体与地方政府，积极融入华人社团网络之中。2004 年，就有多种形式的活动举行，名类繁多，目不暇接。如：华商企业科技创新合作交流会、华侨华人专业人士创业发展洽谈会、海外学者高新科技洽谈会、海外科技人才与中国企业合作交流大会、首届世界华商投资论坛、首届华商中国投资论坛、全球华商组织高峰会议，等等。

世界华商的联谊活动则在 20 世纪 90 年代日趋活跃，由各地中华总商会组织的世界华商大会，一开始就声势不凡，来自五大洲几十个国家的华商精英汇聚一堂，商讨如何加强世界华商之间的联系等问题，以华商群体的姿态参与世界经济全球化的潮流。前三届分别在亚洲的新加坡、中国香港、泰国曼谷举行，第四届则于 1997 年 8 月在北美的温哥华召开，2001 年与 2013 年分别在南京和成都举办第六届与第十二届大会，与会的华商人数一届比一届多。由五大洲各地中华总商会组织的世界华商大会更表明海外华商网络的制度化达到新的层次。正如新加坡中华总商会会长在致辞中所说，世界华商大会为世界各地的华商和机构提供了难得的交流机会，包括建立商业联系网络、探讨合作方向以及互换企业家精神的心得等等。世界华商大会秘书处的设立，就是具体落实来使这个覆盖全球的网络得到实现，创造出更多有利的商机与空间，一起为全球的经济与社会发展做出更实质性的贡献（郑民川，1999）。世界各地华商不仅通过彼此之间密切的联系互动和发展，而且世界性的华商机构与联谊活动，大都得到了当地政府和企业的支持。美国总统、法国总统、加拿大总理、澳大利亚总理等都对在本国举行的华商世界性联谊活动表示过祝贺，可见华商影响已渗透到非华人社会。落地生根的华商，已成为各国国民经济的有机组成部分，在有的地区甚至成为重要的经济力量。这些国际联谊活动，畅述乡谊亲情，交流信息，寻求商务合作，华商网络走向国际化。正如李光耀在第二届世界华商大会上题为"建立有效的网络"的报告中所指出的，如果我们不利用华族网络掌握新世界与新时代所提供的种种机会，那将是很不明智的。"交流乡情，敦睦乡谊，洽谈合作，探寻商机"，2002 年第二届世粤联会的宣言，代表了各种华人世界联谊活动的宗旨。

海外华商参与经济全球化的历史表明，他们不是被动地卷入，而是积极应对世界经济整合与发展，海外华商网络就是他们增强自身竞争力的一大成果。经济全球化不仅是指经济活动突破国界的地理延伸，而且更重要的是这种跨国经营活动的功能整合（Dicken，1998：5）。世界华商网络正是这种功能整合的体现。相对于世界大规模的跨国公司，他们缺乏以国家为后盾的大规模渗透的资本与技术支撑和市场扩张能力，他们唯有依靠早已存在并不断国际化的网络以增强竞争力。海外华商网络世界性的扩展，推动了华商的全球化。跨国进程中的网络互动，华商形成了多种渠道与形式，Zhang（2000：135）分为三类：企业内（Intra-firm）基于族群的跨国网络；企业间（inter-firm）基于人际关系的合作；企业外（extra-firm）"政治保护"下的合作经营。实际上，华商的人际关系与网络资源不限于以企业为纽带展开，前述血缘、地缘纽带等所覆盖的社会资源也非常丰富。海外华商通过相互联系、信息提供、业务合作，促进各自全球性扩张[1]；网络内的人际信用机制，提供了自身发展所需的劳动力、资金、信息和市场，降低了他们在流通领域和生产领域的进入成本与运营成本，增强竞争力（龙，1998a；Liu，2000）。东南亚华商与港商合作，以香港为支点开展全球化经营。

---

[1] 华商之间的联系与合作不断深化和扩大。泰国陈弼臣盘谷银行的早期发迹，就是陈弼臣确定了为华商服务的经营策略，才得以迅速崛起。其长子陈有庆也继承了乃父的商法衣钵，他在中国香港的银行，重点也是向潮州顾客提供金融服务。郑午楼的京华银行，与郑亮荫的化工业、张兰臣的酒业、余子亮的染料业等，家族之间私交深厚，集团之间都存在密切的合作关系。马来西亚的郭鹤年与印尼的林绍良在糖业、面粉业、运输业等方面合作密切，泰国陈弼臣的盘谷银行则是林绍良三林集团、郭氏集团融资的重要来源。东南亚各国的华商财团往往与港台财团联手，建立以中国香港为基地的跨国公司，互相参股，你中有我，我中有你，优势互补。如马来西亚郭鹤年在中国香港开办的酒店、房地产和传媒业，合作伙伴分别有林绍良、陈弼臣、李嘉诚、邵氏家族及中资机构。

　　经济全球化之下，传统封闭式内向型的海外华商网络变成动态型开放性网络，跨国公司渗入，并与国际性的金融机构、商务中介、多边国际组织等相融（Olds，1999）。华商网络能够包容合作对象，西方跨国公司利用华商网络与资源开拓市场，华商则获得技术、资本、现代管理及其全球产品的网络资源。西方企业与华商合作，不仅在当地经营，而且一起进入第三地市场。如四洲金必氏公司，就是日商与潮商合作共同投资汕头的，由潮商负责注册、建厂、营销，由日商负责生产管理。华商网络不是封闭的排他的体系，还表现在它已经开始突破纯族群的限制。例如印尼名商熊德龙，在血缘上不是华人，但以其流利的客家话和普通话成为客家人与华人网络中的活跃分子和中坚骨干。

二、信用机制：人格化与社会化

　　任何交易与经济交往，无论是国家内部，还是网络内部，或者国家之间，都离不开信用。信用的基础、表现形式与运行机制是多种多样的。华商网络内部的信用机制的特点有二。一是信用记录，在亲友与同乡那里，容易获得合作者的信息与记录，以确认其信用。在传统社会，这种信用记录不仅是个人，还要考察其家族与亲友圈，才能完成一个"社会人"的信用考察。就像媒婆撮合一样，需要讲究门当户对。福州偷渡客的信用记录，是由线人或蛇尾来承担这一工作的。二是失信的惩罚机制。信用约束关键的一个环节是对失信行为的有效惩戒。重复博弈使网络内部成员能够实现风险控制：对失信行为自动实施有效的惩罚，在无形之中产生，却会使失信者丧失网络内所具有的各种资源与资本。社会网络内对失信行为的惩罚缺乏强制性，缺乏即时性。如果失信，虽然没有法律强制性的惩罚，但信息传开之后，当事人未来在他所赖以生存的族群圈中可能会身败名裂，不仅在侨居地的同乡与族群之中，而且在其祖籍地家乡；不仅牵涉到他本人，还会涉及其家人与亲友，惩罚机制将会生效。

交易与信用的发展，通常依循由人格化交易到社会化（非人格化）交易的过程。但二者并不存在截然的优与劣之分，也不能完全相互替代。人格化交易，就是以特定人际纽带维系和展开的交易关系，如血缘、地缘、同学、同业等关系。这种交易与关系依赖人际信用。

社会化交易往往依赖正式制度，它是从人格化交易自然演进的结果。如一个公司，参加者最初都有某种关系，然后是关系的关系，诸如此类不断延伸，人际关系的作用逐渐减弱，建基于特定纽带之上的约束失去效力，人格化越来越淡，逐渐就变得不能依靠，变成社会化的关系，于是需要非人格化的制度来维系。

就企业形式来说，合伙制与业主制一样，是人格化的组织。合伙制因为是无限责任，限制了其人数的增多。股份制，最初也是人格化组织，只是有限的数十百人的联合。但它打开了延伸、拓展的管道。而且因其有限责任，更利于人数的增多。股份公司早期通常只是数十人或数百多人资本的联合，这是一种人格化资本的联合。例如，波士顿制造公司（Boston Manufacturing Company）的投资股东，1813 年只有 11 人，1830 年 76 人，直到 1850 年也不过 123 人。在现代化通信手段普及之前，资本人格化难以被突破。如 1900 年美国的股东数只有 440 万，几乎局限于纽约及美东地区的城市。一百年后美国股东人数将近多了 8000 万，股民遍及全国各地以至穷乡僻壤，以至世界各地。对外国移民与游客壁垒森严的国界，面对资本却敞开大门。少数人联合的公司，变成无数股东组合的公众机构。法人（legal entity）资本在股份公司中所占比例日渐突出。美国各种大型投资机构（investment institutions）在华尔街所占股份的份额，由 1980 年的 1/3，上升到 2000 年的 60%。其中以最具资本社会化特征的养老基金和互助基金引人注目。养老基金上升尤为迅速，1950 年仅占市场份额的 0.8%，20 世纪末则超过 30%。互助基金（mutual fund，常译作共同基金）集中众多投资者的零散资金进行专业化投资，在市场中的比重亦由 1950 年的 2% 增加到 1994 年的 12%。在纽约证券交易所，互助基金拥有的股份从 1962 年的 96200 万股，上升到 2000 年的 26200000 万股（John Micklethwait and Adrian Wooldridge,

2003）。产权证券化、交易电子化形成产权的虚拟化及其流动的无限性，通信手段的进步突破了地域、国界、种族、人际关系、时间等等的限制，从而实现了诺斯（1995）所谓从人格化交易向非人格化交易的转变与重大发展。网络化、数字化、全球化为非人格化资本的发展创造了无限的空间，股份公司从有限的人格化资本的联合，走向无限的社会化资本的组合。

非人格化（即社会化）交易的发展，有赖于委托—代理关系的建立与完善。每一个人都有这样的感受，如果你要借钱给某一个人，通常你会非常谨慎，考虑他是否具备偿还能力与道德约束等，但是许多人却可以把大量的钱投入一个他根本未曾谋面的公司，甚至是他永远不可能前往的美国的公司，这其中的关键就是委托—代理关系。当资本汇聚于公司或资本家时，所有者信赖经营者能够给他带来资本收益。

一切人格化的交易，成本低，不需要委托—代理关系。委托—代理关系，突破了人格化的局限，但也增加了由此而引发的交易成本。不过，因为它所带来的规模效应与收益，抵消了成本并形成收益。社会化交易是人格化交易的发展，具有不同的适应性。习俗是人格化的，法律、制度通常是非人格化的（但在传统时期，法律、制度也渗透着人格化）。即使在美国这样社会化交易发达与制度成熟的国度，仍然存在大量人格化交易。

维系华商网络化经营的纽带是人际信用。表面上人际信用通过人与人之间的信誉即道德强制来维系，实际上则是通过与信用紧密相关的网络内部资源与资本来利用和调动。履信守义是华商的一个优良传统，历史上印尼华人经商全凭信誉，口头说妥，不需要任何收据，生意就做成了。有的商人撕下香烟包装纸，便是几亿印尼盾的欠款单据。守信的商人会很快被大家接受，信誉越来越好，而违背诺言的商人马上就被"扫地出门"（全球华社网 2001 年 9 月 15 日）。几乎每一个成功的华商都把它视为生命线。马来西亚华商郭鹤年说："从小我们就被灌输儒家的道德价值观。老人们经常教育我们要讲商业道德，重视荣誉，言而有信，这一切深深印在我心里。"（奈斯比特，1996：19）泰国银行家郑午楼一生都恪守父亲郑子彬的教诲：做生意人，第一要勤俭，第二要忠诚，第三要讲信用（张映秋，1994）。李嘉诚接受记者采访时，总结其创业成功的关键时说"信誉，是必须具备的商业道德。"无怪乎有人感慨道：李嘉诚的发达靠的是"诚"，李嘉诚最大的资产也是"诚"。印尼巴利多－太平洋集团的创办人彭云鹏则称，信誉是做生意的灵魂（《华人月刊》1995年7月）。在中华儒商国际论坛大会上，陈永栽结合50多年实践，报告题目就是"诚信是创建发展企业之本"。华商的这些言论其实是他们公开的信用宣言，因为信用在华商网络中举足轻重。在华商网络中，有口碑相传的信用记录，有了信用，就可以获取网络中的社会资源——可以源源不断地转化为社会资本，降低自身经营成本，一旦有了不守信用的"记录"，机会成本将非常巨大。出生于马来西亚的郑天宝一语中鹄：信用是现代社会人际关系和商务往来的基本道德原则，信誉是构成企业与企业之间关系的基础。

华人商业界流行一句谚语："信用一失，买卖无门。"如果言而无信，见利忘义，在华商网络中最终将会没有立足之地。香港东亚银行总裁李国宝说："如果我违反了商务上的诺言，与华人商业网络有关的人都会知道，那么，我的商业生命也就由此葬送了。"这种人际信用，归根结底是建立在经济利益约束基础之上的——谁不遵守规则或破坏规则，就再也不可能得到网络内的资源。华商所处东南亚各地，法律体系尚不健全，市场规范尚未发育，而华商在这种环境下已习以为常，他们在资金运用、企业管理、风险回避等方面已自成一套手段，行之有效。遇到商业纠纷，除非万不得已，一般是不会对簿公堂的，因为那样不仅会耗时费力，而且将使商业秘密、交易运作统统公之于众。他们常常"私了"，由华人社团与侨领出面斡旋仲裁，息事宁人，以免在关系圈有失面子。

人际信用能够降低交易成本，提高效率。菲律宾华裔学者吴文焕（1996）对此感触颇深。华商之间，只要两相情愿的生意，在相互信任或信用的基础上，一个电话即可成交，甚至可不用订单，有时连一个纸条都不用。例如套汇，几乎全部是以电话，在一点书面凭据都没有的情况下作业的，所凭的完全是相互间的信任及其信用。在西方的营业中，这是很难想象的。但相比之下，华商的营业效率高得多。信用好，可以多做生意，小本做大生意，甚至无本也可以做生意。不但增加了华商的利润额，也加速了其资金积累。华商之间的交易，由于有了可靠的人际信用，也就不需要手续繁复、费用高昂的法律信用来支撑，降低了华商之间的交易成本，提高了交易效率，扩大了交易范围。

人际信用作为一种人格化交易形式，只能在网络内部发挥作用。由于商业网络是华商赖以合作经营、共同发展的天地，人际信用也就愈形重要。没有关系网络，或者只有狭隘的疏松的网络，人际信用难以稳定和持久；如果缺乏基于诚信的人际信用，这种网络也终将难以维系。换言之，人际信用不能脱离华商网络而存在，华商网络则因人际信用的支撑而得以不断发展。

华商网络内的信用机制，源于人格化，走向社会化。但它是一种非正式制度，因为它是在国家制度之外存在的，所以它不可能法制化，成为具有强制性约束力的机制。也由于它是超越国家的，所以它具有不可替代性和作用的空间，是多元信用构造中的一种有益形式。

三、网络金融资本与华商创业

华商网络的功能具有多重性，我们集中考察网络金融资本。其表现形式，一是亲友之间的相互借贷，二是标会等民间金融形式，三是服务于华商网络的银行等金融机构。后两类金融机构以网络信用为基础，服务于具有特定纽带维系的群体。

一种传统的融资手段被称为"合局""会""搭会"等[1]，新加坡称

---

[1]　合会，琉球称"模合""寄合"，日本名为"讲""无尽讲""赖母子讲"，韩国称"契"，印度称"夺标制"、"友助会"，越南称"月兰会"。中国合会的目的，有储蓄、生产、保险、建设等。收会方法有轮会、摇会、标会，还有长寿会、孝衣会及葬社等（曹竞辉，1980：7）。合会借以互通有无，救济贫困，并事储蓄，对平民金融之调剂，贡献良多。

"票会"，温州人称"祝会"，世界各地的印支华人称"月兰会"，千年前的宋代则称"关纽"。[1]由特定社会关系圈内的十数人或数十人约定，各出小股钱财，聚集成一笔资金，定期投标，出息最高者获得这笔款额去做生意。以后依次轮流投标，可以实现逐个发展。华侨华人互助协作的"会"，在中小型华商尤其是小本经营者之中普遍存在。其形式多样，或由侨领组织，也可由急需本钱者自己随时发起，主要在各种关系圈内进行。有的只是临时纠合而成，有的则是长期的结合。欧洲有一位温州商人叙述道，他创办企业之初，是由 34 个同乡商人每人出资 5000 元，凑成 17 万，再加上他自己的 12 万，不用向银行贷款（事实上也得不到）便顺利办起了自己的企业。[2]许多温州籍的新移民都是通过"标会"的方式集资筹款，即由亲戚、朋友、同乡共同出钱解决某一个人的资金需求，然后在约定的期限内还款，利息的高低或有无，则因会而异。这种传统的集资方式帮助温州人解决了创业、置产初期阶段的资金短缺问题，是他们得以较早地迈出创业关键的第一步。一个来自温州的五口之家，刚来不久的新移民根本没有足够的钱支付首期款，但是一家人都在衣厂做工，觉着自己的收入能够按期还钱，于是毫不犹豫地去标会筹款，买了一栋价值 30 多万美元的房子，自己住一层，将另一层出租，几年后他们的房子增值近一倍。当然任何融资手段都不可能排除风险，这种基于人际信用的关系圈内融资途径也不例外。1984 年日本横滨中华街便发生过一次大规模的连锁"倒会"风波，据《读卖新闻》报道，一个大"会"的会首，将 700 万元会款融资给一家餐馆，不料餐馆倒闭，钱不能回收，会员纷纷倒会，牵连到其他会，受害人达 400 余人，总金额约达 3 亿日元。卷入这场风波的人数与金额如此之多，足见这种融资

---

[1] 宋代有的富人"因缘射利之谋"，"合力同则"，集资经商或放贷，具体规则如下："结十人以为局，高下资本，自五十万至十万，大约以十年为期。每岁之穷，轮流出局，通所得之利，不啻倍蓰而本则仍在。"（《宋会要·食货》70 之 6）这种名曰"关纽"的融资手段，在宋代就已形成出资、经营、分成各环节的规范则例，与海外华商的"会"如出一辙。

[2] 中央电视台二频道《经济半小时》节目，1997 年 8 月 15 日凌晨 1 点播出。

手段在华人社会的普遍性。

不少学者把华商民间金融与银行等讽刺为裙带资本主义，因为他们以亲情、同乡等关系为基础来投资与融资，与正规的银行运作有所差异。人格化的融资方式，除了标会等民间金融形式之外，在华商银行等正式的金融机构也有所表现。如陈弼臣、陈有庆父子在泰国与中国香港的银行，主要以华商为顾客。网络内的企业与华商，信用考察便利，监督也容易，因此盘谷银行得以迅速扩大，与华商共同成长。然而，这种网络金融资本的运作，也伴随较高的风险。泰国郑午楼的京华银行，主要放贷对象是其亲友与网络内的企业，特别是其关联企业。东南亚金融危机之后，华商融资网络成为诟病的对象，但这有失偏颇。

第一，网络融资降低信息不对称风险，提高效率。正规银行融资双方存在严重的非对称信息，对融资项目、融资者选择及其经营能力等信息，贷款方很难了解和判断，这种信息不对称给贷款方带来风险。因此，金融机构的贷款偏好于品牌企业与大公司，根据大公司的品牌、信誉、可作为抵押和担保的庞大资产，金融机构可以减少复杂的投资项目和风险评估作业。在日本、韩国，大财团与大公司还形成关联。一般的中小企业，通常难以从大银行中获得贷款。即使在美国，遍布各州的地方小银行，之所以长期存在，就在于地方银行与当地中小企业，相对容易克服信息不对称的问题。中小企业，往往通过人格化交易与民间金融的形式获得贷款。民间金融通常是在一定的地域范围与网络之中运行，投资方比较容易了解和收集融资方信息，降低信息不对称，减少评估、担保、抵押等繁复的手续，监督与风险的可控范围较小，并且风险分散于各投资方——通常是小投资者。张捷（2002）借鉴国际学界中小企业融资的研究成果，对关系型借贷进行了分析。由于长期和多种渠道所积累的企业相关软信息，在很大程度上可以替代财务数据等硬信息，部分弥补中小企业无力提供合格财务信息和抵押品所产生的信贷缺口，关系型借贷降低了银企之间信息不对称风险。具有准市场交易特征的关系型借贷是一种重要的制度安排。美国地方小银行是这样一种制度安排，世界各地的民间金融也是这样一种制度安排，华商网络金融资本也提供了这种制度安排。

华商网络金融资本，因为信息相互了解，减少融贷双方的信息不对称，使贷款方乐贷；由于人情、关系与信用基础，借贷的手续简单快捷，许多并不需要担保、抵押，程序灵活多样。私人资本在网络内的放贷，亲情与关系并不能左右利益。如果是公共资本、国有资本，基于关系之上的放贷那是极端危险的。但私人资本不一样，它必然寻求最大回报。关系只是获取信息、担保及失信惩罚的一种渠道与方式。所谓裙带资本主义，有华商网络中存在这种现象，但不会以此左右投资决策与利益分配。

第二，华商网络金融资本是制度缺失的替代。东南亚各国金融制度，直到 20 世纪 90 年代才开始金融自由化，此前金融工具很少，融资渠道缺乏，对华商而言，网络融资就显得不可替代。

外部环境的压力主要表现于华商在主流社会面临的不信任乃至排斥，东南亚华商在非华人的金融机构融资成本更高，同时融资所需要的信息披露会给华商带来潜在的风险。储小平（2004）论证了中国私营企业，"企业信息披露的风险度成为家族企业制度型融资的主要障碍"。制度型融资要求企业披露信息全面而真实，在市场经济规则健全的国家，其风险度相对较低。但在东南亚不少国家，信息披露的风险较高，因为市场经济制度不完善，华商面临主流社会的排斥。东南亚国家民间存在着排华情绪，政府的经济政策也向原住民倾斜，甚至限制华商的股权比例。当企业向金融机构申请贷款时，需要详细交代资金用途、还款来源、会计报表等，企业的资信和相关资料也必须提供给金融机构，这意味着企业没有秘密可言，裸露在一个遭受歧视与种族风险的环境之中，这对华商而言，当然是必须谨慎的。

第三，融资网络是创业的金融支持。创业靠正规银行贷款，机会少，成本高，企业靠自身的利润积累速度慢。中小企业成长过程中，需要金融支持，但它们具有不确定性，风险较高，风险评估繁复，而且融资规模小，投资收益小，因此银行等传统金融机构通常不愿意融资，证券机构对小企业来说，门槛太高，可望而不可即。风险基金与纳斯达克这种金融创新，适应并促进了新经济中小企业的发展。在许多国家，则有政府通过专门的政策来支持小企业，美国就有专门面向小企业的金融支持。

硅谷与新经济中创业企业如雨后春笋，一个重要原因，就在于创办企业所需要的资金，可以通过各种风险基金获得，继而在 NASDAQ 这一低门槛的新兴证券市场上市融资，企业继续获得外部资金而扩大发展，许多风险基金则抽身而退，转而寻求投资其他新生的企业。如果没有风险基金这种新兴金融工具，单靠传统的融资工具，大批新兴企业不可能获得银行的贷款而成长起来。如果说风险基金是雪中送炭的投资工具，那么银行则是锦上添花的融资机构。银行追求低风险的稳定的回报，不能影响其资金流转，因此银行投资对象通常是具有信誉和偿还能力的大企业或品牌公司，而传统的纽约证券交易市场，对上市公司的现有规模、赢利能力与记录都要详加审核。未成型的、正在成长的或具有前景的小企业，从何而来赢利记录，更没有信誉积累和品牌，当然被银行与常规证券市场所遗弃。风险基金则把它们作为投资对象，旨在获取其可能的巨大的未来赢利，由于未来是不确定的，这种投资具有赌博色彩。纳斯达克也是这种高风险高收益的金融工具。这些金融制度创新，为硅谷与新经济中的科技创业与融资创业提供了良好的条件。

海外华商缺乏风险基金与纳斯达克这类社会化的金融渠道——这需要相关的制度配套与支持，但网络金融资本为企业的创建与成长提供了金融渠道。网络金融资本比正规的银行更能适合新兴企业与中小企业，正规的银行在本质上偏好大企业融资。如果说股市把未来多年的收入流提前变现，为创业者提供了一种提前兑现财富的机器；股票的高流动性就是这样使美国的创业文化、创新文化以最快的速度发展，大大加快财富的创造速度（陈志武，2005）。那么，华商金融网络也正是发挥了类似的作用。标会圈子里，每一个人都如愿能够筹集资金，相继创业。这就是温州人能够个个成为老板并迅速扩大其资本影响的原因。海内外的福州人与温州人中，以偷渡为形式的非正规金融网络，形成人力资本投资的有效工具。

在网络里，信息搜索、信用考察、监督等成本较低，尽管风险也较高。从高风险、低成本的融资特征来看，华商网络金融资本有些类似于风险基金。各地华商基本上得不到正规银行与金融机构的融资支持，但钱庄、族群银行与金融工具能够有效地弥补。虽然有风险，但这是华商中小企业发展的重要条件。这种民间性、草根性的金融工具，使华商获得了家族之外的金融资本，也可以说是一种具有一定程度的社会化资本。华人之外，其他移民社区也是如此。在纽约布鲁克林的西印度群岛人利用本族裔人经营的非正式信贷系统购置平价房产（Crowder, 1999）。一些族群同乡开办的轮流借贷会提供了集资机会，移民社区内社会网络强劲有力，社区内能依赖以信为本、强制守信的关系。（Light and Rosenstein, 1995）

可见，人格化交易的金融形式具有其存在的合理性，在海外华商中又存在更大的空间。其一，海外华商网络的信用发育与信息流动为网络金融资本提供了肥沃的土壤，而且外部环境的压力为网络金融资本的运行提供了动力；其二，它使个体闲置的资金低成本地迅速动员，转化为活的资本，使创业者能在较短时期内迅速地聚集资本，低成本地创业。创业者的成功带来示范效应，激发更多的创新与创业，而网络金融又提供了条件。[1] 海外华商就是这样滚雪球似的不断壮大。

---

[1] 必须补充的说明的是，如果说海外华商网络是华侨华人一个半世纪移居与发展过程中形成的特定产物，那么中国大陆目前的信用缺失则与20世纪几乎整整一百年中不断革命相关，传统秩序与信任基础被摧毁了，新的信任机制未能建立起来（身处海外的华商则幸运地躲过了一波又一波的对传统的革命）。信任一经破坏，重建就需要一个长期的过程，因此就目前中国大陆而言，在被破坏的信用基础上进行重建，唯有法律能够实现。人际信用的两个极端，在海外华商与大陆企业表现出来，耐人寻味，发人深思。我们在追溯文化根源时，不能过于简单或笼统，还要考虑传统文化的现代变迁以及现实环境。既不能因大陆企业暂时的信用困境而丧失信心，认为这是传统文化的根子所决定而不可救药了；也不能以海外华商的人际信用在网络内的作用，而把它作为信用制度建设的推托之辞。在转型期的中国，国家信用、单位信用只能适应公有制与计划经济的社会，建立个人信用体系是市场经济体系的当务之急。

参考文献

［1］陈志武,《财富是怎样产生的》, 北京: 中国政法大学出版社, 2005 年。

［2］储小平,《家族企业与社会资本的融合论纲》, 北京: 经济科学出版社, 2004 年。

［3］弗朗西斯·福山,《信任: 社会美德与创造经济繁荣》, 海口: 海南出版社, 2001 年。

［4］廖赤阳、刘宏主编,《错综于市场、社会和国家之间——东亚港口城市的华人社团与区域间商贸网络之建构》, 东京: 平和中岛财团, 2002 年。

［5］奈斯比特,《亚洲大趋势》, 北京: 外文出版社等, 1996 年。

［6］王赓武,《地方与国家: 传统与现代的对话》, 李元瑾主编,《新马华人: 传统与现代的对话》, 新加坡: 南洋理工大学中华语言文化中心, 2002 年。

［7］吴文焕,《中国传统文化与华人经济》, 载萧效钦、李定国,《世界华侨华人经济研究》, 汕头: 汕头大学出版社, 1996 年。

［8］张捷,《中小企业的关系型借贷与银行组织结构》,《经济研究》2002 年 6 月。

［9］张映秋,《爱国侨领郑子彬及其哲嗣郑午楼》, 载《潮商俊彦》, 广州: 广东人民出版社, 1994 年。

［10］郑民川, 新加坡中华总商会会长演讲稿 (第五届世界华商大会), 墨尔本, 1999 年。

［11］Crowder, Kyle D., "Residential Segregation of West Indians in the New York, New Jersey Metropolitan Area: The Role of Race and Ethnicity", *International Migration Review,* Vol.33, No.1(1999).

［12］Dicken, P., *Global Shift: Transforming the World Economy,* 3rd edn. London: Paul Chapman, 1998.

［13］Dayao, Dinna Louise C., *Asian Business Wisdom: Lessons From the Region's Best and Bright Business Leaders,* New York: Wiley, 2000.

［14］Zhang, Haiyan and Daniel Van Den Bulcke, "Internationalization of Ethnic Chinese-Owned Enterprises: A Network Approach"，In Yeung, Henry Wai-chung and Kris Olds eds, Globalization of Chinese Business Firms, London: Palgrave Macmillan, 2000.

［15］Liu, Hong, "Globalization, Institutionalization and the Social Foundation of Chinese Business Networks"，In Yeung, Henry Wai-chung and Kris Olds eds, Globalization of Chinese Business Firms, London: Palgrave Macmillan, 2000.

［16］Micklethwait, John and Adrian Wooldridge, *The Company: A Short History of a Revolutionary Idea,* New York: Modern Library, 2003.

［17］Olds, Kris and Henry Wai-chung Yeung, "(Re)shaping Chinese Business networks in a Globalising Era", *Environment and Planning D: Society and Space,* Vol17(5),1999.

［18］Light, Ivan and Carolyn Rosenstein, "Expanding the interaction theory of Entrepreneurship", in Alejandro Ports ed., *the Economic Sociology of Immigration,* New York: Russell Sage Foundation, 1995.

跨国场域下的企业家精神、国家与社会网络

——新加坡和日本的新移民个案分析 [*]

刘　宏

内容提要： 近二十多年来，有关海外华人企业及其作用的研究日益增多，并逐渐对主流学术界产生了一定的影响。然而，现有的研究基本上着眼于二战前的华商或老一代的企业家，对于 20 世纪 90 年代之后迅速崛起的华人新移民企业家及其特征鲜有涉及。另一方面，自 19 世纪以来，有关移民问题的经济学和社会学的经典性分析所围绕的是两个核心问题：移居发源地和接受国，由此产生的民族国家视野也限制我们对全球化时代跨国移民企业家及其网络的深入探讨。[1]

华人新移民主要的移居地为欧美和澳大利亚等西方国家。而在亚洲，日本和新加坡是他们的首选国家。虽然日本和新加坡在国情上有巨大的差异性（日本人口在 2016 年达 1.27 亿，且以单一民族占绝对

---

* 本文原载《华侨华人历史研究》2007 年第 4 期，部分资料有所更新，但基本上截至 2012 年止。

[1] 有关华人及中国企业家理论研究的述评，可参看 Jamie Mackie, "Overseas Chinese Entrepreneurship", *Asia-Pacific Economic Literature,* vol. 6, no. 1 (1992), pp. 41–64; Henry Yeung and Chris Olds, "Globalizing Chinese Business Firms: Where are They Coming From, Where are They Heading?" in idem, eds., *Globalization of Chinese Business Firms*, London: Macmillan, 2000, pp. 1–27; Martin King Whyte, "Paradoxes of China's Economic Boom", *Annual Review of Sociology,* vol. 35 (2009), pp. 371–392; Liu Hong, "Beyond a Revisionist Turn: Network, State, and the Changing Dynamics of Diasporic Chinese Entrepreneurship", *China: An International Journal*, vol. 10, no. 3 (2012), pp. 20–41。

多数；而新加坡人口仅 550 万，是个以华人为主的移民国家），但两国都面临低出生率（1.3% 左右）和人口老龄化等问题，对贸易和技术创新的需求也很高，加之这两个国家在亚洲都属于发达国家，因此，在 20 世纪 80 年代后吸引了众多的华人新移民。本文以在新加坡和日本的华人新移民企业家为个案，分析跨国企业家精神（Transnational Entrepreneurship）的形成以及特征、国家与网络的作用，并进而阐述跨国性（Transnationalism）的理论架构如何有助于解释华人企业家在当代世界和中国社会经济发展中的作用。

本文分为三部分。第一部分简要地讨论企业家和企业家精神的内涵及其在全球化时代的展延。第二部分以新移民企业家的经历说明跨国知识与技术优势如何在新兴企业成长中扮演关键作用。第三部分将本文的个案置于国家与网络互动的情境之下加以考察，进而阐明跨国移民企业家产生与发展不可或缺的外在因素以及由此形成的双赢策略。结语部分反思跨国性、企业家精神、科技创新如何有效地结合并成为推动中国与海外华人社会进步的重要力量。

一、跨国场域下的企业家精神

（一）企业家研究的两种取向

约瑟夫·熊彼特（1883—1950）是企业家研究的先驱。他认为，企业家的职能在于实现及执行"新组合"，它们包括：(1) 采用一种新的产品；(2) 采用一种新的生产方法；(3) 开辟一个新的市场；(4) 掠取或控制原材料或半制成品的一种新的供应来源；(5) 实现任何一种工业的新的组织。[1] 道格拉斯·诺斯则将企业家视为"变迁的代理人"，他们对体制范围内所产生的机会做出积极的反响。管理学大师彼德·杜拉克指出，"企业

---

[1] 约瑟夫·熊彼特，《经济发展理论——对于利润、资本、信贷、利息和经济周期的考察》，北京：商务印书馆，1997 年，第 73-74 页。

家将变化视为正常和健康的现象。他们通常并不带来变化。但是，企业家和企业家精神的精髓在于企业家总是寻求变化，对变化做出反响，并尝试将变化转化成机会"。[1] 因此，除了传统的冒险性、寻求利润的特征之外，企业家是变化的代理人。这一认识成为我们研究跨国企业家的出发点。

Patricia Thornton 指出，对企业家的社会学研究有两种主要取向：供应学派（Supply-side School）和需求学派（Demand-side School）。[2] 前者强调个人素质，如心理、社会、文化和种族特征，并结合对相关变迁机制的分析，进而探讨企业家的形成及其与职业经理人的差异。供应学派所关注的是个人的成就取向、控制力、冒险性、处事方式、独创性、领导能力、价值观以及社会化的经历，而需求学派则着眼于企业家的实际行为——他们如何在变迁的社会环境之下做出决策。换言之，需求学派更关心"推力和拉力"，如行业的活动性、政府的政策、市场状况以及科技的变化等。

由上可见，对企业家精神的经典性分析注重到了内涵与外延。然而，由于民族国家观念的主导性影响，现有的研究大都局限于特定的时间和空间（如移居国或移出国）。直到最近，随着全球化的方兴未艾，跨国企业精神才开始获得主流学术界的关注。

（二）跨国移民企业家精神

在移民社会学和经济学研究中，跨国企业家指的是那些"自雇的移民，其商业活动需要频繁地旅行于国外；其成功取决于在另外一个国家（尤其是出生国）的接触和联系"。[3] 跨国企业家精神代表了一种新的经

---

[1] Douglass North, *Institutions, Institutional Change and Economic Performance* (Cambridge: Cambridge University Press, 1990), p. 83; Peter Drucker, *Innovation and Entrepreneurship: Practice and Principles*. 2nd revised edition (Oxford: Butterworth Heinemann, 1999), p. 23.

[2] Patricia H Thornton, "The Sociology of Entrepreneurship", *Annual Review of Sociology*, vol. 25 (1999), pp. 19-46; Howard Aldrich and Roger Waldinger, "Ethnicity and Entrepreneurship", *Annual Review of Sociology*, vol. 16 (1990), pp. 111-135.

[3] Alejandro Portes, William Haller, Luis Guarnizo, "Transnational Entrepreneurs: An Alternative Form of Immigrant Economic Adaptation", *American Sociological Review*, vol. 67 (2002), pp. 278-298.

济调适形式，它既非企业家的出生国的经济，也不完全从属于移居国的经济。跨国企业家不同于劳工移民，也与传统的以移居国当地市场为对象的少数民族企业家有所差异。一些学者则从制度的角度强调跨国企业家的构成与特征。例如，Henry Yeung 认为，跨国企业家精神是一种"学习的过程，因为它从在外国营运过程中所获得的经验中学习、成长。通过这些跨境的经济活动，跨国企业家成为勇于冒险，并在外国建立、整合和维系企业的社会人"。他进而指出，跨国企业活动进程必须同时具备三项相关联的要素：（1）在不同国家对资源的控制；（2）具备在不同国家的战略性管理的能力；（3）创造并把握在不同国家机会的能力。[1]因此，与国际化的大型跨国公司（如 IBM、Sony）不同的是，跨国移民企业家与企业家精神更多的是一种自下而上、多边出击的进程。他们未必拥有庞大的公司总部，而在国外的经营获益却可能成为公司利润的主要来源。

跨国企业家精神之所以成为值得深入关注的问题，有着现实的和理论的原因。据国际移民组织在 2016 年发布的报告，2015 年世界移民人口总数为 2.32 亿；而到 2050 年，这一数字将达到 4 亿以上。[2]移民并未完全"斩草除根"，而是与家乡维系着不同形式的联系（包括商业往来）；因此，仅仅关注祖籍地（如侨乡）或移入国的经济活动已无法说明移民企业的全貌。从理论角度来看，自 20 世纪 90 年代初期产生以来，有关跨国性（transnationalism）的理论得到越来越多的重视，该理论所关注的正是那些在跨国活动的进程中，将其移居地同（自己的或父辈的）出生地联系起来，并维系起多重关系的移民群体。他们的社会场景（social field）是以跨越地理、文化和政治的界线为特征的。作为跨国移民（Transmigrants），他们讲两种或更多的语言，在两个或更多的国家拥

---

[1]　Henry Yeung Wai-chung, *Chinese Capitalism in a Global Era: Towards Hybrid Capitalism*, London: Routledge, 2004, pp. 118-119 ; Eric Fong and C. Luk, eds., *Chinese Ethnic Business: Global and Local Perspectives*, London: Routledge, 2007.

[2]　http://www.bbc.co.uk/zhongwen/simp/world/2010/11/101129_migration_new_figures.shtml; http://www.ccg.org.cn/Event/View.aspx?Id=3612 .

有直系亲属、社会网络和事业；持续的与经常性的跨界交往成为他们谋生的重要手段。如果说早期的跨国性理论关注的是移民的主体性的话，近来的研究则强调了政治的作用。论者指出，由此及彼的联系是受到多重政治力量的影响，国家与国家政治对跨国活动有着明显的制约性。因此，国家必须被带回跨国性的研究之中，移民与祖籍国和移民国的国家和市民社会之间的多重互动都是值得注意的论题。[1]

跨国性是华人新移民企业家的主要特征。本部分以新加坡和日本的华人新移民企业家（Sino-Singaporean and Sino-Japanese entrepreneurs）的个案来说明从产生伊始，新移民企业家就是一种跨国建构（transnational construct）；他们的跨国教育和经历及其对商业和文化的跨国知识是其企业建立的核心要素；其资金来源、原料产地、劳动分工、市场安排也具备了鲜明的跨国特征。在企业治理（corporate governance）方面，其跨国色彩亦十分浓厚，包括跨国性的家族主义和高层管理人员的构成。最后，新移民企业家与国家和网络的有机互动也是在跨国场景中实践，并使参与的各方获得最大的益处。

二、新移民跨国企业家的模式

自改革开放以来，移民海外的中国人人数急剧增加。据不同的统计数据，中国新移民人数现在已超过 900 万。笔者认为，新移民可分为四大类，大致包括四种类型：留学生移民（在海外受教育后合法地定居当地或移民第三国）；技术移民；通过家庭、婚姻关系的连锁移民以及非法移民。虽然企业家在新移民中只占了少数，但其重要性日益增强。限于篇幅关系，本文仅以在日本和新加坡的华人新移民企业家为个案，分

---

[1] Roger Waldinger and David Fitzgerald, "Transnationalism in Question", *American Journal of Sociology*, vol. 109, no. 5 (2004), pp. 1177–1195；Liu Hong, "New Migrants and the Revival of Overseas Chinese Nationalism", in Liu Hong, ed., *The Chinese Overseas*, London: Routledge, 2006, vol. 4；龙登高，《跨越市场的障碍：海外华商在国家、制度与文化之间》，北京：科学出版社，2006 年。

析跨国企业精神的构成与特征。

日本的华人移民人数在过去 20 年来急剧增加。从 2008 年开始，华人超过在日韩人，成为日本最大的外国人群体。据日本法务省 2016 年 9 月发布的数据，在日中国人达 71 万，占在日外国人的 31%。[1] 日本新移民社会的一个重要特点是教育程度普遍比较高，新移民中的"华侨化"和"华人化"倾向共存，在身份认同上也超越了落地生根或落叶归根的模式，而是出现了"处处扎根"的格局。出生地的多元性和跨国的流动性也成为日本新华侨华人的重要特征。[2] 2007 年 12 月 6 日的《时代》杂志以"追逐日本梦"为封面专题，报道了华人新移民在日本企业界的发展，指出他们不仅素质和教育水准较高，对当地的经济发展带来积极的作用，而且成为中日之间交流的重要桥梁。

作为一个华人占四分之三人口的新兴工业化国家，新加坡成为近年来中国新移民出国的主要目的地之一。据 2004 年 4 月 25 日《亚洲周刊》封面专题的报道，目前在狮城的新移民已多达 20—30 万人，一些学者推断，新移民人数目前已达到 35—50 万。[3] 笔者认为，与其他地方的新移民一样，他们具有几个共同的特征：（1）来源地的广泛性，并非仅仅局限于传统的华南侨乡，而是来自五湖四海。（2）构成的多元性，既有受过良好教育的可携带技能者（留学生移民和技术移民），又有以劳工为主的连锁移民和非法移民。（3）认同的渗杂性和多元性，作为"跨国

---

[1] 《在日华人统计人数再创历史新高》，《中文导报》2016 年 10 月 12 日。

[2] Tien-shi Chen, "The Increasing Presence of Chinese Migrants in Japan", *Senri Ethnological Reports,* vol. 77 (2008), pp. 39–52；朱慧玲，《中日关系正常化以来日本华侨华人社会的变迁》，厦门：厦门大学出版社，2003 年；田嶋淳子，《中国系移住者の移住プロセスとボランタリー・アソシエーション》，《社会志林》(*Hosei Journal of Sociology and Social Sciences*), vol. 55, no. 4 (2009), pp. 113–137.

[3] 有关新加坡华人新移民的讨论，参看吴前进，《新华侨华人与民间关系发展——以中国—新加坡民间关系为例》，《华侨华人历史研究》2007 年第 2 期，第 7–22 页；Liu Hong, "Transnational Chinese Social Sphere in Singapore: Dynamics, Transformations, Characteristics," *Journal of Current Chinese Affairs*, vol. 41, no 2 (2012), pp. 37–60；周敏、刘宏，《海外华人跨国主义实践的模式及其差异——基于美国和新加坡的比较分析》，《华侨华人历史研究》2013 年第 1 期，第 1–19 页。

华人"，他们的身份认同介于"落叶归根"与"落地生根"之间，经常性的跨国活动则成为他们生活与事业的有机组成部分。

企业家并非一个孤立的个体，其产生和发展均与他们所处的（跨国）环境息息相关。新移民的跨国特征不仅折射在企业家身上，后者频繁的跨国活动又给当代新移民及其同中国的关系印上鲜明的流动色彩。

（一）科技型企业家作为财富创造者：若干个案

传统的海外华人企业家大都从事与商业、贸易、房地产等相关的行业。到了二战之后，越来越多的华商进入制造业领域。当代华人新移民企业家中亦有不少人步其后尘。然而，新加坡国内市场的饱和以及制造业投资期的漫长、竞争日趋激烈且利润率相对较低。从杜拉克所阐述的企业创新理论来看，真正能够创造丰厚利润的是那些深具创新，又能使其产品或服务附加值显著增加的行业。科技型企业家（technopreneur）正是在这一时代背景下崛起的。

科技型企业家指的是那些成功地将技术创新转换为产品或服务的企业家。他们除了具备典型的企业家的共性（如冒险精神、追求利润等），其最主要的素质是对高新科技的依赖。从其企业的起步、发展到（对部分人而言）成功上市，技术优势及其市场化构成了科技型企业家的核心要素。这其实也是杜拉克所分析的"知识基础上的创新"（knowledge-based innovation）的精髓。杜氏指出，这种知识基础上的创新是"企业家精神的超级明星；它既受到公众的注意，又能获得投资家的青睐"。杜氏还详细阐述了知识基础上的创新所必须具备的三个要素：（1）对所有相关因素的仔细分析；（2）明晰的发展与市场战略；（3）企业管理的学习与实践。[1]

中国新移民中有相当一部分受过良好的科技教育，其中有少数人能

---

[1]　Drucker, *Innovation and Entrepreneurship*, pp. 27, 98.

够走出实验室，将其技能与知识转化为产品和服务，从而也实现了由学者向企业家的转型。下文所探讨的个案正是当代新移民企业家中有代表性的事例。[1]

严浩。1962 年生于江苏，1981 年作为教育部公派本科生到日本留学。后就读于东京大学的医学统计专业，其间开始为医药公司提供药物的医学统计和临床试验。1991 年在东京创办 EPS 公司，为制药企业提供 CRO 服务。CRO（Contract Research Organization）是指合同研究组织，作为制药企业可以借用的外部资源，可在短时间内迅速组织起一个具有高度专业化和富有临床研究经验的临床研究队伍，高质量地完成临床研究。EPS 公司于 2001 年在日本创业板（JASDAQ）上市，并创造了两项第一：日本第一家由中国留学生创立的上市公司；第二项第一是开创了一个行业——临床试验外包服务行业。据 2008 年 6 月的财务数据，EPS市值 369 亿日元，严浩及其亲属控股 55.67%，据此推算，严浩身价在205 亿日元左右，近 2 亿美元身家。[2]

李坚。1961 年生于北京，1979 年考入北京大学计算机系，1981 年来日留学，1990 年东京大学毕业后加入中国留学生刚创办一年的 SunJapan（2006 年改名为日本恒星控股集团，SJ Holdings，2009 年重组为SJI）。李坚于 1998 年升任公司总裁。公司于 2003 年在日本创业板市场成功上市。在中国南京、上海设有多家软件开发企业，主要从事面向日本、美国市场的国际软件应用系统开发，面向日本市场的嵌入式软件

---

[1] 由于篇幅所限，本文无法一一列出有关个案的资料来源，他们主要包括在这些公司（大多为上市企业）的年度报告及其官方网站，新加坡、日本和中国出版的报刊访谈（尤其是《联合早报》《亚洲周刊》、日本《中文导报》《华商》和 *Straits Times*），作者本人与蓝伟光和史旭的访谈以及在日本中华总商会所做的调研。相关的背景性资料可参看拙作《战后新加坡华人社会的嬗变：本土情怀·区域网络·全球视野》（厦门：厦门大学出版社，2003 年）及朱慧玲《中日关系正常化以来日本华侨华人社会的变迁》；任娜、刘宏，《本土性与跨国性——新加坡华人新移民企业家的双重嵌入》《世界民族》2016 年第 2 期，第 44-53 页。

[2] 《江苏严浩：留学日本创业 13 年我赚到了身家 16 亿》，http://www.china.com.cn/info/txt/2008-04/01/content_13995505_2.htm。

开发，以及面向中国市场的一系列软件产品的开发。在日本多达几万家的软件开发企业中，恒星控股集团的排名在前50位以内。2009年3月期的年度结算显示，集团营业额为257亿9400万日元，拥有员工2500名。[1]

宋文洲。1962年生于山东荣成，1980年进入东北大学采矿系学习矿山学和资源开发。1985年，到日本北海道大学学习土木工程学。博士毕业后，宋文洲于1992年用读书期间打工获得的全部积蓄120万日元，在札幌市北区注册成立了软脑（Soft Brain）有限公司（同年11月，公司结构调整为股份公司），从事"变形强度模拟系统"等土木工程软件的销售业务。宋文洲从一名留学生转变为一位创业者，而且是一位依靠自主研发的技术和产品的创业者。公司初期开发土木工程分析软件，在日本销售400多套。该市场饱和之后，软脑公司主要开发营销管理软件并提供营销整体解决方案。2000年，软脑在东京证券市场创业板上市，此后升级到中小板，并于2005年在东证一部主板上市。1997年2月，成立软脑软件（北京）有限公司，以软件开发和销售为主要业务，研发人员已达250多人。2000年3月，成立软脑软件（美国）有限公司，以收集美国信息通信技术的信息为主要业务。2005年9月，设立Soft Brain Offshore株式会社，承接Soft Brain离岸开发项目、项目管理。2006年1月，成立软脑离岸资源（青岛）有限公司，作为Soft Brain Offshore株式会社在中国的开发据点。[2]

孙大雄。1959年生于四川成都，1978年考入苏州职业大学（现苏州大学），学习机械工程学，毕业后进入当地的国营制药公司担任制造机械技术员。1989年赴日，在埼玉大学研究生院主攻真空镀膜技术研究。1991年，孙大雄进入日本真空镀膜设备厂商的研究开发部门。1996

---

[1] 《华商李坚：愿为下一次成功等待》，《中文导报》2010年6月27日；《总裁的话》，http://www.sji-inc.jp/english/group。

[2] 有关宋文洲和"日本软脑"的个案分析，参看康荣平、柯银斌、董磊石，《海外华人跨国公司成长新阶段》，北京：经济管理出版社，2009年，第四章；及《宋文洲简介》，http://www.softbrain.com.cn/hdzt/aboutsou.html。

年起担任项目组责任人，开始全力以赴地进行 DWDM 滤波器生产设备的研究开发。后公司决定中止这一项目，这促使孙大雄自主创业。孙大雄于 1999 年在日本埼玉创立光驰公司（Optorun Co.），作为光学薄膜成膜生产设备与技术提供商。2000 年及其后，光驰公司成立光驰科技（中国上海）有限公司，Optorun Taiwan Service Center（中国台湾）和 MSR Corporation（韩国）。目前世界上只有美国、德国和日本的 Optorun 三家企业从事光膜研制。在中国台湾地区，光驰占据了五成以上的市场份额。孙本人还获得日本企业家表彰大会（"Entrepreneur of the Year Japan 2003"）的创业奖。[1]

蓝伟光。蓝伟光 1964 年出生于闽西武平县的一个乡村。1981 年考入厦门大学化学系，毕业后在集美大学担任讲师。1992 年，他获得新加坡国立大学的奖学金，前往攻读博士学位，并在短短的三年内完成学业。此后，他加入了当时新加坡最大的水处理公司凯发集团，被派往上海担任中国区的技术与销售总监。他在 1995 年成为新加坡永久居民，两年后成为当地公民。在中国工作期间，他日益意识到膜技术转化为产品的商业价值。[2]1996 年，他在厦门创立了三达公司。蓝伟光意识到膜技术在用于水处理时所获得的利润远远低于制药行业。因此，三达公司的业务不仅以制药业为主，而且，从最初仅仅提供技术咨询和流程设计改变为将硬件与软件综合销售。这不仅使公司利润增长近半，而且也协助了整个中国制药业的进步。膜技术使维生素 C 生产成本大幅降低，从而使中国超越美国，占据全球维生素 C 市场的六成份额。而采用蓝伟光的膜技术的江山制药也从 2000 万元起家的小厂，跃升为全球六大维生素 C 的生产企业之一。

蓝伟光的企业发展是以跨越中新国界为特征的。他在新加坡成立

---

[1] http://www.optorun.co.jp/chinese/profile/profile3.htm.

[2] 膜（membrane）是一种高分子过滤材料，可以将不同物质分离。膜技术以压力为推动力，进行分离、纯化与浓缩，从而达到解决工业生产过程中应用传统工艺无法处理的能耗高、质量差和工业污染难题。

新达科技公司，2000 年至 2002 年间的销售额增长了 547%，2003 年的营业额达 2 亿元人民币。公司也由创立初期的 3 人发展到 170 人，其中 65% 的员工有大专以上的学历。2002 年《企业家杂志》选出中国最佳"明日之星"的中小型企业中，新达排名第三。2003 年 6 月，新达科技在新加坡股市主板上市，成功筹得 1.5 亿新元。据 2003 年《福布斯中国富豪榜》，蓝伟光及其家族以 1.37 亿美元的身家名列第 75 位。同年，他获得《亚洲周刊》华人青年企业家大奖。2004 年，新达科技集团收购瑞丰生物。拥有 16 年历史的瑞丰是中国最大的赤霉酸（一种天然植物生长调节剂）生产厂家之一，并于 2007 年 7 月在新加坡股市主板成功上市。

林玉程。林玉程 1963 年生于福建泉州，1981 年就读于南京大学物理系，毕业后获奖学金到伦敦帝国理工学院攻读博士专业，1991 年获博士学位。同年受新加坡政府的邀请，到新加坡标准与工业研究院出任高级研究员。标准与工业研究院与生产力局合并后，他继续在新加坡生产力、标准与创新局属下的环境技术部出任主任。由于他在这个领域有多年的钻研成果和特长，1997 年，该局邀请他参股 30%，合作成立 NOVONET 创新环境技术公司，并由林玉程担任董事经理。1993 年成为新加坡公民后他创办了联合环境技术（United Envirotech），自己任主席兼总裁。在不到三年的时间里，联合环境技术为中国石化属下超过 50 家企业提供了环境水处理回用工程及环境、安全及健康的管理咨询服务，主要客户有中石化广州、北京燕山石化股份有限公司、中国石化仪征化纤股份有限公司、中国石化扬子石油化工、天津石化、胜利油田、华北制药厂、天津药业等机构。公司于 2004 年 4 月在新加坡成功上市，林从售股中获得 520 万新元；他在公司中所拥有的 29% 的股份价值为 3400 万新元。

史旭。生于 1964 年的史旭 1987 年毕业于同济大学，作为"中英友好奖学金"得主，他被英国雷丁大学录取为博士研究生。他在 26 岁获得博士学位后赴新加坡南洋理工大学，成为当时最年轻的讲师。1999 年他辞职创立了纳峰科技国际私人有限公司，专长于真空镀膜技术，是为新一代硬盘、半导体、精密机械、光学设备生产的关键工艺之一。公司从创业伊始就有盈利，并被选为亚太地区五百个成长最快的科技公司之一。史旭本人分别于 2000 年和 2001 年获新加坡国家技术奖和创新奖。

张露。张露毕业于北京广播学院，在电视台工作多年后在墨尔本大学获得 MBA 学位，在新加坡的菲利浦公司任高级技术与管理工作。创业后任新加坡宝路新科技服务公司（Treasueway）的董事长。1994 年，她利用新加坡在建筑智能化方面的先进科技成果和成功经验回国发展。经过多年努力，张露在中国设立了徐州新世纪电子工程公司、上海宝路公司和广州宝路公司，并担任董事长，还出任另外两家公司的副董事长。主要业务是为建筑智能化提供设计、设备、施工、安装、调试以及售后服务。2001 年在中国承包的工程总额达 1 亿元人民币，比 2000 年增长 60%。作为在华发展有突出贡献者，她于 2002 年获得外国人在上海五年居住证，成为极少数获得中国绿卡的外籍人士之一。

（二）供应学派视野下的新移民跨国企业家

如前所述，企业精神研究中的供应学派注重个人素质（如成就取向、冒险性、价值观、创造力等）对经济活动的影响。本节以此为出发点，探讨新移民企业家成功背后的共同因素——冒险精神与勤奋的工作态度、从科学到生产力的创造性转化、企业战略上的核心关注。

第一，新移民跨国企业家都具备了强烈的冒险精神。在创业之前，他们都有稳定的工作和优厚的薪水；放弃这些而走向前景叵测的创业道路意味着机会成本的巨大。蓝伟光的妻子谈到当初蓝离开凯发公司时，她虽然支持，"但也十分担忧"。林玉程也深知个人创业的风险，但他表示"希望成就一番大事业"。[1] 史旭则认为，"有时压力是巨大的，因此你必须有自信，并有坚强的信念。作为一个创业者，就像坐过山车一样……在成功之前，没有回报，没有认可"。为了弥补因为失去工作安全感带来的焦虑，企业家们在创业初期都异常勤奋地工作。林玉程的

---

[1] *Straits Times*, May 23, 2003; April 19, 2004.

NOVOETS 刚成立时只有 3 名员工，他说，"我必须特别勤奋地工作，每天只睡三四个小时"。史旭在妻子生产的第二天，就必须赶赴日本，为他的客户解决技术难题。宋文洲强调，"在异国他乡创业最重要有闯劲，要有很强的生存能力。要在没有答案的事情里面找答案，什么该做，什么不该做，不做的话永远没有结果。不要在乎失败，我这些年就是在不断地做，不断地赚钱也不断地赔钱"[1]。

第二，更重要的成功因素是跨国企业家们将先进科技转化为生产力的能力，这也是科技型企业家的精髓所在。蓝伟光自认为是"有企业家头脑的科学家"。他深知，自己的技术优势和对中国以及海外情况的了解，能够使他成功地由一个职业经理人转变为企业家。他强调，新达科技的哲学就是创新与市场领先，并由此给股东带来更高的利润回报。孙大雄则说："我本人一直很清楚，就自己的性格而言，与经营相比更愿意待在研究室里。但在技术革新速度不断加快的今天，我感到日本企业的经营过于保守。鉴于自己对所从事的研究充满信心，因此决心自己创业。"[2]

第三，企业战略重心的选择。Mark Casson 曾指出："企业家是那些专长于对有限的资源的协调进行决策性的选择的人。"[3] 市场战略的选择对于新移民跨国企业家尤其重要。蓝伟光就强调只有将膜技术应用于制药业才能带来优厚的利润。他认为，自己的技术优势是能够将不同的膜技术整合成一个整体，并满足不同客户的需要。在获得《亚洲周刊》青年企业家奖之后，他表示仍然会专注于其核心市场。在战略分工上，新加坡总部作为资金筹集来源和展开部分研发工作的所在地；而中国则成为其最主要的市场、员工和原料所在地。林玉程也说："制药、石化和化工是我们当前的战略重点。原因很简单，首先，这些行业的门槛高，需要

---

[1] 王晴，《访日本软脑集团创始人宋文洲》，人民网，2010 年 8 月 24 日，http://japan. people.com.cn/96960/97741/6719757.html。

[2] 日经 BP 社报道，《中国力量改变日本（4）——在日本放手一搏》，http://japan. people.com.cn/2002/10/4/2002104100448.htm

[3] Mark Casson, *The Entrepreneur: An Economic Theory*, Second Edition, Cheltenham: Edward Elgar, 2003, pp. 19–20.

真正一流的技术；其次，它们的利润额比传统的程序（如污水处理）要高得多。因此，这是我们的重点。"李坚认为，企业必须有自己的强项才能在分工日益细密的社会中生存发展，SJI 的人才、技术优势加上它在中国和日本的大规模运营能力，成为它的比较优势，领先其他同行。[1]在创业初期，通过销售土木工程分析软件，宋文洲的软脑公司获得了 13 亿日元的收入，并且在日本的软件业一举成名。1996 年，宋文洲面临着新的选择：软脑的土木工程软件已占据了日本的全部市场，在铁道、公路、水利、科研院校得到广泛应用，300 多家建筑公司、设计院和研究所都购买了软脑的软件，市场处于饱和状况。公司的业务大多是软件的升级和维护，虽然收益较高，但毕竟市场有限，不会有太大的发展。公司必须寻找新的业务增长点。中国市场的巨大潜力使宋文洲明确表示，"下一个目标不在日本，而在中国"[2]。

简言之，从供应学派视野来看，冒险精神、技术优势、企业战略构成了跨国性科技型企业家的崛起。然而，这些原因还无法完全说明他们的成功因素及其含义。接下来，我们从需求学派的视野出发，来分析国家、网络、跨国性以及家族主义在新移民企业家兴起与发展中所起的重要作用。

三、跨国视野下的国家与网络

企业家与企业家精神的产生及其特征是与特定的时间与空间密切相关的，并在某些特定的制度下发展与成熟。因此，我们必须探讨制度及其在不同时空中的作用。

（一）中国的政策

前文强调，跨国性视野之下的"此处"与"彼处"之间的联系受到国家政治的制约。而这种新形势下的国家自身也与不同类型的跨国力量

---

[1] 《把日本企业风吹进总商会——访中华总商会会长李坚》，《中文导报》2008 年 3 月 3 日。
[2] 康荣平、柯银斌、董磊石，《海外华人跨国公司成长新阶段》。

建立起某种形式的共生与互动，从而为新移民跨国企业家的发展创造了不可或缺的条件。笔者认为，政府对跨国华人企业家的支持成为中国融入全球化的一个重要组成部分。这一策略有着广泛的内容，本文着重强调其中一个方面，即对国家留学和科技人才的吸引与使用。

随着 20 世纪 80 年代初之后出国潮的兴起与壮大，吸引留学生为中国的经济社会发展服务的问题受到国家领导人的重视。到了 1990 年，越来越多的留学生已在当地（尤其是欧美）工作。他们并非落地生根，也不排除落叶归根的可能性，而是经常游走于居留地与中国之间，因而构成我所称的"跨国华人"的主体。正是在这种背景下，国家的政策也由过去强调留学生的"回国服务"改变为"为国服务"。2007 年年初，国家人事部发布了《留学人员回国工作"十一五"规划》。《规划》提出，今后几年，中国留学人员回国工作将致力于完善政策措施，创新工作机制，提高服务水平，以高层次创新人才为重点，以团队引进、核心人才带动引进、高新技术项目开发引进等为主要方式，加大高层次留学人才引进工作力度。"十一五"期间，留学回国人员新增人数将达到 15 万—20 万人，争取吸引留学人员回国服务 20 万人次。

在中国经济蓬勃发展的背景下，既有越来越多的"海归"回国创业发展，也有大量的跨国华人居留海外，并充分利用双边优势，加入中国经济腾飞的进程。截至 2002 年为止，全国共成立了 56 个工业园，主要为了吸引归国留学生和科学家而设。到 2010 年年初，国务院批准设立的国家级经济技术开发区有近七十个。它们为新移民企业家回国创业发展提供了重要的平台。例如，在 2001 年于广州举行的第四届科技交流会上，有 2600 个新移民（近半数有博士学位）参与，其中 30% 计划回国创业，34% 则有意在国内寻求合作伙伴。[1] 中国政府也积极走出

---

[1] 《亚洲周刊》2002 年 1 月 20 日。国务院批准的工业技术园区名单见 http://www.chinazone.org.cn/showinfo.aspx?id=488。对中国科学园的吸引海归模式的分析，见 M. Wright, X. Liu, T. Buck, and I. Filatotchev, "Returnee Entrepreneurs, Science Park Location Choice and Performance: An Analysis of High-Technology SMEs in China", *Entrepreneurship Theory and Practice*, vol. 32, no. 1 (2008), pp. 131–155。

去，寻求同包括新移民企业家在内的海外华人建立良性的和多元的互动关系。2009 年 11 月，广东省委书记汪洋率广东省党政代表团和广东经贸代表团访问日本。在日本中华总商会和东京华侨总会等机构举办的欢迎晚会上，他表示："我率团来访问日本，是想借鉴日本在过去的工业化进程中的一些经验和教训，解决好我们现在发展中面临的困难和问题；也是想进一步吸收日本的高新技术的成果，提升我们自己的产业水平。在新的历史时期，在解决我们在发展中面临的一系列问题的过程中，我们仍然希望在日华人华侨能够像过去一样按照我们国家的要求，继续为我们国家转变发展方式、破解发展难题、提高发展层次，做出新的贡献。"[1]

新移民跨国企业家从这些新政策措施中获益良多。厦门三达公司就是在厦门火炬工业园区（主要为吸引留学生而设）的第一家公司。蓝伟光表示，工业园的管委会主任和当时厦门市市长洪永世的大力支持和鼓励是他下决心在厦门创业的关键原因。他说，三达早期的成功"在很大程度上取决于政府的支持"[2]。他还表示，"感谢邓小平，感谢新加坡政府，因为有了邓小平，我才有读书的机会，也［因为］有了新加坡政府，我才有后面的发展机会"。

国家不仅仅为跨国科技型企业家的兴起提供政策上的鼓励和帮助，在某些时候，地方政府还直接参与了这一进程。例如 1996 年厦门三达成立时是一个中外合资企业，其中蓝伟光本人投资 720 万元人民币，厦门市政府属下的建发公司投资 720 万元，另外三家公司（包括厦门大学）共投入 900 万元。而林玉程的联合环境技术从建立一开始就同中国石化及其在国内的五十多家分公司有密切的关系。联合环境技术在2003 年的营业额（1100 万新元）中的 49% 是来自与中国石化的合作。2009 年，公司在辽宁省获得了 2.45 亿人民币的合同（有关饮用水设施

---

[1]《日本中华总商会欢迎汪洋书记率团访问日本》，http://www.cccj.jp/html/Free.News.
CN/461.htm。

[2]《东南日报》2003 年 11 月 22 日；《厦门晚报》2003 年 11 月 22 日。

的建立和污水处理）。[1]

在中国政府积极推动信息产业高速发展的大背景之下[2]，更多的国有和私营企业也走出国门，其中一部分也同新移民企业家建立了密切的合作与联盟，从而创造了双赢的局面。例如，2009 年 11 月，中国最大的 IT 服务企业神州数码控股有限公司（联想集团属下的子公司之一）与李坚为总裁的 SJI 正式达成业务合作及资本合作协议。神州数码向 SJI 增资约 59 亿日元，持有 SJI 股份超过 40%，成为这家在日本 IT 软件开发和服务业中拥有举足轻重地位的中坚企业的控股股东。SJI 总裁李坚（他同时也是中国人民政治协商会议北京市委员会顾问和国务院侨办海外专家咨询委员）个人持股比例将从 10.13% 降为 5.99%。李坚表示，SJI 将把神州数码作为中国业务的窗口，向中国市场提供日本高品质的解决方案，推动事业进一步扩大。另外，SJI 还可对欲进入中国的日本企业提供全面的 IT 服务和支援。神州数码董事会主席兼首席执行官郭为指出，神州数码与 SJI 拥有长期的业务合作关系，进一步的深化合作将为两家企业带来双赢局面。神州数码和 SJI 将通过共享专门知识、知识产权、信息技术、人力资源和销售网络，合作开拓中国和日本两地业务。与 SJI 的合作，有助于神州数码进一步加强 IT 服务和软件开发能力，并有机会将业务拓展至日本市场。[3]

（二）新加坡和日本的措施

作为一个仅有 550 万人口、缺乏任何天然资源的国家，新加坡政府从 1965 年建国伊始就意识到人才的重要性。到了 20 世纪 80 年代之后，随着国家经济的转型，新加坡对高端人才的需求更为强烈。1989 年 8 月时任贸工部长的李显龙在国会演讲中称："让我们欢迎新移民，只要他们

---

[1]　*Business Times*, Sept. 29, 2009.

[2]　Lun Wu and Tong QingXi, "Framework and Development of Digital China," *Science in China Series E: Technological Sciences*, vol. 51, Supplement 1(2009), pp. 1–5。

[3]　《神州数码控股日本上市企业 SJI》，《中文导报》2009 年 11 月 23 日。

如我们的先辈一样，带来同样的勇气、企业家精神和能力。"吴作栋总理在 1999 年国庆群众大会上表示，"最重要的是人才。没有人才，我们不可能成为一个第一世界的经济体和世界一流的温馨家园。我们必须从海外引进人才"。在 2006 年 8 月的国庆群众大会上，李显龙总理重申了新加坡欢迎外国人才的国策。[1]

这种强调外国人才政策的引进与实践具有针对性，是服务于不同时期政府的经济发展战略。自从 1999 年以后，政府就致力于创造条件鼓励高科技发展，以使经济最终朝向知识经济的转型，并同制造业和服务业相得益彰。在这种政策指导下，二十多个具体措施和大量的资金援助计划先后出台，旨在鼓励科技型企业家在金融、资讯、科技、商业创新、人力资源等方面的发展。一些新移民企业也获得经济发展局的起步资金援助（SEEDS, Start-up Enterprise Development Scheme），该基金总额达 1300 万新币。在新加坡，高科技起步企业的总数已经从 2001 年的 326 家增加到 2002 年的 762 家，增长率为 134%。来自中国的有 60 家，其中就有 8 家企业得到了该基金的资助，约占 13%。史旭因此表示："如果中国创业者想要资金、新技术、合作伙伴，或者需要走向世界市场的平台，那么新加坡自然是一个能够让中国企业过渡并逐渐走向国际化的地方。新加坡拥有世界一流的设施，科技开发的成本也比许多国家低，这能够让起步企业更具有竞争力。"

另一方面，新移民企业家也深知新加坡市场的局限性。因此，在筹得资金或将科技转化为产品之后，必须以国际和中国市场为主要依托。这种双重策略——在发达国家筹措资金以及研发以市场为导向的产品，

[1] Lee Hsien Loong, "Let Us Welcome Immigrants," *A Bimonthly Selection of Ministerial Speeches,* vol. 13, no. 4(Information Division, Ministry of Communications and Information, Singapore), Jul-Aug, 1989, pp. 76-78;《联合早报》1999 年 8 月 23 日；*Straits Times,* August 20, 2006. 有关新加坡政府的国际人才战略，参看刘宏、王辉耀，《新加坡人才战略与实践》，北京：党建读物出版社，2015 年；有关新加坡移民政策的国内反响与调整，参看 Liu Hong, "Beyond Co-Ethnicity: The Politics of Differentiating and Integrating New Immigrants in Singapore", *Ethnic and Racial Studies,* vol. 37, no. 7(2014), pp. 1225-1238.

以及专注于中国市场并充分利用中国的原料和成本优势——显著地强化了新移民企业家的跨国特征。严浩的 EPS 公司在中国发展迅速。他在 2010 年的公司年中报告中指出，公司"广泛的以中国为基地的网络和技术优势"构成了公司成长的关键动力，这将创造出一种集日本和中国企业特色的新商业模式。[1]

同中国地方政府的策略一样，新加坡政府也直接参与了新移民企业家的成长过程。例如，林玉程的 NOVOEST 就是与政府所属的生产力与标准局的合资机构。在一些官方的访华考察团中，也包括了新移民的代表。2001 年 8 月，新加坡贸工部部长杨荣文率领访问中国西部的 57 人考察团中，有 4 位就是来自中国的新移民，他说，"中国人才移民到新加坡，已经为我们制造了一个很有价值的经济联络网，我们应该善用它"[2]。

日本政府的相关政策也为华人新移民的创业和发展提供了重要的环境。1999 年日本法务省制订"第二次出入国管理基本计划"，提出日本应适应社会需要，促进从事国际商务活动的人员顺利地进行国际交往，积极地接受有技能、技术和知识的外国人进入日本劳动市场。随着日本就业政策限制的大幅度放松，很多留学生以就职的身份侨居日本，并走上创业的道路。例如，在 2000 年至 2003 年间，由留学生身份改换为就职身份的申请者中，60% 以上都是中国背景的。在 2003 年的技术移民中，有 38% 来自中国。[3]

简言之，国家成为新移民在跨国企业家成长与发展中一个不可或缺的要素。与老一辈海外华人企业家同政治的关系模式有所不同（主要通过政商联盟），新移民企业与政治的关联是以政策为导向，并通过自己

---

[1] *EPS 2010 Interim Business Report*, http://www.eps.co.jp/en/ir/library/busirep/pdf/2010/2010-3. pdf.

[2] 《联合早报》2001 年 8 月 30 日。

[3] 朱慧玲，《中日关系正常化以来日本华侨华人社会的变迁》，第 89-90，99-101 页；王小洪、周飞帆，《中国人在職者の友人ネットワークに関する調査研究》，《人文と教育》2006 年第 2 期，第 31-49 页。有关日本移民政策的变化及其对跨国移民的影响，参看 Shinji Yamashita, "Transnational Migration in East Asia: Japan in a Comparative Focus", *Senri Ethnological Reports*, vol. 77(2008), pp. 3-13。

的技术优势和国际经验同中国政府和企业建立有效的联盟；而商业与政治的互动更多的是在跨国的社会场域上展开，因而产生对中国、所在地的国家以及跨国企业家的三赢态势。身为日本中华总商会会长的李坚在 2008 年就表示，在日华商将进一步加强同日本企业界的联系，新华商关心社会和国家的发展，期待为中国的崛起有所作为。中国的发展为华商提供了商机和舞台，华商的力量也为中国产业升级提供了强有力的支持。[1]

（三）家族主义、网络与跨国知识的建构

一些学者认为，随着全球化的加剧，传统的华人家族企业模式将消逝，与此相关的华人商业网络的重要性将降低，并可能让位于更开放的企业治理（Corporate Governance）的模式，华人与非华人之间的合作也更加重要。[2] 本章的研究对象虽然是全球化时代的新移民科技型企业家，但它却显示了华人家族主义与网络的持续的生命力以及跨国知识的重要性。

家族主义传统。黄绍伦教授指出，"华人经济组织的核心是家族主义"。[3] 商业家族主义及其所依托的中华文化并未随着知识经济的崛起而式微；相反，它们仍然作为跨国华人企业精神建构中的一个不可或缺的因素。蓝伟光在 2003 年 10 月新加坡管理大学的一次演讲中认为，到中国经商就必须了解中国文化，因为"儒家思想对中国人的行为方式还有很大影响"。实际上，他"下海"的原因之一就是尽可能多赚一些钱，以照顾因父亲去世后的大家庭。[4] 这种家族主义更主要的表现是企业结构。新达集团的最高管理层由五人构成，蓝伟光作为创办人和董事长，

[1] 《把日本企业风吹进总商会——访中华总商会会长李坚》，《中文导报》2008 年 3 月 3 日。

[2] Edmund Terence Gomez and Hsin-Huang Michael Hsiao, eds., *Chinese Enterprise, Transnationalism, and Identity* (London: Routledge Curzon, 2004).

[3] Wong Siu-lun, "The Chinese Family Firm: a Model", *The British Journal of Sociology*, vol. 36, no. 1(1985), p. 58.

[4] *Straits Times*, June 8, 2003.

持有公司 67.5% 的股份，蓝伟光的妻子陈妮持有 7.5% 的股份，是公司共同创办者和执行董事，负责整个集团的全盘行政和日常管理。2000 年公司进行重组时曾聘请了一个首席执行官，但他在六个月后就离开了公司。蓝伟光的弟弟蓝新光是三达集团的副总裁及"瑞丰生物"的总经理，他的另一个弟弟蓝春光则担任三达集团的副总裁。[1] 在中国中央电视台的一项访谈节目中，蓝伟光表示："我这人第一个要求，我希望这个人［首席执行官］的职业道德，这是第一位的。我肯定不愿意说，结果我两个亿的市场，被他瓜分走一个亿。第二他必须有职业的能力。我觉得第三个是在认同我现有的文化之上并发展它。"如前所述，严浩及其亲属对 EPS 公司的控股高达 55.67%（2008 年）。

网络。各种形式的社会与商业网络是华人经济活动的重要组成部分。在新移民跨国企业家发展的过程中，它们也仍然扮演着不可或缺的角色。林玉程与中国石化的关系始于 20 世纪 90 年代末期，当时他是 NOVOEST 的执行经理，负责接待一个来自中石化高层的代表团。他说："懂得做人比做生意更重要，当初见到这批客人的时候，完全没有做生意的目的，更没有想到，从此会同中国石化有分不开的关系。我只是觉得他们老远从中国来，我应该尽地主之谊。后来才知道他们刚好在寻找处理石化和环保业务的应用科技，而这也正是我 20 多年来在研究和处理的课题。"如果没有这层最初的联系网，林与中石化的合作不可能展开。然而，与传统的华人企业家对个人信用网络的严重依赖有所不同，当今商业网络的持续发展必须建立在技术优势和互补性基础之上。林表示："要建立长久的关系，靠人情是不行的，一定要在技术上遥遥领先，并拥有一支科技队伍。"宋文洲的企业从日本转向中国发展的重要一环也是通过个人网络所推动的。正在宋文洲思考"软脑下一步"的时候，主管三峡工程的长江管理委员会的几位工作人员到日本访问，宋文洲为他们担任翻译。在交流过程中，他对来访者讲述了自己研发软件的功能

---

[1]　http://sinomem.listedcompany.com/management.html.

以及能够对土木工程有多大的帮助。由此，软脑的木土工程分析软件正式进入中国市场，为三峡工程的设计部门、北京地铁等大型计算工程所采用。

与所在国的密切商业联系是华人新移民企业家的成功因素之一。严浩表示，他与日本大医药公司建立了业务联系，长期合作产生了彼此的信任。"我们首先从一流大公司拿到了项目，虽然项目不大，但建立了相互的信任。而因为这种信赖关系，我们起步的时候就很容易。如果贸然进入这个行业，大公司不会对你态度如此之好。"

华人商业网络的建构亦得益于华人社团。虽然在科技发展的时代，它们的重要性已不如过去，但仍然有一定的影响力。例如，蓝伟光是新加坡中华总商会的成员，而林玉程和史旭则是2001年在新加坡成立的，以中国新移民为对象的华源会的副主席。这些团体成为新移民企业间建立联系、传播信息的重要渠道。华源会企业家俱乐部召集人史旭表示："新加坡聚集着成千上万来自中国的新移民。他们中有许多杰出的人才，在工商界和学术界取得丰硕的成果，他们希望能有机会与更多朋友分享奋斗的艰辛历程，分享成功的欢乐与经验；也希望能够为新加坡与中国，以及其他国家架起友好合作的桥梁。"

血缘因素在新移民的社会网络中的地位较不重要。严浩指出："血缘关系只适用于老一代的华侨。是自80年代以来，以留学形式移居海外，并在当地立业的华侨，特别是日本和美国的新华侨，几乎与血缘组织无关。"[1] 日本新移民企业家更多的是参与业缘性和专业性的团体。1999年成立的日本中华总商会（严浩和李坚都曾担任会长的职务），其27名理事会成员中有大约22人是大陆出生的新移民，其中有17名成员在中国和日本都有较大的业务。[2] 总商会是新移民企业家建立中国网络的重要

---

[1] 《"严浩、李坚、宋文洲"三人访谈录》，《华商》（日本中华总商会出版）2004年第3期，第19页。

[2] 据笔者对2006—2008年理事会成员背景的初步统计。有关27名理事的背景，参看http://www.cccj.jp/PDFdisp.aspx?id=121。

平台。李坚指出，总商会作为在日最大实力的华侨经济团体，凭借长期以来与中国政府部门及各个商业组织之间建立的密切联系，有许多与中国政府及经济团体直接接触的机会。[1]

随着留日和就职人员的增多，新移民专业团体发挥了更大的作用。1993 年成立的在日中国科技者联盟，拥有一千多名会员，其事务局局长刘玉劲在日本创立了从事软件开发的龙高集团公司，在沈阳设分公司。由于经常往来于中日两国处理业务，现在他说不清到底是到中国算出差还是在日本算出差。像刘玉劲这样中日两国业务两头兼顾的"哑铃式"或"候鸟型"的在日华侨华人正不断增多。他们都认为，自己成功的因素之一就是学到了日本的先进技术，用日本的技术雕出中国这块美玉，并进而扩大到同世界的联系。"日本企业对中国投资促进会"会员大多为在日本学有所成的博士，且多为在日本华人各大团体之主要骨干。该会以"促进日本企业和中国企业之间的经济技术交流，推动和协助日本企业完成投资，提高日本企业投资者的投资质量，保护日本企业投资者投资安全，帮助其成长、发展"为宗旨。自成立后，已经先后组织了几十批"日本企业投资中国访问团"来中国访问、考察。[2]这代表了"地、中、海"三结合的模式（地就是国内地方政府，中就是中资机构，海就是海外华人新移民企业）。[3]

跨国知识及其在地化。　研究表明，知识的获取受到信息及其整理过程的影响，但这同时也取决于企业家的眼界和独创性。前者指的是对企业及其相关的内外环境的理解与信念。那么，这种企业知识是如何

---

[1] 《华商李坚：愿为下一次成功等待》，《中文导报》2010 年 6 月 27 日。

[2] 有关该会的介绍，参看 http://www.jic-jp.com/ 。侯碧红，《为中日经贸合作交流搭建桥梁——日本新华侨华人及其经济》，载吕伟雄主编，《海外华人社会新观察》，广州：岭南美术出版社，2004 年，第 57—62 页。有关日本新华侨社团在中国改革开放中的作用，参看廖赤阳主编，《大潮涌动——改革开放与留学日本》，北京：社会科学文献出版社，2010；廖赤阳，《当代华人知识分子社团的跨国实践及其理念：以"日本华人教授会议"为个案》，《华人研究国际学报》第四卷第二期（2012 年 12 月）。

[3] 笔者对此模式的简单介绍，参看《如何引进？怎样管理？》，《人民日报海外版》2011 年 8 月 25 日，第七版。

传播并在公司所在的各地区实施的？一般认为，连锁董事（interlocking directorates）在企业知识与治理方式的传播中扮演了积极的角色。通过董事会等方式，优秀的管理方式和企业知识能够迅速而有效地被其他相关企业所采用。[1] 本文所研究的华人新移民企业管理层大多是典型的跨国知识接受者、实践者和传播者，因而能够给其企业带来活力和更强大的生命力。例如史旭的纳锋科技公司的管理层是由具备广泛跨国背景者组成。技术主管 Cheah Likang 在南洋理工大学（史旭曾在此任教八年）获得学士和博士学位；负责行销的副总裁 Eugene Chiong 在年仅 25 岁时就在泰国创业；总经理（设计与工程）Wei Hao 在新西兰获博士学位并曾在北京和西方跨国公司任职；负责生产与后勤的总经理 Shen Chunhui 曾任教于上海交大，并就职于 Seagate 等跨国公司。

总而言之，从需求学派的视野来看，经济活动的"推力和拉力"及其制度与环境是企业精神的重要变数。通过以上对国家、网络和家族传统以及跨国知识建构的简要论述，可以看出正是由于这些因素的共同作用才使新移民跨国企业家的冒险精神能够有针对性的发挥，并有效地将技术发明转化为产品，从而实现从学者到科技型企业家的质的飞跃。

四、结语

杜拉克认为，20 世纪 80 年代的美国经历了"从经营型（managerial）到创新型（entrepreneurial）经济的根本性变迁。创新型经济之所以成为可能，是由于管理方法的新运用，尤其是有系统的创新，以寻求和利用新的机会，从而满足人类的需求"[2]。这种深刻的经济转型已经在海外华人社

---

[1] Sean O'Hagan, and Milford Green, "Corporate Knowledge Transfer via Interlocking Directorates: A Network Analysis Approach", *Geoforum*, vol. 35(2004), pp. 127–139；Sean O'Hagan, "Are American Interlocking Directorates Associated with Brain Circulation and do They Translate into Higher Corporate Performance?", *Geographical Review*, vol. 105, no. 3(2015), pp. 344–359.

[2] Drucker, *Innovation and Entrepreneurship*, pp. 1, 13.

会发生，并在中国大陆经济改革浪潮中受到越来越广泛的重视。熊彼特等人所强调的以创新性为核心的企业家正在逐渐崛起。本文所讨论的新加坡和日本华人新移民跨国企业家正是这一变迁过程的有机组成部分和重要推手。总结前述的理论讨论与个案分析，本章可得出三个主要结论。

第一，新移民企业家都具备了双文化和双语的能力，并通过持续性的和不间断的跨越国界的活动作为其生活与事业的主导方式。从这个意义上说，他们的活动与观念彰显了跨国性的精髓；他们的跨国教育和工作背景以及由此产生的跨国知识和"既在此处，又在彼处"的心态，对于他们的商业活动有着直接而重要的影响。

第二，这种跨国性成为新移民企业家的核心特征，也是他们的比较优势（comparative advantage）。传统的跨国企业通常以某一区域为重心，在发展到一定阶段后再向外扩展，这是一种自上而下、由内及外的过程。而本文所讨论的新移民企业从一开始在结构上就具有跨国特征，并通过自下而上、由外及内的过程将海外华人社会与中国连接起来。其创建者的信心来自跨国教育和经验，其管理人员拥有跨文化背景，并以跨国市场的经营和劳动分工作为其显著特征。与从事类似行业但缺乏类似跨国背景的本土企业家相比，新移民跨国企业家通常能够在更短的时间内取得更大的经济效益。

第三，新移民跨国企业精神的建构与发展是在与国家和网络的多层面互动过程中实现的。作为一种由上而下的垂直的权威体系，国家通过与平行的跨国华人网络建立了某种共生关系，并透过在政策等方面的倾斜和扶持，为跨国企业家的成长创造了不可或缺的条件。而后者的壮大又反过来加强了国家在公共领域的主导作用，使之能够在其进入国际经济领域的过程中获得一个崭新的平台。

二　移民与创业

族裔资本与美国华人移民社区的转型[*]

周　敏　林闽钢

内容提要： 美国最早的华人移民社区——唐人街（Chinatown）出现于 19 世纪末，它是美国历史上西海岸反华运动和 1882 年联邦政府排华法案产生的直接结果。在随后的发展中，唐人街逐渐形成了它鲜明的族裔文化和经济特色，赢得了早期华人移民的认同，成为美国最具特色的族裔聚居区之一。在 20 世纪 70 年代以后的 30 多年间，伴随着华裔人口的迅速增长和新移民人数的不断增加，美国华人移民社区发生了很大的变化，特别是在传统的东西海岸华人聚居城市及其他城市中涌现出许多与唐人街有着质的差别的新华人聚居区，纽约市的法拉盛社区（Flushing）和洛杉矶地区的蒙特利公园市（Monterey Park）就是其中的典型。为此，如何从理论上来解释当今美国华人移民社区的转型成为目前移民社会学中一个引人注目的研究课题。本文针对移民社会与主流社会的关系，以美国华人新移民社区发生的新变化为考察个案，从社区人力资本、金融资本和社会资本的内在关系和互动关系的视角予以分析，提出"以族裔资本为中心"的解释性框架，并尝试解释"美国华人移民社区转型"的命题。

---

* 本文原载《社会学研究》2004 年第 3 期，第 36–46 页。

一、社会资本、族裔资本与移民社区

社会资本（social capital）是当今社会学最热门、运用最广泛的概念之一。但对于如何定义、把握和使用这个概念，却一直存有异议。布迪厄认为，社会资本不仅指人际关系和社会网络所产生的结果，而且还包括在人际交往和网络形成过程中所产生的便于获取权力和资源的机会和途径（Bourdieu, 1985: 241–258）。科尔曼的定义则强调其由构成社会结构的要素组成以及它的功能，即社会资本主要存在于人际关系和社会结构之中；换言之，社会资本也是生产性的；受制于社会结构的人际关系和组织关系会有助于或有碍于个人和群体的行动以及目标的实现（Coleman, 1990: 302）。后来的许多学者更试图从社会组织的结构、社会关系的模式或个体与组织的互动过程来理解社会资本的内涵，如波特斯在总结了有关社会资本的研究文献后提出，社会资本指的是某种个人或群体的能力——一种因行动者在其所属的结构和网络中所拥有的成员身份而保证其受益的能力（Portes, 1998）。还有人从非正式组织、正式组织、社区、城市甚至整个国家的多种层次和角度来理解、定义和使用社会资本这个概念。诸如普特南就意大利传统工业社区社会资本发展程度与经济发展的相互关系，从市民社会的角度来阐述社会资本，把社会资本看作一种类似于道德的物质资源。普特南认为，社会资本产生并体现于大众交往的社会网络之中，由于长期以来大众对本地社会、经济和政治生活的参与，社会资本逐渐演进成一种能够使人们互相信赖并互惠的物质资源，人们为了共同的利益而相互合作；社会资本是经济发展的先决条件，社会资本的强弱决定了经济发展水平的差异（Putnam, 1993）。

那么，社会资本与移民社区发展又是什么关系呢？不同理论派别对此问题有完全不同的解释。一种解释源于同化论的观点。此观点认为，移民社区处于主流社会的边缘地带，而移民文化是次等文化，无论何种背景的移民，最终都要放弃自己独特的文化传统，脱离边缘社会的制约，才能打入主流社会之中。新移民初到异地，大多处于劣势，如外文程度差、教育水平低、人才和金融资本不足、缺乏劳动技能等，难以直接进入主流社会。所以他们往往依赖自己族裔的移民聚居区谋生，从环境较差的社区和收入低微的职业起步，通过社会经济方面的积累和成就，逐渐站稳脚跟，进而进入主流社会。一般来说，成功人士最终的结果是搬出族裔的移民聚居区，融入以白人为主的中产阶层居住区（Warner & Srole, 1945; Gordon, 1964）。在同化论的观点看来，移民聚居区只不过是跳板，移民社区发展的最后结果可能是：原来的族裔移民社区或随着其成员被主流社会的同化而慢慢消失，或因其成功人士的纷纷搬离而留下一个不断衰退的贫民窟。这一观点来自对欧洲族裔移民（如犹太人、意大利及其他东欧移民）的研究，同时也有效地解释了美国许多中心城市少数族裔社区，尤其是黑人区不断衰弱的现象。同化论强调人力资本和金融资本的积累对移民向上流动的关键性作用，而把社会资本看成是价值有限的、过渡性的，最终要抛弃的东西，忽视了社会资本与族裔社区的其他结构性因素互动的过程和结果（Zhou, 1992: 229）。

　　另一种解释源于多元论的观点。此观点认为，少数族裔的移民社区是主流社会整体一个不可或缺的组成部分；无论它与主流社会的文化多么不同，各族裔独特的社会结构、经济活动和文化习俗本质上都会对主流社会有贡献。从经济上看，当今美国主流经济已经与少数族裔的经济融为一体，相互依存。相对于主流经济而言，少数族裔经济有它独特的一面。在主流经济中，金融资本和人力资本是企业运作和经营的决定因素；而在族裔经济中，企业的活力和发展动力不仅依靠金融资本和人力资本，在更多的情况下，少数族裔企业的成功还取决于企业家如何运筹和积累社会资本。一方面，在缺乏金融资本和人力资本时，少数族裔企业家通常可以依靠族裔文化价值观及其团结精神，以及由信任和互惠所培养的相对稳定的合作关系来经营企业，这是他们的优势所在。这些族裔资源使得族裔企业家扩大了盈余利润，增强了在经济生活中的竞争力。另一方面，族裔的劳工阶层也可以依靠本族裔的人际网络和一些社区组织的帮助而获得就业信息和机会，并找到适应社会、向上流动的方向和途径（Light, 1984）。多元论的观点虽然突出强调社会资本本身的作用，但却没有注意到社会资本如何与金融资本和人力资本互动。

族裔聚居区经济理论（ethnic enclave economy theory）则融合了上述两种观点。族裔聚居区经济理论既讨论经济也讨论文化。首先它强调族裔聚居区经济是主流经济的一个组成部分；但是族裔聚居区经济又具有独特而鲜明的族裔色彩，即它是由以族裔为主的劳务市场、资本市场和消费市场三方面组成，并在一定的地域范围内相对独立运行的一个族裔经济结构（Portes & Bach, 1985）。族裔聚居区经济的主要功能是支持族裔工商业的发展，运用族裔的财力、人力、市场资源以及文化资源去与主流经济竞争。一方面能为族裔企业家提供创业和向上流动的机会并加强他们在经济活动中的竞争力，另一方面又能为劳工创造就业机会和将来创业的可能性。例如，低技能的新移民聚居在自己的族裔区内，可依靠族裔聚居区经济克服种种语言和文化以及结构性的障碍，进而逐步提高社会经济地位，避免陷入长期贫穷的困境。结果是族裔企业家和劳工双方互赖互惠，通过家庭、亲朋、族裔间互动所形成的网络、本族裔的社会组织和群体间良好的文化共性等来促进族裔聚居区经济的不断发展。族裔聚居区经济理论把注意力放在族裔企业和个人与特定的族裔社会结构和文化互动的依据上，吸收了多元论的某些有关族裔文化的观点，强调族裔聚居区经济的特殊性和互动性。该理论还指出，对族裔聚居区经济的研究应把焦点集中在结构条件上，因为在某种程度上这些结构方面的因素，会导致不同族裔的移民群体的社会地位和社区呈现出明显的差异。总而言之，族裔聚居区经济理论不仅重视社会资本的作用，而且重视社会资本如何与金融资本、人力资本互动以及在互动过程中发生的关系和结果。

鉴此，本文认为，对于一个特定的族裔聚居区来说，金融资本、人力资本和社会资本既可以独立发生作用，又可以共同发生作用。所以，我们认为族裔资本实为金融资本、人力资本和社会资本的一种互动过程（interactive processes）。其中，金融资本的主要表现形式是资金和有形的物质财产。它外在于社会行动者，为社会行动者所占有；它因投资而减少，因盈利而增加，因亏损而丧失。人力资本的主要表现形式是个人的教育程度、劳动技能和工作经验。它内在于社会行动者，不因使用而减少，通过反复使用反而能使其充实和增值（但也可能在某种外部条件影响下导致其贬值）。本文从族裔社区这一层面，把社会资本理解为社会行动者与社区结构的一种互动过程。具体地说，社会资本指的是行动者（个人或组织）所拥有的获取某种物质和精神资源以达到某种目的的能力，而这种能力源于行动者与其他个人或组织在特定社会结构中所发生的社会关系和社会网络。因此，社会资本的多寡与得失取决于互动过程中产生的关系和影响。在这个意义上，社会资本的基本属性为关系属性、非正式属性和动态属性。

对于金融资本、人力资本和社会资本在华人移民社区不同阶段所呈现的状态，及其在华人移民社区转型中的相互关系和作用，我们将分别以纽约唐人街作为传统华人移民社区的典型，以纽约的法拉盛地区和洛杉矶的蒙特利公园市作为新华人移民社区的典型，来加以比较分析。

二、美国传统华人移民社区族裔资本的分析：以纽约唐人街为例

华人移民美国的历史最早可以追溯到19世纪40年代末，经历了这样几个时期：劳工移民时期（1848—1881年），排华时期（1882—1943年），配额移民时期（1944—1967年），当代移民时期（1968年至今）。在劳工移民时期，到达美国的华人主要是来自广东沿海因应美国西部的大开发而被招募的苦力。1851年至1860年间，大约有41000多名华工到达美国西部，他们几乎全部集中在加州，84%在矿山劳作。1960年代后期，中太平洋铁路公司除了从已到美国的中国矿工中招募人手去修建第一条横贯北美大陆铁路的西段外，还从中国直接招募新的契约劳工。这一时期，每年约有数以千计的华工抵达美国。这些早期来美的华工不仅没能像他们所想象的那样，淘金发财后衣锦还乡，反而很快发现自己成了被歧视和排斥的对象。铁路修成后，尤其在19世纪70年代，华工受到当地白人工人强烈反华情绪的骚扰和白人工会的极力排斥，被认为是与白人抢饭碗的"黄祸"，在"中国佬滚回去"的口号下，加州劳工党推动美国国会于1882年通过了排华法案，后于1892年又将该法案

无限期地延续，并扩及所有亚裔移民。在排华法案的制约和美国社会种族歧视的困境下，华人移民只能把自己圈在族裔聚居区内，部分华人为了逃避在加州可能遭受的迫害，逃到美国的东北部海岸城市，于是形成了早期美国东西海岸城市的唐人街。从 19 世纪末到第二次世界大战开始长达 60 多年的时间里，华人一直被美国的法律和社会所排斥。正如美国著名移民社会学家波特斯（Alejandro Portes）所指出："事实上这些唐人街，不是由企业家深思熟虑精心策划建造的，它是由美国社会残酷的现实引起的一种适应性反应，这个事实，对唐人街后来的发展，有决定性的影响。"（Zhou，1992: 3）也就是说，今天在美国一些主要大城市所看到的唐人街，实际上是美国社会在特定历史时期的排华所形成的。

在 1965 年之前，纽约唐人街的移民主要是来自广东四邑地区及其珠江三角洲一带的农民。这些早期移民不懂英文又识字不多，缺乏适合市场需要的熟练技术和经验，对美国社会不了解，根本不可能打入美国主流社会和经济，只能居住在唐人街，依赖唐人街的族裔经济生存，进而站稳脚跟，从长计议。他们不仅缺乏人力资本，也缺乏金融资本。因为早期的华工大多数是被"卖"的"猪仔"，除了用很低的工资定期偿还高昂的跨洋旅行费用，还要赋重税，所以基本上不存在投资创业的金融资本。在后来的发展中，虽然部分移民有了一些个人积蓄，但由于他们把唐人街看成是临时的类似家乡的避难所，认为淘金后荣归故里才是最理想的归宿，所以，大部分移民把积蓄寄往国内家中和用于自己的基本消费。唐人街则由此缺乏足够的金融资本的投入，因而影响了其自身经济的发展，使它局限在劳动密集型的传统行业中——如洗衣业和餐馆业。后来，随着洗衣业的萎缩，虽然发展了制衣业和零售批发业等，但也只限制在低成本投入和劳动密集型的传统行业中。

由于人力资本和金融资本的缺乏，华人移民只能把自己圈于一个与外界隔离的小区域内，加上外部的压力，唐人街这个封闭的社会逐渐形成了一个族裔凝聚力较强的移民社区。为了满足华工在社会和经济方面的各种需要，传统的、家庭式的成员相互重合的社区组织便纷纷出现。唐人街传统的社区组织有三大类：宗亲会、同乡会和商会。由于华工都是只身赴美，因此，这些传统组织的成员大多数是男性。社区组织的建立和发展不仅催生和整合了族裔社区结构，而且还对社区事务，特别是社区经济生活产生了重要的影响。例如，宗族组织的规模小到 20 人，大至 100 人、几百人，甚至上千人，这些组织通常是家庭式的，有专门场地供成员食宿、做生意、就业、娱乐等。后来产生的中华公所，不仅将宗族组织、乡土地域组织和商会组织置于统一领导之下，还不断利用各种组织关系、雇主关系、中国传统文化、亲缘关系来强化其权力，对社区生活和商业活动进行有序的管理，规范社区事务和个人行为，对外则代表华人为社区及其成员争取权利。家族、宗族和乡亲关系以及跨国劳工招募机构共同形成的非正式组织网络是早期华人对外移民的唯一通道。其结果是到美国的华人移民往往来自同一村落或是血亲，而且是成群结伙而行。这样一个以血缘、亲缘、地缘和族裔为基础的家庭式的网络关系明显存在于早期华人移民过程和华人社区中，它是如此重要。唐人街的全部商业活动都与圈子狭小的宗族网络或宗亲团体有关，都是在面对面交往的亲密社会关系环境中运作——所有有关商务、服务的经济活动以及开业、雇工的消息，都是通过面对面的首属社会关系，通过熟人以口头方式传播出去（Zhou, 1992: 208-209）。某个酒楼餐馆的老板有可能就是某个宗亲团体的负责人，他餐馆里雇佣的员工往往就是他的乡里乡亲。这样一来，在移民过程中起重要作用的社会关系网又把移民凝聚在唐人街里，每个成员或组织既受益于也受制于这种嵌入于社会结构中的相当强的网络关系。

在传统唐人街，虽然人力资本和金融资本薄弱，但却拥有雄厚的社会资本。唐人街的社会资本特点表现为:（1）社会关系和社会网络的强纽带性。曾在移民过程中发挥突出作用的血缘关系、亲缘关系、地缘关系造就了唐人街社会基础关系的强纽带性。（2）社会和经济结构的强嵌入性。唐人街传统社区组织的出现弥补了社区中人力资本和金融资本的不足，这些传统的社区组织统一配置了社区中绝大部分的经济和社会资源。这意味着如果脱离了这些社区组织，也就失去了获得经济和社会生活资源的可能，结果人与人、人与组织、组织与组织的关系均嵌入在社区社会结构之中。（3）族裔社区的强凝聚性和排斥性。社会资本具有关系属性，也就是说，以雄厚社会资本为基础所建构的移民社区，对内会产生强凝聚性，对外会产生强排斥性。

所以，我们认为在传统华人社区中，构成族裔资本的社会、人力、金融资本三者关系如下（见表1）。

表1　传统华人社区族裔资本的分析

族裔资本构成	强弱表现	族裔资本内在关系
社会资本	+	基础
人力资本	—	结果
金融资本	—	结果

首先，在封闭的传统族裔社区内，社会资本是人力资本和金融资本发展的基础。对于传统的移民聚居区来说，它的最重要的特征就是其深厚的社会基础。正如格兰诺维特所论证的，经济行动是嵌入在社会结构之中的（Granovetter, 1985）。新经济社会学有一种认识认为，无论作为个体的人还是特定的群体，都同时拥有一些不为他们所控制的资源。这些资源不仅包括特定的社会关系、家庭关系、亲朋网络，还包括种种用以约束人际社会关系的情感、信任、承诺和其他文化价值观、道德标准，等等。这些构成了一个族裔社区特有的社会资本。在传统华人社区中，雄厚的社会资本是华人社区的基础，社区内的经济和社会生活都直接受社会资本的影响和制约。

其次，人力资本和金融资本的积累是社会资本再生产的结果。（1）在传统唐人街社区中，对那些教育水平和劳动技能低、不懂英语的移民来说，他们不可能在唐人街外找到工作，但通过以家庭、宗族关系等为基础所构成的有千丝万缕联系的就业网络，他们便能在唐人街谋得相应的职位和收入，有效地减少为寻找工作而花费的时间和精力；更为重要的是唐人街的许多职位，不必登广告，企业家就是依靠社会网络来招收雇工的，结果使原来的家庭式经营的企业在社会关系方面进一步得到强化（Zhou, 1992: 223）。（2）在族裔聚居区的企业家和劳工，双方都愿意接受相互尽义务、信任和忠诚的制约，因而双方也从中得到利益，这就构成一种只有在族裔聚居区之内才存在的社会资本。在一定意义上，企业家因此而降低了管理成本和劳工成本，增加了利润；而劳工既能较容易地获得就业机会，又能通过职业培训积累技能和工作经验，为将来创业和迈向主流经济提供了可能性和有利条件。（3）在族裔社区内，通过各种信用社、储金会和其他"会"的形式，企业家能获得创业所需的小额金融资本和其他资源。结果，在人力资本和金融资本不断地增强的过程中，社会资本也得以进一步的强化。

从以上分析可以看到，人力资本和金融资本是在社会资本基础上积累和发展起来的。在这个意义上，传统华人移民社区的发展表现为一个社会资本化（social capitalization）的过程。正是由于社会资本的雄厚和社区的社会资本化，使得唐人街的族裔单一性不仅没有减弱，反而不断增强，从而导致社区更加排外和封闭。同样，唐人街经济与社会互动的二元性，也由于社会资本化的表现而不断强化，从而导致传统华人移民社区难以根本转型。

三、美国华人移民社区的转型：以纽约法拉盛区和加州蒙特利公园市为例

法拉盛位于纽约市皇后区（Queens Borough）北部，它属于纽约市，但又远离市中心曼哈顿的唐人街。20世纪70年代，亚裔和拉丁美洲裔的大批移民移入之前，法拉盛是一个安逸的、人口稀疏的典型的都市边缘住宅区，主要住户是中等收入的蓝领白人，而华人和其他少数族裔是不被欢迎住在这一区域的。法拉盛在20世纪60年代初期，仅有一家中国餐馆和一家洗衣房，华人和其他少数族裔的家庭寥寥无几。

20世纪60年代，法拉盛开始随美国郊区化和主流经济体制转型而衰退，白人人口急剧下降。直到20世纪70年代中期，随着大批移民，尤其是亚裔移民的到来法拉盛才开始繁荣起来。有关数据显示，从1980年到1990年10年间，法拉盛人口增长了14%，是整个纽约市人口增长

率的 4 倍，这一人口快速增长的现象一直持续到 20 世纪末。1990 年法拉盛人口中有 43% 在美国本土外出生，相比之下，整个皇后区在美国本土外出生的人口比例仅为 29%，而整个纽约市仅为 27%。在近 30 多年的时间里，法拉盛的人口发展趋势呈现两个特点：一是在美国本土出生的白人居民从法拉盛快速向外迁移和老龄化，导致其人口比例逐年下降；二是新移民人口大量涌入，少数族裔人口不断上升。法拉盛的白人居民往外迁移的速度大大超过了它所属的皇后区和纽约市。从 1960 年到 1980 年这 20 年间，法拉盛白人居民的人口比例从 97% 下降到 43%；从 1980 年到 2000 年这 20 年间，白人比例又从 43% 下降到 13%；相比之下，2000 年整个纽约市白人居民的人口比例为 40%。随着亚裔和拉丁美洲裔大批移民的移入，法拉盛黑人居民的人口比例也逐年下降，从 1980 年的 14% 下降到 2000 年的 6%，而法拉盛的华人和其他亚裔居民的人口比例则从 1970 年的 6% 上升到 2000 年的 56%。此外，拉丁美洲族裔在法拉盛的居住人口比例从 1970 年的 12% 上升到 2000 年的 21%（Zhou & Kim, 2003: 124–149 ）。

法拉盛的亚裔居民占当地居民的大多数，而亚裔中最大的三个移民群体是华人、韩国人和印度人，其中华裔人口占法拉盛总人口的 27%，韩裔人口占 13%，印度裔人口占 10%。法拉盛商业中心也显现了这三大族裔群体的特征，尽管法拉盛常被称为"第二唐人街"，但与早期唐人街华人族裔的单一性这一特征相比，法拉盛以亚裔为主、多族裔混合的特征更明显。

在移民大批涌进之前，法拉盛的社区经济主要以零售业为主，由一些小的专营店和服务性的零售商店构成，家具店、日用品商店和餐馆等等大都以"夫妻"店的形式经营，也有几间连锁百货商店和超市。20 世纪 70 年代早期，纽约的经济衰退严重冲击了法拉盛的社区经济，使许多小商店和公司关门倒闭。随着 20 世纪 70 年代末亚裔移民的到来，法拉盛才被注入大量的外来金融资本，社区经济由此开始发生变化、复苏和繁荣。今天，新的商业活动扩展了原有的商业中心区，在社区的商业中心和交通中心，可看见多家美国大银行分行和亚裔所属银行，多种语言路牌和广告牌。走出地铁总站，还会看到许多高档的中餐馆和功能品种齐全的华裔超市，整个区域点缀着华人经营的小咖啡店、水果店、药店、快餐店和其他商店，给人身在唐人街的感觉。但它是新型的华人移民社区，也是族裔多元化的新移民社区。在商业中心的街道上还有许多由韩国人、印度人、巴基斯坦人和孟加拉国人经营的餐馆和商店。扩展的族裔社区商业中心变得熙熙攘攘，充满活力。

蒙特利公园市位于加州洛杉矶县的东郊，是构成洛杉矶县的 84 个卫星城市之一。该市约 20 平方公里，建筑密度低，住户稀疏，距洛杉矶市中心的唐人街仅十多分钟的车程。它是二战后发展起来的典型的西南部卫星城市。与纽约市的法拉盛相似，二战后蒙特利公园市的居民绝大多数是白人。有关数据显示，1950 年该市白人居民的比例为 99.9%。由于具有中产阶级的安逸的郊区居住环境，又接近洛杉矶市中心，从 20 世纪 50 年代开始，蒙特利公园市逐渐吸引东洛杉矶市的美国本土出生的墨西哥裔人和西洛杉矶市的美国本土出生的日本裔人及华裔人往这里迁移。到了 20 世纪 60 年代，蒙特利公园市白人居民的比例下降到 85%，拉丁美洲族裔居民占 12%，亚裔居民为 3%，黑人居民为 0.1%。有关数据显示，蒙特利公园市白人居民的比例从 1970 年的 51% 迅速下降到 1990 年的 12%，到 2000 年再下降到 7%。此外，拉丁美洲族裔在蒙特利公园市的居住比例从 1970 年的 34% 下降到 2000 年的 31%。与此相反，亚裔居民的比例则从 1970 年的不到 15% 急剧上升到 1990 年的 56%，到 2000 年达到 62%（Zhou & Kim, 2003: 124–149），形成了典型的少数族裔郊区（ethnoburb）（Li, 1997）。在蒙特利公园市的亚裔居民中，大多数是华裔，占到亚裔总人口的 67%，其余的亚裔包括美国本土出生的日裔美国人，占 12%，越南裔居民占 8%。1980 年，蒙特利公园市只有 31% 的人口在美国本土外出生，到 1990 年这一比例已经上升到 51%，随后，移民的比例不断上升。

20 世纪 70 年代中期，来自中国台湾的移民投资者携带大量的金融资本进入蒙特利公园市，导致了蒙特利公园市在 70 年代的急剧转变。60 年代，蒙特利公园市是一个安逸的住宅郊区，商业活动不很突出，主要的商业街道上仅有一些小专卖店、超市和餐馆。晚上，当地居民返回他们安逸的家时，街道是安静的。如今华人所拥有的大型超市和购物商场已经取代了原有各种零星的小商店和餐馆，成为该市的商业核心。充满活力的商业中心也迅速扩展它们的空间和服务范围。这些商店和餐馆的生意从早到晚、一周7天忙个不停。尽管这里的某些商业活动与唐人街有相似的地方，如"夫妻店"餐馆、食杂店、礼品店和其他小规模的服务性商业、作坊式的生产业等，但新涌现的大多是现代化经营、跨地区甚至跨国界的企业。这些企业涉及范围很广，不仅有美国味十足的超级市场、金融保险公司、房地产发展和中介公司、汽车经销行、货品仓储、分销、包装、运输、高科技设备生产和组装工厂，具有族裔特色的餐饮、旅游、广告、医疗保险，还有法律、财会、教育、翻译及其他咨询服务机构等。这些新发展起来的商业和企业不仅规模较大，而且通过结合族裔和西方的管理和营销技术来提升和改善亚洲商品的服务和销售。在这个意义上，蒙特利公园市已成为一个跨文化、跨族裔、跨地区的华人经济活动中心。诸如法拉盛和蒙特利公园市这样的新型的中产阶级的华人移民社区，目前在北加州和靠近纽约市的新泽西州的一些城市相继涌现并发展迅速。

在这些新华人移民社区，由于通常是族裔多元化杂居，华人与其他族裔之间的交往更加广泛和频繁。同时，华人积极参与社区事务和主流社会的政治活动，如社区议员竞选等。与传统的唐人街相比，这些新华人社区面积更大，人口构成更复杂，新移民通常具有较高的文化水平和收入水平。大批华人移民带来雄厚的族裔资本进驻社区，并创建和经营各种业务：公司、工厂、商场和办公楼等，形成了富有现代经济气息的中产阶级的族裔聚居区，它的多元性、开放性及全球化的特征相当明显。

四、美国新华人移民社区转型中的族裔资本分析

美国华人移民社区的转型始于二战以后，但根本性的变化则出现

在 20 世纪 80 年代和 90 年代。华人移民社区转型的主要原因是移民法的改革以及由此引发的持续上涨的移民潮。美国政府于 1965 年通过移民改革法案，放宽移民入境政策，取消国家配额移民的限制，优先家庭团聚，同时开放专业技术人才和高级技能劳工的移民，此移民修正法于 1968 年实施。移民改革法案所引起的一个意想不到的结果是大量非欧洲裔移民的到来。华人移民首先是大批从中国的台湾地区、香港地区，而后从中国大陆（内地）以及世界各地来到美国，这些新移民带来了各来源地的人力和物质资源，大大地推动了华人移民社区的转型。据统计，1961 年至 2000 年这 40 年间，美国华裔人口整整增加了 10 倍，1960 年美国华人不到 24 万人，2000 年达到了 290 万人（包括 50 多万的华裔混血儿）（Zhou, 2003: 37—44）。根据美国联邦移民归化局的统计报告，1961 年至 1990 年这 30 年间，有将近 80 万华人以永久居民身份从中国大陆（内地）、中国香港地区、中国台湾地区移民至美国。1991 年到 2000 年的 10 年间，又有将近 53 万华人移民美国（USINS, 1998）。1965 年以后来美定居的华人移民（以下简称新移民）约有 80% 以上是亲属移民，约 20% 属于职业移民。

华人新移民较早期华人移民有以下几个明显特征：

首先，新移民的来源地多元化。早期移民几乎全来自广东的南部地区，而新华人移民不仅仅来自中国大陆（内地），而且还来自中国的香港、台湾地区以及东南亚或中南美洲的其他国家。以洛杉矶为例，1990 年的统计数据显示，在美国出生的华人人口占洛杉矶华人总人口的 23%，来自中国大陆（内地）的华人移民占 27%，来自中国台湾地区的占 20%，来自中国香港地区的占 8%，其余的 22% 来自世界各地（Zhou, 2003: 37–44）。

其次，新移民来自不同的社会经济背景。大多数早期移民识字不多、文化水平低下，来美国前几乎没有受过教育，也没有相应的劳动技能和钱财积蓄，这些华工被迫从事低薪的工作，聚居在环境较差的唐人街里。而新移民则相反，他们中的许多人来自都市的中产阶层，不仅带来了较宽裕的钱财积蓄，还拥有比美国人平均水平还要高的受教育水准和专业技术。从全美国范围来看，1980 年和 1990 年的统计数据表明，华人移民所受教育的水平高于美国人口的平均水平，在劳动技能水平方面也是如此。1990 年的人口普查数据表明：在适龄就业（25—64 岁）的人口中，非西班牙语系的白人受过大学 4 年甚至更多的教育者占 21%，而美国境外出生的华人移民则占 42%。非美国本土出生的华人移民从事专业工作的劳动力人口（35%）比例也高于美国白人（27%）。此外，在 1989 年，华人家庭年收入的中位数是 3.4 万美元，高于同期全美家庭收入的中位数 3 万美元（Zhou, 2003:37–44）。

最后，在居住模式上，华人新移民在美国的居住模式一方面显示出集中化，即新移民继续集中在西部和东北部移民较为集中的都市地区。仅加州一个州就集中了超过 40% 的华人移民，纽约州集中了 16%，夏威夷州集中了 6%。另一方面也显示出扩散化。新移民也开始散居到美国其他一些在历史上华人很少涉足的州，如田纳西州、新泽西州、马萨诸塞州、华盛顿州、佛罗里达州、伊利诺伊州、宾夕法尼亚州、马里兰州，这些州的华人人口都超过 10 万人。在旧金山、纽约、洛杉矶、芝加哥和波士顿这些城市的唐人街，传统上是华人移民的聚居区，如今仍然存在并接纳新移民，但这些传统聚居区对于许多新移民来说不再是主要的落脚地。特别对于那些富裕的和拥有高技能的新移民，抵达美国后有意绕开市中心的唐人街而直接在城郊中产阶级的住宅区购房定居。到 2000 年，洛杉矶仅有 2% 的华人居住在唐人街内，同样，旧金山和纽约仅有 8% 和 14% 的华人分别居住在各自的唐人街里，大多数华人人口分散在郊区，包括新的以移民为主的少数族裔郊区（ethnoburb）。20 世纪末，新的少数族裔郊区已经成为中产阶级的移民城市。

上述表明，华人新移民显示了与早期华人移民有着显著差别的人力资本和金融资本。族裔资本的这些变化也清晰反映在华人社区的转型中。

法拉盛的华人新移民的教育水平高于全美国平均教育水平。其中，来自中国大陆（内地）的新移民中，每百人中大学毕业生人数的占有率两倍于当地居民的占有率；从中国台湾地区来的新移民中，每百人中大学毕业生人数的占有率则三倍于当地居民的占有率。尽管在 20 世纪 70

年代以后的 30 多年中，法拉盛的白人中产阶级居住人口不断往外迁移，但大量来自第三世界的移民人口素质优良，使法拉盛仍然维持了较好的水准。在蒙特利公园市，华人新移民所受的教育水平也大大地高于整个洛杉矶地区的平均水平，到 1990 年，42% 的华裔成年人完成了 4 年以上的大学教育，而整个洛杉矶地区，仅有 22% 的成年人完成了 4 年以上的大学教育。同时，蒙特利公园市接近 40% 的华裔拥有专业工作，而在整个洛杉矶地区，仅有 27% 的人口拥有专业工作（Tseng, 1994: 54）。

法拉盛华人社区最初发展的动力，来自中国台湾移民的人力资本和雄厚的金融资本。中国台湾移民缺乏与曼哈顿唐人街内华人移民的联系，他们也不认同早期华人的传统生活，对唐人街内浓厚的广东语言文化气息不能完全接受。优良的教育背景和丰富的经济资源，使他们能在远离唐人街的白人社区聚居，并迅速建立他们的聚居区经济和族裔社区（Zhou & Logan, 1991）。新的华人移民聚居区一旦形成，中国大陆（内地）和世界各地的华人移民便纷纷涌入。同法拉盛相似，蒙特利公园市一开始最主要的移民也是来自中国台湾的投资者和专业人士。当社区初步成型后，这些投资者和专业人士的家庭移民，及来自中国大陆（内地）、中国香港地区和东南亚的移民就接踵而来。到 20 世纪 80 年代，来自中国大陆的移民人口开始超过来自中国台湾的移民人口，统计数据显示，在 1983 年和 1990 年之间，有 44% 来自中国大陆的移民选择蒙特利公园市作为他们的永久定居地，42% 来自中国台湾地区的移民选择蒙特利公园市作为他们的永久定居地（USINS, 1994）。

在法拉盛和蒙特利公园市的经济发展中，还可以明显地看到族裔金融资本的作用。有关数据显示，在法拉盛的商业中心区，华人拥有的商业和服务性行业估计占全部生意的 23%—34% 之间。华商企业种类繁多，跟其他小城市商业区比较起来不相上下。蒙特利公园市的发展则更具规模，在 20 平方公里的范围内，有三家中文报纸以及多家地方中文小报、中文电台和电视转播台，还有数以百计的餐馆、房地产公司、中式超市、夜总会、中西医诊所、牙科诊所、会计公司和律师事务所、专卖店、古董店等等，可以说是应有尽有（Fong, 1994）。由于有更多的来自中国台湾地区的人力和资金资本的投入，台湾人所拥有的生意和台湾人对当地政治活动的参与，使蒙特利公园市赢得了"小台北"的俗称，并获得了来自中国台湾地区和中国大陆的移民的认同。人口构成的多元化，导致了社会经济生活的多元化，并改变了社区的传统组织形式。

蒙特利公园市另一个明显的华人移民特征是跨国穿梭移民的现象。近期有这样一批华人移民，传媒称他们为"空中飞人"——自己在太平洋两岸穿梭，而把家属和子女安置在蒙特利公园市定居和上学（Fong, 2001: 316）。所谓"降落伞孩子"也是跨国穿梭移民派生出来的现象——许多未成年的"降落伞孩子"被送往美国，远离父母亲人，独自生活和求学，而他们的父母则留在亚洲（Zhou, 1998）。这些跨国家庭也已成了移民选择的居住方式之一。与早期把自己家人留在中国而自己只身一人在美国淘金的华工相比较，差异十分明显。事实上，蒙特利公园市华人新移民代表了一种新的移民方式和一种新的融入主流社会的方式。与在美国本土出生的拉丁美洲裔和亚裔的美国人从移民聚居区外移的方式不同，如今华人新移民不经过在唐人街的积累过程，而直接定居在中产阶级居住的郊区。

上述分析表明，新华人移民社区形成和发展的基础是新移民所拥有的雄厚的人力资本和金融资本。新华人移民社区族裔资本呈现了全新的状态，其人力资本、金融资本和社会资本关系如表2所示。

表2　新华人移民社区族裔资本的分析

族裔资本构成	强弱表现	族裔资本内在关系
人力资本	＋	基础
金融资本	＋	基础
社会资本	－	结果

虽然新华人移民社区的社会资本，随着新移民的增加和社区不断发展仍然在变化发展之中，但与唐人街的社会资本相比较，不仅较为薄弱，而且出现了质的差别，主要表现在:（1）唐人街中华人占到了绝大多数，社会网络的高密度和高强度能同时出现。而新华人社区是多族裔

混合聚居区，杂居形式使社会资本在载体上发生了根本性的变化，高密度和高强度以及控制力强的社会网络也不再可能出现。（2）唐人街中占主导地位的血缘关系、亲缘关系和地缘关系在新华人移民社区已被业缘关系所取代，即弱纽带取代了强纽带关系。（3）唐人街呈现出一个等级清晰的、家族式的组织结构，而在新华人移民社区，组织和企业的数量和密度堪比唐人街，但已很少有组织以家族和家乡来命名，也很少以宗族、祖籍关系为联系纽带。即使是同乡会也多以省、市等较广阔的地域为基础，而商会则以业界协会的形式出现，行业的划分更加精细，视野也更加全球化；更没有出现像中华公所那样具有绝对权威的政治经济全控组织，也没有出现其他垄断性的社区组织。相反，大量松散的、跨越地区、族裔甚至国家的专业性组织大量涌现。（4）与传统的华裔组织相比，新华裔组织虽然结构系统化，但组织对成员却没有严格的控制，成员的流动性大，组织参与的重叠性低，大家合则聚，不合则散。新华裔组织大多依赖少数组织者个人的热忱和自愿工作，缺乏监控和长远计划，随着组织者的更替往往是彻底改弦更张。虽然这些组织对华人社会的控制较弱，结构也不再等级森严，而是呈水平发展，但在提供社交网络、信息交流以及帮助华人融入美国主流社会等方面，仍发挥了一定作用。（5）新华人移民社区的社会网络超出了唐人街局限于传统的家庭、亲缘和家乡关系的范围。新华人移民社区的社会网络不仅与主体华人社会有密切的关系，还与美国主流社会有多种多样的联系。自20世纪80年代以来，许多新兴的华裔组织已超越了华人聚居区的地域界线。这些不受传统地域和族裔文化限制的机构有专业协会、校友会、市郊华语学校、宗教组织及政治和公民权利组织。它们在动员社区成员参与本地政治活动、促进社区经济和社会发展方面起了积极的作用，而且新聚居区的政治和社会服务组织大多具有种族多元化性质。

新移民把他们带来的人力资本和金融资本与社会资本结合起来，创造了一种新的移民经济形式——跨国企业经营和本地经济发展中的海外投资。这种经济形式改变了传统的族裔经济的运作方式，促进了原有相对孤立的族裔经济与外部经济体系的对接，使新华人社区经济走上了一条非传统的道路，获得了快速的发展。美国人口普查报告表明，从1977年到1987年的10年间，华人企业增长了268%，相比之下，亚裔企业增长了238%，而拉丁美洲裔企业和非洲裔企业各增长了93%，从1987年到1997年的10年间，华人企业又增长了180%，从1987年的9万家增加到1997年的25.3万家。现在华人拥有的企业数占全美少数族裔企业的9%，但是其营业收入却占了全美少数族裔企业营业总额的19%（Zhou, 2003: 37–44）。

五、结论

首先，美国华人移民社区转型的背景是1965年后美国移民法改革以及由此引发的持续不断的华裔移民潮，但更为宏观的背景是经济的全球化。这些背景的变化使得人力资本和金融资本能在全球范围内进行流动和配置。为了在经济全球化过程中保持优势，美国与其他环太平洋移民国家多年来竞相推出引进高科技人才和投资移民之优惠举措。因此，许多西方国家的大都市，如加拿大的温哥华和多伦多、澳大利亚的悉尼和新西兰的奥克兰等等，华裔郊区聚居区都已初具规模。美国是华人社区形成最早和发展最快的地方，来自中国大陆（内地）、中国港台地区以及世界各地的华人新移民利用其拥有的族裔资本所营造的新华人聚居区及其族裔经济，其多元性、开放性和国际化的特征相当清晰，促进了原有相对孤立的族裔经济与外部经济体系的对接，使新华人移民社区经济走上了一条非传统的道路，既能快速发展，又能促进与主流社会的联系和同化。

其次，在美国移民历史上，新移民一般都被视为贫弱者，他们大多聚集在市中心的贫民窟内，几乎每个人都必须从社会的底层开始，通过个人的努力，慢慢地向上爬，经过多年甚至一两代人的奋斗最终打入主流社会。移民聚居区因而被视为跳板，最终会随着族裔成员的同化而逐渐消失。纽约的小意大利和洛杉矶的小东京的衰退就是其中最鲜明的例子。在过去的30多年中，虽然许多新移民仍然聚集在城市中心的少数族裔聚居区，但有明显的迹象表明，大量的新移民在拥有较雄厚的人力资本和金融资本的前提下，能够直接进入大都市内的富人区和中产阶级的郊区。许多华人新移民由于有较强的人力资本和金融资本，可以不需要唐人街作为打入主流社会的跳板，也不需要较强的社会资本作为基础。相反，他们积极建造新华人移民聚居区和族裔经济，而不是消极地等待被同化；同时在运筹人力资本和金融资本的过程中，他们有效地创造或增强了社会资本。传统唐人街的贫民窟形象因此被富有现代气息的族裔经济和族裔文化特质所取代。华人移民社区的这一转型，对美国传统的移民社区发展模式是一个直接的挑战。

最后，在对一个特定族裔群体进行系统分析时，我们所提出的以族裔资本为中心的解释性框架可以避免单一使用人力资本、金融资本和社会资本进行分析所存在的不足和局限性，更为重要的是有助于我们更清晰地看到人力资本、金融资本和社会资本的内在关系和互动关系。林南批评科尔曼关于社会资本的功能观点，认为科尔曼以社会资本产生的效果来界定社会资本是一种套套逻辑，原因是把社会资本与它所产生的效果混淆在一起。林南认为如果社会资本要成为有用的社会学概念，则在概念上必须把社会资本与其所产生的效果分离（Lin, 2001: 28）。我们在本文中选取两个相对独立的个案作为对比，可以较容易地看出社会资本效果的差异。通过对唐人街和新华人移民社区族裔资本的分析，我们可以看到，社会资本不仅仅是结果，一种结构资源，蕴含于结构本身，其更是一个发展和互动的过程。所以，静态地使用社会资本作为分析框架的研究，往往会产生分析上的偏差。

参考文献

［1］周敏，《唐人街：深具社会经济潜质的华人社区》，鲍霭斌译，北京：商务印书馆，1995 年。

［2］Bourdieu, Pierre, "Forms of Capital", In J. G. Richardson (ed.), *Handbook of Theory and Research of the Sociology of Education*, New York:

Greenwood,1985.

〔3〕 Coleman, James S., *Foundation of Social Theory*, Cambridge, MA: The Belknap Press, 1990.

〔4〕 Fong, Timothy P.,*The First Suburban Chinatown: The Remaking of Monterey Park, California*, Philadelphia: Temple University Press, 1994.

〔5〕 Fong, Timothy P., "A New and Dynamic Community: The Case of Monterey Park, California", In Marta López Garza & David R. Diaz (eds.), *Asian and Latino Immigrants in a Restructuring Economy: The Metamorphosis of Southern California*, Stanford: Stanford University, 2001.

〔6〕 Granovetter, Mark, "Economic Action and Social Structure: The Problem of Embeddedness", *American Journal of Sociology* 91(1985): 481-510.

〔7〕 Gordon, Milton M., *Assimilation in American Life: The Role of Race, Religion, and National Origins*, New York: Oxford University Press, 1964.

〔8〕 Light, Ivan H., "Immigrant and Ethnic Enterprise in North America", *Ethnic and Racial Studies* 7(2)(1984): 195-216.

〔9〕 Li, Wei, *Spatial Transformation of an Urban Ethnic Community from Chinatown to Chinese Ethnoburb in Los Angeles*, Ph.D. Dissertation, Department of Geography, University of Southern California, 1997.

〔10〕 Lin, Nan, *Social Capital: A Theory of Social Structure and Action*, Cambridge University Press, 2001.

〔11〕 Portes, Alejandro, "Social Capital: The Origins and Application in Modern Sociology", *Annual Review of Sociology* 24 (1998): 1-24.

〔12〕 Portes, Alejandro & Robert L. Bach, *Latin Journey: Cuban and Mexican Immigrants in the United States*, Berkeley: University of California Press, 1985.

〔13〕 Putnam, Robert D., *Making Democracy Work: Civic Traditions in Modern Italy*, Princeton: Princeton University Press, 1993.

［14］Tseng, Yenfeng, *Suburban Ethnic Economy: Chinese Business Communities in Los Angeles*, Ph.D. Dissertation, Department of Sociology, UCLA, 1994.

［15］USINS (U. S. Immigration and Naturalization Services), *Statistical Yearbook of the Immigration and Naturalization Services*, Washington DC: U. S. Government Printing Office, 1994.

［16］Warner, W. Lloyd & Leo Srole, *The Social Systems of American Ethnic Groups*, New Haven: Yale University Press, 1945.

［17］Zhou, Min, *Chinatown: The Socioeconomic Potential of an Urban Enclave*, Philadelphia, Pa.: Temple University Press, 1992.

［18］Zhou, Min, "'Parachute Kids' in Southern California: The Educational Experience of Chinese Children in Transnational Families", *Educational Policy* 12 (6)(1998): 139-157.

［19］Zhou, Min, "Chinese Americans: Demographic Trends and Intraethnic Diversity", In Eric Lai & Dennis Arguelles (eds.), *The New Faces of Asian Pacific America: Numbers, Diversity and Change in the 21st Century.* Jointly published by *Asian Week*, UCLA Asian American Studies Center, and the Coalition for Asian Pacific American Community Development, 2003.

［20］Zhou, Min & John R. Logan, "In and Out of Chinatown: Residential Mobility and Segregation of New York City's Chinese", *Social Forces* 70(2) (1991): 387-407.

［21］Zhou, Min & Rebecca Kim, "A Tale of Two Metropolises: Immigrant Chinese Communities in New York and Los Angeles", In David Halle (eds.), *Los Angeles and New York in the New Millennium*, Chicago: University of Chicago Press, 2003.

加拿大中国移民创业模式新探[*]

林小华　关　键　李佳明

内容提要: 论文依据有关加拿大中国移民的最新研究成果,提出并阐述了一个移民自主创业的分析模型。从移民经济适应行为的视角,该模型将移民自主创业行为区分为四种模式,即族裔经济、一般企业、海归企业、跨国创业。移民所做出的选择是其群体特征及其所面临机会交互作用的结果,而不同的创业模式对原籍国和所在国的影响也有很大差异。

加拿大是一个见证着移民经济活动空前活跃且多样化的国家。中国大陆的新一代移民与早年移民相比,自身素质、背景以及在加拿大的经济活动都表现出不同的特点。但现有研究往往受到传统理论的局限,许多学者尚没有把这一群体与从其他华人社群中明确区分出来。[1] 本文以移民经济适应行为的视角,从移民群体特征及其所面临的机会两方面综合考虑,在总结最近一系列调研成果的基础上,提出一个移民自主创业的分析模型,并对中国新移民四种创业模式进行考察和分析,从而提出若干政策建议。

---

* 本文原载《华侨华人历史研究》2014 年 12 月第 4 期,第 1-9 页。

[1] Teo SY, "Vancouver's newest Chinese diaspora: settlers or 'immigrant prisoners'? ", *Geo Journal*, No. 68, 2007, pp. 211-222.

一、对发达国家少数族裔移民经济适应的研究

一些学者发现，西方发达国家的少数族裔与当地居民相比，自雇或创业的可能性更高。[1] 其中的原因可能是结构性的。例如，从市场的角度来看，一方面少数族裔融入主体经济遇到困难（由于社会排斥等），另一方面则因为他们在调动族裔资源和占据族裔市场方面具有优势。[2] 也有学者从文化的角度来解释，认为某些少数族裔自雇或创业活动较为活跃且成功似乎与他们独特的文化传统习惯有关。[3] 还有一些学者强调社会资本的作用，即族裔纽带或关系网络能够帮助少数族裔有效地获取其他稀缺资本（例如资金）。[4] 以旧金山等北美大都市的唐人街为代表，族裔经济（enclave economy）是历史文献关注的焦点。[5] 聚集在隔绝地域中的移民依赖族裔社区雇佣员工获取货源，建立自成体系的市场。

尽管早期文献对族裔经济予以特殊关注，但是越来越多的研究表明它只是少数族裔移民经济适应的模式之一。[6] 奥德里奇（Aldrich）和瓦尔丁格（Waldinger）[7] 认为，少数族裔移民的经济行为是一个选择的结果，取决于群体特征和机会结构两方面的交互作用。例如，族裔经济

[1] Aldrich, H. & R. Waldinger, "Ethnicity and Entrepreneurship", *Annual Review of Sociology,* vol. 16, 1990, pp. 111–135.

[2] Light. I, *Ethnic Enterprise in America*, University of California Press, 1972.

[3] Sanders, J. M. & V. Nee, "Immigrant Self-Employment: The Family as Social Capital and the Value of Human Capital", *American Sociological Review* , No.61(2), 1996, pp. 230–249.

[4] Portes, A., "Social Capital: Its Origins and Applications in Modern Sociology", *Annual Review of Sociology*, No. 24, 1998, pp.1–24.

[5] Light, I., Sabagh, G., Bozorgmehr, M.& C. Der-Martirosian, "Beyond the Ethnic Enclave Economy", *Social Problems,* No. 41(1), 1994, pp. 65–80.

[6] Portes, A., Haller, W.& L. Guarnizo, "Transnational Entrepreneurs: An Alternative Form of Immigrant Economic Adaptation", *American Sociological Review,* No. 67, 2002, pp.278–298.

[7] Aldrich, H. & R. Waldinger, "Ethnicity and Entrepreneurship", *Annual Review of Sociology* , No. 16,1990, pp.111–135.

所基于产生的具体历史环境显然不能解释当代华裔移民的跨国创业行为。[1] 虽然把少数族裔"推"向族裔经济的结构性因素（尤其是在劳动力市场上的阻碍）在不同程度上依然存在，但中国新移民不仅具备与老一代移民不同的时代特征，而且为前所未有的机会结构所"拉"动，其中包括国家经济之间的相互依存、迁徙障碍的减少、科技的加速进步等。[2] 最近的研究文献把企业家按创业动机区分为需求型和机遇型两种：需求型指那些由于其他选择不存在或不满意、为生存而自雇或经营小企业的人群；而机遇型是指被前景光明的商业机会所吸引的企业家。[3] 有的学者认为，在高收入国家，机遇导向型企业家的比例高于需求导向型。[4] 高收入国家少数族裔移民中产生的跨国企业家被看成是一种机遇导向的移民经济适应方式，而这些机遇是原籍国社会经济条件与移民群体特征（例如教育水平和公民身份）交互作用的结果。[5] 原籍国在世界体系中所处的位置也由此会影响其移民参与跨国实践的程度。[6]

随着全球经济一体化的日益推进而移民成分更加多元化，发达国家少数族裔移民的经济适应显然不会再受到传统族裔经济模式的局限。除

---

[1] Biao, X, "Promoting knowledge exchange through diaspora networks: The case of the People's Republic of China", 2006, In C. Wescott and J. Brinkerhoff (Eds.), *Converting Migration Drains into Gains: Harnessing the Resources of Overseas Professionals*, pp.33–72, Manila, Philippines: Asian Development Bank.

[2] Tung, R.L, "Brain circulation, diaspora, and international competitiveness", *European Management Journal*, No. 26, 2008, pp. 298–304.

[3] Minniti, M., Bygrave, W., Autio, E., *Global entrepreneurship monitor: 2005 Executive Report*, London Business School Press, London, 2006.

[4] Harding, R., *Global entrepreneurship monitor business start-up activit,* London Business School Press, London, 2003.

[5] Portes, A., Haller, W., & L. Guarnizo, "Transnational Entrepreneurs: An Alternative Form of Immigrant Economic Adaptation", *American Sociological Review,* No. 67, 2002, pp. 278–298.

[6] Smith, R. C., "Diasporic memberships in historical perspective: comparative insights from the Mexican, Italian, and Polish Cases", *International Migration Review,* No. 37, 2003, pp.722–759.

了在主体经济范围内的就业机会，移民自主创业活动本身会呈现出新的特点。本文基于加拿大中国新移民的最新研究成果，把林小华[1]用于识别当代移民经济适应的分析模型应用于移民自主创业领域。以下各节首先对加拿大中国移民的状况及移民创业的宏观环境做一个综述，随后从经济适应的视角，描述并分析移民自主创业的四种模式。

二、当代加拿大中国移民及其创业环境

（一）逐渐增加的中国大陆（内地）移民

加拿大正成为一个日益依赖移民来维持人口水平和经济增长的国家。有利的移民政策，包括著名的积分制度，已经大大改变了加拿大的人口结构及其多元文化国民面貌。在 2006 年至 2011 年间，约 1162900 名外国出生的人士移居到加拿大，占外国出生人口的 17.2%，占加拿大总人口的 3.5%。根据 2013 年公布的人口普查数据，[2]截至 2011 年，加拿大接纳的移民数量达到 6775800 名，约占人口的 20.6%，超过以往所有记录，在 G8 国家中名列榜首。2011 年的人口普查涉及 200 多个不同的族裔，其中人口超过百万的族裔有 13 个。参与调查的人中近 6264800 人将自己视为少数族裔，占全国人口的 19.1%，其中 65% 出生在国外。南亚人、华人和黑人占少数族裔人口的 61.3%。

来自中国大陆（内地）的移民大约在 20 世纪 90 年代中期开始猛增。2011 年，来自中国移民家庭的加拿大新出生人口约为 122100，占 2011 年加拿大新出生人口总数的 10.5%，在非原住民族裔中排名第二（仅次于菲律宾 13.1%）。中国语言（包括普通话、广东话和其他方言）现已

[1]　Lin, Xiaohua, "The Diaspora Solution to National Technological Capacity Development: Immigrant Entrepreneurs in the Contemporary World" , *Thunderbird International Business Review,* No. 52(2), 2010, pp.123–136.

[2]　"NHS (2011)" , Canada Statistic, 2013.

成为加拿大第三大语言，仅次于英语和法语。作为加拿大近期最大的移民来源，中国大陆（内地）移民在经济类移民，特别是技术移民中占据了主导地位。[1]

华裔移民来源历史上以中国的香港、台湾地区为主，最近更多地来自中国大陆（内地）。人口普查数据显示，中国已经成为加拿大最大的移民来源国。图 1 显示了 1978—2006 年间来自中国大陆（内地）、中国台湾和中国香港的三个主要华人移民群体的数量变化。

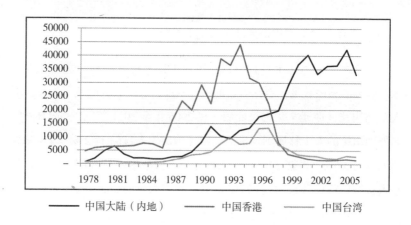

图 1   1978—2006 年加拿大中国大陆（内地）、中国台湾和中国香港移民

资料来源：加拿大公民和移民部（The Citizenship and Immigration Canada），1978 —2006。

如图 1 所示，来自中国台湾的移民始终保持在一个较低的水平；虽然在 1985 年至 1997 年间有过一段上升，但之后又基本上回落到原来的水平。直到 1997 年，每年来自香港的移民最多；与对香港回归的预期有关，来自中国香港的移民在 1994 年超过 4.4 万人。来自中国大陆

---

[1] Citizenship and Immigration Canada, "Ministers agree that immigration is key to Canada's future" , Canadian Intergovernmental Conference Secretariat, 2004, http://www.scics.gc.ca/cinfo04/830812004_e.html.

（内地）的移民在 1989 年之后出现过一个小小的高峰，而持续最长的增长则发生在 1995 年之后，原因是加拿大开始接受来自中国大陆（内地）的独立移民。[1]1998 年中国大陆（内地）成为加拿大华人移民的最大来源地，当年的人数是 19785，而同年来自中国香港的移民只有 8087 人。

（二）加拿大有限的就业机会

作为一个移民国家，加拿大已经发现自己越来越处于依靠移民来维持其目前人口增长水平的状况。为维持人口和经济的持续增长，该国制定了一个侧重于由专业技术人士、企业家及投资者组成的经济类移民的政策。[2]受到加拿大的多元文化形象和具有新意的移民政策的吸引，越来越多的技术移民来到这里。然而，这些专业人才在寻找与其教育和工作经验相匹配的工作时面临巨大的困难。尽管加拿大政府近年来对经济类移民尤其是技术移民持鼓励与支持态度，但劳工市场的门槛、语言文化障碍，以及原籍国专业经验不被承认等问题，为移民在加拿大获得与自身技能相匹配的工作岗位增添了困难。近期的技术移民（多为少数族裔）常常从事非专业、低收入的体力劳动，进入零售业和服务性行业，或者是在未被严格规范的行业中（如地产经纪）依靠本族裔的社会关系而不是所学专业知识来寻找机会。由于这种原因，比起在加拿大出生的同样教育水平的人士，移民收入较低；而与早期移民相比，这些有专业背景的移民收入还有下降趋势。[3]

研究显示，加拿大雇主往往不愿承认国外教育和工作经验，移民的国外教育经历在加拿大就业市场被大打折扣。艾博（Alboim）等[4]对加

[1]　Wallis, D., "Beijing Makes It Happen", *Vis-à-vis (The CIC magazine)*, 1998, Fall: 4-7.

[2]　Clydesdale, G., "Business immigrants and the entrepreneurial nexus", *Journal of International Entrepreneurship*, No.6, 2008, pp.123-142.

[3]　Reitz, Jeffrey G., "Immigrant Employment Success in Canada, Part I: Individual and Contextual Causes", *Journal of International Migration and Integration*, No.8(1), 2007, pp. 11-36.

[4]　Alboim, N., Finnie, R., Meng, R., "The discounting of immigrants' skills in Canada: Evidence and policy recommendations", *Choice*, No.11(2), 2005, pp. 1-26.

拿大统计局"对日常生活中所用读写技能的调查"中的数据进行了分析，发现国外学历在就业市场上比加拿大同等学历的经济回报少三分之一。在表现出种族偏见的人群当中，对国外资格质量的评估倾向更低。加拿大很多行业都由其管理机构和行业协会来进行规范。其严格的保护性规则限制了移民，因为后者的资格证书和工作经验往往不被承认。少数族裔移民的教育背景、工作经验和其他形式的人力资本得到较低的回报，这种限制移民融入主体社会经济的现象被认为构成了歧视。[1]

（三）中国新兴市场的召唤

与早期中国移民所面临机会结构的一个重大差别，就是在他们背后有一个不断崛起而且日益国际化的中国经济。众所周知，中国经济的蓬勃发展带来了前所未有的商业机会。而由于与祖国千丝万缕的社会文化联系，华侨华人成为利用这些机会的最大的"海外"群体：一方面是向中国境内直接投资的大型华侨企业，另一方面则是众多穿梭于移居国与中国之间的华裔企业家。[2] 在很大程度上，中国新移民跨国企业已成为中国经济转型过程中与国际接轨的一个有机环节。另外一个关键的"拉力"因素是中国政府有专门吸引海外华人的政策和项目。例如，政府为归国企业家建立了专门的工业孵化区，并附有优惠的项目和政策，如启动资金、税收减免和加速的政府服务。中国各级政府还连同外交部门以及各政府机构的海外办事处，经常派出赴海外的招聘团或邀请海外华侨去中国做商务旅游。[3] 这里需要强调的是政府对于侨民参与祖国经济在态度上的变化。早期的政策鼓励永久居住；而由于居民身份、子女教育

[1] Reitz, Jeffrey G., "Tapping Immigrants Skills: New Directions for Canadian Immigration Policy in the Knowledge Economy", *Choices,* No.11(1), 2005, pp. 1–18.

[2] Lever-Tracy, C., Ip, D. F. K., Tracy, N., *The Chinese diaspora and Mainland China: an emerging economic synergy, Macmillan Press*, New York, 1996.

[3] Zweig, D., Fung, C. S., Vanhonacker, W., " Rewards of technology: explaining China's reverse migration" , *Journal of International Migration and Integration*, No.7(4), 2006, pp. 449–471.

等种种原因，彻底"海归"对某些移民来说是不现实的。最近，政府已经采取了更加务实的态度，由强调回国服务转变为回国服务和为国服务并重。中国已为吸引移居海外的专业人士回国提供了多项激励和方便条件，如为归国专业人员提供包括住房和子女教育的服务、研发项目基金等。[1]毋庸置疑，这样的政策环境为推动加拿大华人跨国创业发挥了重要的作用。[2]

三、移民自主经济行为模式

林小华[3]根据移民在侨居国和原籍国融入程度的差异，区分出移民经济适应的四种不同模式，包括族裔经济、薪酬就业、海归企业和跨国创业。由于本文的关注点不在于移民全部的经济活动，而聚焦在薪酬就业以外的自主创业活动，由此形成了四种新的经济活动模式，也就是族裔经济、一般企业、海归企业、跨国创业。此外，林小华的理论模型仅对移民经济做出了静态的描述，而最新的证据表明，移民企业家的创业活动往往在各种模式之间进行转换。本文基于对加拿大华人移民企业家的研究成果，结合当代国际化背景下新移民所具备的特点及其所面临的多种机遇，对上述移民自主创业民的模式做出界定和解释，并从动态的角度分析移民经济适应活动的发展趋向和现实影响。如图2所示，这四种模式由移民群体与原籍国和侨居国的关联或融入程度所界定。

[1] Lin, X., Guan, J.& M. J. Nicholson, "Transnational Entrepreneurs as Agents of International Innovation Linkages" , <*http://www.asiapacific.ca/files/Analysis/2008/ImmigEntrepreneurs.pdf*>. March 5, 2010.

[2] Teo SY, "Vancouver's newest Chinese diaspora: settlers or 'immigrant prisoners'?" , *Geo Journal*, No.68, 2007, pp.211-222.

[3] Lin, Xiaohua, "The Diaspora Solution to National Technological Capacity Development: Immigrant Entrepreneurs in the Contemporary World" , *Thunderbird International Business Review*, No.52(2), 2010, pp. 123-136.

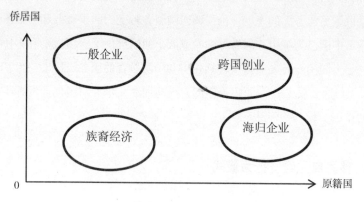

图 2　移民社会融入与自主创业坐标图

图 2 设有两个坐标：横坐标表明与原籍国的联系，纵坐标表明对侨居国社会的融入。原点设为 0，表明程度最低；而箭头指向表明程度趋高。例如，一般企业与原籍国联系最低，而融入侨居国社会的程度最高。族裔经济与原籍国和侨居国的联系都微乎其微，所以在两个坐标上的位置都接近零点；海归企业与侨居国联系微弱，但与原籍国的联系在四种模式中是最高的；最后，跨国企业与原籍国和侨居国的联系都较高，但与侨居国的联系不如一般企业，与原籍国的联系则不如海归企业。尽管目前还没有数据能说明四种模式在中国移民创业活动中各占多大比例，但最近的研究提供了大量证据，表明它们的独特表现与活力。

（一）族裔经济

族裔经济是指由同一少数族裔企业主拥有或控制、专注于侨居国本族裔市场的企业。[1]虽然不再局限在一定的地理范围内，但这些由族裔界定的企业继续运作在族裔凝聚力和文化独特性的基础上，这个基

---

[1]　Light, I., "The Ethnic Ownership Economy", In: C. H. Stiles and C. S. Galbraith (eds), *Ethnic Entrepreneurship: Structure and Process*, Elsevier, Amsterdam, 2004, pp. 3–44.

础使得这些企业在进入低成本移民劳动力市场和以同族裔为主的消费市场方面享有特权。[1] 在加拿大，多伦多、温哥华和蒙特利尔是以族裔经济吸引华人移民的三大城市。在加拿大历史上，早期的华人移民被视为"劣等"种族，不得不选择留在"中国城"中，以寻求人身安全和族裔经济的支持。中餐馆、理发店、洗衣房、中医和其他服务业应运而生，主要面向本族裔社区，与主流社会和中国大陆（内地）之间的互动微乎其微。

近年来，中国城的概念变得模糊，但大量涌入的中国移民又形成了族裔经济的新的基础。比如中餐馆，虽然为主流社会的接受程度有所提高，但在华人聚集的社区其客人仍以华人为主，雇员多为华裔，而其货源也越来越多地由华人经营的农场所提供。在很大程度上，族裔经济不但没有消亡，反而随着华人社区的扩张而有了进一步的发展。在多伦多等大都市，中国大陆（内地）新移民的涌入又创造了若干新的创业机会，特别是在一些不受政府严格监管的领域如地产行业。由于语言文化的便利以及社区网络的影响，最先是主流地产公司大量使用华裔地产经纪人。其中巨大的盈利机会很快被一些敏感的华人企业家抓住，华人拥有的地产经纪公司开始出现，例如设在多伦多地区的加中置业地产公司。以华裔顾客为主的企业几乎遍及所有服务行业，如托儿所、养老院、私立学校、旅行社；而华文媒体（如报纸、广播电台、电视台、网站）不但自身蓬勃发展，而且是促进整个华裔经济发展的一个主要因素。

（二）一般企业

通常来讲，具备相应人力资本（如英语能力）的移民群体受雇于主流社会公司的可能性较大，这部分移民的经济适应行为被称为薪酬就业。从社会心理学的角度来看，薪酬就业代表了一种同化现象，因为这些移民往往以融入侨居国为导向而基本上放弃了母国的文化传

---

[1]　Li, P. S. and C. Dong, "Earnings of Chinese Immigrants in the Enclave and Mainstream Economy", *Canadian Review of Sociology and Anthropology*, No. 44 (1), 2007, pp. 65–99.

统。[1] 与薪酬就业相对应，部分移民选择自主创业但并不局限于为华人社区及团体提供服务，而是积极在主流社会中开拓市场，聚焦当地市场。因其经营模式、服务对象等与一般当地企业差异不大，故也称其为一般企业。

一般企业在高技术领域比较明显。比如设在安大略省万锦市的平台计算公司 Platform Computing 就是由来自中国的三位专业人士创立而面向主流市场的公司。该公司的 500 多名雇员来自不同种族，客户包括北电等国际知名大公司。该公司成长迅速，最终被 IBM 收购。当然华人创立的一般企业并不局限于高新技术领域。由几位中国年轻人在多伦多地区合伙创立的 168 日式料理就是一个面向所有人群的餐饮企业。尽管企业管理不乏中国传统文化的印记，但这家连锁企业从外观、室内装潢、餐品调制、服务风格直到价位都很少"中国特色"，由此摆脱了华人餐饮业局限社区、品味雷同、低价自相竞争的旧格局。

（三）海归企业

海归企业是指那些重新定居在原籍国的移民所经营的企业。移民回到原籍国创办企业在历史上屡见不鲜，当代海归企业家中的最新形式是由那些在海外获得了高等教育和经验后的人士回到祖国创建科技密集型企业。[2] 尽管海归企业家可能在不同程度上与留学国保持着联系，但海归企业主要面向原籍国市场。[3]

随着中国经济的腾飞，大批海外专业人士回到中国，他们参与创业

[1]　Berry, J.W., Kim, U.& P. Boski, *Psychological Acculturation of Immigrants*,in Kim Y and Gudykunst W (ed.) ,*Cross-Cultural Adaptation: Current Approaches*, Newbury Park, CA: Sage Publications, 1988, pp. 62–89.

[2]　Liu, X., Lu, J., Filatotchev, I., Buck, T.& M. Wright , "Returnee Entrepreneurs, Knowledge Spillovers and Innovation in High-tech Firms in Emerging Economies" , *Journal of International Business Studies,* No. 41, 2010, pp. 1183–1197.

[3]　Lin, X., "Contemporary Diaspora Entrepreneurship: A Conceptual and Comparative Framework" , *Transnational Entrepreneurship and Global Reach*, University of Toronto Press, Toronto, 2010, pp. 31–59.

的领域主要为发展迅速的国际化的知识密集型产业，特别是高科技领域。在帮助中国参与国际市场、提升创新能力的同时，他们也创造了一种有别于中国民企、国企、外资企业的企业模式。他们的回归可谓得天时地利：一方面，国内的总体技术水平相对较低，他们带回的技术能够填补现有产业结构的空白；改革后的体制环境开始鼓励创业活动，进入高校和学术领域不再是海归专业人士的唯一选择。另一方面，许多学有所长的中国留学生在加拿大高校或企业中的发展受到所谓玻璃天花板的限制，正在崛起的祖国为他们事业上的进一步发展提供了新的机遇。[1]

笔者于 2008—2012 年在北京和无锡两地对海归企业进行调研，发现从加拿大返国的海归企业家具有一些特点，反映了在加拿大留学、工作和生活经历对他们的影响。例如与美国海归相比，他们一般在决策阶段比较谨慎，而一旦落地后持之以恒，成功率较高。中关村创业园在 2008 年前后大约有 400 多名加拿大海归企业家，按人口比例并不比美国海归逊色多少。由加拿大海归创办的企业集中在高新技术领域，如信息技术、制药、新能源。对许多华人留学生和专业人士来说，加拿大生活过于安逸，缺乏竞争和机会的企业环境不可能为他们提供充分实现自我的机会，而回国创业则是利国利民利己的最好选择。

（四）跨国企业

跨国企业是指那些商业活动同时涵盖了侨居国和原籍国的移民企业。[2]跨国化是许多移民企业的特点，并且被认为是移民经济适应的一种独特模式。[3]跨国企业家与海归企业家的差异在于，前者关注侨居国

[1] Guo, S., "Understanding immigrants' downward social mobility: A comparative study of economic and social integration of recent Chinese immigrants in Calgary and Edmonton", *Edmonton: Prairie Metropolis Centre Working Paper*, WP10-12, 2010.

[2] Portes, A., Haller, W.& L. Guarnizo, "Transnational Entrepreneurs: An Alternative Form of Immigrant Economic Adaptation", *American Sociological Review*, No.67, 2002, pp. 278-298.

[3] Light, I. & S. Gold, *Ethnic Economies*, Academic Press, San Diego, CA, 2000; Portes, A., L. E. Guarnizo & P. Landolt, "The Study of Transnationalism: Pitfalls and Promise of an Emergent Research Field", *Ethnic and Racial Studies*, No. 22(2), 1999, pp. 217-237.

和原籍国两个市场，[1] 而后者则主要着眼于原籍国。[2] 当跨国企业家选择在侨居国安家时，他们在筹划原籍国的商业活动时往往会把侨居国考虑在内。由于跨国企业家需要经常往返于原籍国和侨居国之间，往往被冠以"海鸥"之名。

笔者对加拿大华人企业家的实地调查表明，由技术移民转变成的跨国企业家已经形成了一个特殊的加拿大华人群体。他们与传统的中国移民和海归都不同，可以被看成是一类学贯中西的文化双栖人。他们中很多人不仅在中国受过高等教育，在加拿大、美国或欧洲国家也受过教育或培训。他们在一定程度上得益于加拿大的多元文化政策，能够在国与国之间自由流动。成功的跨国企业家在心理和资源上都很独特：他们以机会为动力，在原籍国和侨居国都拥有丰富资源。优秀素质与历史机遇的碰撞产生了一系列的创业策略，包括明显的国际导向和东西合璧的管理方式，这些都与中国新兴的创业领域中的其他参与者大为不同。[3] 以总部位于多伦多的一家制药公司为例，该公司的产品分别在加拿大、中国以及其他国际市场销售，创立近 10 年来业绩不断提高。这家海鸥型企业的一个最主要的竞争优势就在于它合理有效地利用了中加两国各自的优势：它的基础研发中心设在加拿大，以保证始终接触医药领域的前沿科研成果和最新信息；它的生产和大部分临床实验活动则在中国进行，以利用当地廉价、丰富的资源。

在许多由移民转化为跨国企业家的华人看来，加拿大是一个良好的

[1] Wong, L.& M. Ng., "The Emergence of Small Transnational Enterprises in Vancouver: The Case of Chinese Entrepreneur Immigrants", *International Journal of Urban and Regional Research,* No.26, 2002, pp. 508–530. Saxenian, A., *Silicon Valley's New Immigrant Entrepreneurs*, Public Policy Institute of California, San Francisco, 1999.

[2] Fuller, D. B., "Networks and Nations: The Interplay of Transnational Networks and Domestic Institutions in China's Chip Design Industry", *International Journal of Technology Management,* No.51(2–4), 2010, pp. 239–257.

[3] Lin, X. , "Chinese Entrepreneurs in Network Marketing Organizations: A Culture-Moderated Social Capital Perspective", *Journal of Small Business and Entrepreneurship,* No. 20(3), 2007, pp. 273–288.

生活居住地，但不是一个创业的最佳地点。笔者的前期调查发现，对其中一些人来说，寻求商业机遇仅是移民加拿大的第二位原因，而最重要的原因是享受良好的自然与社会环境。此外，值得注意的是，多数选择跨国企业道路的移民在登陆加拿大之前就已经拥有企业或具备创业经验；跨国创业对他们来说是一种优化家庭资源、满足生活与经济双重需求的生活方式。[1]

最近的证据表明，移民构成的不断变化和日益更新的市场机会，不仅造成了移民创业模式的多样化，而且往往促使移民企业家在各种模式之间进行转换。与在语言、文化、技术、经验上呈现弱势的早期移民不同，越来越多的华人新移民拥有海外教育背景与工作生活经验，这意味着他们较为熟悉和了解加拿大的文化、市场，也更容易将自身的专业知识和工作经验与当地资源结合，以至于将自己的创业活动与主体社会接轨。其中直销行业中中国移民企业家的网络营销组织就可以看成是族裔经济向一般企业的过渡。[2] 以一家美国天然营养品公司为例，该公司在加拿大市场的 4000 个经销商中有三分之二是华人移民，而该公司的百万收入俱乐部中的华人移民超过 40%。[3] 传统的族裔经济在市场以至地域上与主体社会隔绝。研究发现，直销行业的新移民企业家不仅有效地进入各个族裔社区，而且达到了与占主体地位的白人收入上的平等。直销公司看重华人的社会网络，华人企业家则依赖直销公司的资源，低成本高速度地参与到直销行业中。

如前所述，寻求商机并非多数华人移民加拿大的首要原因，而只是在侨居国安居下来之后，他们才开始找寻创业的机会。这一发现特别重

---

[1] Teo SY, "Vancouver's newest Chinese diaspora: settlers or 'immigrant prisoners'?", *Geo Journal*, No. 68, 2007, pp. 211-222.

[2] Lin, X and J. Guan, "Necessity Micro-Entrepreneurship and Ethnic Minorities' Participation in Network Marketing Organizations", *GIM Growing Inclusive Marketing Conference*, Halifax, Canada, 2008.

[3] Lin, X. and J. Guan, "Immigration Participation in Network Marketing Organizations: Acculturation and Identification", In Dawn Zinga, ed., *Multicultural Days: An International Perspective*, Newcastle, UK: Cambridge Scholars Press, 2006, pp. 428-446.

要，因为这有助于解释为什么有些华人在海归若干年之后又转变为"海鸥"，也就是跨国经营的方式。对这些企业家来说，家庭往往是决定因素，特别是子女的教育和家庭的团聚。当然，从海归到跨国模式最有意义的转型发生在高科技领域，特别是中国逐渐赶上国际前沿水平的新能源一类行业。移民归国创业把加拿大的原生科技引入中国，在国内发展提高后又返回加拿大投资的案例已经在出现，这见证了从人才外流到智力环流的过程。

四、理论与政策启示

在调查与案例分析的基础上，本文提出了中国移民在加拿大自主创业的四种模式，并指出随着市场环境、母国政策与企业自身发展水平的不断变化，移民企业家的经济活动可能表现为在几种模式之间的过渡或跃迁。对移民经济行为的研究显然需要突破传统的族裔经济的视野，而把移民的经济参与放在一个社会经济日益开放、国际社区间联系日益紧密的大背景下加以考虑。

与旧时背井离乡的被动移民不同，中国新一代移民越来越多地把出国作为人力资本投放的选择之一，而全球化也为具有专业特长，特别是有国际教育背景的移民提供了流动的机会。对许多专业人士来说，移民加拿大可以是全球范围内配置资源的一种合理选择；而如果在加拿大看不到希望，同时母国出现了更好的经济机会时，这些拥有高技术、受过良好教育的人才移民就会决定回国。[1] 一旦找到合适的机会，海归的海外教育、经验和社会关系为他们的创业活动增加了国际视角，为他们参与国内市场竞争提供了优势。对那些年纪稍大并已经在加拿大安家立业的移民来说，以跨国方式寻找中国机会可能是更现实也更为有效的选择。无论采取哪种方式，新移民与祖国的经济联系已经不再是为"落叶

---

[1]　Ley, David. "Return Migration: The case of Hong Kong", *Work report to Metropolis*, 2008.

归根"做准备，就其规模和影响而言，很可能成为中国经济走向世界的一个重要组成部分。

尽管最近社会上对海归与跨国企业家特别关注，但笔者认为绝不能忽视其他移民创业活动的方式，包括面貌一新的族裔经济。首先，在多伦多等大都市，中国城的地域概念已经从市中心扩展到市郊无数以华人店铺为主的商业小区，它们成为当地经济最具活力的场景。其次，华人超市规模日增，不仅为华裔提供了应有尽有的民族用品，而且越来越多地吸引了其他族裔客户。再次，各种文化企业蓬勃发展，为各类专业人士提供了释放才华、服务社区，进而创造财富的机会，也为在海外弘扬中华文明做出了贡献。最后，与主体社会衔接的一般企业的发展，既反映出新一代移民人力和社会资本的提升，同时在经营管理上往往借力中国元素，形成有竞争力的中西合璧的企业文化。总而言之，华人企业家的创业活动已经对加拿大的社会经济面貌产生了不容置疑的影响，远远是其他任何一个移民社区所不能比拟的。

中加两国友好关系源远流长。改革开放后中国移民形成热潮，目前中国已成为加拿大最大的移民来源国之一。虽然移民本身属于民间行为，但两国政府可以在多方面做出共同努力，确保移民过程合理有序，使移民本身和两国的利益得到保障。中加两国经济高度互补，但人文地理、社会制度等方面的距离使得两国的经贸关系远远没有发展到理想的水平。移民企业家在这方面显然可以起到一个桥梁的作用，从而不仅在传统的贸易和投资领域里，而且在对两国经济长期发展具有战略意义的技术创新方面促进双赢。

新华商与新市场

——罗马尼亚中国新移民研究[*]

李明欢

内容提要： 20 世纪八九十年代是东欧社会政治、经济急剧变革的阵痛期。政治制度的巨变以倡导自由、市场、取消监管、去政府化为表征，当地国从政府到民间面对如此始料未及的巨变均难以应对，生产下滑，市场萧条。反之，当时的中国已经走过了十多年的改革历程，民间蕴藏的巨大能量蓄势待发，勇于走出国门的一大批新移民抓住了东欧转型期的特殊机遇，成就了一段异域创业的佳话。换言之，那是一段新华商社群在东欧迅速形成，并且从跨境商贸中获取高额利润的"黄金时代"。他们为处于困难转型期的东欧民众送去了日用生活必需品，提升了他们的生活品质，同时亦为正在急速增长的海量"中国制造"进入东欧市场铺就了民间通衢。然而，进入 21 世纪以来，随着东欧国家本国经济复苏，市场管理走向规范，东欧各国华商正面临一系列严峻挑战，迫切需要寻求应对策略，以实现持续发展。

本文以既往学界关注较少的罗马尼亚中国新移民社群为例，追溯其形成发展的历程，剖析其基本特征，并着重探讨罗马尼亚新华商与罗马尼亚新市场的互动、矛盾与调适，旨在以罗马尼亚华商的基本发展历程

---

* 本文是笔者所承担之国家社科基金项目（11BMZ038）的阶段性成果。原文《罗马尼亚中国新移民研究:新华商与新市场》载于《华侨华人历史研究》2013 年 12 月第 4 期，第 42-50 页。

为例，探讨东欧华商在大环境巨变中的发展路径，以就教于大方之家。[1]

一、罗马尼亚中国新移民社群形成

当今活跃在罗马尼亚的华侨华人，基本都是在 20 世纪 90 年代之后伴随着东欧转型而进入罗马尼亚的，华人经济深深植根于罗马尼亚转型的社会土壤之中。

罗马尼亚中国新移民社群的形成，主要受三重因素影响：

其一，罗马尼亚新移民社群形成是 20 世纪 90 年代中国大陆骤然涌起的朝向俄罗斯、匈牙利之移民潮的衍生品。

笔者在调研中了解到，20 世纪 90 年代初最早落户罗马尼亚的中国新移民，基本都是从俄罗斯或匈牙利转道而入。1988 年 10 月，罗马尼亚的近邻匈牙利与中国签订了"中匈互免签证协议"。由此，从 1989 年下半年起，中国大陆涌起一股奔向匈牙利的出国热。由于匈牙利从政局到市场变幻莫测，既有人点石成金，亦有人折戟沉沙，辗转他国，罗马尼亚由此意外地迎来了中国新移民。用罗马尼亚中国新移民自己的话说，"当初本想到匈牙利，由于乘错火车到了罗马尼亚"；"出国前根本没想过到罗马尼亚，当年阴差阳错来到这个国家"；"本想以罗马尼亚为跳板，前往西欧或其他国家"，没想到却成了"旅罗华侨"。[2]

其二，20 世纪 90 年代初罗马尼亚急剧转型过程中呈现出的特殊机遇，形成吸引中国新移民前往谋生、创业的拉力。

1989 年柏林墙倒塌，东欧转型。是年 12 月，罗马尼亚发生了罗共

---

[1] 本文基于笔者于 2012 年 9 月在罗马尼亚的实地调研资料。笔者感谢国侨办政法司的支持，感谢罗马尼亚季爱云女士、潘继东先生、陈三荣先生、陈建先生、郑旭旦女士等提供的资料，尤其感谢季爱云女士多次不厌其烦地协助笔者查证信息。笔者同时感谢匿名审稿人提出的宝贵意见。

[2] 根据笔者在布加勒斯特的访谈，并摘引自《欧风文集》所收录的资料。(《欧风文集》是罗马尼亚华侨华人各社团为"纪念中华人民共和国成立 60 周年暨中罗建交 60 周年"而编辑的一本纪念刊，印制于 2009 年。其中收录了罗马尼亚华人历年在当地报刊上发表的部分文稿。)

控制的保安部队与反对派的武装冲突，关键时刻军队倒戈，支持反对派，罗共执政时代在枪声中结束。动乱中的政权更迭使罗马尼亚人民深受其害。国内生产大幅度滑坡，匆匆组建的新政府治国无策，只能开动印钞机救急，仅 1990 年就多发行了 900 亿列依的货币，导致罗币急剧贬值，社会商品量只能满足居民货币拥有量的 19%，民众日常生活必需品如糖、食油、面包等一概凭证定量供应，而火柴、灯泡、洗衣粉、刀片、汽油、汽车配件、电池样样缺货，甚至连醋、盐也无法保证供应。[1]

为扭转时局，罗新政府实施对外国人，尤其是有可能前来投资兴业的外国人敞开欢迎大门之新政：一是制定宽松的入境政策，例如，持第三国签证外国人可免签入境罗马尼亚，对中国人直到 20 世纪 90 年代末仍实施"落地签证"；二是大力吸引外资，例如，在当地注册成立公司的最低投资额只需 100 美元，投资人在得到执照的同时，也就得到半年有效、到期可以续延的居留。如此"投资"要求，对于改革开放后先富起来的中国人而言，并非难事，于是，一些原本只想借罗"过道"的中国人，转而成为罗马尼亚社会转型后最早一批"外资公司"的"投资商"。

其三，中国自身经济的高速发展，大量款式新颖、价格低廉的商品输出国门，填补了罗马尼亚市场的巨大空缺，跨国贩运的丰厚利润成为中国新移民在罗马尼亚创业发展的原动力。

那些"意外"来到罗马尼亚的中国人，"意外"发现了罗马尼亚市场的巨大赢利空间。根据当地华商介绍，20 世纪 90 年代初刚到罗马尼亚时，从中国的皮大衣到小打火机，都是市场上的抢手货。消息传开，一批批中国货迅速从莫斯科转道而来，涌入当时布加勒斯特各周末的跳蚤市场。一些心急的华商等不及周末，货物一到就干脆将货车直接开入城区，在大街旁支起个架子叫卖，而罗马尼亚人见状会自觉排队购买，人多时警察还会前来义务帮忙维持秩序。

---

[1] 王义祥，《罗马尼亚的移民浪潮》，《俄罗斯研究》1991 年第 1 期，第 19 页。

正是由于"中国制造"适应了转型期罗马尼亚民众的生活需求，早期华商从简单的贩运过程中赚取了难以想象的高额利润，成为罗马尼亚中国新移民社群的先驱，而罗马尼亚也因而成为又一个中国新移民的目的国。

根据罗马尼亚官方统计，1990 年共有 8400 名中国人入境罗马尼亚，1991 年增至 14200 人，1992 年 12100 人，1993 年虽有所回落，亦仍有 4267 名中国人进入罗马尼亚。同期罗马尼亚官方数据还显示：1993 年，共有 1091 家中国公司在罗马尼亚发展局（Romanian Development Agency）登记注册，1995 年又几乎翻了一番，达到 2055 家。罗马尼亚劳动部与海关总局（The Ministry of Labour and the General Directorate of Customs）据此估计：在罗马尼亚的中国移民总数超过 2 万人。[1]

随着中国新移民总量不断上升，从 1994 年 12 月到 1995 年 1 月，短短两个月期间，中国新移民就在罗马尼亚成立了三个社团组织：罗马尼亚华商联合总会、旅罗浙江青田同乡会和罗马尼亚福建同乡会。三个社团组织反映出罗马尼亚中国新移民构成的基本要点，一是以经商为主，二是以浙江和福建为主要原籍地。

华商总会成立后，随即创办了罗马尼亚的第一份华文报纸《龙报》，但仅仅发行 3 期即停刊。两年后，又出版了《欧洲华报》。1999 年，再有《旅罗华人报》创刊发行。

总之，时至 20 世纪 90 年代中期，随着中国新移民在罗马尼亚社会经济领域的影响力与日俱增以及华人社团的组建和华文报刊的发行，中国新移民作为一个新的移民社群，已经伴随着罗马尼亚的社会转型脱颖而出。

进入 21 世纪之后，中国新移民社群呈现不稳定的变化态势，人口规模总体不升反降，并在 2008 年后出现明显下滑之拐点。这一切可以

---

[1] International Organization for Migration, "Chinese immigrants in Central and Eastern Europe: the cases of the Czech Republic, Hungary, and Romania", Gregor Benton and Frank N. Pieke (eds.) *The Chinese in Europe*, Houndmills: MacMillan Press, 1998, pp. 325-326.

从罗马尼亚华商市场的跌宕起伏中得到直接反映，其原因亦可从罗马尼亚新华商与新市场的反复博弈中剖析。

二、罗马尼亚新华商与新市场

中国新移民在罗马尼亚的生存发展，始终围绕中国商品对罗进出口及在当地的批发零售而展开；近 20 多年来罗马尼亚华人社会的发展史，与罗马尼亚首都布加勒斯特先后兴建的四大华商市场，即欧罗巴、尼罗、红龙及新唐人街市场的兴衰替代密切相关。

（一）从欧罗巴到尼罗：市场与华商经济共成长

如前所述，20 世纪 90 年代初最先进入罗马尼亚的中国新移民是从跳蚤市场及街头流动销售起步的。然而，随着在罗马尼亚经营中国商品的华商迅速增加，罗马尼亚政府开始限制街头经营，许多华人也希望寻找固定的经营场所。这时，有华商开始承租布加勒斯特 ROMEXPO 展览馆大厅进行定点销售，虽然展厅租金昂贵，且一有展览就得让位，但华商一时别无选择，只能接受苛刻的条件。

1993 年年初，在布加勒斯特 Colentina 大街 [1] 尽头，有罗马尼亚商家盖起一排几十间低矮简陋的水泥房当成商铺出租，冠名 "欧罗巴"（Europa）市场。正在寻求经营场所的华商闻讯而至，几十个摊位很快被抢购一空。欧罗巴老板喜不胜收，立刻乘势扩张，短短一年多时间，就建起大小商铺约 2000 间，其中也包括数百个仅仅是 "画地为牢"、铁皮为界的简易摊位。[2]

根据当年曾在欧罗巴市场经营的华商回忆，1995 年至 1996 年是欧罗巴市场的鼎盛时期，在欧罗巴市场购、租商铺经营的华商在高峰时超

---

[1] 罗马尼亚华商习惯按该街名罗文的发音戏称之为 "高粱地大街"。

[2] 据介绍，一个铁皮摊位的基本投资不过 800 美元，但高峰时摊位价格被炒到 30000 美元以上。

过 3000 人。市场内天天人流涌动，日客流量达上万人次。前来购货者除罗马尼亚人外，每日还有十多辆长途巴士从摩尔多瓦、保加利亚、乌克兰等邻近国家满载客商前来交易。由于欧罗巴市场的经营主体是华商，而市场内流通的货物也几乎全是"中国制造"，欧罗巴市场顺理成章地成为罗马尼亚第一个著名的华商大市场。

市场火爆，市场老板无疑是第一受益人。坐拥市场房产获得的超额利润，令诸多有一定实力的企业家或投机家争相觊觎，并由此引发了此后十多年围绕商城地产愈演愈烈的争斗。用罗马尼亚华商的话说：当罗马尼亚处于社会激烈动荡转型时，要想掌控市场地产攫取高额利润，不仅要有超凡的勇气、能力和实力，还得有本事"黑白通吃"。在此大背景下崛起了以罗马尼亚房地产开发商尼古为首的尼罗集团。

尼古原在欧罗巴市场中占有约 30% 的股份。1998 年，眼见欧罗巴市场因建造简陋、无序搭盖而越来越脏乱不堪，羽翼渐丰的尼古直接另组尼罗集团，大张旗鼓地在欧罗巴市场边上投资兴建"尼罗市场"，并勾勒了美妙的蓝图：尼罗市场将提供 2700 家整洁规范的高标准商铺，并配套建设简易仓库，以适应华商对仓储业的需求。为了将原欧罗巴的商户、客流吸引过来，尼罗市场信誓旦旦地向华商承诺：一万美元即可购买尼罗市场内一间店铺的永久使用权；管理方将向商铺提供永久性优质服务，并且绝不在规划之外乱搭盖。

由于华商对脏乱差的欧罗巴市场早已积累诸多不满，对于整洁规范的新商铺需求极大，因此，尼罗市场一开盘，商铺就被抢购一空。

1999 年尼罗市场落成，市场内近八成商铺为华商所有，同样地，货架上琳琅满目，全是中国货。由此，华商经贸事业的发展，推动尼罗市场取代了衰败中的欧罗巴市场，崛起而成罗马尼亚最大的华商市场。

（二）从尼罗到红龙：市场老板与普通华商的利益博弈

经济繁荣是市场拓展最好的推进器，进入 21 世纪之后，从市场建设中获得巨大利润的尼罗集团又开始推行新的扩张规划。2003 年，尼罗集团宣布将投巨资在尼罗市场边上再兴建一个更高标准、更大规模的

"红龙市场"。从 2003 年红龙市场动工到 2008 年金融危机爆发前，正好是罗马尼亚改制后经济发展的最佳年代。借此东风，红龙市场一路高歌猛进，多座外观亮丽的大型平房式商厦在 2003 年到 2007 年间相继落成，拥有商铺累计约 6000 家，[1] 从而再次超越尼罗成为号称"东欧第一"的华商大市场。[2]

然而，红龙市场的迅速扩张，却引发了商户搬迁的尖锐矛盾。红龙与尼罗两大市场的主要投资商同为尼罗集团，早在红龙开建之初，尼罗集团即以"尼罗市场已经不符合经营标准"为由，宣传将关闭尼罗市场，并要求尼罗市场的华商全部搬迁到新建的红龙市场。但是，多数华商拒绝搬迁，因为，一来原市场已经形成稳定的客源，搬迁可能影响经营的延续性；二来不少华商认为红龙市场店租太高，[3] 且市场管理方未对华商已经购买的旧市场店铺给出合理的补偿方案。[4]

2003 年 5 月 20 日，尼罗市场发生火灾，共有 22 间华商购买的店铺和仓库被烧毁，损失达 70 万美元。尼罗集团不仅断然拒绝受害华商的索赔要求，还以该事件为例，强调尼罗市场存在安全隐患，要求所有华商加速搬迁。[5]

2007 年年初，尼罗市场管理方正式以尼罗市场不符合罗马尼亚政府的相关规定为由，要求尼罗市场内的所有商户限期迁离。是年 4 月 13 日，尼罗市场所在区政府发出了"限期拆除尼罗市场通告"。尼罗商户们闻讯十分愤怒，认为这是尼罗集团背后唆使的结果。华商们迅速组

---

[1]　红龙商场先后建成了多达 13 幢商贸大厅，后经过整合，合并成红龙 1 至红龙 9 和青年厅共 10 座商贸厅。

[2]　在调查中，也有华商认为其规模之大足以号称"欧洲第一"。

[3]　据介绍，尼罗市场建成之初，付一万美元就可以取得一个 15—20 平方米店铺的永久使用权。但红龙市场相同面积店铺的年租金高达 3—4 万欧元。

[4]　据调查，尼罗集团曾提出的赔偿方案是：已经购买了尼罗店铺永久使用权的店主交付 3 万欧元后可以换租到红龙市场的店铺，原尼罗店铺酌情折价 3000—5000 欧元。这意味着华商"换租"的代价是必须额外交付 2.5—2.7 万欧元现金，华商表示无法接受。

[5]　有华商认为这次火灾是尼罗集团逼迫华商搬迁的"阴谋"，但缺乏可以诉诸法庭的证据。

织了"华人维权中心",将辖区政府告上法庭。经过前后三次公开审理,布加勒斯特法院于 2008 年 3 月 14 日下达判决书,宣布"尼罗市场限期拆除的通告在法律上无效"。旅罗华商艰难胜诉。

虽然尼罗市场的商户们打赢了官司,但是,围绕尼罗市场的意外灾害却接连不断:

2007 年 7 月 14 日,尼罗市场 A 区 16 家店铺在一夜之间被"大风"刮掉了铁皮房顶,店主的维修要求被尼罗市场管理方一口回绝。

2007 年 11 月 28 日下午 2 点半左右,市场管理方在对店铺实行"焊封"时,因操作不当引发大火,A 区 18 间店铺瞬间化为一片火海,直接经济损失超过百万美元。尼罗集团再次拒绝相关商户的赔偿及修复要求。

2008 年 5 月 3 日,尼罗市场管理方以"修理下水道"为由,开动挖掘机在尼罗市场后大门正中挖了一个长 3 米、宽 3 米、深 1 米的大坑,里面积满了水,车辆人员无法通行。受害华商只好自筹经费将大坑填平。

2008 年 10 月 16 日,尼罗集团市场管理方发放大量传单,宣布尼罗公司将从 2008 年 11 月 1 日起全面停止对尼罗市场的服务,随之在红龙与尼罗两个市场之间垒起一堵长达 60 米的隔离墙,并对尼罗市场撤除保安,停水停电。此举再度激怒了尼罗华商,大家群集抗议。经中国驻罗马尼亚大使馆和华人维权中心代表与尼罗集团七轮谈判,2008 年 11 月 26 日傍晚,尼罗集团拆除了隔离墙。

2009 年 11 月 16 日尼罗集团宣布:对进入红龙、尼罗两个市场的车辆开征每天 10 列伊(约 3.5 美元)的停车费,此举又引起了市场内商户的强烈愤慨。因为当初租、购市场商铺时,已经言明停车费包括在每个季度缴交的卫生费之内,新规定无疑是侵害商户合法权益的毁约行径。11 月 17 日 11 时左右,十来名情绪激动的商户推倒了用于征收车辆"入场费"的"拦路虎",与在场保安发生冲突。数百商户闻讯赶来,聚集到市场管理办公楼下,强烈抗议,要求管理方停止收取车辆入场费。中国驻罗马尼亚官员、华商维权代表及其他国家商户代表与管理方谈判数小时无果。当晚 7 时,市场管理方以工作人员人身安全受到威胁为由,切断尼罗市场电源和水源，撤走所有保安及卫生清洁人员。此后数日，市场处于半瘫痪状态。各国商户被迫再次联合抗议，鉴于群情激愤，市场管理方终于答应取消征收停车费，并将于11月24日恢复对尼罗、红龙两大市场的正常管理。

然而，11月23日，就在尼罗承诺恢复正常营运的前夕，尼罗集团的代表却在当地电视上公开声明：管理方只恢复红龙市场的正常运转，放弃对尼罗市场的管理。声明还提出，现有尼罗市场商铺存在严重的卫生及消防安全隐患，有重大偷漏税问题，要求罗马尼亚经济卫队查封尼罗市场所有商铺，并呼吁政府彻底拆除尼罗市场。从11月24至27日，罗马尼亚防暴警察连续四天封锁尼罗市场300多间华商店铺。此后连续一周，罗马尼亚各大电视、新闻媒体充斥着对尼罗市场华人商户的指责与批评。

2009年12月2日，罗马尼亚防暴警察再次进入尼罗市场，驱赶市场客商，封锁客货通道。抵制封门的华人商家与警察发生了争执，在冲突中，警察施放了催泪弹，强行驱散抗议民众。尼罗市场自此全面封闭。

2010年4月21日，尼罗集团派出的挖掘机开进尼罗市场，强制拆除所有店铺。数小时内，曾经聚集过近3000店铺的尼罗市场被夷为一片平地。[1]

尼罗市场被彻底铲平，所有华商迫于无奈，只能接受红龙市场的条件，进入红龙经营。

（三）兴建华商自己的"唐人街"：艰难的圆梦之旅

经历了从欧罗巴到尼罗再到红龙市场的诸多周折、磨难与博弈，罗马尼亚华商中的有识之士开始了自建商城的努力。

2010年8月，就在尼罗市场被彻底推平之后四个月，首家由罗马尼亚华人集资的"唐人街市场"隆重奠基。唐人街集团由三位华商担任主

---

[1] 当笔者于2012年9月在当地调研时，在当地华商引导下特地去看了尼罗市场的旧址，那里如今已是野草丛生，完全无法想象当初的繁荣景象。

要负责人，[1] 由十余位华商集体控股 70%，在罗马尼亚工商会正式注册。根据唐人街的策划书介绍，该项目选址于罗马尼亚国家 2 号公路和环城路主干道，距布加勒斯特市中心约 10 公里。唐人街市场建造的目的是在布加勒斯特郊区打造出新的面向中、东欧的集商业、贸易、休闲、生活于一体的综合性的商贸中心。唐人街规划总面积为 40 万平方米，总投资额超过 2 亿欧元，整个项目计划分四期进行。

2010 年 8 月 17 日，唐人街举行隆重奠基仪式，罗马尼亚总理博克在中国驻罗马尼亚大使刘增文、土耳其驻罗大使埃瑟女士等人的陪同下参加了奠基仪式。数百名应邀而来的华商和罗马尼亚朋友共同见证了此次盛大的庆典活动。庆典活动充满了热情洋溢的节日气氛，罗马尼亚政府总理博克先生用中文"你好"向大家问候，并对"唐人街"成功举行奠基仪式表示祝贺和高度的赞扬，相信通过唐人街项目的建设，将进一步密切罗中经贸关系和人员往来。总理博克还在现场为唐人街题词"中罗友谊永存，携手共创美好未来"。隆重的奠基仪式给在场所有人士留下了深刻而美好的印象，罗马尼亚华人对自己的唐人街充满美好期待。

唐人街一边筹建，一边迅速推出了适应华商愿望的销售计划：一是以买断使用权的方式出售商铺；二是允许分期付款；三是推出了由中国人自己执行商场安全管理等一系列承诺；四是商铺的买卖合同文本将用罗、中两种文字。如此的优惠条件大受华商欢迎。第一期项目共 348 间展厅、1240 家商铺和 700 家仓库，推出仅一天就全部售罄。形势如此喜人，几乎所有人都坚信：罗马尼亚华人拥有自行管理、自行经营之华商市场的梦想即将成真！

2011 年 7 月 19 日，唐人街落成，如期举行隆重的开业庆典，罗马尼亚总理博克和中国驻罗马尼亚大使刘增文再次出席并剪彩。罗马尼亚

---

[1] 唐人街集团的三位主要领导人分别为：董事长潘继东（原籍浙江瑞安，在尼罗、红龙市场的多次事件中，站在华商维权的最前列，曾担任华人维权中心负责人、华人资产管理委员会会长，在罗马尼亚华商中有较高威信）；执行董事长王岩（罗马尼亚华人中少有的已经正式入籍罗马尼亚的华人，任中罗双边工商会主席）；总经理庄树毓（原籍福建晋江，任罗马尼亚福建同乡会常务副会长）。

总理再次发表热情洋溢的讲话，他表示：唐人街市场是到目前为止中国商人在罗马尼亚最大的投资，在我们感叹唐人街市场具有中国特色的美妙建筑时，我们也由衷认识到唐人街市场将是今后中国商人在罗投资的表率，并将为罗马尼亚与中国的全面友好合作关系翻开崭新的一页。

然而，令人完全意想不到的是，唐人街在热热闹闹的开业仪式之后，立刻变得冷冷清清，整洁而琳琅满目的商铺竟然乏人问津，入驻商家开业不到一个月后就因生意萧条而不得不相继关门大吉。市场管理方见状十分焦急，采取向坚持开业商家减免管理费，向不开业商家征收惩罚性管理费等措施来鼓励商铺坚持开业经营，却于事无补。

当笔者于 2012 年 9 月前去进行实地考察时，直接目睹唐人街市场之冷清与萧条，偌大商城内空空荡荡，门可罗雀，开门营业的商家屈指可数，其情其景令人心痛。当地华商十分感伤地说道：罗马尼亚华人梦断唐人街。

导致罗马尼亚唐人街项目失败的原因有多重，根据笔者调查分析，主要涉及以下三方面因素：

第一，唐人街项目投资之时，欧洲主权债务危机已经显现，并且在深化之中，整个大环境不利于华商经济的发展。罗马尼亚外汇收入的一大来源是罗马尼亚年轻人到西欧各国打工的劳务收入，[1]危机中西欧国家失业率上升，罗马尼亚劳工只能回国，收入大幅下降，国内消费萎缩。大型市场是需要培育的。红龙市场已经在罗马尼亚乃至周边国家形成重要影响，其客货量基本适应市场需求，而随着危机深化却突增一个拥有上千店铺的新市场，其在危机下显然无法成长。

第二，在东欧国家中，罗马尼亚拥有黑海最大的港口康斯坦察，货物进出口及运输相对其他东欧国家方便，进出口关税原来也相对较低。但是，自危机发生以来，罗马尼亚为增加国库收入而不断提升进口关

---

[1] 根据罗马尼亚驻华大使介绍，高峰时期罗马尼亚有 200 万人在欧洲各国打工（详见《罗马尼亚驻华大使：中国是我们永远的老朋友》，新华网：http://news.xinhuanet.com/world/2009–09/24/content_12107265_4.htm）。

税，导致成本不断上升。与此同时，罗马尼亚政府还提高公司准入门槛，如，新出台的法规要求新开办公司每一名股东至少要有 14 万美元的注册资本，公司需为每个员工每年上缴税收、保险等总计 6000－7000美元，远远超出了许多新移民的承受力。

第三，罗马尼亚华人自身的一些问题与不足，使矛盾更加深化。相当部分华商多年来一直停留于非正规的夫妻档经营模式，开店手续不全，雇员不签劳工合同，进出货账目不合规范。华人内部不团结，彼此之间缺乏信任，当面对严峻危机时，曾经团结维权，但事过之后又是一盘散沙，无法形成共同的力量。筹建唐人街之初，大家寄予良好期望，但真正投产之后，管理层内部相互猜疑引发种种矛盾，影响了项目的信誉，"中国人主管的市场比罗马尼亚人更黑"的流言传播于华商中间，严重影响项目的良性运作。

截至 2013 年 2 月，唐人街市场仍处于危机状态，甚至可能走向破产，而尼罗集团拥有的红龙市场目前仍然是罗马尼亚华商最重要的经营场所。

三、若干思考

从 20 世纪 90 年代初迄今，中国新移民进入罗马尼亚不过短短二十余年，但他们跌宕起伏的经历，既显示了罗马尼亚中国新移民群体自身的若干特点，也在一定程度上成为外来移民群体在一个处于社会转型期的陌生国度立足、奋斗、发展、抗争的缩影。

就罗马尼亚中国新移民社群自身而言，可以归纳出如下四个特性。

第一，来源地的广泛性。西欧中国新移民以浙江人占绝对多数，福建人次之，"东北人"再次之。[1]但在罗马尼亚，除了浙江青田人、福建

---

[1]　笔者近年来曾就此问题发表过一系列论文及调研报告，请参阅：《欧洲华侨华人史》第五章；《法国的中国新移民人口剖析：以传统、制度与市场为视角》（《厦门大学学报》2008 年第 3 期）；《欧洲华人社会剖析：人口、经济、地位与分化》（《世界民族》2009年第 5 期）。

人具有较大影响外，来自河南、江苏等非传统侨乡地区的新移民也占有相当比例，并形成具有一定内聚力的地域性团体。河南人社团主要领导人之一郭先生原任职河南国企，20 世纪 90 年代初出国考察到了罗马尼亚，受当地特殊商机吸引，留居罗马尼亚创业，随之陆续将亲朋好友从河南带出来，通过经营低档商品、薄利多销而在罗华商市场中占有一定份额。据郭会长介绍：河南是个内陆省份，在海外的人数不多，"但罗马尼亚一万华商，豫商就有近3000人"[1]。此说虽然高于笔者在当地调研所获得的数据，但河南人在罗马尼亚占有可观比例则是不争的事实。又如江苏南通人，早在 1992 年就有南通人因推销南通家纺产品进入罗马尼亚，1994 年，有南通金乐乡农民将金乐绣品卖到罗马尼亚并在当地注册了金乐绣品公司，成为金乐人境外创业的先驱。[2] 在罗南通人"主要经营南通家纺产品，如四件套被子等，还有陶瓷、纺织品、绣品"，并于 1998 年 5 月正式成立了罗马尼亚南通商会，这是欧洲华人历史上首次出现的南通同乡会。[3] 再如，罗马尼亚的湖南商会、台州商会等，在欧洲其他国家也不多见。

第二，人员流动的频繁性。20 世纪 90 年代初由于罗马尼亚宽松的签证制度和极低的公司注册门槛，曾吸引成千上万中国人进入罗马尼亚一试身手。1995 年罗马尼亚官方记载中国新移民注册公司达 2055 家。根据相关规定，每家公司雇员最少 10 人，再加上雇员的家属子女，以及留学生、与罗马尼亚人结婚、为罗马尼亚人工作等各类人士，罗马尼亚官方给出了全罗中国新移民约 2 万人的统计。但实际上，一些中国人只是注册公司，拿上居留，看看生意不好，或另有高就，立马走人。有的人则是一家公司出了问题，就再重新注册一家。罗马尼亚政府后来也

---

[1] 《豫商代表座谈会昨举行，豫商代表犀利发言获表扬》，《东方今报》2010 年 8 月 28 日。

[2] 庄小琴、顾祖泉，《乡村走出"洋老板"：记海外经商的金乐农民》，《乡村建设》1999 年第 9 期，第 50–51 页。

[3] 根据南通商会提供资料整理。

发现了注册公司的水分，政府采取了吊销"幽灵公司"的措施。[1] 2012年笔者在罗马尼亚调研时，还了解到罗马尼亚政府在整肃市场秩序时，发现有中国人一个家庭成员先后共注册公司达上千家。诸如此类的原因，再加上罗马尼亚与周边国家如匈牙利、保加利亚、乌克兰等五个国家接壤，商品、人员流动便捷。例如，20世纪90年代因一年在罗销售拖鞋超过500万双而被誉为罗马尼亚的"拖鞋大王"的福建人郑先生，2002年曾信誓旦旦宣称要将其在罗马尼亚建立的公司打造成"欧洲华人第一家上市公司""创建欧洲华人第一家银行"的青田人尹先生，[2] 没过几年就都离开罗马尼亚了。因此，虽然罗马尼亚中国新移民在20世纪中叶一度曾经达到2万人的规模，但进入21世纪后则逐渐减少，尤其是2008年的金融危机、2009年华商市场的几次大折腾，不少华商元气大伤，离开者远多于进入者。根据2013年年初的统计，全罗马尼亚有正式居留的中国新移民大约4000人，加上短期停留及尚未办理身份的总计约6000人。[3] 总之，追求利益最大化的中国新移民，也就因此成为东欧真正的流动人口。

第三，从业领域的单一性。由于罗马尼亚本身民众生活水准还比较低，中餐馆在当地属高档消费。因此，虽然在市场之外有中国新移民开设的饭店、商场等，但基本以华商为服务对象，从业人员有限。中国新移民在罗马尼亚的生存发展，始终围绕中国商品对罗进出口及在当地的批发零售而展开。近一二十年来罗马尼亚华商市场已经形成了基本的贸易模式，华商面对的主要是罗马尼亚各地及周边邻近国家的二道批发商或零售商，他们大多开夜车到布加勒斯特进货，凌晨四五点到市场，进

---

[1] 例如，罗马尼亚政府曾在 1999 年底以"注册后根本没有真正开展业务"为由，一次吊销 26 家中国人注册的"幽灵公司"（详见: International Organization for Migration, "Chinese immigrants in Central and Eastern Europe: the cases of the Czech Republic, Hungary, and Romania", Gregor Benton and Frank N. Pieke [eds] *The Chinese in Europe*, Houndmills: MacMillan Press, 1998, p. 320, 327 ）。

[2] 沈殿成，《投资罗马尼亚有商机: 罗马尼亚旅罗中商联合会会长尹啸平访谈录》，《侨园》2002 年第 3 期，第 12—13 页。

[3] 根据当地华人社团提供的资料整理。

完货后当天中午就得往回赶。为了方便客人，华商一般清早六点钟就赶到市场开门，卖货上货，下午一点左右关门。罗马尼亚华商从业的高度单一性、商品货源的同质性与罗马尼亚市场的有限性构成突出矛盾。正由于罗马尼亚中国新移民经济几乎完全依赖于布加勒斯特的华商大市场，换言之，华商市场是承载罗马尼亚中国新移民的生命之舟，因此，无论是罗政府或是市场所有者采取的任何政策措施，都可能对华人社群演化出蝴蝶效应，乃至直接威胁到他们的生存根基。华人意识到这一困境，因此才有建设唐人街市场的举措，但天时不佳，地利不备，人员不和，万千辛苦付诸东流，教训极为深刻。

第四，对中国情感的深厚性。据罗马尼亚华人社团领导人介绍，罗马尼亚华人在短短几年内就创下了多项足以引为自豪的业绩，如：1997年为庆祝香港回归而在罗马尼亚首都组织千辆汽车大游行，并在当晚举行盛大的焰火晚会；2008年汶川地震后，罗马尼亚8000华人在一周内为汶川同胞捐款达70万美元，人均捐款数位居海外华人社会前列；2009年10月，约5000华人聚集罗马尼亚首都布加勒斯特，举行大型文艺焰火晚会等系列活动，隆重庆祝中华人民共和国成立60周年及中罗建交60周年。

总而言之，纵观罗马尼亚中国新移民走过的历程，既看到源自中国乡土社会的海外中国新移民身上具有的那种百折不挠的草根精神，对祖籍国深厚的情感，也看到新移民缺乏根基、受制于人的致命软肋。中国新移民们背靠祖籍国，以小商品成就大市场，以低成本叠加高风险换取盈利空间，他们将拼搏与坚韧融入其寻求市场机遇的生存性智慧当中。正因为如此，他们往往游弋于合法与非法之间的灰色空间；也正因为如此，当所在国社会由乱向治，当整肃社会管理而推动本国市场逐步规范化且步步为营之时，草根性的移民经济就一再遭遇迎头棒喝，查抄打击。君子爱财，取之有道。罗马尼亚及海外新移民华商经济如何在完善自身经营的同时，主动承担起为当地社会创造商机、创造税收、创造就业的社会责任，将是中国新移民在移入国实现和谐共生、良性发展的必由之路，也唯有如此，方能化蛹为蝶。

三　经营与管理

东南亚华商资产的初步估算[*]

庄国土　王望波

内容提要： 东南亚华商企业向来是华侨华人研究的热点。本文试图估算东南亚华商资产总额，包括东南亚华商的上市和非上市的大企业、中小企业和外国华人投资企业。本文估算的结果是：东南亚华商企业资产总额约 1.5 万亿美元，远超过中新社的估算总额。

中国改革开放事业发展，与充分利用华侨华人资源密切相关。因此，华侨华人经济资源，一直是华侨华人研究领域的热点。[1] 近年来，国侨办中新社相关课题组连续数年发布年度《世界华商发展报告》，[2] 对大陆以外的华商资产，按区域和国别做出估算，并推导出华商总资产数额及其变动情况。该报告以华商上市公司市值为基础，计算其资产总额及每年股值变动产生的资产规模变动情况，对评估华侨华人企业及资本实力有一定的参考价值。但其资料依据，主要来自《Forbes 资本家》的

---

* 教育部人文社科重点基地重大项目"东南亚华商实力研究"（编号 12JJD810026）成果。本文原载《南洋问题研究》2015 年第 2 期，第 1-19 页。

[1] 在 20 世纪 50 年代到 90 年代，日本学者内田直作、游仲勋，美国学者吴元黎，中国学者李国梁等，均对部分东南亚华商资本做出估算。参见：吴元黎等著、汪慕恒等译，《华人在东南亚经济发展中的作用》，厦门：厦门大学出版社，1989 年，第 53 页；李国梁，《东南亚华侨华人经济简史》，北京：经济科学出版社，1998 年，第 152 页。

[2] 参见《2007 年世界华商发展报告》，新华网：http://www.huaxia.com/xw/dl/2008/00746897.html.

华人上市公司资产总额和《亚洲周刊》每年发布的《全球华商 1000 排行榜》中所列的华商企业股票市值。再设定这些"华商企业的总资产和营业额可达到所在国家或地区同类企业总和的 75% 左右"进行推算，得出"2007 年除中国大陆以外的亚洲地区华商企业总资产约 3.2 万亿美元，总营业额突破 1 万亿美元"的估算。再以"世界华商投资中国的资金中来自亚洲华商占 87%，假定世界各地华商对中国大陆的投资倾向与其资产水平基本相同"作为推估基础，得出该年度"全球华商的总资产约为 3.7 万亿美元"的结论。

这种估算方式有一定局限性。首先，华侨华人企业并非都是上市公司。上市公司基本都是大型企业。但即使是大型企业，很多公司也没有上市。其次，大量的中小企业（基本上没有上市）是华商的主体，数量数百倍于华商上市公司。在很多华侨华人聚居的国家，它们的资产总和甚至可能超过上市公司。由此，该报告认为的这些上市公司华商企业"总资产和营业额可达到所在国家或地区同类企业总和的 75% 左右"，会导致对华商资产的严重低估，与现实相距甚远。因此，本文拟通过对新世纪海外华商实力最为雄厚的东南亚华商资产做初步估算，以就教于学术界同仁。

企业是资本的载体，本文研究的华商资产，主要指华商控制的企业资产。东南亚华商资产包括上市和非上市的东南亚华人大企业、中小企业和外国华人投资企业。

一、前东盟五国华商资产的估算

印尼、菲律宾、新加坡、马来西亚和泰国等前东盟五国，集中了绝大部分最有实力的东南亚华商。

（一）印尼华商资产估算

本文的印尼华资既包括印尼国内华商资产，也包含国际华商投资印尼的资产。关于印尼华商企业在印尼经济中的比重与地位问题，一向广受国内外东南亚和华侨华人研究领域的专家关注，也是当地政要和西方媒体常常炒作的话题。一个广为流行的说法是：印尼总统苏哈托在 1967 年曾称，"3% 的华人控制了印尼 70% 的经济"。过分夸大印尼华商在国民经济中的比例，成为"新秩序"时期印尼政府针对华商种种限制政策的借口之一。也有印尼学者指出，华商资产只占印尼全国资产的 25%—30%。[1] 尽管对于印尼华人经济在国民经济中比重的说法不一，但不可否认的是，华商资本在印尼经济中扮演着重要的角色。

印尼 4000 多家私营大企业大部分是华商企业，资产数额大。2008 年东南亚 40 大华商企业排行榜中，印尼 6 家企业榜上有名，总资产达 180 亿美元。[2] 截至 2009 年 12 月 24 日，金光农业资源股份有限公司、盐仓股份有限公司、印多福食品公司、巴里多太平洋股份有限公司等排名前 10 位的华商上市企业股票市值超过 200 亿美元。[3]

1. 华商大型企业资产状况

印尼知名华商林文光曾按照资产额对印尼华商进行了分级，华商中约 170 位拥有大财团或集团企业；约 5000 多位为中型以上企业老板，还有近 30 万经营商贸的小企业主。[4] 综合各方面公布的资料，本文认可这一判断，并以此作为推算印尼华商资产的基础。

截至 2009 年 12 月，印尼证券交易所共有 399 家上市企业，同期印尼 170 家华商企业集团旗下的子公司数量则有上千家。从实力考虑，399 家上市企业中的华商公司绝大多数应属于这些集团。唯一一次对华商上市公司情况做的详细调查是 1995 年由澳大利亚学者迈克尔·贝克曼及其研究小组完成的。贝克曼关于"华人企业资产占印尼私人企业

---

[1] 印尼学者布林汉·马根达的观点，原载印尼《棱镜》1990 年第 4 期，转引自《地平线》2007 年第 8 期。

[2] 根据《亚洲周刊》2008 年 11 月 23 日资料统计。

[3] 《亚洲周刊》2009 年 12 月 6 日。

[4] 参见林文光先生在第三次世界华人论坛上的发言，http://2008.vodvv.com/07/t5_2.htm。

市值 73%"的论断得到澳大利亚外交和商贸部认可，[1]并时常见于分析印尼华商经济的各类文献。截至 2009 年 12 月底，印尼股市市值为 2006.7 万亿盾。[2]减除 14 家上市国有企业的 630.8 万亿盾市值后剩余约 1376 万亿盾，以 73% 的比例计算，则华商企业的资产有 993 万亿盾，合计 1045 亿美元。如把华商上市企业中原住民及外资所占股份和华商非上市企业的资产做大致抵消，则可将 1045 亿美元视为 170 家华商企业集团的资产。

2. 华商中小企业资产状况

印尼有约 5000 家中型以上华商企业资产。据印尼合作社委员会 2008 年 7 月的统计数据，全印尼数千万家企业中，资产 10 亿—500 亿盾的中型企业占 0.24%；资产 500 亿盾以上的大企业占 0.01%。[3]从华商在印尼经济中的历史地位判断，5000 家华商企业大部分应属上述大型企业的范围。本文仅以净资产 500 亿盾（约 500 万美元）划分大中型企业的界限，作为上述华商企业的平均资产。以此推算，该部分华商企业的资产约为 250 亿美元。

印尼合作社委员会称，资产在 2 亿至 10 亿盾之间的小企业占印尼企业总数的 4.05%。如以其中间值 6 亿盾（约 6 万美元）作为华商小企业的平均资产，则可估算出 30 万华商业主的总资产大约为 180 亿美元。

印尼华人大多经商，著名华人企业家陈伯年认为，80% 的印尼华人拥有自己的产业。[4]印尼华人家庭超过 200 万个，按 80% 的华人家庭拥有产业估计，扣除拥有大中小型企业的家庭后，约有 130 户华人家庭为个体工商户。按印尼合作社委员会所说个体工商户资产在 5000 万—2 亿

[1] East Asia Analytical Unit, *Overseas Chinese Business Networks In Asia*, AGPS Press, Canberra, 1995, p.40.

[2] 《威瓦新闻》2009 年 12 月 30 日。见 http://bisnis.vivanews.com/news/read/117219−nilai_kapitalisasi_pasar_saham_naik_86_4_。

[3] 转引自印尼法规研究中心《中小型和微型企业法及其实施的挑战》一文，见 http://202.134.5.138:2121/pls /PORTAL30/indoreg.irp_editorial.show_editorial?id=1180。

[4] 《江门日报》2009 年 6 月 9 日。

盾之间推算，华人个体工商户的总资产约为 163 亿美元（见表 1）。

表 1　印尼华商资产总量情况表

（单位：亿美元）

华商类型	财团或企业集团	大中型企业	小型企业	个体工商户
资产金额	1045	250	180	163
合计	1638			

3. 外来华商资产

国际华资是印尼外资中的有机组成部分，其中以新加坡、中国香港、中国台湾和中国大陆（内地）的直接投资为主。

根据东盟秘书处《2008 年东盟统计年鉴》的统计显示，1995—2008 年东南亚九国对印度尼西亚直接投资总计 83.22 亿元。[1] 同期，中国香港对印尼的直接投资总计为 3.91 亿美元。[2] 中国台湾在印尼的投资来源地中名列第 8 位，深受印尼政府器重和优待。据台湾经济主管部门投资审议委员会、投资业务处统计数据，截至 2008 年 12 月底，台商在印度尼西亚投资达 1194 件，金额累计为 135.3 亿美元。[3] 中国对印尼的投资随着 1990 年两国复交而逐年增加，2005 年中印（尼）双方缔结战略合作伙伴后，包括相互投资在内的经贸关系进一步密切。印尼在中国对外直接投资存量中排名第 20 位，在东盟各国中仅次于新加坡。至 2008 年年末，中国对印尼直接投资存量为 5.43 亿美元（见表 2）[4]，约占中国对东盟各国直接投资总量的 8%。[5]

---

[1]　ASEAN Secretariat-ASEAN FDI Database 2009: *ASEAN Statistical Yearbook*, 2008, p.129.

[2]　东盟秘书处，《东盟统计年报 2008》（英文版），第 138 页。

[3]　1959—2005 年统计数据来源台湾经济主管部门投资审议委员会、投资业务处；2006—2008 年统计数据来源自印尼投资协调署。

[4]　注：这些统计并未包括石油和天然气领域的投资，而事实上中国在这个领域的投资额要远远高于其他领域，仅 2005 年印尼总统苏西洛访华时，两国签下的该领域投资协议就达 40 亿美元。

[5]　中华人民共和国商务部、国家统计局、外汇管理局，《2008 年度中国对外直接投资统计公报》，2009 年 9 月，第 21 页。

表2 东盟、中国对印尼直接投资情况表

（单位：亿美元）

国家（地区）	东盟	中国香港	中国台湾	中国大陆（内地）
累计投资	83.22	3.91	135.3	5.43
合计	227.9			

需要说明的是，还有更多国家和地区华商对印尼进行了投资，但东盟、中国香港对印尼的投资中也包含非华资成分，此处做对冲抵消处理。另外，如果按照印尼官方的数据，各国华商对印尼的投资额高于本文统计，这在很大程度上是因为印尼国内资本（以华商资本为主）为获投资优惠采用了变通的投资方式。

根据以上估算，印尼的国内华商资本（1638亿美元）与国际华资投资（227.9亿美元）总量为1866亿美元以上，相当于印尼2009年名义GDP（5908亿美元）的1/3左右（见表3）。国内华资与国际华资良性互动，对维持印尼国民经济的发展作用突出。

表3 印尼华商资产总量情况表

（单位：亿美元）

华商类型	财团或企业集团	大中型企业	小型企业	个体工商户	外来华商
资产金额	1045	250	180	163	227.9
合计	1866				

（二）菲律宾华商资产估算[1]

菲律宾华商资产由菲律宾本土华商和其他地区华商在菲律宾所拥有的资产组成，其中占主要地位的是菲律宾本土华商资产，约占华商资产的90%以上，包括菲律宾华商上市企业、非上市大中型企业的资产。而微小型华商企业、个体商贩、种植业及其他小额华人资产则通过菲律

---

[1] 采用课题组成员王晓东博士关于菲律宾华商资产的估算。

宾籍华人私人资产来体现。其他地区华商在菲律宾的直接投资是菲律宾华商资产的重要补充。

1. 华商大中型企业资产状况

截至 2009 年年底，菲律宾股市共有上市企业 248 家，[1] 通过对这些企业的控股公司、董事会成员、持股结构的分析，确定属于华商上市公司的共有 73 家，占菲律宾上市企业总数的 30%。其中菲律宾籍华商上市企业 68 家，主要属于吴奕辉、彭泽伦、叶应禄、郑少坚、陈觉中、吴聪满、杨应琳、陈永栽、施至成和吴天恩集团。上述菲律宾华商上市企业的资产总额约为 19374 亿比索，约合 421.18 亿美元。而据菲律宾证券交易所 2009 年最后一期周报统计，菲律宾股市总市值为 60291 亿比索，外资为 20370 亿比索。华商上市公司资产占所有上市公司总资产的 32%，占菲律宾国内上市公司资产的 49%。

根据菲律宾工贸部 2003 年对各类企业的划分，中型企业指资产在 150 万至 1000 万比索之间的企业，大型企业指资产超过 1000 万比索的企业。[2]《华人经济年鉴》曾于 2001 年进行统计，华商拥有全菲 1000 家大公司和所有中型公司的半数。[3] 这一比例基本符合菲律宾股市中华商资本与原住民资本的比例。根据菲律宾工贸部 2006 年的统计，菲律宾共有 2596 家大型企业，2839 家中型企业。[4] 据此数值推估出菲律宾目前非上市大型企业中华商企业在 1200 家左右，华商中型企业在 1500 家左右。除个别企业外，华商上市企业资产均超过了 5 亿比索。假设 5 亿比索为上市企业与非上市企业的分界线，则非上市大型企业资产集中在 1 亿至 5 亿比索之间，平均值为 3 亿比索 / 家；中型企业资产取中间

[1]　本课题采用的菲律宾股市数据以 2009 年 12 月 24 日为基准。

[2]　菲律宾工贸部，*Small and Medium Enterprise Development (SMED) Council Resolution*, No. 01 Series of 2003，2003 年 1 月 16 日出版。

[3]　华人经济年鉴编委会编著，《华人经济年鉴》(2000/2001)，北京：朝华出版社，2001 年，第 96 页。

[4]　资料来源：菲律宾工贸部网站，http://www.dti.gov.ph/dti/index.php?p=32，2009 年 12 月 24 日。

值 5000 万比索 / 家。据此推算，菲籍华商非上市大中型企业资产总额为 4350 亿比索，约合 94.6 亿美元。在菲律宾非上市华商大中型企业中也有不少资本雄厚的大型企业，如姚祖烈的联合制药，郭麦连洛的水银药业，陈永栽的菲律宾航空、亚洲啤酒、福川烟厂，吕希宗的椰油厂等知名企业。因此，94.6 亿美元只是保守数字。

2. 华人小企业及个人资产

从菲律宾华人就业分布情况来看，绝大多数华人从事零售业、餐饮业、种植业等行业，微小型企业居多，甚至是个体企业，他们的资产基本上属于个人资产，数额较小，难以统计。台湾有关部门在 1999 年的一项调查研究中，通过实地访问专家和地区代表领袖的方式估算出 2000 年亚洲地区华人的年平均所得为 4248 美元，储蓄率为 42%。[1] 假设这两个数值适用于菲律宾小企业华商，根据平均储蓄率和"财产累积七年循环周期理论"[2] 来计算，华人小型、微型华商企业、个体企业中的华商资产视为包含在其中。2000 年到 2009 年间菲律宾的 GDP 年增长率平均约为 5%，2003 年到 2009 年这七年的菲律宾华人年平均所得较 1999 年增长 30%，即 5500 美元 / 每年，七年总收入为 38500 美元，储蓄额为 16170 美元。由于华人善于理财，较少浪费，除房屋贷款外很少负债，所以可视储蓄额为可自由支配的资产净额。以菲律宾华人人数为 150 万推估，得出菲律宾华商小企业及个人资产总额至少应为 242.5 亿美元。

3. 外来华商资产

根据《2009 年中国对外直接投资统计公报》的数据，2008 年中国对菲律宾投资流量为 3369 万美元，占中国 2008 年对东盟直接投资流量的 1.36%。截至 2008 年年底，中国对菲律宾直接投资存量为 8673 万美

---

[1] 台湾环球经济社国际经济研究所华人经济研究计划小组评估。

[2] "财产累积七年循环周期理论"是指华人个人所得中，未消费掉的储蓄，每累积七年即可构成华人一笔具有固定性的财产。台湾有关部门在《全球华人经济力现况与展望研究计划总结报告》中使用该方法推计海外华人私人资产。

元，占中国对东盟直接投资存量的 1.34%。[1] 根据台湾经济主管部门投资审议委员会、投资业务处的统计数据，截至 2007 年年底，台商经核准到菲律宾投资案例为 966 件，累计投资总额达 15.9 亿美元。[2] 根据东盟秘书处《2008 年东盟统计年鉴》的统计数据资料，1995—2008 年中国香港对菲律宾直接投资总计为 13.59 亿美元。[3]

将上述几项统计数据整合，菲律宾华商资产总量约为 797.2 亿美元（见表 4）。

表 4　菲律宾华商资产统计表

（单位：亿美元）

	华商上市企业资产	华商非上市大中型企业资产	中国大陆（内地）直接投资	中国台湾直接投资	中国香港直接投资	东盟直接投资	菲律宾华人个人资产	合计
金额	421.2	94.6	0.87	15.9	8.54	13.59	242.5	797.2

（三）新加坡华商资产估算[4]

构成新加坡经济的两大资本是外国资本和本地资本，后者包括政府资本、华人资本、马来人资本、印度人资本。华商企业主要以金融贸易、房地产、商业服务业、旅游业等为主。

1. 华商大型企业资产状况

根据 2008 年《福布斯》全球上市公司 2000 强中关于新加坡公司的数据，新加坡华商企业销售额、市值分别占新加坡上榜企业总值的

---

[1] 中华人民共和国商务部、统计局、国家外汇管理局，《2009 年中国对外直接投资统计公报》，2010 年 9 月，第 53-54 页。

[2] 台湾"侨委会"编，《2007 年台湾华侨经济年鉴》，台北：环球经济社，2008 年，第 116 页。

[3] Source: ASEAN Secretariat-ASEAN FDI Database 2009, *ASEAN Statistical Yearbook*, 2008, p.138.

[4] 采用本课题成员、博士生黄新华关于新加坡华商资产的估算。

31.1%、37.7%。2008 年香港《亚洲周刊》进行的全球华商 1000 强排名中，新加坡有 40 家华商企业集团入选，资产总值达 3416.44 亿美元，销售额为 656.69 亿美元。减去 2008 年大华银行资产总值 1161 亿美元、销售额 32.3 亿美元，华侨银行资产总值 1159 亿美元、销售额 28.4 亿美元后，其他华商企业销售额为 596 亿美元，总资产为 1096.4 亿美元，非银行业销售额和总资产比为 1∶1.8。[1] 而 2007 年入选全球华商 1000 强排名新加坡非银行业华商集团资产总值为 587.7 亿美元，销售额为 334.4 亿美元，非银行业华商企业集团销售额和总资产比为 1∶1.9，2009 年入选全球华商 1000 强排名新加坡非银行业华商集团资产总值为 1272 亿美元，销售额为 540 亿美元，销售额和总资产比为 1∶2.3。[2]

假定新加坡 1000 家大企业集团中其他华商企业集团也符合该情况，综合以上三年入选《亚洲周刊》全球华商 1000 强排名中新加坡非银行业华商企业集团销售额和总资产比情况，可知 2007 年新加坡非银行业华商企业集团销售总额和总资产比约为 1∶2。而根据新加坡企业发展局的统计，2007 年新加坡 1000 家大企业集团的销售总额为 11568.76 亿新元，华商企业集团的销售额约占新加坡 1000 家大企业集团的 1/4 左右。因此，2007 年新加坡 1000 强中华商企业集团的销售额应为 2892.2 亿新元，约合 2178 亿美元。按华商企业集团销售额与资产比约为 1∶2 计算，则华商企业集团总资产约为 4356 亿美元。

2. 新加坡华商中小企业资产状况

新加坡华人中小企业以商业和服务业为主，家庭企业占据一定的比重。2007 年新加坡中小企业前 500 强销售总额为 134.91 亿新元，[3] 当年

---

[1] 《亚洲周刊》2008 年 11 月 23 日。

[2] 《亚洲周刊》2009 年 12 月 6 日。

[3] 资料来源：新加坡国际企业发展局与新加坡 DP 资讯集团调查数据。新加坡中小企业 500 强排名是由新加坡国际企业发展局支持，新加坡 DP 资讯公司对 8000 多家新加坡本地公司，根据它们前年 6 月 1 日到去年 5 月 31 日已审计财务报告的盈利情况排名前 500 中小企业。

中小企业共有 14.8 万家。[1] 新加坡华族中小企业约占当地企业总数的约 80%—90%。[2] 如以占比 80% 计算，2007 年华人中小企业总数为 11.84 万家，营业总额约为 967.3 亿新元，约合 683.6 亿美元。由于新加坡华商企业（非银行业）营业额与资产比率约为 1：2，推估出华人中小企业资产为 1367.2 亿美元。

3. 新加坡的外来华商资产估算

据新加坡统计局提供的数据，截至 2008 年年底，印尼、马来西亚、菲律宾、泰国对新加坡的投资存量合计 163.20 亿新元，约合 115.34 亿美元。[3] 新加坡是海外中资企业最为集中的国家，2008 年在新加坡注册的中资企业总数超过 2000 家。中国也是新加坡证券交易所海外上市公司的主要来源地，截至 2010 年 5 月底，在新交所上市的中国企业达 154 家，占在新交所上市的 303 家海外公司总数的 50% 以上。[4] 截至 2008 年年底，中国在新加坡的投资存量为 33.35 亿美元，[5] 另据新加坡统计局的统计，同期中国对新加坡的投资存量为 35.02 亿美元。[6] 据中国台湾有关方面统计，1952—2008 年间，台商对新加坡投资项目 459 个，累计投资 54.39 亿美元，[7] 据新加坡方面的统计，截至 2008 年年底，中国台湾对新加坡的投资存量为 64.76 亿新元，约合 45.78 亿美元。[8] 据中国香港统计处的数据，2008 年新加坡是中国香港第五大投资目的地和第九大

[1]　新加坡标新局 2007 年统计数据。

[2]　廖小健，《全球化时代的华人经济》，北京：中国华侨出版社，2003 年，第 159-161 页。

[3]　Department of Statistics, Ministry of Trade & Industry, Singapore, *Yearbook of Statistics Singapore 2010*, July 2010, p.76.

[4]　中国驻新加坡大使馆经济商务参赞处，《中资企业仍是新加坡交易所积极争取对象》，http://sg.mofcom.gov.cn/aarticle/jians/201009/20100907151071.html?4072292814=168056801。

[5]　中华人民共和国商务部、国家统计局、外汇管理局，《2008 年度中国对外直接投资统计公报》，2009 年 9 月，第 13 页。

[6]　Department of Statistics, Ministry of Trade & Industry, Singapore, *Yearbook of Statistics Singapore 2010*, July 2010, p.76.

[7]　数据来自台湾经济主管部门投资审议委员会：2008 年核准华侨及外国人、对外投资、对中国大陆投资统计年报。

[8]　Department of Statistics, Ministry of Trade & Industry, Singapore, *Yearbook of Statistics Singapore 2010*, July 2010, pp.76, 190.

外资来源地。截至 2008 年年底，中国香港对新加坡投资存量为 520 亿港元，约合 66.78 亿美元。[1]

综上所述，新加坡本土华商资产约为 5723.2 亿美元，外来华商资产约为 262.92 亿美元。华商资产总额约为 5986.12 亿美元（见表 5）。

表 5　新加坡华商资产统计表

（单位：亿美元）

	华商大型企业资产	华商中小型企业资产	中国大陆（内地）直接投资	中国台湾直接投资	中国香港直接投资	东盟四国直接投资	合计
金额	4356	1367.2	35.02	45.78	66.78	115.34	5986.12

（四）马来西亚华商资产估算 [2]

根据马来西亚统计局 2009 年第四季度最新人口统计，马来西亚华人口约为 647.9 万人，约占马来西亚总人口的 22.6%。[3] 然而，马来西亚华商在马来西亚的经济发展和国家建设上，却扮演着举足轻重的角色。

1. 华商大型企业资产

关于马来西亚华商大型企业资产状况，可以根据《第三马来西亚计划（1976—1980）》《第九马来西亚计划（2006—2010）》中马来西亚有限公司的拥股资本分布情况获得。[4] 表 6 为相关年度马来西亚有限公司

---

[1] 香港统计处收支平衡统计科，《2008 年香港对外直接投资统计》，第 18 页。

[2] 采用课题组成员何启才关于马来西亚华商资产的估算。

[3] 人口数据乃引自马来西亚统计局于 2010 年 1 月发布的《每月统计简报》（*Monthly Statistical Bulletin*），有关 2009 年第四季度的人口估算所得。详情请参：马来西亚统计局，http://www.statistics.gov.my/portal/index.php?option=com_content&view=article&id=570&Itemid=14&lang=en。

[4] 马来西亚拥股权乃是根据已向马来西亚公司委员会（Companies Commission of Malaysia）注册，并还保持活跃的公司的资料进行估算所得（《第九马来西亚计划（2006-2010）》的股权估算是根据逾 680000 家公司的资料而得）。马来西亚政府在估算各族的拥股权时，所采取的计算法是以面值（par value）为准，而不以市值计算。采用这种算法的目的主要是可以涵盖所有上市公司（listed Companies）和非上市公司（non-listed companies）；以市值（market value）为准的话，则只能计算马来西亚股票市场里的上市公司。此外，股份属于政府所有的公司，包括官联公司，并不列入计算范围之内。

的拥股资本分布情况。

表6　2000年、2004年、2006年、2008年马来西亚有限公司的拥股资本分
布情况表

拥股类别	马币（百万令吉）					百分比（%）				
	1970	2000	2004	2006	2008	1970	2000	2004	2006	2008
土著个人、信托机构	125.6	62976.0	100037.2	120387.6	127407.6	2.4	18.9	18.9	19.4	21.9
华人	1450.3	129318.3	206682.9	263637.8	203092.1	27.2	38.9	39.0	42.4	34.9
印度人	55.9	5136.8	6392.6	6967.8	9564.6	1.1	1.5	1.2	1.1	1.6
其他	320.1	2957.7	1897.3	2608.8	698.8	6.0	0.9	0.4	0.4	0.1
代理公司	－	28119.4	42479.1	41185.7	20547.2	－	8.5	8.0	6.6	3.5
外国人	3377.1	103909.4	172279.6	187045.8	220530.8	63.3	31.3	32.5	30.1	37.9
总计	5329.2	332417.6	529768.7	621833.5	581841.2	100.0	100.0	100.0	100.0	100.0

资料来源：整理自《第三马来西亚计划（1976—1980）》《第九马来西亚计划（2006—2010）》《第九马来西亚计划中期检讨报告书》《第十马来西亚计划（2011—2015）》。

根据表6的统计数据，马来西亚华商企业在2008年的累计资产为2030.9亿令吉，约615.8亿美元，占马来西亚各种族企业总资产的34.9%，为马来西亚各族群中比例最高者。然而，华商在各个行业的总体比重已经从1970年的36.9%，下降到2000年的29.2%，比例呈现出日渐下降的趋势。华商在1970年时占有约2/3比重的行业如矿业与采石（66%）、制造业（65.4%）、营建业/建筑业（72.1%）、批发零售及旅餐业（65.3%），分别降至2000年的16.6%、28.1%、39.1%和48.5%。

在2004年的数据中，通过华商在各行业的股权比重，可以看到华商偏重的行业主要为农业或种植业（52.9%），其次为商业和零售业（50.7%），以及建筑业（42.6%）、矿业（39.5%）和服务业（39.5%）等。华商企业参与较少的行业是公共行业，主要包括电力、水利、供水、石油等，大部分是涉及较大资金和高新技术的领域。从事公共行业

的主要是外国公司（67.3%），这也是外国公司在马来西亚拥有最多股本的经济领域。[1]

2. 华商中小企业资产

中小型企业在马来西亚经济发展中占据相当重要的地位。截至 2008 年年底，马来西亚共有 59.8 万家中小型企业，占国内工商业机构总量的 99.2%，中小型企业也提供了马来西亚总劳动力 56% 的就业机会。[2]

马来西亚的中小企业可分为：微型企业、小型企业和中型企业三大类，主要集中在制造加工业、服务业和农业。其中马来西亚的微型企业占总企业数量的 80%，多为家庭式经营的企业；小型企业和中型企业分别占比 18% 和 2%。

马来西亚的华商在中小企业中所占比例超过 80%。[3] 若以总数 59.8 万家为基准进行测算，马来西亚华商中中小企业大约有 48 万家，其中中型企业为 0.96 万家，小型企业为 8.64 万家，微型企业为 38.4 万家。笔者根据马来西亚中小型企业的分类标准中各类型企业营业额的平均值，计算出华商中型企业营业额为 86 亿美元（平均营业额为 300 万令吉），小型企业营业额为 259.4 亿美元（平均营业额为 100 万令吉），微型企业营业额为 92.5 亿美元（平均营业额为 8 万令吉），[4] 华商中小型企业营业额总计为 437.7 亿美元，由于马来西亚企业（非银行业）营业额与资产比率约为 1∶2，推估出华商中小企业资产为 875.4 亿美元。[5]

---

[1] Economic Planning Unit, Prime Minister's Department,Malaysia, *Ninth Malaysia Plan, 2006—2010*, 2006.

[2] National SME Development Council, Malaysia, *SME Annual Report 2008*, Nov. 2009, p.47,http://www.smidec.gov.my/node/488.

[3] 陈子莹，《华商对政府援助一无所知，只会涌向商业贷款和逃税》，独立新闻在线，2007 年 5 月 11 日，http://www2.merdekareview.com/news/n/4039.html；梁家兴，《马来西亚政府如何协助中小企业走向国际市场》，大马经济网，2006 年 11 月 9 日，http://www.malaysiaeconomy.net/my_economy/my_sme/sme/2009-07-29/91.html。

[4] 资料来源：马来西亚中小型企业机构（SME Corporation Malaysia）对马来西亚中型、小型、微型企业的定义及分类标准。

[5] 根据香港《亚洲周刊》2007 年、2008 年、2009 年全球华商 1000 强排行榜中马来西亚入选的非银行业华人企业营业额与总资产比综合得出。

3. 外来华商资产状况

根据《2008 年度中国对外直接投资统计公报》的数据，截至 2008 年年底，中国对马来西亚直接投资的存量为 3.61 亿美元。[1] 据马来西亚工业发展机构 2010 年 2 月 4 日公布的《2009 年度马来西亚制造与服务领域的表现》数据，中国在马来西亚制造业的对外直接投资约为 1.62 亿令吉，获批准的项目计有 17 项（2008 年的投资额为 3.5 百万令吉），在马来西亚引进的 FDI 来源地中位居第十五位。[2] 中国继日本、韩国之后，成为在马来西亚相关领域直接投资快速增长的国家之一。中国台湾是马来西亚吸收 FDI 主要的地区之一，1990 年位居马来西亚吸收对外直接投资国家和地区首位，当年投资额达到 23.5 亿美元。截至 2007 年 12 月底，台商在马来西亚投资达 2550 件，累计投资金额为 107.2 亿美元。[3] 根据中国香港统计处的资料数据，马来西亚是中国香港对亚洲直接投资的 6 个主要对象（中国、新加坡、马来西亚、泰国、日本、印度）之一。2008 年年底，中国香港对马来西亚的直接投资存量为 355 亿港元，约合 45.59 亿美元。[4] 在新加坡对外直接投资的亚洲国家中，马来西亚排第二位，是继中国之后新加坡重要的对外直接投资国，截至 2008 年年底，新加坡对马来西亚的直接投资存量为 232.32 亿新元，约合 164.3 亿美元。[5]

综上所述，通过对马来西亚华商资产和外来华商的分析，本土华商资产约为 1491.2 亿美元，外来华商资产约为 320.7 亿美元。马来西亚华商资产总额约为 1811.9 亿美元（见表 7）。

---

[1]　中华人民共和国商务部、国家统计局、外汇管理局，《2008 年度中国对外直接投资统计公报》，2009 年 9 月，第 39 页。

[2].　Malaysian Industrial Development Authority (MIDA), *Malaysia: Performance of the Manufacturing and Services Sectors 2009*, Kuala Lumpur: MIDA, 2009, p.132(A9).

[3]　台湾"侨委会"编，《2007 年台湾华侨经济年鉴》，台北：环球经济社，2008 年，第 128 页。

[4]　香港统计处，《2008 香港对外直接投资统计》，第 12 页，http://www.censtatd.gov.hk。

[5]　Singapore Department of Statistics, *Yearbook of Satistics Singapore, 2010*, 2010, p.78.

表7　马来西亚华商资产统计表

（单位：亿美元）

	华商大型企业资产	华商中小型企业资产	中国大陆（内地）直接投资	中国台湾直接投资	新加坡直接投资	中国香港直接投资	合计
金额	615.8	875.4	3.61	107.2	164.3	45.59	1811.9

（五）泰国华商资产估算 [1]

本文根据曼谷证券交易所华商上市企业的数据，估算泰国华商大企业的资产情况。对于泰国华商中小企业，以2007年泰国各个行业的企业总数以及泰国中小企业资产划分为基准分行业对华商中小企业的实力进行分析。经研究估算得出初步结论：泰国华商资产为3852.5亿美元。

1. 泰国华商大企业资产状况

本文以泰国2009年12月30日的股市数据为基准，对2009年12月30日曼谷证券交易所公布的SET100家企业进行分析，[2] 涉及华商企业有46家。这46家华商企业总市值为1541688.43百万泰铢，合44141.57百万美元。前100家上市企业的总市值为4971586.97百万泰铢，华商企业市值所占比例为31%。此外，前100家上市企业的总资产为13582405.01百万泰铢，其中46家华商企业的总资产为4654788.85百万泰铢，所占比例为34%。[3] 因此，不论从上市企业的市值来看，还是从上市企业的资产总额来看，华商企业均占1/3左右。前100家上市企业市值占所有上市公司市值的比例为84.65%，以此推算所有上市华商企业的市值约为1820661百万泰铢，约合521亿美元；上市华商企业的总资产约为5498865百万泰铢，约合1575亿美元。

---

[1]　采用课题组成员王艳硕士关于泰国华商资产的估算。

[2]　SET100包括100家最大市值及股份流通量最高的上市公司，采用与SET指数相同计算方法，自2005年4月30日开始计算，并每年检讨一次成分股组合。

[3]　资料来源：泰国曼谷证券交易所，http://www.set.or.th。

泰国还有大批未上市的华商大企业。2007年泰国工业普查数据显示，泰国 1—50 人的企业数量为 2168728 家，而 51 人及以上的企业有 19687 家。[1]本文仍按照 34% 的比例来推算，则非上市华商大企业约为 6694 家。根据泰国新生股票投资市场（中小企业板块）统计的上市企业来看，大多上市企业的资产额都在 2—7 亿泰铢之间，因此，本文取平均值 4 亿泰铢来计算非上市大企业资产，推算出非上市华商大企业的资产总额为 26774 亿泰铢，约合 767 亿美元。

2. 华商中小企业资产状况

从中小企业的数量和行业分布来看，2007 年泰国工业普查将一人以上的企业都计算在内，共有 2188415 家。1—50 人的企业数量为 2168728 家，占 99.1%，其中 1—30 人的企业就达 2156050 家，占比 98.5%。[2]虽然 51—200 人的企业中包含了批发业和零售业以外的中小企业，但是 30—50 人的企业中包含了部分零售业大企业，而且零售业企业数量多，因此这两个数据相互抵消，据此推断出泰国中小企业占所有企业总数的 99%。泰国《第二个中小企业促进计划》也指出目前泰国中小企业所占比例为 99%，[3]因此本文以 99% 的比例来推算中小企业的比例。

泰国国家银行月报资料显示，1986 年泰国商业生产值达到 4885.3 亿泰铢，占国内生产总值的 40.9%。其中属于华商者达到 70%，也即属于华商的产值占国内生产总值的 28.6%。[4]据泰国华商社团估计，批发业、进出口业、杂货业、百货业、食品罐头业、西点面包业、药业、餐饮业、娱乐业等，华商均占同行业的 70%。[5]另据《泰国侨情手册》的数

[1] National Statistical Office, Ministry of Information and Communication Technology,Thailand, *The 2007 Industrial census, Whole kingdom.*

[2] National Statistical Office, Ministry of Information and Communication Technology,Thailand, *The 2007 Industrial census, Whole kingdom.*

[3] The Office of SMEs Promotion, Thailand, *The 2nd SMEs Promotion Plan.* 转引自：*White Paper on SMEs*, 泰国中小企业促进办公室网站，http://www.sme.go.th/files/2552/SME-Master-Plan-2.pdf.

[4] 李国卿，《泰国华人经济的演变与前瞻》，台北：世华经济出版社，1988 年，第 123 页。

[5] 台湾"侨委会"编，《1992 年华侨经济年鉴》，台北：海宇文化事业有限公司，1993 年，第 52 页。

据，泰国华商的商业经营（包括经营规模、范围、金额等）约占全国该行业的 80% 左右。[1]泰国证券交易所前 100 家上市企业中含有 6 家商业企业，而这 6 家全部是华商企业。综上所述，本文按照 70% 的比例来计算商业和服务业领域华商企业的实力，并排除相互抵消等因素，以商业服务业领域来推估华商中小企业资产状况。

根据泰国国家统计局数据显示，2007 年商业和服务业领域共有 1698210 家企业。若按照 99% 来计算中小企业的数量，中小企业数量为 1681227 家。按照 70% 的比例来计算华商中小企业，则约为 118 万家。再根据 2007 年泰国新注册中小企业平均每家资产 3.12 百万泰铢来计算，则泰国华商中小企业资产为 36816 亿泰铢，约合 1156.4 亿美元。

3. 外来华商资产状况

根据《2009 年度中国对外直接投资统计公报》统计数据，截至 2009 年年末，中国对泰国直接投资的存量为 4.48 亿美元。[2]根据香港统计处的资料显示，泰国是中国香港对亚洲直接投资的 4 个主要国家（新加坡、泰国、日本、印度）之一。2008 年中国香港对泰国的直接投资存量为 383 亿港元，约合 49.18 亿美元。[3]中国台湾也是泰国外资主要来源地之一。2007 年台商经泰国投资委员会核准投资案件计 49 件，投资金额为 2 亿 4775 万美元，位居在泰投资来源地第三位。当年，泰国台商厂家约有 3000 家，大曼谷地区（曼谷、北榄、拉加邦）是台商主要聚集地。正式登记为泰国台湾商会联合总会会员厂商者有 1200 家。其中，台达电子（泰国）股份有限公司系当地最大的台商企业。根据台湾经济主管部门投资审议委员会、投资业务处的统计数据，1952 年至 2007 年 12 月底，台商在泰国投资达 2023 件，累计投资金额为 121.3 亿美元。[4]

---

[1] 广东华侨研究会编，《泰国侨情手册》，华侨志编撰委员会发行，1991 年，第 58–64 页。

[2] 中华人民共和国商务部、国家统计局、国家外汇管理局，《2009 年度中国对外直接投资统计公报》，2010 年 9 月，第 40 页。

[3] 香港统计处，《2008 香港对外直接投资统计》，第 413 页，http://www.censtatd.gov.hk。

[4] 台湾"侨委会"编，《2007 年华侨经济年鉴》，台北：环球经济社，2008 年，第 123–128 页。

根据东盟秘书处《2008 年东盟统计年鉴》的统计数据资料，1995—2008 年东南亚九国对泰国直接投资总计 179.08 亿美元。[1]

综上所述，通过对泰国华商资产和外来华商的分析，本土华商资产约 3498.4 亿美元，外来华商资产约为 354.8 亿美元。泰国华商资产总计约 3852.5 亿美元（见表 8）。

表 8　泰国华商资产统计表

（单位：亿美元）

	华商大型企业资产	华商中小型企业资产	中国大陆（内地）直接投资	中国台湾直接投资	中国香港直接投资	东盟直接投资	合计
金额	2342	1156.4	4.5	121.3	49.18	179.08	3852.5

二、其他东盟国家华商资产估算

（一）柬埔寨

柬埔寨华商经济实力普遍优于当地的柬埔寨人，同时涌入柬埔寨的海外华资，也为本地华人参与国家经济建设提供了良好的外部条件。外来华资和本地华资既合作又竞争，共同构建遍及柬埔寨各个经济领域的华商网络。

1. 华商大型企业资产

2010 年，柬埔寨主要有 7 家华商创建的商业银行，分别是祖籍潮州的许瑞腾创办的湄江银行、李安弟创办的安达银行、方侨生创办的加华银行、陈丰明创办的柬埔寨澳纽皇家银行、中国香港商人任瑞生创建的联合商业银行、马来西亚华商郑鸿标的柬埔寨大众银行以及台湾第一商业银行（金边分行）。截至 2010 年 9 月底，湄江银行在柬埔寨有 5 家分行、安达银行有 1 家分行、联合商业银行有 3 家分行、加华银行有 27 家分行、柬埔寨大众银行有 17 家分行。加华银行已经成为柬埔寨最大

[1]　ASEAN Secretariat-ASEAN FDI Database: *ASEAN Statistical Yearbook*, 2008, p.138.

的商业银行，在柬埔寨国民经济的发展中发挥着重要作用，其存贷款量占据了柬埔寨全国银行业务量的 30% 以上。除银行业外，方侨生还投资于房地产开发，经营购物中心、工业园、酒店、歌剧院、民俗村等项目，逐渐实现金融、旅游、房地产多元化跨国经营。[1]

根据柬埔寨中央银行《2007 年度报告》的统计数据，7 家华商银行的银行资产总额及所占柬埔寨全部银行总资产份额的情况如表 9 所示。

表 9　柬埔寨华商银行资产情况表（2005—2007 年）

（单位：百万瑞尔; %）

银行名称	2005 年		2006 年		2007 年	
	资产	所占份额	资产	所占份额	资产	所占份额
柬埔寨大众银行	664892	11.9	983973	12.8	2260384	16.8
加华银行	1225674	22	1522579	19.7	2242342	16.7
澳纽皇家银行（柬埔寨）	370364	6.6	830301	10.8	2241988	16.7
安达银行	220643	4	287390	3.7	525085	3.9
联合商业银行	348780	6.3	423585	5.5	484253	3.6
湄江银行	88076	1.6	109339	1.4	248674	1.8
台湾第一商业银行（金边分行）*	164916	3	210930	2.7	239441	1.8
总计	3210508	57.7	4518915	58.6	8242167	62.8

资料来源：National Bank of Cambodia, Annual Report 2007。* 表示外资分行。

柬埔寨华商大企业主要以银行业为主，上表所列 7 家华商银行的总资产为 8.24 万亿瑞尔，约合 20 亿美元。

2. 华商中小企业资产

柬埔寨的中小企业规模较小，根据柬埔寨统计局 2002 年的数据，在制造业部门中，大约 86% 的中小企业的雇员在 10 人以下，约 5% 的中小企业的雇员在 10 人至 19 人之间，3% 的中小企业的雇员为 20—99 人。

---

[1] 康荣平、柯银斌、董磊石，《海外华人跨国公司成长新阶段》，北京：经济管理出版社，2009 年。

只有不到 7% 的企业为大型企业，雇员在 100 人以上。[1] 柬埔寨的企业大部分为中小企业，在柬埔寨私营部门中发挥着重要的作用，并逐渐形成了柬埔寨主要的工业体系，吸收了柬埔寨的大量的劳动力。

2005 年，柬埔寨全国共有小企业 28747 家，从业人员为 79447 人，产值为 6 亿美元，约占柬当年 GDP 的 10%。[2] 2006 年柬全国共拥有小型企业 30535 家，比 2005 年增长 4.23%；从业人员为 88040 人，比 2005 年增长 2.35%；产值为 6.25 亿美元，比 2005 年增长 2.02%，约占当年 GDP 的 10% 左右。[3]

碾米企业在柬埔寨的中小企业中占据较大的比重，根据柬埔寨一项专项调查，[4] 碾米企业大多是由柬埔寨华商所建立。在 2005 年的第一次样本抽查中，16 家样本企业中，华商碾米企业为 12 家，占 75%。在 2007 年的第二次样本调查中，在 44 家企业中，华商碾米企业有 42 家，占 95%。如果将两次的抽样结果进行折合估算的话，华商创建的碾米企业所占比例大约为 85%。根据柬埔寨 2007 年《柬埔寨中小企业统计》的数据，2007 年柬埔寨大约有中小型碾米企业 23103 家，按照华商碾米企业所占比例为 85% 进行推估的话，柬埔寨华商中小型碾米企业大约有 19638 家。再根据柬埔寨能源、工业和矿业部门关于中小型企业启动资金的定义，小型企业的平均启动资金为 5 万美元。结合第一次调查的数据，将 12 家华商碾米企业的启动资金平均折算，每家碾米企业的启动资金是 4.1 万美元，可以估算出 2007 年柬埔寨华商小型碾米企业的资

[1] National Institute of Statistics, Cambodia, *Statistical Yearbook of Cambodia 2002*, 2003, http://www.nis.gov.kh.

[2] 中华人民共和国驻柬埔寨王国大使馆经济商务参赞处，《柬埔寨现工业发展状况》，http://cb.mofcom.gov.cn/index.shtml，2006 年 10 月 17 日。

[3] 中华人民共和国驻柬埔寨王国大使馆经济商务参赞处，《柬埔寨工业近期发展方向》，http://cb.mofcom.gov.cn/index.shtml，2007 年 6 月 29 日。

[4] 本文数据来源于两次田野调查时对 16 家碾米企业和 44 家碾米企业的所有者进行面对面的访问以及进行结构问卷调查和实地调查。第一次调查是在 2005 年进行的。根据柬埔寨中小企业委员会关于中小企业的定义，16 个样本碾米企业按类别划分为小型企业和微型企业。第二次调查是在 2007 年进行的，样本企业也属于小型企业和微型企业。所有样本碾米企业都在马德望省能源工业矿业厅登记。

产约为 8.05 亿美元。2007 年柬埔寨工业部门中超过 80% 的中小企业从事食品、饮料等行业，或推算出华商中小企业资产约为 10.07 亿美元。

3. 中国对柬埔寨的直接投资

据柬埔寨中国商会会长高华介绍，到柬埔寨经商的中国商人已经突破 15000 人，[1] 涉及旅游、房地产、教育、新闻出版等各个行业。

根据《2009 年度中国对外直接投资统计公报》数据，截至 2009 年年底，中国对柬埔寨直接投资的存量为 6.33 亿美元。[2] 台商是柬埔寨较活跃的外商之一，主要投资领域有房地产以及土地开发、农业开发、木材加工，纺织成衣、制鞋业、旅游业以及娱乐业等。根据台湾经济主管部门投资审议委员会、投资业务处统计资料，1994—2007 年台商在柬埔寨投资 191 件，投资金额总计 3.93 亿美元。[3] 根据东盟秘书处数据库《2003 年东盟统计年鉴》《2008 年东盟统计年鉴》的数据资料统计，1995—2008 年中国香港对柬埔寨直接投资累计金额为 4220 万美元。1995—2008 年，东盟九国对柬埔寨直接投资累计金额为 8.944 亿美元。[4]

由于柬埔寨没有详尽的企业统计数据，无法较准确推估华商资产。但综上所述，柬埔寨华商资产至少在 49.7 亿美元以上，实际资产可能远远超过该数字（见表 10）。

表 10　柬埔寨华商资产统计表

（单位：亿美元）

	华商大型企业资产	华商中小型企业资产	中国大陆（内地）直接投资	中国台湾直接投资	中国香港直接投资	东盟直接投资	合计
金额	20	10.07	6.33	3.93	0.422	8.944	49.7

[1]　《展现生机的柬埔寨华人经济》，《星洲日报》2006 年 10 月。

[2]　中华人民共和国商务部、国家统计局、国家外汇管理局，《2009 年度中国对外直接投资统计公报》，2010 年 9 月，第 39 页。

[3]　台湾"侨委会"编，《2007 年华侨经济年鉴》，台北：环球经济社，2008 年，第 155 页。

[4]　2000—2008 年数据来自：ASEAN Secretariat -ASEAN FDI Database: *ASEAN Statistical Yearbook*, 2008, p.129；1995—1999 年数据来自：ASEAN Secretariat-ASEAN FDI Database: *ASEAN Statistical Yearbook*，2003, p.148。

（二）缅甸华商资产估算

1. 本土华商企业资产

缅甸华人大多数都经商，华商从事的行业占当地同行业的比例为：商业 70%，服务业 60%，农业 5%，工业 5%。但是华商企业大多仍以中小企业为主。工业以经营机械修配业、食品加工业及制衣业为主，在商业方面以杂货业、饮食业及金饰业为主。[1] 近年来缅甸经济保持了快速增长，缅甸华商的总体经济实力也不断提升。

贸易行业是缅甸华商经营的重点。在缅甸各大城镇均有华侨华人开设的杂货铺。20 世纪 90 年代至少有 1000 家，平均每家资产在 100 万缅元以上。零售杂货业是缅甸华人经营的传统行业，2002 年从事该行业的华商增长到 2.5 万家，平均每家的经营资产在 200 万缅元左右。进出口贸易行业是在华商经济中发展较快的行业。1993 年华人登记注册的进出口公司和代理商约有 800 家，约占全缅甸的 14%。在缅甸 20 家最大的私营出口公司中，为华商所经营的占据一半左右。[2] 2002 年获准登记的进出口商、经纪商和合营公司达 4500 家。随着中缅边境贸易的发展和进出口商品数量的逐步增加，华商贸易业所占比重将进一步扩大。

航运业、纺织业和食品加工业是近年缅甸华商发展较快的行业。2002 年缅甸华商从事内河及沿海传统航运业者约有 700 多家，资产从 500 万缅元至 8000 万缅元不等。同时华商经营汽车运输者也日益增加。2001 年，缅甸华商经营纺织厂有 500 余家，资产大至 7000 万缅元，小则约 800 万缅元左右。2002 年，华商经营的食品加工工厂增加到 5000 家，资产也增长为 600 万缅元至 9000 万缅元不等。

餐饮业也是缅甸华商主导的行业。1992 年，缅甸华人开办的中餐馆至少有 500 余家，资产从数万到数十万缅元不等，华商餐饮业无论是数量上还是规模上都将快速发展，中餐馆资产少则几百万缅元，多则达

[1]　台湾"侨委会"编，《2007 年华侨经济年鉴》，台北：环球经济社，2008 年，第 147 页。
[2]　方雄普，《缅甸华人经济掠影》，《侨园》2001 年第 2 期，第 8 页。

5000 万缅元。此外，华人开设小食店和茶室的数量在不断增加，2001 年仅仰光就有 2000 多家华人小食店，平均资产约在 100 万至 200 万缅元。仰光华人经营的大小茶室有 700 余家，每家资产小者约为 100 万缅元，大者资产规模达到 4000 万缅元。[1]

根据世界银行数据库的统计资料，2000 年缅甸国内生产总值产业的构成为第一产业占比为 57.2%，第二产业占比为 9.7%，第三产业占比为 33.1%。[2]另据国际货币基金组织 WEO 数据库的统计数据，2000 年缅甸的国内生产总值为 25527 亿缅元，2007 年为 226835 亿缅元，2008 年为 288989 亿缅元，[3]约合 270.2 亿美元。根据以上数据，笔者假定 2008 年缅甸三产业占 GDP 比重基本与 2000 年一致，而华人所从事行业占当地行业比例状况也变化不大，则基本可以推算出 2008 年缅甸及华人三产业资产分别为 154.4 亿美元（华人 7.72 亿美元）、26.21 亿美元（华人 1.31 亿美元）、89.44 亿美元（华人 58.14 亿美元），缅甸华人资产总计约合 67.17 亿美元。

2. 外来华资对缅甸直接投资状况

根据《2009 年度中国对外直接投资统计公报》统计数据，截至 2009 年年末，中国对缅甸直接投资的存量为 9.3 亿美元。[4]据东盟秘书处《2008 年东盟统计年鉴》的统计数据资料，1995—2008 年总计为 4.591 亿美元。[5]根据东盟秘书处数据统计，1995—2008 年东南亚九国对缅甸直接投资累计金额为 12.874 亿美元。[6]由于缅甸目前仍禁止台商直接赴

[1] 贺圣达，《当代缅甸》，成都：四川人民出版社，1993 年版，第 355-357 页。华人经济年鉴编辑委员会编，《华人经济年鉴 2000/2001》，北京：朝华出版社，2001 年，第 93 页。

[2] Source : World Bank Database，转引自中华人民共和国国家统计局编，《2009 年国际统计年鉴》，北京：中国统计出版社，2009 年，第 44 页。

[3] Source : IMF WEO Database，转引自中华人民共和国国家统计局编，《2010 年国际统计年鉴》，北京：中国统计出版社，2010 年，第 25 页。

[4] 中华人民共和国商务部、国家统计局、国家外汇管理局，《2009 年度中国对外直接投资统计公报》，2010 年 9 月，第 39 页。

[5] ASEAN Secretariat-ASEAN FDI Database: *ASEAN Statistical Yearbook*, 2008, p.129.

[6] Ibid.

缅甸投资，所以在缅甸投资的台商多数经由第三地或是利用当地人身份前往投资，大多是经营成衣业，其投资具体数据难以统计。

综上所述，缅甸的本土华商资产为 67.17 亿美元，国际华资投资额为 26.77 亿美元，总计为 93.9 亿美元（见表 11）。

表 11　缅甸华商资产统计表

（单位：亿美元）

	华商资产	中国大陆（内地）直接投资	中国香港直接投资	东盟直接投资	合计
金额	67.17	9.3	4.59	12.87	93.9

（三）越南华商资产估算 [1]

越南华商主要从事进出口贸易、金融业、建筑和房地产业、酒店和旅游业、橡胶和制品工业、机械制造业等。自越南革新开放以来，越南本土华商企业成就显著，在两次金融危机的影响下充分利用各种经济资源，不断拓展国外市场，保持了良好的发展势头。与此同时，外来华商也成为对越投资的主力军。

越南的华商资产主要由越籍华商资产与外来华商资产构成。鉴于越南的经济发展存在较大的地区差异，且多达半数的越籍华人集中于胡志明市，其为越南华商的经济重心，因此在计算越籍华商总资产时依此情形分别计算胡志明市华商资产和其他地区的华商资产，再予以求和。越南外来华商资本主要包括中国大陆（内地）、中国港台地区和新加坡等其他地区华商对越南的投资。

1. 本土华商企业资产

越南华人高度集中于胡志明市，约占全市 6810461 人口总量的

---

[1]　采用本课题组成员阳阳博士关于越南华商资产的估算。

8%。[1] 胡志明市统计局数据显示，截至 2007 年，全市各类企业总数为 45076 家，而该市华族企业数量占全市总数的 30%，[2] 亦即华族企业达 13522 家。这些企业中，在胡志明市证券交易所挂牌上市的华族控股企业有 3 家，分别是陈金成集团的京都股份公司、郭万寿集团的天龙集团股份公司和邓文成集团的西贡商信 TMCP 银行。此外，该市著名的大型华商企业还有尤凯成集团的平仙日用品制作有限公司、陈巧基集团的友联亚洲钢铁股份公司、张子谅集团的新强盛电线电缆责任有限公司、朱立基集团的万盛发投资公司、川亚责任有限公司、蔡俊纺织成衣集团、高肇力集团的亚洲 ABC 饼家、刘立政集团的喜临门饼家等。

鉴于胡志明市华族人口众多，越南政府成立了华人工作处，且市行政机构会定期发布有关全市以及华族经济情况的信息和数据，可大致估算出胡志明市华族的资产概数。从经济占有量来看，截至 2005 年，胡志明市的华商企业营业额约占全市经济总量的 30%。[3] 根据越南胡志明市统计局的数据，2008 年胡志明市全部企业资产约达 1675 万亿盾，[4] 如仍按华商企业资产占 30% 推估，胡志明市越籍华商的资产总额约为 500 万亿盾，约合 256.5 亿美元。

越南其他地区（除胡志明市外）的华族居住相对分散，资产不及胡志明市的华族雄厚，且散落于民间。华族企业规模有限，多以家庭为单位，从夫妻店、家庭作坊到小型加工厂之类，遍及城乡。根据这部分华族资产的特点，可依据中国台湾学者林建山的计算方法，通过计算某地区全体华人的储蓄额，再以 7 年作为循环周期，推算资产累计额，所得即为该地区华商资产。

2002—2008 年越南国民的人均月收入为 618050 盾，人均年收入合

[1] 越南胡志明市统计局，*Dân số và mật độ dân số năm 2008*，http://www.pso.hochiminhcity. gov.vn。

[2] TPHCM: *30% donh nghiêp do nguòi Hoa làm chù*，越南《先锋报》2007 年 2 月 22 日。

[3] 《东南亚华人经济值得关注》，广西新闻网，http://www.gxnews.com.cn/staticpages/20051205/ newgx439368f3-500991.shtml，2005 年 12 月 5 日。

[4] 资料来源：越南胡志明市统计局网站，http://www.pso.hochiminghcity.gov.vn。

380.5 美元。亚太地区华人收入为越南国民平均收入的 350%—450% 左右，[1] 由于越南是发展中国家，且自 2008 年起又遭遇金融危机，故选择低限 350%，则同期华人人均年收入约为 1330 美元。除胡志明市外的越籍华人约占总数的 50%，其他地区的华人总收入约为 7.47 亿美元。2002 年至 2008 年，亚洲发展中国家储蓄率为 35.1%，[2] 华人素有勤俭储蓄的传统，储蓄率应不会低于此平均水平，则这部分越籍华商资产总额约为 18.4 亿美元。

综合以上数据，越籍华商总资产约为 274.9 亿美元。

2. 外来华商资产状况

根据越南国家统计局数据，从 1988 年至 2009 年，中国对越直接投资项目共计 810 个，占项目总数的 6.4%，在 41 个长期对越直接投资的国家和地区中排名第 16 位。根据《2009 年度中国对外直接投资统计公报》数据，截至 2008 年年底，中国对越南直接投资的存量为 7.285 亿美元。[3] 越南是台商重点投资地区。截至 2007 年 6 月，在越台资厂家数量为 1636 家，如算上以第三地名义出资、合资及联营等其他形式，台商企业可达 2500—3000 家。根据越南计划投资部统计，截至 2009 年年底，中国台湾对越投资达到 126.35 亿美元，约占越南吸引外资总额的 12.1%，投资项目占总量的 18.5%，位居榜首。[4]

据越南计划投资部统计，截至 2009 年年底，中国香港对越南投资项目共计 564 个，投资总额达 77 亿美元。[5] 根据东盟秘书处《2008 年东盟统计年鉴》的数据资料统计，1995—1999 年，东南亚九国对越南直

---

[1]　林建山，《廿一世纪华人经济力之全球化与当地化发展》，台湾"侨委会"网站，http://www.ocac.gov.tw/public/dep3public.asp?selno=2473&no=2473&level=B。

[2]　巴曙松，《从国际货币体系改革趋势看中国金融发展战略》，中国经济信息网，http://www.cei.gov.cn，2009 年 11 月 12 日。

[3]　中华人民共和国商务部、国家统计局、国家外汇管理局，《2009 年度中国对外直接投资统计公报》，2010 年 9 月，第 40 页。

[4]　越南国家统计局，*Doanh nghiệp Việt Nam 9 năm đầu thế kỷ 21*，http://www.gso.gov.vn/default.aspx?tabid=512&idmid=5&ItemID=9774。

[5]　越南计划投资部网站，http://fia.mpi.gov.vn。

接投资的存量为 19.51 亿美元，1995—2008 年，东南亚九国对越南直接投资的存量为 61.05 亿美元。[1]

综上所述，通过对越南本土华商和外来华商的分析，越南华商资产总额约为 546 亿美元，其中，本土华商资产约 274.9 亿美元，外来华商资产约为 271.7 亿美元。

（四）老挝华商资产估算

根据相关统计数据，2007 年老挝华侨华人总数约为 28 万，约占老挝 600 万总人口的 4.8%，[2] 主要分布在万象、琅勃拉邦、会晒、北滨等湄公河沿岸城镇。老挝华商是推动当地经济发展的重要力量。

1. 本地华商

老挝华商多从事进出口、批发、零售业等小型工商业，规模不大，但均自成系统，销售网络遍及全国。1986 年以后，随着老挝新经济政策的实施，华商所经营的小型工商业已逐渐恢复。在各国华商投资的带动下，老挝华商渐与外商合资经营伐木及锯木事业，利用老挝天然资源拓展经营规模与领域。此外，不少泰籍华商与老挝当地华商合作共同投资纺织业、化学肥料、橡胶树、酒店业、银行业等。同时移民在外的老挝华商，也陆续返还原居住地谋求发展。根据老挝华人人口占比情况，假定老挝华人在老挝经济中占比略高于人口占比的比例，2008 年老挝 GDP 约为 51 亿美元，[3] 推估老挝华商资产为 3 亿美元。

2. 外来华商状况

1989 年中老关系正常化以后，中资企业逐渐以合资、独资企业的形式对老挝进行投资。根据《2009 年度中国对外直接投资统计公报》数据显示，截至 2009 年年底，中国对老挝直接投资的存量为 5.36 亿美元。[4]

[1] ASEAN Secretariat-ASEAN FDI Database: *ASEAN Statistical Yearbook*, 2008, p.129.

[2] 庄国土，《东南亚华侨华人新估算》，《厦门大学学报》（哲社版），2009 年第 3 期，第 64 页。

[3] ASEAN Secretariat-ASEAN FDI Database, *ASEAN Statistical Yearbook*, 2008, p.38.

[4] 中华人民共和国商务部、国家统计局、国家外汇管理局，《2009 年度中国对外直接投资统计公报》，2010 年 9 月，第 39 页。

投资项目集中在初级加工制造、服务、农业开发、贸易、建设、矿产开发等领域。据东盟秘书处数据，1995—2008 年，中国台湾对老挝直接投资总计为 3580 万美元。[1] 同期，中国香港对老挝直接投资总计为 190 万美元，[2] 东盟九国对老挝直接投资累计金额为 4.29 亿美元。

综上所述，老挝本土华商资产约 3 亿美元，外来华商资产约为 10 亿美元。老挝华商资产总额约为 13 亿美元。

（五）文莱华商资产估算

文莱独立后，对外侨采取严格控制政策，文莱的华侨华人基本保持在 5 万人左右，其中约 2 万人已取得文莱国籍，1.5 万人为永久居民，另有 1.5 万人仍为临时居民。2006 年，文莱华侨华人约 5.6 万人，占文莱总人口的 15%。[3] 文莱摩拉县、都东县是华人主要聚集地。商业是文莱华侨华人从事最为密集的行业。律师是文莱华人另一主要从事的职业，有近百家私人律师事务所为华人所开设。

1. 华商资产状况

根据台湾有关部门的调查，1999 年文莱华商杂货业有 310 家，每家平均资产 75000 美元，多属家族经营店铺，占当地市场份额的 50%。资金充裕者往往自行进口部分货品，并兼营批发业务。华商专营贸易业有 50 余家，每家平均资本约为 10 万美元，占当地贸易业份额的 10% 左右。华商餐饮业大约 45 家，平均每家资产 12 万美元。华商经营的机械企业有 34 家，平均每家资产约 15 万美元，主要从事车辆、电器等各类产业机械维修业务，进而改造、装配机械业。塑胶加工企业有 4 家，平均每家资产约 15 万美元，经营的产品包括家用器皿、各种机器工具的

---

[1] ASEAN Secretariat-ASEAN FDI Database: *ASEAN Statistical Yearbook*, 2008, p.138.

[2] Ibid.

[3] 台湾"侨委会"和廖建裕教授等所用各项资料，均按文莱华人占总人口 15% 的比例推算。台湾"侨委会"，《1997 年华侨经济年鉴》，台北：环球经济社，1998 年，第 105 页；Leo Suryadinata, *Issues and Events of Ethnic Chinese Communities*, in *Chinese Heritage Center Bulletin*, No. 9, May 2007, p. 4。

组配件。华商经营的建筑房地产企业 60 家，平均每家资产 100 万美元，并兼营房地产投资及交易。此外，华商还有食品加工企业 16 家，平均资产 4 万美元。制衣企业 8 家，平均资产 90 万美元。木板厂 7 家，平均资产 20 万美元。在农业方面，华商经营农场有 5 家，农户 18 家，主要种植水果，每家平均资产 20 万美元。华商经营养殖渔业 3 家，他们是文莱农产品的重要供应商。华商从事采石业有 3 家，每家资产 100 万美元。[1]

根据文莱华人人口占比情况，假定文莱华人在文莱经济中占比略高于人口占比的比例，2008 年文莱 GDP 约为 141 亿美元，[2] 推估文莱华商资产应不低于 17 亿美元。

2. 外来华商

根据台湾有关部门统计，至 2007 年，台商直接投资金额约 1.6 亿美元，最大企业资本额约 450 万美金。[3] 根据《2009 年度中国对外直接投资统计公报》的统计数据。截至 2009 年底，中国对文莱直接投资的存量为 0.174 亿美元。[4] 据东盟秘书处《2008 年东盟统计年鉴》的数据资料统计，1995—2008 年，中国香港对文莱直接投资总计为 5240 万美元。[5] 同期，东盟九国对文莱直接投资总计为 14.92 亿美元。[6]

综上所述，通过对文莱本土华商和外来华商的分析，本土华商资产约为 17 亿美元，外来华商资产约为 17.22 亿美元。文莱华商资产总额约为 34.22 亿美元。

---

[1] 华人经济年鉴编委会编，《2000—2001 年华人经济年鉴》，北京：朝华出版社，2001 年，第 72 页。

[2] ASEAN Secretariat-ASEAN FDI Database: *ASEAN Statistical Yearbook*, 2008, p.38.

[3] 台湾"侨委会"编，《2007 年华侨经济年鉴》，台北：环球经济社，2008 年，第 161 页。

[4] 中华人民共和国商务部、国家统计局、国家外汇管理局，《2009 年度中国对外直接投资统计公报》，2010 年 9 月，第 39 页。

[5] ASEAN Secretariat-ASEAN FDI Database: *ASEAN Statistical Yearbook*, 2008, p.138.

[6] Ibid., p.129.

三、初步结论

本文初步研究结论为：截至 2008 年，东南亚的华商的资产约为 15051 亿美元。其中，华商大企业的资产 9506 亿美元，中小企业 3994 亿美元，外来华资 1557 亿美元。由于各国的中小企业的数据不全，该部分可能低估或大大低估。如以国别分，则新加坡为 5986 亿美元（占 39.77%）、泰国 3853 亿美元（占 25.6%）、马来西亚 1812 亿美元（占 12.04%）、印度尼西亚 1866 亿美元（占 12.4%）、菲律宾 797 亿美元（占 5.3%）。前东盟五国占据东南亚华商资产的 95%。即使扣除中国华资的 77.85 亿美元，也在 1.49 万亿美元以上（见表 12）。

表 12 2007—2009 年东南亚各国华商资产统计

（单位：亿美元）

| 国别 | 年度 | 国内华商资产统计 | | 国际华商投资统计 | | | 总资产 |
		大企业（上市与非上市）	中小企业	中国大陆（内地）华资	港澳台资	其他	
印尼	2008			5.43	139.21	83.22	1866
	2009	1295	343				
新加坡	2007	4356	1367.2				5986
	2008			35.02	112.56	115.34	
马来西亚	2008	615.8	875.4	3.61	152.79	164.3	1812
泰国	2007		1156.4		121.3		3853
	2008				49.18	179.08	
	2009	2342		4.48			
菲律宾	2009	515.8	242.5				797
	2008			0.87	24.44	13.59	
越南	2007						546
	2008	274.9			271.7		
缅甸	2008	67.17			4.59	12.87	94
	2009			9.3			
柬埔寨	2007	20	10.07		3.93		50
	2008				0.42	8.94	
	2009			6.33			

（续表）

| 国别 | 年度 | 国内华商资产统计 | | 国际华商投资统计 | | | 总资产 |
		大企业（上市与非上市）	中小企业	中国大陆（内地）华资	港澳台资	其他	
文莱	2008	17			2.12	14.92	34
	2009			0.17			
老挝	2008	3			0.38	4.29	13
	2009			5.36			
总计		9506.6	3994.57	77.85	882.62	596.55	15051

由于对后东盟五国的数据掌握远远不够，因此只能依靠现有资料做大体估算，其结果应当远低于实际数额。但后东盟五国的华商实力较小，即使低估，对东南亚十国华商资产总额的影响不大。东南亚华侨华人数量占世界华侨华人人口的73.5%，如以其他地区的华商人均资产如东南亚华侨华人计算，则中国港台地区和东南亚以外的世界华商，其资产总额应在5500亿美元左右。东南亚与其他地区的华商资产当在2万亿美元以上。包括港澳台地区在内的中国以外的"世界华商"资产总额当接近5万亿美元。[1]

由于东南亚没有专门的族群企业分类统计，且华商企业内部股权结构复杂，或夹杂一些当地友族股份，即使试图大致估算，也可能与实际状况有较多偏差。因此，本文的重点，是提供一种新的估算视角和模式，即东南亚华商资产不仅是上市公司，而且应当包括非上市大企业及中小企业，或许后者才是华商真正实力所在。

---

[1] 庄国土教授主持国侨办重点项目《华侨华人经济资源研究》课题研究报告，2010年11月。

妇女与华人家族企业[*]

张志楷

内容提要： 华人家族企业与妇女包含了两个有趣的元素。首先，在男性主导的商业经济领域中，女性的地位并未受到重视。另外，华人家族企业长期被学界认为欠缺国际化。但是，当全球金融危机还未平息，西方大企业（例如银行业）正值风雨飘摇之际，华人家族企业与妇女的研究却显得特别重要。本文希望尝试从理论方面探讨华人家族企业与妇女的重要性。首先，本文希望从西方政治经济学中进一步寻找出家庭政治经济学的重要性。然后，讨论妇女与企业家精神。文章最后将介绍国际政治经济学的最新发展及华人家族企业的影响力。

一、前言

家族企业与妇女是两个我们既陌生又非常熟悉的名词。家族企业在华人的商业圈子里很重要，很多举足轻重的华商名字都是始于家族生意，在此不必赘述。而妇女在家族企业的角色、责任、作用和影响，却少有具体的学术讨论。这里所牵涉的不单是妇女在家族企业的定位问

---

[*] 本文曾经收录在郑宏泰、梁佳俊编，《才德之间——华人家族企业与妇女》，香港中华书局（香港有限公司），2013年，第232–247页。

题，还有另外一个值得注意的学术问题则是认同，究竟在家族企业甚至华人家族企业中妇女的角色和影响有否被认同。首先，在男性主导的商业经济领域中，女性的地位并未受到重视，这点基本上体现在世界各国的商业经验里，在西方的发展和华人的商业圈里几乎不约而同地出现了这种现象。其次，妇女的角色在家族企业中非常模糊，她们的企业家精神、创造力和领导能力都未受到广泛的认同。

另一方面，华人家族在世界的学术界亦被认为欠缺国际化。华人家族在世界的经济影响力经常被质疑，批评言论主要集中在华人商业网络的透明度不高和华商的政、商关系复杂等等。[1] 但是，当全球金融危机还未平息，西方大企业（例如银行及金融业）正值风雨飘摇之际，华人家族企业与妇女的研究却显得特别重要。首先，当今的世界经济焦点已从西方渐渐转向东方投射。中国的经济重要性不用多说，但建立在中国经济发展及商业成就的基础上，华人家族企业的重要性必须重视。其次，大中华圈的社会和经济变迁已走向一个高度发展和依赖市场及全球化的互动模式。这种市场转变对本来处于边缘化的妇女的角色，有着新的推动力和帮助。进一步而言，我们加深女性及企业精神在家族企业的认知，亦有可能对全球的经济影响有着积极的作用。首先，本文希望从西方的政治经济学中，带出社会与经济的变迁和女性地位的转变。然后，本文将继续通过英国等欧美国家的经验，尝试理解妇女与企业精神的发展过程。文章最后将通过全球金融危机的现实发展，来阐述并介绍"日常"国际政治经济学的最新演变及华人家族企业与妇女的影响力。

---

[1] 特别在东南亚，华人家族企业的政、商关系经常受到西方学术界批评，参阅：Danny Unger, *Building Social Capital in Thailand: Fibers, Finance, and Infrastructure*, Cambridge: Cambridge University Press, 1998 及 Marleen Dieleman, *The Rhythm of Strategy: A Corporate Biography of the Salim Group of Indonesia*, Amsterdam: Amsterdam University Press, 2007。

二、英国的社会及经济变迁与女性地位

2007 年 3 月 13 日，一个广为世人认识的伟大经济学家，亚当·斯密（Adam Smith）的肖像出现在英国新 20 镑面额的钞票上。正如英伦银行主席 Mervyn King 指出："斯密对人性的了解，对社会结构的认识，分工及比较优势理论是经济界的中心思想。"[1] 但他最为世人乐道的理论应是他提出的经济供求定律。但比较少人知道的是，他对社会及经济变迁亦有个人的见解。以当时的苏格兰发展经验为基础，他认为社会的经济演变，有四个发展的阶段。[2] 首先是"狩猎"社会，这种原始的社会形式最为基本，其目的主要是生存，社会结构非常简单，人口流动性非常强，没有固定的居所。当社会进入了另一阶段，即"畜牧"阶段，社会上人口流动开始减少，饲养牲口除了生活的需要外，还可以变成资产的一部分。接着，社会进入了第三阶段，即"农业"社会。由于找到适合定居的地点，包括河流平地气候等，以务农耕作为生的社会开始形成。这种生活的基础亦相对加强了社会的稳定性，当社会相对稳定，交易的模式亦开始进行，财富亦可以累积。到了最后的一个阶段便形成了"商业"社会。从斯密的观点来看，社会进入了商业的状态亦表示了这是社会进入了市场化的一种高阶的发展模式。[3] 他的市场无形之手的观点，亦开始成为有效解释经济运作的重要理论。

但斯密的四阶段论，很大程度上解释了社会变化的动力，但要进一

---

[1] Reuters [http://uk.reuters.com/article/2007/03/13/uk-britain-note-idUKL1240345920070313] (13 March 2007) (accessed 11 November 2012). 但提到比较优势理论时，学界似乎视李嘉图（David Ricardo）的学说才为正宗。

[2] Adam Smith, *An Inquiry into the Nature and Causes of the Wealth of Nation*, London: George Routledge and Sons, 1946[1776], pp. 1–3.

[3] Anthony Brewer, "Adam Smith's Stages of History", *Discussion Paper No. 08/601* (March 2008), Department of Economics, University of Bristol, pp 1–25. 在这里要进一步做出补充，尽管有人批评说 Adam Smith 在《国富论》未有完整地提及四阶段论，但在 Brewer 进一步的印证下指出斯密在更早前的 *Lectures on Jurisprudence* 更具体地指出四阶段论的表达。参阅 ibid., p.3。

步理解女性的地位在这四个阶段中是如何改变的，我们需要借助 Bowles 在 1984 年的研究做进一步对照。Bowles 希望利用斯密的四阶段论来了解女性地位的演变。[1] 他认为在斯密的狩猎阶段中，女性的地位最差，因为狩猎要求的是男性的体力劳动，女性的家庭地位是满足男性的基本生理需求，别无他样。在畜牧社会的阶段中，女性的家庭地位改变不大，相当部分亦维持着狩猎社会的模式。但由于畜牧对体力劳动的要求相对减少，女性地位的改变体现在成为男性的目标投放的对象。到了第三阶段即农业阶段，由于农业社会的稳定性相对增加，两性投放在耕作的时间亦相对减少。与此同时，悠闲的时间便有所增加。女性此时的工作地位下降，但却提供了男性对方一种观赏价值。到最后，在斯密的第四个阶段即商业阶段，Bowles 认为商业社会中提供了更高的社会流动性，市场的出现，令交往增加，而两性的接触亦相对上升。由于进入了商业社会，社会的安全度亦同时增加。当男性的绝对地位于保护社会和参军的作用相应下降后，女性却展现了其在相对社会安全下的优势。[2]

在英国维多利亚女王时期，女性与企业精神有着很强的道德认同感。Alison C. Kay 研究在 1800 年到 1870 年中，在维多利亚女王的鼎盛时期，英国以伦敦作背景的女性企业的本质。[3] 我不打算详细介绍这一本书。我只希望就着女性与企业精神两个元素来探讨 150 年前英国的经验。从 Kay 的研究得出的结论，女性在选择从商及创立个人的事业时，一些要素，譬如独立、灵活性以及可同时照顾家庭及子女的生活都是创立个人事业的考虑因素。[4] 她的研究基本上与近代理论相呼应，认为妇女投入个人事业在很大程度上是由于生活所迫及经济转坏，所以需要从

[1] Paul Bowles, "John Miller, The Four-Stages Theory, and the Women's Position in Society", *History of Political Economy* Vol. 16, No. 4(1984),pp. 619–638.

[2] Ibid., pp. 627–632.

[3] Alison C. Kay, *The Foundation of Female Entrepreneurship: Enterprise, Home and Household in London, C. 1800–1870,* London: Routledge, 2011.

[4] Ibid., pp. 120–125.

事小买卖得以糊口及生活等。但在英国的历史背景下，以及维多利亚时期的阶级观念下，女性从事商业活动同时要荣辱与共，不能只顾追求财富的累积，而经营者则要抱着良心去管理及从事商业活动。[1]换言之，商业活动虽然是当时英国社会的一部分，但是从业者，特别是女性，更应拥有一种道德的操守。从这维多利亚时期的历史经验里，我们可以看到商业与伦理似乎不能分割。这亦进一步说明了妇女及企业精神这两个元素有着历史的道德认同感，这对于我们了解华人家族企业和妇女有很大帮助。

二战后，英国社会的变迁亦进一步提升了妇女的地位，而妇女的地位之转变，则导致了饮食业在英国的兴盛。英国在第二次世界大战之前，社会的基本结构和家庭的关系比较简单。大抵上丈夫都是上班族，太太在家里处理家务，负责家里各人的早、午、晚膳食，等等。除了少数富有的家庭外，其他家庭很少能上馆子及餐厅。但二战的出现，很大程度上改变了这种社会及家庭的模式。由于战争，男性往往要被征召上战场迎战，导致很多社会上的经济岗位渐渐由女性取代。当妇女开始从事正式的工作及逐步变成职业女性，在膳食的一个环节便需要由一些饮食业所取代。此风一盛，则各国的饮食业便如雨后春笋，在英国遍地开花，而华人食品行业，就是其中一个受惠的成功例子。[2]

如果社会变迁与女性的地位有着这样阶段性的转变，则当今的社会可以说不单进入了商业化的阶段，我们身处的国际社会是一个高度全球化及城市互动的社会。大前研一在《国家的终结》一书中所展示的未来社会的形式，正好代表了这一观念。[3]他认为未来的全球社会将会

[1]　Alison C. Kay, *The Foundation of Female Entrepreneurship: Enterprise, Home and Household in London, C. 1800–1870,* London: Routledge, 2011, p. 131.

[2]　Gordon C. K. Cheung and Edmund Terence Gomez, "Hong Kong's Diaspora, Networks and Family Business in the United Kingdom: A History of the Chinese 'Food Chain' and the Case of W. Wing Yip Group", *The China Review*, Vol. 12, No. 1(Spring 2012),pp.45–72.

[3]　大前研一 (Kenichi Ohmae), *The End of the Nation State: The Rise of Regional Economies,* New York: The Free, 1995.

以区域为代表，而主导这些区域的将会是四个 I。这四个 I 分别为"投资""工业""信息"及"个人消费"。这四个组合的变化将决定世界财富的分布、组合及新兴市场的重新定位。新的经济组合如中国香港和深圳的经济融合，新加坡和马来西亚的边境交往，我们非常熟识的珠江三角洲以及美国的硅谷等，都将会取代旧世界经济，而成为新的经济势力。[1]

如果将理论的镜头再进一步向着大中华区瞄准，我们会更了解到城市互动的重要性。正如现今权威的女国际政治经济学专家（Saskia Sassen）认为，城市的多样化，经济效益、吸引力及流动发展等等将逐渐成为新的政经力量。她早期研究纽约、伦敦和东京，她在 2001 年第二版的书中补充道："香港一直和世界保持着高度的互动，她将永远成为中国的公司面向国际及国际商业机构进入中国的策略性的中枢基地。除了两个原因之外，即世界的投资者已对中国完全没有兴趣，又或者上海完全取代香港的所有经济地位。但这两者在可见的未来都不会出现。"[2]她在 2001 年的估计，现在看来似乎越来越具说服力。台北、香港、上海和深圳等城市的经济及互动与日俱增。各种的互动迹象显示出，这样高度市场化的结合，有利于商业网络的形成，这些发展对女性而言是相对有利的。因为网络正是女性最有机会一展所长的平台。由于两性在商业及企业管理往往有非常大的差异，男性的管理手法往往是急于求成、由上而下、科层式的，甚至是专横及独裁的。而女性的管理手法却有别于男性，他们多数采用灵活的手法以求同存异为方针，以创造一个和谐的工作环境为基础，对人际关系的要求比较讲究。[3]当亚洲及大中华区商业社会进入了以信息型为主导的市场发展模式下，妇女的角色便逐步显著。

---

[1] 大前研一 (Kenichi Ohmae), *The End of the Nation State: The Rise of Regional Economies*, New York: The Free 1995, pp.79–100.

[2] Saskia Sassen, *The Global City: New York, London, Tokyo*, 2nd Ed. (Princeton: Princeton University Press , 2001), p. 174.

[3] Marie-Therese Claes, "Women, Men and Management Styles" , in Martha Fetherolf Loutei eds., *Women, Gender and Work: What is Equality and How Do We Get There?* Geneva: International Labour Office, 2001, pp. 385–400.

三、法律的保障与女性主义的作用

究竟女性与家族企业两者之间关系如何？这个题目正是研究华人商业的一个缺口，但西方的学术界中对这个题目的研究亦相当有限。例如，在一份对家族企业趋势的学术研究报告中，作者三人分别对 75 份相关的《社会科学引文索引》（SSCI）国际学术期刊做出研究。在 1961 年到 2008 年期间，分别在"商业""商业财经""经济"及"管理"的四大类别中选出 703 篇包括含有家族企业或家族公司的文章。这些学术文章较为重视的三类研究分别为继承、管理及组织理论、管治。其中有 123 篇文章关于继承，81 篇文章讨论管理及组织理论，有 70 篇文章述及管治。而纵贯全部 700 多篇文章，只有 26 篇（占 4%）谈及女性及族群。[1] 这例子正显示出家族企业及妇女研究实在有进一步讨论的迫切需要。

根据 Maria Minniti 的比较和分析美国的经验，女性和企业精神的出现亦源于社会和经济的变迁。她认为这两者的学术探讨可分两个阶段：第一个阶段是从 1970 年到 1990 年，而第二个阶段是从 1990 年到 2009 年。[2] 在第一个阶段中，即 1970 年到 1990 年这 20 年间，女性和企业精神开始抬头，主要原因是美国立法保障了女性的地位。其中最著名的三条法例包括：

1964 年的民权法；

1975 年的平等机会法；

1978 年的反歧视行动法。

通过立法，女性作为社会上的弱势社群的问题得到法律的保障，而于 1975 年成立的 National Association of Women Business Owners（NAWBO）更是现在美国最大的女性企业家组织。[3] 这些法例及具体的组织的出现，

---

[1] Benavides-Velasco, Carlos A., Quintana-García, Cristina and Guzmán-Parra, Vanesa F., "Trends in family business research", *Small Business Economics*, 2011 (DOI 10.1007/s11187-011-9362-3).

[2] Maria Minniti, *Gender Issues in Entrepreneurship*, Boston-Delft: Now Publishers Inc, 2009.

[3] Maria Minniti, *Gender Issues in Entrepreneurship*, Boston-Delft: Now Publishers Inc, 2009, p. 8.

大大地加强了社会对女性及企业精神两者的重视。与此同时，学术界亦开始关注这题目，有了比较具体的观点和见解。当然，这时的学术探讨范围比较窄。学者主要关注女性投身事业及成为老板的原因。他们从企业的成功与否、表现、策略和管理等等着手。但具体而言，并未脱离以往商业研究的框架。到了另一阶段，即 1990 年到 2009 年期间，在社会上由于全国妇女商业理事会（National Women's Business Council）在 1990 年的出现，女性企业家在政治上有更大的发言权。对政客加强游说工作的同时，亦相对地增加其社会及对美国经济的影响力。在学术方面，这时期开始更多实证的研究及进一步探讨女性的工作与健康、家庭生活、母亲与责任的承担以及商业网络等等的研究。[1]

这两个历史阶段的分野，其实和女性主义的两大阵营有共通之处。从女性主义的角度看，前者的第一个时期可说是代表了自由女性主义学派的观点。他们认为男女在理性的层面和能力应该是相同的。女性被视为弱者及能力不及男性的主要原因在于她们没有得到保障，社会上存在的有形和无形的不公平，对她们构成了影响以致未能体现女性的工作能力及潜质。[2] 所以，美国在 20 世纪 70 年代的立法过程中，是希望尽量在法律的保障下，帮助改善这种不公平性，以更有效地提升女性的地位及工作能力，并在一个公平的基础上和男性一较高下。另一方面，社会女性主义学派则相信男女是有分别的，除了性别之外，心理和生理等的分别亦导致社会上对女性产生不同观感。基于这种基本上的分别，社会更应该对两性有进一步的了解，通过了解、社交化、角色的认知等，女性和企业之间的关系便可得到更高的确认。[3] 以上在美国 90 年代到 2000 年间的发展和学术研究大体上可以放在社会女性主义学派上讨论。

个人认为，中国的女性企业家或商人在自由女性主义及社会女性主

---

[1] Ibid., pp. 9–12.

[2] Eileen M. Fischer, A. Rebecca Reuber and Lorraine S. Dyke, "A Theoretical Overview and Extension of Research on Sex, Gender, and Entrepreneurship", *Journal of Business Venturing*, Vol.8(1993), p.154.

[3] Ibid., p. 155.

义这两者中的取舍，主要在于社会上的机会及发展步伐。在中国香港，女性一方面受到比较健全的法例保障，另一方面，社会风气对两性的分别亦随着经济发展得到更深的认同。这点可能更有利于女性发展个人事业。根据《福布斯》(*Forbes*)的最新分析和预测，女性企业家已渐成为一股新的国际经济动力。以美国为例，到了 2018 年，将会有近 972 万中小型企业的职位在美国出现，其中近一半以上将由女性企业家提供。[1]

四、"日常"国际政治经济学的发展及女性企业家精神的倡导

2010 年，欧盟发表了男女平等进度报告《商界领袖的性别平衡》。该报告对欧盟 27 国的 598 间最大型的企业做出了研究。报告指出，两性在这些大型企业出现了很大的差异。[2]在领导层、董事局成员和行政总裁三方面，女性的比例都明显比男性少。[3]首先，虽然女性的工作人口占 45.4%，但只有 32.8% 能成为领导阶层。其中塞浦路斯及芬兰表现较佳，有 30%。而希腊、西班牙及意大利则最差，只有 10% 的女性能成为领导层人士。其次，在董事局的构成这个环节中，女性的比例更少。在一个十人的董事局中，通常只有一名女性，而在 97% 的例子中，董事局主席都由男性担任。报告指出，2010 年在欧洲最大型的企业的董事局中，女性只占不足 12%，而只有 3% 的女性能担任董事局主席。在各国的比较中，由于挪威有明文的法律规定了董事局的男女比例，所以表现最好，女性成员占董事局的 40%。而表现最差的是马耳他、卢森

[1] Natalie MacNeil, "Entrepreneurship Is The New Women's Movement." [http://www.forbes.com/sites/work-in-progress/2012/06/08/entrepreneurship-is-the-new-womens-movement/#] (accessed 11November 2012).

[2] European Commission, *Report on Progress on Equality between Women & Men in 2010: The Gender Balance in Business Leadership,* Luxembourg: Publication's Office of the European Union, 2011.

[3] 领导层指大企业的总裁或小型公司的经理级人士。

堡、塞浦路斯和意大利，女性只占董事局成员的 5%。[1]

整体而言，这份报告指出欧洲的大型企业，男女在高级及领导性的岗位中存在很明显的差异。在欧洲，由于女性在教育、知识及工作表现上都处于一个非常高的水平。这种表现在领导层的两性差异，会导致人力资源的严重浪费。欧盟作为世界重要的经济体系应予注意。这份报告在今时今日对欧盟来说，正是当头棒喝。譬如，在之前的领导层的比例，女性在希腊、西班牙及意大利的比例非常少。这不禁使人再怀疑，这三个受欧元危机影响最深的国家可能存在极严重的人力资源浪费或严重错配。某程度上亦显示出，现在领导这三国的大企业人士，可能并不是最有能力的人。全球金融危机正是国际政治经济学的重要课题。以上提到欧盟的报告对以下女性与家族企业和国际经济影响的分析有莫大关系。

2008—2009 年出现的全球金融危机第一波出现在美国，直到现在为止，危机并未平息。这场金融危机第二波吹到欧洲后，各国分别以不同的方法应对。[2] 在欧元区内，各国现正受到不同程度的影响。德国一直都是欧元区内各国所依赖的"救星"。其他的国家如希腊、意大利和西班牙等更是每况愈下，标准普尔（世界知名的评级公司）刚于 2012 年 10 月下调了西班牙的信贷评级到 BBB–，差一级便到了"垃圾级"。[3] 在非欧元区内，英国进行了两方面的改革。第一，它积极推行紧缩的经济政策，在政府及公营部门的投入都尽量收紧。第二，它亦同时对银行业做出大量的政策改动，以完善银行及优化信贷体制。在完善银行体制的过程中，其中有一则故事与本文的主题特别有关系。在 2012 年 7 月，

[1] European Commission, *Report on Progress on Equality between Women & Men in 2010: The Gender Balance in Business Leadership,* Luxembourg: Publication's Office of the European Union. 2011, pp. 52–54.

[2] 反观在世界的另一边厢的一些新经济体，在金融风暴前，却对国际金融中心有着无限憧憬。请参阅 Gordon C. K. Cheung, "The 2008–2009 Global Financial Fallout: Shanghai and Dubai as Emerging Financial Powerhouses?", *Asian Politics & Policy*, Vol. 2, No. 1 (January/March 2010),pp. 77–93.

[3] BBC News [http://www.bbc.co.uk/news/business 1995747] (10 October 2012) (Accessed 03 November 2012).

拥有 300 年历史的英国巴克莱银行（Barclays Bank）被指操控伦敦同业拆息而被罚巨款。他们的行政总裁戴蒙德（Bob Diamond）亦于 7 月 3 日即日提出请辞。英国金融服务监理署（Financial Services Authority）主席 Load Turner 在年会中指出"这种玩世不恭的贪婪，实在令人发指"。[1] Load Turner 指出的"玩世不恭"和"贪婪"体现在传统的国际金钱游戏中最为传神，直接指出国际金融活动投资或"投机"，很大程度上以一个男性为中心的圈子进行运作。

但长期以来，以金钱、利益为中心的国际财经及投资界又是否真的是一个表现玩世不恭及贪婪的场所？ Barber and Oden 的研究清楚指出，在股票市场的交易中，由于男性对自己过分自信，导致了在股票市场中的过度投资。他们在美国的股票经纪行中选出 35000 个投资者，研究在 1991 年 2 月到 1997 年 1 月里，男性和女性经纪的投资表现及分别。[2] 研究发现，男性经纪比女性经纪的交易量多出 45%，而男性经纪这种超额的交易量，则导致每年的利润减少了 2.65%。而女性经纪的利润则减少了 1.72%。他们在文章的总结中直言，这种分别主要是源自于男性的"过分自信"（Overconfidence）。[3] 当然，我们亦不能否认，在股票市场上男性的经纪理应比女性经纪多，而所谓"过分"自信亦有可能来自股票行的"过分"压力。至于女性经纪，她们所面对的压力不同，而由于种种原因，亦导致她们在交易量上会比男性少。

这点可清楚体现在中国香港的股票市场中。以中国香港 20 世纪 70 年代的股票市场为例，郑宏泰和黄绍伦在《香港股市 1841—1997》指出，在 1971 年远东会的名册上有 121 名会员（经纪），而其中只有 14

---

[1]　BBC News [http://www.bbc.co.uk/news/business 18685040] (3 July 2012) (Accessed 03 November 2012).

[2]　Brad M. Barber and Terrance Oden, "Boys will be Boys: Gender, Overconfidence, and Common Stock Investment", *The Quarterly Journal of Economics*, Vol. 116, No.1 (Feb 2001),pp. 261–292.

[3]　Ibid., pp. 261–289.

名女性。[1] 从另一角度看，很多时候一些名人及有钱富豪，亦会买个经纪牌给太太，一来经纪牌有升值潜力，另外也可给太太打发时间。但至于在交易所内，女性要进行买卖则会碰到各种的不便，这亦有可能影响了实际的交易量。[2] 现在距离 70 年代已超过 40 年，股票交易已进入全球化了，而上述对妇女的不便亦随计算机化及数据化而减少。换句话说，从股票的"日常"交易行为来看，全球化代表了社会的变迁，而对这种变迁及更广泛的市场化应予重视。对于女性而言，能更有效地参与"日常"的经济活动，将有助于她们建立更完善的企业精神。

这种从下而上，从少数代表及从原来比较弱势群体进入主流经济体系，从而影响更高的决策，则是英国学者 John Hobson 一直提倡的"日常国际政治经济学"。他的理论认为社会上占大多数的是社会的大众，他们的日常生活及政治经济行为，为什么不能影响国际的大气候及经济呢？一些农民，小投资者的活动通过适当的媒介及管道，将对世界有极大的影响力。相对于以往只追随着美国的经济发展而运作的世界经济，日常国际经济学有着很大的发展空间。[3] 而女性的商业投入和企业精神，亦从另一角度说明了这种由下而上的新经济力量。

从 2012 年 10 月一份由国际货币基金组织（International Monetary Fund）高级经济师 Chad Steinberg 所写的报告可以看出，虽然亚洲女性教育不低，但却比男性的工作人数少。如果能提高亚洲女性的工作人数，这对亚洲整体的经济会有积极的帮助。[4] 他的数据指出，如果我们集中看中国女性的工作人数跟男性的人数比较，差距只有 13%。这个数字和经济合作与发展组织（OECD）的数字 14% 相约。[5] 这意味着，中国女性

---

[1] 郑宏泰、黄绍伦，《香港股史 1841—1997》，香港：三联书店，2006 年，第 295 页。

[2] 同上，第 197-198 页。

[3] John M. Hobson and Leonard Seabrooke, "Everyday IPE : Revealing everyday forms of change in the world economy" , in John M. Hobson and Leonard Seabrooke eds., *Everyday Politics of the World Economy*, Cambridge: Cambridge University Press, 2007, pp. 1–23.

[4] Chad Steinberg, "Can Women Save Japan (and Asia too)?" , *Finance & Development* (October 2012) IMF, pp. 1–4.

[5] "经济合作与发展组织"（OECD）的成员被视为已发展的国家。

的工作人口与世界先进国家的比例一致。[1] 但当我们比较女性在经理级或领导层的人口时，则看到有很大的差距。在经济合作与发展组织中，33% 的女性是处于经理级或领导层，但只有 17% 的中国女性处于这一阶层。[2] 从两组数据得知，中国女性的工作人口不比男性少，但工作的类型却是不具有决策性的。具有决策性的职位及更体现企业家精神的职位远比先进国家为低。这个空间，亦正是我们要讨论的怎样提高由下而上的商业经济作用。有效地收窄这空间，将大大提高女性在大中华区的商业地位，进而带动亚洲经济的发展步伐。这个愿景，在当前的华商生态活动中，似乎应加以重视。

五、总结

以写《历史的终结》而闻名的福山（Francis Fukuyama），在 1998 年的《外交事务》的文章中，提出了一个重大的疑问，他的文章题为《假如世界由女人统治将会变成怎样》。他的观点主要围绕社会学的意见，他认为男性的形象，很大程度上是社会建构出来的。当社会观念改变，一些理所当然的表现如进取、投机、趋向攻击性的态度等将会减少。[3] 世界发展的方向显示，世界及西方社会将慢慢走向一个由女人统治的国度，而这国度将由另一种不同的游戏规则所取代。[4] 当然，社会的转变是漫长的，而福山的预言，亦需要通过长时期的验证。但如果世界的步伐是这样走的话，现在似乎是一个很好的时机来讨论这趋势的可能性。福山提出的论点建立在国际政治的环境中，但领导者的角色表现在商业世界里亦同样可看见另一些端倪。

本文首先指出，社会的阶段性的变迁与女性地位的转变息息相关。

---

[1]　op. cit., "Can Women Save Japan (and Asia too)?" , p.2, chart1.

[2]　Ibid., p.4 chart 5.

[3]　Francis Fukuyama, "Women and the Evolution of World Politics" , *Foreign Affairs*, Vol. 77, No. 5(1998),pp. 24–40.

[4]　Ibid., p. 27.

虽然这些变化始于英国的发展经验，但其影响及趋势有助于理解东方及大中华圈的社会变迁过程。我们身处的大中华经济圈的商业活动及家族企业发展与整体区域的商业变化、市场动力及全球化有着紧密的关系。这种高度整合的市场发展，极有利于营造出一个以商业网络为基础的交流及互动中心。这种发展方向对妇女而言是非常有利的。故此，新的商业发展实有赖更多妇女的投入。当社会趋向进步时，亦加强了对妇女在商业角色上的认同。

接下来，文章的第二部分进一步探讨妇女和企业家精神的建立。同样道理，基于西方的理论及经济发展过程不能完全解释大中华的现状。但美国的历史发展说明了妇女及企业家精神的建立有法律上的保障。妇女的商业地位得到保障的同时，她们对社会、经济的贡献亦相应提高。这进一步说明了女性的经济地位上升亦有助于建立一个更完善的社会环境。不过在学术界中这些研究似乎有待进一步掌握。文章最后通过分析现今的全球金融危机，以阐述妇女在商业世界中新的机遇。欧盟的例子说明了金融危机有可能是源于严重的人力资源浪费与错配。英国的巴克莱银行故事则带出了金融世界中以男性为中心的种种可能出现的危机。如果透过新的资源重新投放和怎样进一步释放妇女的"日常"经济能力及商业精神，对世界经济的发展而言，是有积极的帮助的。

美国华人餐饮业及其文化认同 *

刘海铭

内容提要： 通过对 1965 年前后两个阶段美国中餐业的变迁，蒙特利尔公园市中餐业的兴起及影响，圣盖博谷地区中餐业更深刻、更广泛变化的阐述，本文分析了新一代华人移民在多元文化背景和与主流社会的磨合中，所追求的生活方式和包括饮食习惯在内的文化认同。

1985 年 11 月的一个星期三下午，洛杉矶中国城的万珍楼（Man Jen Low）摘牌歇业了。这家英文名为"李将军酒家"（General Lee's）的餐馆历史可以追溯到 1878 年。在其鼎盛期，它招待过许多好莱坞名人和加利福尼亚的权贵显要，是中国城一家具有里程碑意义的餐馆。它的关闭标志着美国 1965 年移民政策改革以后华人族群和社区所经历的翻天覆地的变化。这些变化又深刻地影响着华人在美国最悠久的职业之一——中餐业。饮食是华人文化必不可少的一部分。新一波华人移民带来了新的口味，洛杉矶中国城的餐饮业开始增添新的风味和新的菜肴。随着新移民的涌进，中国城附近的蒙特利尔公园市和南加州的一些其他城市出现了"郊区中国城"。乘着移民热的东风，中餐馆如

---

* 本文原载《华侨华人历史研究》2008 年 3 月第 1 期，第 12–22 页。原文为英文，由李爱慧翻译。

雨后春笋般涌现。现在已有数千家中餐馆集中在南加州，特别是圣盖博谷地区。它们代表着中餐文化中不同的地方风味和烹饪风格。当然它们还有价格和档次上的区别。在十年左右的时间里，洛杉矶地区的中餐业已经从几十间"杂碎馆"的规模演变成美国西部的中餐之都，正宗的中国菜逐渐取代了"炒杂碎""曹公鸡"或"芙蓉蛋"之类的美式中餐，中餐的烹饪技艺和菜肴品种也都紧跟着亚洲的烹饪潮流，美国的中餐业开始了一个新的篇章。

中餐业的变迁反映了新一代移民所追求的生活方式和文化认同。新移民在与主流社会的磨合中，有选择性地保留了一些他们原有的文化传统，特别是饮食习惯。当中餐馆、杂货店及华裔购物中心醒目地出现并扎根于南加州的圣盖博谷地区时，华裔美国人的跨国文化认同已不再是一个抽象概念，而是一个实实在在的现实。华人餐馆业的历史本身就是一部跨国的历史，也是一部少数族裔文化融进主流文化的历史。它既反映出中餐文化如何流传扎根于海外，又显示了美国餐饮文化如何吐故纳新。美国的饮食传统原本没有什么"民族菜肴"，这个移民国家不断地接受着新的口味、新的菜肴，容纳新的饮食习惯。在这样多元饮食文化的环境中，食客们永远有新的选择机会。

一、1965 年之前的中餐业

19 世纪中叶，华人移民开始大量进入美国。他们当中不乏餐馆业主和厨师。早在 1856 年，一家旧金山企业名录就列出了 88 家华人店铺，其中有 5 家餐馆和 38 家杂货店。[1] 餐馆业是华人移民先驱最早从事的经济行业之一。华人移民是带着自己的饮食习惯和烹饪传统进入美国谋生的。吃饭是一种文化社交，餐馆通常是朋友们同饮的一个最好的聚会场所，也是亲人团聚的好去处以及商人们洽谈生意的好地方。家庭

---

[1] 《华人名录》（"Chinese Directory"），《东方报》1856 年 2 月 8 日第 1 期。这是一份双语周报，发行于 1855—1857 年间。该名录列在英文版上。

晚餐、宗亲会或地缘性会馆在农历新年等重大节日里举办的宴会是中国城中重大的文化仪式和社区活动。但更重要的是，在排华法案时期（1882—1943），种族环境迫使很多早期移民不能从事技术性行业，只能进入出卖体力的服务业工作，餐馆业是几种有限的华人就业机会之一。餐馆工作需要长时间的辛苦劳作，而且它不会构成与白人劳工的直接竞争。在一个种族层次分明的国家里，华人移民从餐馆业看到了一线希望。

当中式烹饪在美国食品市场上占据一席之地后，餐馆业开始为华人提供重要的就业机会。1920 年的人口普查显示，在已就业的 45614 名华人中，有 11438 人是厨师、侍者或餐馆经营者。[1] 20 世纪 30 年代，旧金山有 6% 的华裔成年男子从业于餐馆业，而在东部沿海城市则高达 20%—25%。[2]1941 年，旧金山的五千多位华裔青年从事着与餐馆业有关的职业。[3] 到 20 世纪 40 年代末，美国大陆有大约 4300 家中餐馆，7% 的美国人经常光顾中餐馆。十年后，中餐馆的数量增至 4500 家，有 20% 的美国人经常光顾中餐馆。1959 年，仅纽约市就有大约 750 家中餐馆。[4] 那个年代，顾客或是餐馆经营者都不在乎饭菜是否是地道的中餐。顾客们的期望是从小型中餐馆享受到快捷而低廉的美式中餐，比如炒杂碎、炒面或蛋花汤。稍大一点的中餐馆则可以提供更有特色的、更贵的菜品，诸如蝴蝶虾或糖醋鱼。[5] 从 19 世纪末到 20 世纪 60 年代，大都市中的中国城常常吸引来那些对中餐有兴趣的旅游者和观光客。在许多美国人眼中，中国城好像是一个族裔"主题公园"。尽管古董店、家具店或礼品店也吸引游客，但餐馆是中国城的支柱行业。在华人历史中，餐饮业

[1] Calvin Lee, *Chinatown, USA*, Garden City, New York: Doubleday & Company , Inc. , p. 57.

[2] 麦礼谦，《从华侨到华人：二十世纪美国华人社会发展史》，香港：三联书店，1992 年，第 85 页。

[3] Ronald Takaki, *Strangers from the Different Shore: A History of Asian Americans* , Boston: Litle, Brown and Company,1989, p. 267.

[4] 麦礼谦前引书，第 393 页。

[5] 关于这两道菜和其他美式中餐菜肴的烹饪法，参见艾利斯·米勒·米切尔，《东方食谱》(Alice Miller Mitchell, *Oriental Cookbook*)，芝加哥：兰德·麦克纳利出版公司，1950 年，第 11-12 页。

成为"美国造"的华人自雇职业，是一个充满酸甜苦辣的华人族裔象征。

二、中国城再次繁荣

1965 年移民法结束了美国传统的带有种族主义色彩的移民政策，为每个国家分配了相同的移民配额，中国移民很快充分利用了这种新移民政策，新一波移民开始涌入。与老一代移民有一点相似，1965 年后的中国移民也遵循一种链锁移民模式。丈夫或妻子，或者俩人先行抵达美国，然后资助他们的孩子、父母和兄弟姐妹来美。不久，亲戚、姻兄弟姐妹、朋友们随后而至，家庭网络更进一步扩展。由于新移民法优先考虑家庭团聚移民，华裔人口急速增长。在 1965—1984 年的 20 年间，大约有 419373 名华人进入美国。这近乎 1849—1930 年 91 年间进入的 426000 名华人。[1]1965 年后的新移民潮流使华人的家庭网络和人脉关系再次蓬勃兴起。

1965 年之后的华人移民，与老一代移民相比在阶层和文化背景上更加多样化。他们中许多人是受过良好教育的专业人士、工程师、技术人员或交换学生。1950—1983 年间，中国台湾大约输送了 10 万名学生到美国，只有不到 15% 的人毕业后返台。1979—1989 年间，中国大陆（内地）输送了大约 8 万名毕业生和他们的配偶及孩子到美国，大多数人毕业后留在美国。[2]1965 年之后的华人移民，不论他们是来自中国大陆（内地）、中国台湾或是中国香港，都倾向于选择大都市作为定居地，比如纽约、洛杉矶或旧金山。在那些都市有传统的中国城。对新移民来说，中国城不仅是华人的族裔象征，同时也是一个触动他们文化情愫的地方。中国城的许多熟悉的商品和中国食品给予了移民们太多的

---

[1] Takaki, *Strangers from Different Shore*, p 421.

[2] Karl Schoenberger, "Breathing Life into Southland from MainlandMillionaires to Grad Students, a 'New Wave' of Chinese Immigrants Is Invigorating the Economy", *Los Angeles Times*, October 4, 1993.

乡愁。中国城给予他们一种家的浓浓感觉。

但是，正如社会学家周敏所指出的那样，中国城逐渐形成了一种机会结构，最终会引导华人移民进入主流美国社会。[1]许多新移民在中国城找到暂时性或稳定的工作，尤其是在餐馆业中。尽管美国的种族环境在 20 世纪 60 年代已经有了显著的改善，但语言障碍、没有美国大学文凭或专业证书仍然是很多创业者和专业移民想要取得职业成功所面临的主要困难。餐馆业仍然是华人的主要经济行业之一，许多移民依然会转向餐馆业寻找职业和工作机会。根据蔡石山的研究，"中餐馆中华人从业者的比例有些微弱增长，1960 —1970 年 0.8% 的增长主要是由于来自中国香港新移民的涌入，他们不能找到与自己教育水平、工作经验或专业资格相当的职位"。[2]20 世纪 60 年代末，美国大陆大约有 1 万家中餐馆。[3]餐馆工作通常是许多 1965 年后的中国移民最初的美国工作经历。

自 1965 年移民政策改革以来，旧金山、洛杉矶和纽约的中国城涌进了大量的中国香港、中国台湾和越南华裔新移民。1966 年，实际上旧金山 42000 名华人居民中只有五分之一居住在中国城。完全美国化的第四、三、二代华裔美国人移出或散居到城市的其他地区或郊区。与此形成鲜明对照的是，每年 2 万名新华人移民中有 7400 人会定居在旧金山的中国城中。[4]洛杉矶中国城也是如此。1959 年，洛杉矶地区 22000 名华人居民中只有几百人居住在中国城，大多数迁往郊区。[5]十年后，洛杉矶中国城的华人人口增至 15000 名，其中许多是不会说英语

[1] Min Zhou, *Chinatown: The Socioeconomic Potential of an Urban Enclave*, Philadelphia: Temple University Press, p. 14.

[2] Tsai Shih-shan, *The Chinese Experience in America*, Bloomington and Indianapolis: Indiana University Press, 1986, p. 149.

[3] 麦礼谦前引书，第 394 页。

[4] Daryl E Lembke, "And More Immigrants Pour In ", *Los Angeles Times*, December 18, 1966.

[5] Jerry Hulse, " Chinatown Changing as Suburbs Call Residents ", *Los Angeles Times*, October 26, 1959.

的新移民。[1] 随着新移民的涌入，房租和房地产价格迅速攀升，尤其是当来自中国香港或台湾富有的商人开始在中国城投资和购买房产之后更是如此。当中国城过于拥挤和狭小，无法满足日渐增长的新移民社区的需要时，华人移民就开始迁出中国城，搬入邻近的城市，逐渐形成新的华人聚居区。在洛杉矶地区，华人聚集的蒙特利尔公园市就被称为"小台北"。然而，中国城依然是华人的文化基地。到中国城的杂货店购物或是全家到常光顾的中餐馆享受一次家庭聚餐，仍是许多华人家庭周末消遣的例行活动。集中了银行、零售市场、书店或光盘店，尤其是中餐馆的中国城通常是吸引华人光顾的磁石。

随着新移民的涌入，到洛杉矶中国城的华人观光者人数逐渐超过了非华裔旅游者。1977 年，据中国城里的一位生意人观察："五年前，你在周末看不到多少华人。现在 80%—90% 是华人。"[2] 新移民不仅给中国城带来新的生意，而且使中餐馆增加了新的菜肴和新的风味。他们喜欢的不是美式的炒杂碎，而是地道的中国菜。尼克松的中国之行也激起了美国社会对中国食品的浓厚兴趣。北京烤鸭一夜成名，而炒杂碎逐渐丧失了其历史魅力。金殿酒家模仿港式餐馆，率先推出周末港式早茶。[3]中国城中餐馆的食品和菜单开始发生改变。美式中餐逐渐让位于地道的中国菜肴。随着华人顾客的迅速增长，中国城的中餐馆在其菜谱和烹饪技巧上做出必要的调整。优秀的中国厨师一度供不应求。

20 世纪 70 年代早期，优秀的厨师非常匮乏。中国城的中餐馆竞相出高薪争夺好厨师。刚出道的厨师每月挣大约 550 元，一流的厨师每月可以挣到 1200 元。中餐馆老板也与联邦劳工部人力资源培训项目合作，培训更多合格和专业的厨师。[4] 粤菜不再独统天下，上海、四川和湖南

---

[1] Jean Murphy, "Chinese Immigrants Learning English ", *Los Angeles Times*, December 19, 1969.

[2] Penelope McMillan, "L. A.'s Chinatown Turns From Tourists to the Chinese ", *Los,Angeles Times*, September 18, 1977.

[3] 然而，金殿酒家后来也歇业了，棕榈树饭馆取代了它的位置。

[4] "Training Under Way to Ease Shortage of Chinese Cooks ", *Los Angeles Times*, August 24, 1973.

风味菜的餐馆相继出现在中国城中。从 20 世纪 80 年代开始，来自越南的华人难民移民的到来，也推进了潮州菜在美国的发展。到 1997 年，洛杉矶中国城中有 47 家餐馆。[1]移民热不仅给中国城重新注入了活力，而且帮助它的餐饮业恢复了中餐的原汁原味。新移民使中国城从一个观光性的"族裔主题公园"转变为一个为本族群服务的文化资源中心。

三、蒙特利尔公园市成为新的家园

20 世纪 70 年代末至 80 年代初，当华人移民和他们的家庭大量迁入之后，蒙特利尔公园市也发生了急剧的变化。1960 年，该市只有 346 位华人；十年后，华人的数量增至 2200 人。1980—1990 年间，华人的数量从 8000 人增至 21900 人，占据蒙特利尔公园市人口的 15% 到 36%。[2]该市很快被冠以"小台北""华人贝弗利山"或"新郊区中国城"之称。1965 年后的新移民将蒙特利尔公园市从一个主要由白人构成的美国城市转变为洛杉矶郡最大的华人社区家园。在这个转变过程中，"蒙市居民留意到的第一件事就是中餐馆如雨后春笋般涌现"。随后出现了"三家华人购物中心、华人银行和一家只放映中国香港片的剧院"[3]。在新移民迁入之前，蒙特利尔公园市只有一家中餐馆。到 1983 年，中餐馆已经超过 40 家。[4]中餐馆的增长很快引起了一系列的连锁变化。华人房地产经纪公司、礼品店、音像和书店、中药和针灸店、小超市和更多的餐馆，沿着该市的两条主干道——南北向的大西洋大道和东西向的加维大

---

[1]　这一数字基于 1997 年《华人消费者黄页》和 1997 年《华人黄页》中所收集的信息。实际数字应该更大一些，因为有些餐馆不在这些电话簿中登广告。

[2]　Wei Li, "Building Ethnoburbia: The Emergence and Manifestation of the Chinese Ethnoburb in Los Angeles'San Gabriel Valley", *Journal of Asian American Studies*, February 1999, Vol.2, No.1, 5 and 9. Tim Fong, *The First Suburban Chinatown: The Making of Monterey Park , California*, Philadelphia: Temple University Press, 1994, p. 26.

[3]　Penelope McMillan, "Influx in Monterey Park: 'Whose Community Is This?' ", *Los Angeles Times* ,April 13, 1980.

[4]　Steve Harvey, "Sings the Blues without Locust's Song ", *Los Angeles Times* , April 5, 1983.

道（Garvey Avenue）沿街兴起。1978—1979 年，该市发放了 2700 份经营许可证，到 20 世纪 90 年代中期，数量翻倍，达到 5000 多份。华人占有该市商业经营的三分之二到四分之三。[1] 这种变化如此迅速和翻天覆地，以致使长期定居在此的白人、拉丁裔和土生的亚裔感到混乱和困惑。杂货市场、食品和餐馆业也许比其他华人商业活动更具争议性。许多老居民吃惊地发现，"塞弗威和阿尔法贝特（Safeway and Alpha Beta），一度曾是盎格鲁裔白人和拉丁美洲裔社区的港湾。现在它们已经被兴华（Hung Hoa）超市所取代。两层宝塔顶的华人购物中心成了该市最显眼的建筑"[2]。

饮食可能是一个族群最显著的文化标志。随着新移民人口的增长，中餐馆的数量以惊人的速度增长。到 1987 年，蒙市有 60 多家中餐馆，占该市饮食业的 75%。[3] 渔港村酒家（Harbor Village）和北海渔屯酒家（Ocean Star）成为蒙特利尔公园市两大创收者。[4] 北海渔屯酒家有 800 多个座位，是圣盖博谷地区最大的中餐馆之一。[5] 迅速发展的食品和餐馆经济反映了华人新移民对于他们在美国生活的期望与观念。尽管他们愿意定居下来，接受美国文化，但是许多新移民不愿抛弃他们的一些核心价值观和文化传统，尤其是他们的饮食习惯。然而，这并不意味着华人移民厌恶西方烹饪。实际上，他们常常表现出对西方食品的好奇和兴趣。根据洛杉矶时报的一篇报道，蒙市 35 位妇女就自发组织起来去品尝一家西餐店的餐点。[6] 但是一个人是很难抛弃饮食习惯的，华人新

[1] Fong, pp.43–44.

[2] Mark Arax, "Monterey Park Nation's 1st Suburban Chinatown", *Los Angeles Times* , April 6, 1987.

[3] Arax, *Los Angeles Times* , April 6, 1987.

[4] Li, " Building Ethnoburbia, " p.9.

[5] Shawn Hubler, "A Feeding Frenzy in the 'New Chinatown' ; The glut of restaurants has made the San Gabriel Valley the nation' s Chinese food capital ", *Los Angeles Times*, December 5, 1995.

[6] Mike Ward, " Monterey Park Is Truly All Amer ican City ", *Los Angeles Times*, June 27, 1985.

移民依然以中式饮食为主。蒙特利尔公园市的中餐馆价格适中，味道纯正，花样繁多，让华人居民找到了家的感觉，使他们在美国的适应过程不再那么痛苦。

　　由于新移民口味不同，饮食传统不同，蒙特利尔公园市的中餐业也自然是百花齐放，百家争鸣。从台湾小吃到北方面点，从四川菜的麻辣到上海菜的清淡，从湖南菜、山东菜到粤式风味，应有尽有。1995 年洛杉矶时报一篇文章评论说："在蒙特利尔公园地区，有太多的中餐馆，你可以在一年之内的每个周末到中餐馆就餐，而绝不会进入同一家餐馆两次。"[1] 不过，蒙特利尔公园市中餐业的重要意义绝不仅限于它的数量。与美国其他地区，特别是以白人为主体的城市中的中餐馆不同，蒙特利尔公园市没有一家中餐馆会供应"炒杂碎"或"芙蓉蛋"，因为没有顾客会点这两道菜。新移民对美式中餐的厌恶程度也许超过了他们对汉堡包或比萨饼的排斥。蒙特利尔公园市的餐馆业兴起，不仅显示出新移民要保留自己饮食习惯的大趋势，而且也让各种不同地方风味的中国菜肴有机会在海外发展。蒙特利尔公园市的各类中餐馆以新移民为基本客源，以提供不同地方风味的菜肴为各自的品牌，掀起一股中餐热，翻开了华人餐馆业上的一个新篇章。从此正宗中国菜肴逐渐取代美式中餐，成为中餐馆菜单上的主流菜品。各种不同的中国地方烹饪特色也让美国客人逐渐认识到中国餐饮文化的丰富性和多元性。以服务新移民为主的华裔餐饮业在食谱的更新、配料和烹调方法上，紧紧追随着中国及亚洲中餐业的潮流。新华人社区在其食品文化上保持着鲜明的跨国特点。

　　1987 年，《洛杉矶时报》一篇餐馆评论推举了蒙特利尔公园市和阿尔罕布拉市名列前十位的中餐馆，其中一家是万德海鲜酒家（Wonder Seafood Restaurant）。该餐馆一道著名的菜是"佛跳墙"，意思是说当佛闻到了汤的香味，便跳过了墙来品尝这道美味。[2] 这道菜有十种海鲜成

[1]　Hubler, *Los Angeles Times*, December 5, 1995.

[2]　Max Jacobson, " Top 10: A Guide to the Middle Kingdom ", *Los Angeles Times* , October 26, 1986.

分，包括鲍鱼、海螺、软甲龟和其他一些配料。使用各种不同营养配料和文火慢炖是这道菜的关键烹制技巧。

作为万德海鲜酒家的一道名菜，"佛跳墙"验证了正宗中式菜肴是怎样"口口相传"地从一处流传到另一处，成为华人社区跨国文化中不可缺少的一个组成部分。在中国，一道流行的地方菜常常会传到一个更大的都市。中国大都市北京、上海或广州的很多著名菜肴实际上都是源自于一些小地方。"佛跳墙"就源自于福建省的一个小镇，在 20 世纪 60 年代中期流行于广州，在 20 世纪 80 年代又流行于香港。当这道菜开始出现在政府宴请外国政要和名流的宴席上时，它的名声日渐高涨，终于修成正果，成为大家认可的佳肴。很快世界各地，尤其是东南亚地区的高档华人中餐馆得悉了这一菜谱，开始向思乡的移民商客供应这道菜。蒙特利尔公园市地区许多 1965 年后的移民都是来自中国台湾地区，他们与福建省居民说同样的方言，有着相似的文化传统。台湾的移民商客也经常旅行到广州或香港。他们一定已经听说过，并且和商界朋友尝过这道名菜。现在回到蒙特利尔公园市的家，他们也能够在万德海鲜酒家享用这道名菜，一饱口福。

蒙特利尔公园市中餐业的影响超出了自己城市的界限。在周末，来自南加州各地的华人顾客会开车远赴蒙特利尔公园市的华人超市来购物，到华资银行办事，并在中餐馆里就餐。据 1991 年洛杉矶时报刊登的一则故事，一个周姓家庭每个星期六会开车往返 50 英里，为的是到山谷大道享用一顿精美的中餐和能去爱华（Ai Hoa）超市购物，因为他们居住的地方没有亚裔超市。另一个李姓家庭一个月从千橡城（Thousand Oaks）来此一次，为的是享用一顿港式饮茶，并在一家华人杂货店购物。在那家杂货店他们能买到新鲜的鱼，并让商店帮手帮他们将鱼内外洗剥干净。他们的购物清单包括面条、豆腐、中国菜心、新鲜的竹笋等。这是一项家庭活动，孩子们非常喜欢。[1] 餐饮业的繁荣反映了家庭文化在新华人

---

[1]　Randye Hoder, " A Passion for Asian FoodsMarkets: City officials suspect that many non residents flock to Monterey Park for its specialty food stores ",*Los Angeles Times* , June 6, 1991.

社区的重要性。饮食是家庭文化的一部分。当父母们太忙或工作太累不想做饭时，他们会将孩子带到中餐馆。家庭聚餐给予华人父母一种文化权威感，因为由他们点中国菜，并解释给孩子们听。对在美国出生和成长的一代来说，吃中式菜就是学习中国文化。当一些美国出生的华裔青年抛弃了中国饮食传统，他们也会逐渐疏远放弃其他中国文化习惯、华人家庭传统和社区网络，以致最终他们会放弃华人文化根基。

四、圣盖博谷成为中餐之都

蒙特利尔公园市的变化只是一个开始。华人新移民给南加州圣盖博谷地区带来了一系列更深刻、更广泛的社会变化。华人新移民以蒙特利尔公园市作为一个模式或是切入口，开始进入圣盖博谷其他城市。

在大约 20 年间，圣盖博谷地区的华人人口急速攀升。据洛杉矶时报 1987 年的一篇文章报道，自 1980 年以来，大约有 10 万华人和其他亚裔迁入西圣盖博谷地区，使得居住在圣盖博谷区 27 个城市和未建市区域的亚裔人口翻了一倍多，约达 18 万人。有进则有出。人口结构的变迁似乎是每有一位亚裔迁入，就会有一位白人离开。在该地区 327000 名居民中，白人人口从 1970 年的 78% 降到 1980 年的 56%，到 1987 年降至大约 36%。[1] 到 1990 年，南加州的华人人口升至 324274 人，成为全美最大的华人社区。到 2000 年，大约 523597 名华人在南加利福尼亚安家。[2] 大约 50% 的华人集中在圣盖博谷地区。现在蒙特利尔公园市华人人口超过 45%，圣马利诺市为 44.2%，阿卡迪亚市为 37.1%，阿尔罕布拉市为 36.2%，罗斯米德市也有 36.2%。[3] 在所有上述城市中，亚裔都

[1]　Mark Arax, " Selling Out, Moving On Some Old Timers Flee the Congestion, Density and Unfamiliarity of ' Little China' ", *Los Angeles Times* , April 12, 1987.

[2]　Asian Pacific American Legal Center of Southern California, *The Diverse Face of Asians and Pacific Islanders in Los Angeles County* , 2004. p 49.

[3]　同上，第 7 页。也可参见 www. census. gov 网站上 2000 年人口普查数据，2007 年 7 月获取。

是主要人口。这种人口变迁不仅把蒙特利尔公园市，而且把整个圣盖博谷地区变成了华裔美国人最大的聚居地。该地区许多非亚裔美国人不得不开始学习怎样作为一个少数群体在美国生活，体会一种他们之前可能从未经历过的生活。

随着华人人口向圣盖博谷地区扩散，蒙特利尔公园市——"第一个郊区中国城"，逐渐丧失了其作为华人餐饮中心的位置。该地区的许多其他城市也开始越来越像蒙特利尔公园市。华人小型购物街、购物广场、金融和房地产经纪公司和其他零售业迅速繁荣起来。中餐馆在这种商业扩张中走在前列，它们常常集中于这些城市的主要街道上。通常的模式是，来自中国香港、中国台湾或东南亚的富商购下一片商业区或中心，辞掉老的商业租户，重新装修街区，然后分租给中餐馆老板及其他零售业或服务业业主。循环渐进，以这种模式，华人移民深刻地改变了圣盖博谷地区的人口结构和社会风貌。同时，非华裔居民的敌对情绪最终也减慢和遏制了蒙特利尔公园市中餐馆的疯狂增长。市府官员和许多居民包括一些华人在内也希望吸引更高档的主流零售业进入该市。

但是蒙特利尔公园市仍然比许多其他城市拥有更多的中餐馆。该市有 72 家中餐馆，而其最邻近的城市阿尔罕布拉只有 57 家。不过，不远的圣加布里埃尔市的中餐馆数量已达 96 家，超过了蒙特利尔公园市，居该地区之首。山谷大道上繁荣的华人商业带正好穿过这座城市。当阿卡迪亚市成为许多中产阶级和富裕的中国台湾居民所青睐的另一个城市后，这里中餐馆的数量也增至 35 家。[1]

中餐馆数量的增长使得华人人口与餐馆之间的比率变得不平衡。在阿尔罕布拉或阿卡迪亚这样的城市，华人居民与餐馆之间的比率是 540∶1；在圣加布里埃尔市，华人人口与餐馆之间的比率是 150∶1；在

---

[1] 华人餐馆的数量收集自 1988、1997 和 2007 年《华人黄页》(*Chinese Yellow Pages*) 以及 1997 和 2007 年《华人消费者黄页》(*Chinese Consumer Yellow Pages*)，因此，数字是不全的。有关华人人口的信息来自于 www. census. gov，2007 年 7 月 20 日获取。中国城的人口数字基于 2004 年 6 月 14 日发表在《洛杉矶时报》上的一篇题为《售卖中国城的口味》("Selling the Taste of Chinatown") 的文章。

蒙特利尔公园市，这一比率为 369 ：1。到 2004 年，圣盖博谷地区定居有 24 万多名华人，有 2000 多家中餐馆。相比较来说，中国城有 80 家餐馆，服务于 15000 名居民。[1] 像蒙特利尔公园市、圣加布里埃尔和罗兰岗（Rowland Heights）这样的城市已经取代中国城，成为新的中餐中心。

尽管中餐馆服务的对象不只是华人或是居住在城市区域之内的居民，但是圣盖博谷地区的中餐馆数量与华人人口的比率仍然很不平衡。一个城市的华人人口数量并不是决定中餐馆数量的唯一因素。市政府怎样应对中餐馆的发展并与中餐馆业协调，当地居民是否欢迎中餐业以及该市是否已经拥有了足够的商业、零售业作为税收来源等都是相关的因素。很多华人在选择居住城市时通常会绕过工业城市或是低收入地区。同时，新兴的中餐业也避开老商业区而落脚于一些需要新活力的城市中。

圣盖博谷地区中餐业的另一个特点是，在每一个以华人占主体的城市中，除了各种风味和各种档次的中小型中餐馆外，都有一两个远近驰名的支柱性的中餐馆，成为该地区的主要吸引力。蒙特利尔公园市有设置 800 多个座位的北海渔屯。阿卡迪亚市有著名的鼎泰丰包子店。圣盖博谷有高档餐馆御珍楼（Mission 261）。此外，在圣盖博谷地区的大多数城市中，中餐馆一般集中于某些繁华的街道上，而不是平均铺开。

然而，中餐业最集中、最惹人注目的地区，不是某一个城市，而是贯穿阿尔罕布拉市、圣加布里埃尔市和罗斯米德市的山谷大道。"山谷大道——一个熙熙攘攘的亚裔超市区，至少有上百家华裔餐馆和几十家卖各种产品的小商店。它不仅是一个地区性的购物区。它的繁华，中餐业的高多集已经使圣加布里埃尔市成为国际旅游业的游览目的地之一。"[2] 唯一可与之匹敌的可能是纽约市昆斯郡法拉盛市的梅茵街（Main Street）。大多数中餐馆挤在圣加布里埃尔市 2 英里半的"黄金地带"和阿尔罕布拉几个街区。据洛杉矶时报一篇文章报道说："五年前，阿尔罕

---

[1]　戴维·皮尔逊，《售卖中国城的口味》（David Pierson, "Selling the Taste of Chinatown"），载《洛杉矶时报》2004 年 6 月 16 日。可是，这篇文章中中餐馆的数量与我们的估计不同。

[2]　Stephanie Chavez, "New Look Reflects an Old Pattern", *Los Angeles Times*, July 25, 2004.

布拉的山谷大道地段的土地价格为每平方英寸 20 美元，现在地价已经翻了两番到三番。当地的一位银行家说一位顾客 1985 年花费 800 万美元在山谷大道购置的地产，一年后售价 1200 万美元。"[1]街道两旁许多中餐馆鳞次栉比，还有很多其他餐馆挤在山谷大道的一些商业街上。它们在午餐和晚餐时间吸引了大量的顾客，尤其是在周末和节假日。为了在竞争中生存，每一家中餐馆都维持着自己的烹饪风格，形成了自己独特的菜式。山谷大道上中餐馆的商业关系是一种冲突着的和谐，虽然彼此竞争招徕顾客，但又联合在一起构成了一个引人注目的中餐美食中心。

五、卫生问题、文化传统和烹饪特性

在中国饮食文化中，菜肴的品味地道、做法正宗要比餐馆的卫生问题重要得多。华人顾客通常依据菜肴的口味而不是厨房的卫生状况来评价一家餐馆。许多中餐馆，尤其是以华人顾客为主的中餐馆，常常忽视卫生标准。洛杉矶郡的卫生部定期会派卫生检查员给餐馆按 100 分制打分。检查的范围包括：食品冷冻或加热是否严格遵守规定；厨师的个人卫生情况；是否使用剩菜或不洁净的餐具。如果一家餐馆能得到 90—100 分，就能得 A 级；如果在 80—89 分之间，得 B 级；70—79 之间，为 C 级。低于 70 分，这家餐馆将会被勒令关闭。在洛杉矶郡的 8 个城市 / 地区中，80.9% 的餐馆都能得到 A 级。而这里的中餐馆大相径庭，远远落后，能得到 A 级的只有 33.6%；得 B 级的竟多达 60.5%。中产阶级的美国食客见到 B 级标志，马上会望而却步。卫生标准是中餐馆业引人注意的问题。[2]

中餐馆的厨师们常常辩解说，中式烹饪中食品的准备是一个复杂的过程：他们要比非中餐馆的同行们准备更多的配料和厨具；他们只是依

---

[1]　Mike Ward, " Cities Report Growth-and Some Losses-From Asian Business Series: ASIAN IMPACT ", *Los Angeles Times* , April 19, 1987.

[2]　Los Angeles County Public Health Department, www. lapublichealth. org, 2007 年 7 月获取。

循几千年的中国烹饪传统来操作。但是中餐卫生问题绝非无法解决。在那些以非华裔顾客为主的中餐馆中，卫生标准就一直很高。熊猫快餐是一家中式快餐连锁店，在 2007 年洛杉矶地区有 106 家分店接受检查，它们的级别都是 A。在圣盖博谷以外，有些以白人顾客为主的高档中餐馆，不管店主是华人还是其他族裔，都能得到 A 级。西洛杉矶地区的连锁中餐馆——华馆（P. F. Chang）的 7 家店都是 A 级。[1] 位于洛杉矶中国城的中餐业，由于有不少游客或其他族裔的顾客光临，也有 48% 的餐馆达到 A 级。在帕萨迪纳市，78% 的中餐馆达到 A 级，是这一地区最高的比例。[2] 帕萨迪纳市的居民人均收入未必高于圣盖博谷地区的其他城市。问题的症结是该市中餐馆的顾客以白人或其他族裔为主。在一个竞争日益激烈的中餐馆市场上，卫生标准不是一个小问题。它直接关系着顾客的健康，而且无疑会影响餐馆的生意。在食品文化中，卫生标准问题会影响整个中餐业的烹饪形象。

中餐馆的多元风味反映了华人多元的文化背景。主流媒体对华人定性常常忽视其多元背景。其实，华裔族群比美国任何其他族群都具有多元性。以南加州的华人社区为例，四分之一的华人出生于美国，大约同样比例的华人出生在中国大陆（内地），直接或经由中国台湾或中国香港移居美国。这样，25% 出生于中国大陆（内地），24% 出生于美国，

---

[1] 有关 6 家中餐馆的等级信息来自 www. lapublichealth. org; 帕萨迪纳市（Pasadena）1 家中餐馆的等级信息来自 www. cityofpasadena. net, 2007 年 7 月获取。在 100 分制下，伯班克市（Burbank）的中餐馆取得了 96 分；艾尔塞（El Segundo）分店 92 分；洛杉矶（Los Angeles）分店 92 分；帕萨迪纳市（Pasadena）分店 100 分；圣莫尼卡（Santa Monica）分店 92 分；托兰斯（Torrance）分店 97 分；伍德希尔斯（Woodhills）分店 94 分。

[2] 2006—2007 由洛杉矶郡公共卫生部检查和定级以及 2005 年检查的几家餐馆的等级信息 2007 年 7 月获自 www. lapublichealth. org 网站。中餐馆是从 2007 年《华人消费者黄页》、2007 年《华人黄页》（Chinese Yellow Pages ）、2007—2008 年《加利福尼亚黄页》（California Yellow Pages ）和 2006—2007 年《华人电子搜索黄页》（Chinese E-Search Yellow Pages ）选定出来的。帕萨迪纳餐馆的等级信息来自帕萨迪纳市城市网站 www. cityofpasadena. net, 2007 年 7 月获取；人口信息基于 2000 年的人口普查，来自 www. census. gov 网站，2005 年的收入信息来自 www. City-data. com 网站。

22% 出生于中国台湾地区，11% 出生于越南，8% 来自中国香港地区，7% 来自亚洲其他地区，3% 来自世界其他地区。[1] 华裔的多元化有其深刻的历史原因。19 世纪末 20 世纪初，中国经历了外国的侵略和内战的混乱，大量的人口移民到东南亚，南、北美洲，欧洲或非洲。有些人被拐骗为苦力型的合同工，有些人则是自由民。20 世纪 30 年代，日本发动侵华战争，一大批华人移民迁入越南、老挝和柬埔寨。1949 年，国民党政府战败后，约一两百万追随者迁至中国台湾地区。[2] 海外华人人口布局逐渐形成目前的格局。

同时，中国不仅是一个国家实体，也是一个文化实体。作为文化实体，它拥有诸多的文化源流、分支和不同群体，并逐渐磨合成一个包容性的中华文化实体。像地方方言一样，食品文化也反映了中国移民是一个多样性的群体。在中国食品文化中，北方人偏爱面食，而南方人喜食米饭。地理生态、农耕传统和地方文化塑造了地方口味。饮食习惯故而因地而异。大体说来，中国社会有基于地理位置所形成的八种烹饪传统。每一种烹饪传统都有几道著名的菜式，流传并闻名于全国。例如，北京烤鸭、上海小笼包和扬州肉团。在美国，一个说普通话的顾客在一家粤式点心店，常常需要用英语点菜才得到招待，因为讲粤语的服务员听不懂普通话。对他们来说，用简单的英语交流比用两种彼此不懂的地方方言交流要容易得多。一位来自中国大陆的移民在一家台湾人开的餐馆中点菜时也需要建议和解释。由于华人不同的食品传统和口味偏好，山谷大道有各种类型的中国地方风味菜。从北方的饺子、包子，麻辣的四川菜，甜而不腻的上海菜，到南方的煎炒煲蒸，应有尽有。多样的文化渊源，华人移民不同的地理背景及他们对母国文化的情结，使中餐业成为一个丰富多彩的饮食文化世界。

尽管繁荣的中餐馆业反映了圣盖博谷地区广泛而深刻的社会文化变

---

[1] Schoenberger, *Los Angeles Times* , October 4, 1993.

[2] Iris Chang, *The Chinese in America: A Narrative History* , New York: Penguin Group, 2003, p. 283.

迁，但该地区并没有显眼的华人族裔标志。除了华人店铺招牌外，在通往蒙特利尔公园或山谷大道的圣贝纳迪诺高速公路出口上，并没有写着"中国城"或"小台北"等字样的路标。这里没有宝塔式的建筑，没有龙旗，没有中文街道名。从外表上看，郊区中国城与传统中国城大不相同。这里的中餐馆和其他商店不是为招徕观光客们开设的，而是为服务于当地的华人居民而兴起的。1965 年的华人新移民不是在这里建筑族裔鸟巢，而是为当地的社区注入新的文化、新的活力，增添新的经济活动，以丰富并改变当地的文化环境。他们中的许多人已经对圣盖博谷地区产生了家的感觉。著名的餐馆御珍楼只是使用了它的街道地址 Mission 261 作为它的英文餐馆名。这家餐馆占据了圣加布里埃尔市一栋教会样式的历史建筑。这里曾是该镇 100 多年间的市政厅：攀缘在屋檐下的古老葡萄藤相传已有 150 年的历史。这栋历史性的建筑保持着其原貌原样。它的前租户是一家著名的墨西哥餐厅，经营了 40 年，20 世纪 90 年代早期，生意下滑，最终歇业。[1] 三位华人移民兄弟留意到该地区华人人口的迅速增长，瞅准了机会，从他们的房地产生意转向餐馆业。今天的御珍楼（Mission 261）餐馆是南加州最好的港式点心店和提供全面服务的正餐（Sit Down）中餐馆之一。从御珍楼，我们看到了加利福尼亚历史的延续和断裂。它的中文名字"御珍楼"，让我们想起中国城中最古老的中餐馆"万珍楼"。它的英文名字体现了建于 1771 年的圣盖博谷教会圣地（Mission San Gabriel Arcangel）——洛杉矶市诞生地的遗存。它的菜肴又显示了圣盖博谷地区自 20 世纪 80 年代以来已经形成的亚裔文化中心。新移民及其带来的新文化自然成为当地历史的一部分。

六、文化的磨合：跨越国界的生活方式

饮食习惯反映了跨国文化怎样深深扎根于华人的家庭生活中。正如

---

[1]　Stephanie Chavez, "New Look Reflects an Old Pattern" ,*Los Angeles Times* , July 25, 2004.

俗话所说，食定性。人们年轻时所吃的东西常常决定着他们的口味选择和饮食习惯。许多华人父母在家里做中餐，并教会和指导他们的孩子在中餐馆点什么菜。当孩子们知道了著名的中式菜的名字和口味之后，文化价值观通过在餐馆用餐传递下去。当林安美（音译）1983 年从中国台湾迁居美国之后，她的朋友建议她定居在蒙特利尔公园市。但她决定在南帕萨迪纳市租下一套公寓，报名参加了帕萨迪纳社区大学的英语学习班，并通过了洛杉矶郡和加州的公务员考试。然而，当她烹制比萨饼和汉堡包时，孩子们抱怨说她做的西餐吃起来有中餐味道。尽管她对美国文化持开放接受的态度，林依然偏爱中国菜，在家里大多做中国饭。她想让她的孩子们"在思想上是美国人，但在感情上依然是华人"。她的说法极好地反映了新移民的文化情愫。[1] 林希望自己的孩子作为美国人来生存、进取并成功，但依然记得他们的文化之根。食物不仅滋养了我们的健康，同时也体现并影响我们的文化认同。在饮食文化中，华裔家庭生活中表现出来的是族裔韧性而不是同化倾向。

圣盖博谷的华人社区没有传统中国城式的族裔孤立和社会隔绝。它们是一个以亚裔为主体、不同文化交错融合的美国社区。许多 1965 年后来美的华人在美国工作和生活时依然保留着他们的亚裔生活方式和族裔特性。他们不认为这种生活方式与他们的美国生活存在冲突。工作时，他们说英语，与他们的同事谈笑自如，举止像典型的美国人。在家中，他们说普通话、粤语、福建话或其他中国方言。大约 49.6% 的华人在家中说他们的地方语言，他们的英语还不够流利。但是另外 35.8% 的人，虽然英语相当熟练，但在家中仍然说中文。只有 14.5% 的美国华人在家中只说英语。[2] 他们听中文广播，看中文电视频道，读中文报纸，食用中餐。早在 20 世纪 90 年代中期，南加州华人社区至少有 23 家不同的中文

---

[1] Mark Arax, "A Woman of Independent Mind Series: ASIAN IMPACT", *Los Angeles Times*, April 16, 1987.

[2] Terrance J. Reeves and Claudette E Bennett, *We the People: Asians in the United States-Special Report*, U. S Census Bureau, December 2004, p 11.

日报和周刊，在旧金山有 7 家中文日报和 3 家中文电视台。这些媒体发布的消息使华裔美国社区时刻关注着家乡——中国大陆（内地）和中国香港、台湾地区的发展。[1] 这些华文媒体也使美国华人族群了解加拿大、澳大利亚、欧洲、南美或东南亚华人社区的情况。当华人人口在许多圣盖博谷地区的城市中占据当地居民总人口的四分之一或近一半之时，就有越来越多的华裔美国人被选为城市议员、市长或当地校区的教育委员会成员。和其他美国城市相比这些城市也对多元文化更体谅包容，对于国际形势了解更多，在经济活动上更具有活力。作为地球村的一个部分，这些城市反映了近几十年来亚裔移民给美国社会带来的深刻变化。

华人不是该地区唯一的亚裔群体。这里还有越南裔、朝鲜裔、日裔、菲律宾裔和来自泰国或印尼的移民。华人超市也有越南、印尼、泰国、菲律宾和日式食品专柜，华人顾客也常会光顾朝鲜裔开的杂货店和烧烤店、越南裔开的三明治店，享用东南亚风格的泰式饮料。大约有 3 万名越南裔美国人生活在西圣盖博谷 45 平方英里的土地上。与此形成鲜明对照的是，橙郡的"小西贡"仅有 65000 越裔人口。[2] 在洛杉矶中国城，来自越南的难民移民已经逐渐取代了传统的华裔美国人，拥有和经营那里的很多餐馆和其他零售店。在西寇维纳市，有一个菲律宾小岭，那里有菲裔的地产商办公室、医生诊所、两三家超市和几家饭馆。在罗兰冈，韩裔的烧烤店、超市、零售店和华裔的同行们交错混合在一起。多种文化交融的亚裔社区在整个圣盖博谷区发展壮大。这里许多亚裔人也具有多种文化背景。一些越南移民其实是华族；一些菲律宾裔家庭有着华人的祖先；在韩国移民中，有一些是华裔，他们的家族源自中国北部的山东省；许多来自印尼、马来西亚或泰国的移民都是华裔，他

---

[1] Joe Chung Fong, "Transnational Newspapers: The Making of the Post-1965 Globlized Localized San Gabriel Valley Chinese Community," *Amerasia Journal* 22, No. 3(1996) , pp.65-77; Mary Curtius, "A Coming of Age for S. F. Chinese", *Los Angeles Times*, 11 October, 1999.

[2] Mark Arax, "San Gabriel Valley Asian Influx Alters Life in Suburbia Series: ASIAN IMPACT", *Los Angeles Times* , April 5, 1987.

们已经在东南亚生活了几代，能说不止一种语言，懂得多种饮食文化。在南加州，经常有来自越南的华裔在经营着越裔创办的李记三明治连锁店或越南面馆，来自柬埔寨的华裔和其他柬裔移民在搭帮结伙地经营着炸面饼圈店，来自中国台湾的移民经营着日本生鱼片店，来自韩国的华裔经营提供着中、日、韩自助餐快餐馆。在他们的夜生活中，亚裔青少年成群结队地穿梭在不同的饭馆中，依据自己的族裔背景，互相介绍、推荐着自己所熟悉的菜肴。为了迎合这样的顾客群，有些饭馆提供混合式的亚洲菜。餐馆文化折射出当代亚裔族群相互磨合和相互融入的一面。

七、结论

中餐不仅在南加州深受欢迎，在全美亦是如此。它在美国社会中已经有相当长的历史，理所当然地成为美国最流行的族裔食品之一。根据2006年6月中餐通讯发布的信息，全美有大约4万多家中餐馆，超过麦当劳、温迪屋、汉堡王三家合起来的总数，而且比20世纪50年代翻了十倍多，比20世纪60年代翻了五倍多。在全美，光顾中餐馆的大多数是非华裔顾客。据2000年全美餐馆协会的一份报告，意大利、墨西哥和中式食品已经加入主流。"以上三种美食已经深深扎根于美国文化中，他们对美国大众来说不再陌生。"90%以上的消费者熟悉和品尝过这些食品，有大约一半的人经常吃。中国菜式中的湖南菜、北方菜、四川菜为70%—80%的消费者所熟知。[1]正宗中国餐肴已经成为中餐业的主流。圣盖博谷地区的烹饪潮流已经影响了而且将会继续影响美国其他地区中餐馆的菜单和烹饪技艺。中餐在美国既有其族裔性，也有其跨国性。从餐馆业的发展中，我们看到新移民如何成为美国社会中不可分割的一部分。他们没有被彻底同化，而是依旧保留着他们的饮食习惯并将之发扬光大，使中式菜肴逐渐成为不断变迁的美国饮食文化的一部分。

---

[1] http://www. restaurant. Org/pressroom/, 2007 年 7 月获取。

四　世纪回眸

华商跨国网络的形成、延伸和冲突

——以胡文虎与陈嘉庚竞争为个案[*]

李培德

内容提要： 有关海外华商族群和帮派的研究，目前已有不少成果。值得注意的是，族群在商业网络形成过程中扮演了十分重要的角色。具有族群特色的商帮，例如福建帮和广东帮，多利用英国在亚洲区内的势力，把他们的影响力扩展至其他英属殖民统治区。

组成商帮的三大元素，血缘、地缘和业缘，使商帮更具竞争力。在新加坡华人社会里，不同的经济活动由各异的商帮控制，外来者要进入，并不容易。新加坡是一个多族群的社会，包括福建、潮州、广东、客家、海南等等，族群之间的关系既存在竞争，也有合作。主要因为政治权力全集中于英国人手里，所以对平衡和缓和族群之间的冲突，起着重要的作用。

本文尝试从比较角度出发，探讨代表新加坡两大族群领袖的陈嘉庚和胡文虎，到底如何建立跨界和跨国的网络，当网络形成后，又如何将之延伸？本文指出，陈嘉庚和胡文虎在彼此竞逐延伸网络的过程中之所以产生冲突，与中英两国政府对驾驭陈胡两派势力有密不可分之关系。

---

[*] 本文原载《华人研究国际学报》第 4 卷第 1 期（新加坡：南洋理工大学华裔馆，2012 年 6 月），第 53-74 页，经笔者作文字修饰及修订部分注释。

一、引言

有关海外闽商商业网络的研究，目前学界已有不少研究成果。[1] 值得注意的是，族群在商业网络形成的过程中扮演了十分重要的角色，而社团如商会、同乡会馆、俱乐部等，往往又是团结商帮和族群的重要中介。具有族群特色的商帮，例如福建帮和广东帮，多利用英国在亚洲区内的势力，向海外扩展他们的影响。

组成商帮的三大元素，血缘、地缘和业缘，使商帮具有竞争力。在新加坡华人社会里，不同的经济活动由各异的"帮"掌控。[2] 新加坡过去是英国殖民地，也是一个多族群（multi-ethnic group）社会，包括福建、潮州、广东、客家、海南、江浙等等，族群之间既能竞争，也可合作。主要因为殖民地政府从中操控，平衡各帮势力，最后达到和平统治之目的。无可否认，英国的统治，缓和了族群之间的冲突。

什么是海外华商网络？华商在移居地营商，为何仍需要与移出地保持联系？笔者比较赞同社会科学家对华人跨国网络所下的定义："把移居外地者在他们的原居地和居住地之间建立起社会网络，使之联系在一起的现象称之为跨国网络。在这种动态下的跨国移民（transmigrants）和一般的移民（migrants）不同，他们和家乡建立并维持着多方面如亲缘、经

---

[1] 较有代表的，可参考：Wang Gungwu, "Merchants without empires: The Hokkien sojourning communities," in Wang Gungwu, *China and the Chinese Overseas* (Singapore: Times Academic Press, 1991), pp. 79-101；庄国土，《论 17—19 世纪闽南海商主导海外华商网络的原因》，《东南学术》2001 年第 3 期，第 64-73 页；戴一峰，《近代环中国海华商跨国网络研究略论》，《中国社会经济史研究》2002 年第 1 期，第 70-81 页；李培德，《香港的福建商会和福建商人网络》，《中国社会经济史研究》2009 年第 1 期，第 66-73 页，收入李培德编，《近代中国的商会网络及社会功能》，香港：香港大学出版社，2009 年，第 131-146 页。

[2] Cheng Lim-keak, *Social Change and the Chinese in Singapore: A Socio-Economic Geography with Special Reference to Bang Structure*, Singapore: Singapore University Press, 1985, pp. 89-123.

济、社会组织、宗教和政治的关系。"[1] 海外华商能够把网络延伸，利用家乡或外部的影响力来提高自己的地位。当然，在网络延伸的过程中并非绝对顺利，最常见的，便是遇上其他族群竞争。

本文通过陈嘉庚和胡文虎的个案，探讨陈、胡二人如何利用社团和商业网络，把自己的影响内外延伸。过去，学界对陈、胡二人之研究多强调他们之间的竞争，而忽略了促成他们两人竞争的政治因素。胡文虎祖籍福建永定，与陈嘉庚所属的闽南不同。到底，他们是如何跨越，如何利用不同的网络？并且，在跨越网络的过程中如何产生冲突，中英两国政府又扮演怎样的角色？

二、华商跨国网络的形成

（一）新加坡的闽侨社会

闽商于海外发展商业网络之所以成功，大致上有两大原因：比较融入当地社会，与本土妇女结婚，维持"多头家"，[2] 此其一；在离开原居地后，与移居地的统治者合作，如在菲律宾的西班牙人、澳门的葡萄牙人、巴达维亚的荷兰人等，闽商于海外堪称得上是杰出的"商业合作群"（business collaborating group），此其二。[3] 闽商能够在新加坡发展他们的商业网络，其与当地政权合作有密不可分之关系。英国对统治新加

---

[1] Nina Glick Schiller, "Transnationalism: a new analytic framework for understanding migration," in Nina Glick Schiller, ed., *Towards A Transnational Perspective on Migration: Race, Class, Ethnicity and Nationalism Reconsidered*, New York: Academy of Sciences, 1992, pp. 1-24. 转引自陈志明、丁毓玲、王连茂主编，《跨国网络与华南侨乡：文化、认同和社会变迁》，香港：香港中文大学香港亚太研究所，2006 年，第 165 页。

[2] "多头家"是海外华商家庭普遍出现的现象，由于移民的关系，华商在原居地和移居地都同时娶有妻子，并供养超过一个以上的家庭。参见李培德，《十九世纪香港粤商之商业网络》，叶显恩、卞恩才主编，《中国传统社会经济与现代化》，广州：广东人民出版社，2001 年，第 195-197 页。

[3] James Kong Chin, "Merchants and other Sojourners: The Hokkien Overseas, 1570—1760." PhD dissertation, Hong Kong: University of Hong Kong, 1998.

坡和中国香港，都尽量以不深度介入为原则，以当地华人精英去管治华人。英国在马来西亚一向与闽商维持良好关系，于统治槟城时委任大批的华人为甲必丹，又使在马六甲的闽商先富起来，当新加坡开埠时又让他们大举移入。

正如学者所指，在 1906 年至 1983 年期间，新加坡的中华总商会重要职位包括会长和副会长，多控制于各帮派手中，其中以福建帮和潮州帮最多，由福建帮担任会长和副会长者分别有 27 人和 24 人，而由潮州帮担任会长和副会长者则分别有 12 人和 26 人，其余的如广东帮、客帮、三江帮等，仅占数人而已，可谓微不足道。[1] 正如表 1 所示，在新加坡最大的族群是福建帮和潮州帮，其次是广东帮、客家帮、海南帮。华侨社会由不同的族群组成，这对于殖民统治者来说，分散的力量可谓更容易去控制。事实上，这种"分而治之"的统治方式，在东南亚普遍为殖民统治者所采用。不仅是新加坡，缅甸亦大量吸收华人精英来充任殖民地政府官员，以施行对华人的管治。不过，一币总有两面，在这种模式底下孕育的"官僚资本主义"（bureaucratic capitalism）在东南亚却广为流传。[2]

表 1 二战前新加坡的华裔族群

年份	土生华人	福建	潮州	广东	客家	海南	总数
1881	25268	46746	42132	28231	15891	15591	174327
1891	34757	74759	43791	42008	16736	15938	227989
1911	43883	94549	37507	48739	12847	10775	369843
1921	79686	136823	53428	78959	14572	14547	498547
1931	180108*		82405	94742	19317	19896	403952

*1921 年后于新加坡出生的华人通被归作福建人。

[1] Cheng Lim-keak, *Social Change and the Chinese in Singapore: A Socio-Economic Geography with Special Reference to Bang Structure* ,Singapore: Singapore University Press, 1985, p. 26.

[2] Rajeswary Ampalavanar Brown, *Capital and Entrepreneurship in South-East Asia* ,New York: St. Martin's Press, 1994, p. 258.

资料出处：Kuo Huei-ying, *Networks beyond Empires, 1919—1941* (Leiden & Boston: Brill, 2014), p. 40.

（二）陈嘉庚缔结的政经网络

陈嘉庚的商业王国，包括种植橡胶、菠萝，生产橡胶制品等，到了 20 世纪 20 年代走上了高峰。例如 1925 年时，陈嘉庚公司的利润高达 800 万叻币，雇用工人 32000 人，公司分布马来半岛 40 处；东印群岛、婆罗洲、缅甸、泰国 28 处；中国 21 处。这么庞大的企业集团，陈嘉庚是利用什么方法来管理的？从表 2 可见，陈嘉庚用人自有他的特别方法，既可说是用人唯亲，也可说是唯才是用，他的班底有所谓"四女婿、四儿子、七伙计"之称，分别包括李光前、温开封、傅定国、李天游；陈济民、陈厥祥、陈博爱、陈国庆；刘玉冰、黄重吉、曾江水、林义顺、周献瑞、张楚琨、胡愈之。陈嘉庚要网罗人才，所使用的策略，首要者在于缔结姻亲关系，把自己的女儿嫁给下属，使血缘、地缘、业缘各种关系互相交织，从而施行有效的人事管理。值得注意的是，在陈嘉庚的关系网络中，并不受制于以上三种传统的关系网络，更采取必要的策略，务必扩大他所需要的社会关系网。当后来集美、厦门两校相继成立，校友关系亦被纳入他的社会关系网中。

表 2　陈嘉庚的社会关系网

关系网	姓名	籍贯	与陈嘉庚关系	在陈嘉庚网络中的扮演角色
血缘关系	陈济民	福建	长子	掌管生意业务
	陈厥祥	福建	次子	掌管生意业务
	陈博爱	福建	三子	掌管生意业务
	陈国庆	福建	五子	掌管生意业务，活跃于新加坡土生华人圈
	李光前 *	福建	女婿、前雇员、新加坡华侨树胶公会、福建会馆、怡和轩	出任新加坡华侨树胶公会、新加坡中华总商会、华侨银行主席

（续表）

关系网	姓名	籍贯	与陈嘉庚关系	在陈嘉庚网络中的扮演角色
血缘关系	李玉荣	福建	李光前兄弟	1938 年后为南洋商报东主
	傅定国	福建	女婿	掌管生意业务
	温开封	福建	女婿	掌管生意业务
	李天游	福建	女婿	道南学校主席，掌管南洋商报业务
	曾江水	福建	亲戚、怡和轩	马六甲福建帮首领，与地方大族关系密切
	林义顺	福建	亲戚、怡和轩	潮州帮首领、新加坡中华总商会主席、同盟会创办人之一、国民党党员，与地方大族关系密切
	周献瑞*	福建	亲戚、新加坡华侨树胶公会、福建会馆、怡和轩	新加坡华侨树胶公会创办人之一、同盟会元老、国民党党员
	叶玉堆	福建	亲戚、福建会馆、怡和轩	华侨银行经理
	陈六使*	福建	同族、校友、前雇员、新加坡华侨树胶公会、福建会馆	出任新加坡华侨树胶公会、新加坡中华总商会主席
地缘关系	黄重吉	福建	前雇员	吉隆坡福建会馆主席
	刘玉冰	福建	前雇员	槟城福建会馆主席
	许洁成	福建	福建会馆	惠安公会
	林文庆	福建	怡和轩	华人改革党领导人、厦门大学校长、海峡华人公会创办人、新加坡中华总商会主席
	黄亦欢	福建	怡和轩	学生及青年组织活跃分子
	刘牡丹	福建	怡和轩	新加坡警局刑事侦缉队
	洪宝植	福建	福建会馆	秘密会社负责人
	李铁民	福建	私人秘书	叻报总编辑，与左翼人士关系密切
	张楚琨	福建	雇员	南洋商报编辑，与左翼人士关系密切

（续表）

关系网	姓名	籍贯	与陈嘉庚关系	在陈嘉庚网络中的扮演角色
业缘关系	侯西反	福建	新加坡华侨树胶公会、福建会馆、怡和轩	新加坡华侨树胶公会主席、华侨银行经理、南安会馆主席、国民党活跃分子
	李振殿	福建	新加坡华侨树胶公会、福建会馆、怡和轩	新加坡华侨树胶公会主席、华侨银行经理、漳州总会主席、国民党活跃分子
	陈延谦	福建	同族、新加坡华侨树胶公会、怡和轩	新加坡华侨树胶公会主席、华侨银行经理、同安会馆主席
	林文田	广东	怡和轩	广东帮首领、新加坡中华总商会主席
	李亮琪	广东	怡和轩	广东帮首领、亚洲保险有限公司主席
策略关系	吴胜鹏	广东	怡和轩	广东帮首领
	蔡宝泉	潮州	怡和轩	潮州帮首领
	林雨岩	潮州	怡和轩	潮州帮首领
	刘登鼎	客家	怡和轩	客家帮首领
	孙崇瑜	福州	怡和轩	华民政务司署高级官员
	胡愈之	浙江	雇员	南洋商报总编辑，与左翼人士关系密切

资料来源：Liren Zheng, "Overseas Chinese Nationalism in British Malaya, 1894—1941." PhD dissertation (Ithaca: Cornell University, 1997), pp. 297–300.

＊具多重网络关系。

　　李光前可以说是陈嘉庚最为器重的一位左右手，他把陈嘉庚势力扩展至当地华人社会中最具地位的新加坡中华总商会。从某程度上说，李光前的影响力甚至比陈嘉庚还要大。例如于1934年12月举行的第二十届董事选举中，以福建帮出选的陈嘉庚只得24票，排名第十七，但李光前却得51票，远远抛离陈嘉庚。[1] 根据笔者对新加坡中华总商会会议纪录的查考，陈嘉庚纵使当选，却甚少出席会议，就算总商会成立树

---

[1] National Archives of Singapore: Chinese Chamber of Commerce, Singapore, Volume IX: Minutes of the 19th Committee Meeting, 1933—1934.

胶委员会，陈嘉庚亦无加入。显然，陈嘉庚对总商会的控制是由他的经理人李光前来代办的。

（三）胡文虎的跨界网络

胡文虎出生于仰光，是东南亚土生土长的福建华侨。1926 年，胡以新加坡为事业发展基地，在东南亚大力推广虎标永安堂成药，广受东南亚华侨欢迎，并进而经营报纸。相对于陈嘉庚来说，胡文虎在新加坡扎根时间较短，况且他是客家人，在新加坡并没有族群优势。不过，但正如学者所指，胡文虎最终能从药业转移经营报业，于 1929 年至 1951 年间，先后创办了 17 份"星"字系列报纸，建立了一个庞大的药业和报业集团，其中一个最重要的成功因素就是"跨界"，打开内地市场。[1] 1932 年，胡把公司的总部迁去中国香港地区，准备大展拳脚，说他"利用客家网络去建立自己的商业王国，生存于客家人的世界中"最为贴切。[2]

胡文虎祖籍福建永定，是福建客家人，与陈嘉庚所属闽南系统不同。胡文虎的祖籍本身已属"跨界"，"跨界"对他有何好处？例如，他可以占用福建帮的名额去竞选新加坡中华总商会会董。于 1929 年 2 月举行的会董选举中，胡文虎得 33 票，在为数 13 名的候选人中排名第十，成绩不算特出。但有趣的是，胡文虎是从福建帮的选举名额中获选。因此可以推断，当时胡文虎与福建帮的关系并非太坏，否则他不可能当选。相反，从他得票数量中，可见他具有一种特别的人际关系网，否则难以获得其他福建帮的支持。[3] 胡文虎虽然在以后的几届选举中仍可当选，但他的名字在 1935 年后便再没有出现于会董名单上。值得一提的是，胡文虎虽然当选，但他甚少出席会董会议，原因若何？是否受陈嘉庚派的排斥，由于资料所限，我们不得而知。不过，有一点可以肯

---

[1] Sherman Cochran, *Chinese Medicine Men: Consumer Culture in China and Southeast Asia*, Cambridge, MA: Harvard University Press, 2006, pp. 118–150.

[2] Ibid., p. 130.

[3] National Archives of Singapore: Chinese Chamber of Commerce, Singapore, Volume VI: Minutes of the 15th, 16th ,17th Committee Meeting, 1926—1929.

定的是，总商会并非胡文虎最重要的活动基盘，胡自然不会投放任何资源。除了1934年10月委托过总商会向河水山火灾民分发捐款9100元外，胡文虎甚少有参与其他活动。[1]

表3　新加坡虎标永安堂的分行网络

年份	分行	经理	营业额	职员及工人数
1923	新加坡总号	李社松	叻币一千余万元（合计）	七百余
19世纪70年代	仰光老行	卢保仁		二百余
1921	暹罗（曼谷）	范敏卿	暹币八十至九十万铢	三十余
1929	上海	胡桂庚*	五百万元	四十余
1929	香港	叶贵松	港币一百万元	二十余
1933	吧城	胡赐梅*	一百万荷兰盾	四十余
1934	槟城	胡让芳*	数百万元	二十余
1934	汕头	缺	二千余万元	五六百
1934	汉口	胡少君*	一百余万元	二十余
1934	天津	陈懋修	一百余万元	三十余
1935	福州	胡蒙洲*	数十万元	二十余
1935	棉兰	胡茂伦*	数十万荷兰盾	二十余
1936	重庆	胡万里**	数十万元	三十余
1937	昆明	胡锦多*	无数字	二十余
1937	贵阳	胡仲英*	无数字	二十余
1937	泗水	胡定安*	数十万荷兰盾	二十余
1939	广州湾	苏济寰	三十余万元	二十余

资料来源：《胡氏事业史略》，关楚璞主编，《星洲十年：星洲日报社10周年纪念特刊》（新加坡：星洲日报社，1940年），第156–173页。

*胡文虎宗亲、同乡。

**胡文虎堂兄弟。

如表3所示，胡文虎的本行是成药，在英属马来亚、荷属东印群岛及中国大陆大事扩张，在短短十数年间，把分行开遍表内所列的各个城

---

[1] National Archives of Singapore: Chinese Chamber of Commerce, Singapore, Volume IX: Minutes of the 19th Committee Meeting, 1933—1934.

市。此外，尚有分行设于广州、厦门、西安、海口、台湾、长沙、梧州等地，因战争或其他原因，无法继续营业。[1] 能够缔造这个庞大的分行网络，除了要有巨大的资本外，也须分配适当的人手来管理。胡文虎的用人策略基本上与陈嘉庚相同，从表3永安堂的分行网络来看，他把不少经理职位分配给自己的胡姓同乡，另外又把重庆分行经理职位留给堂兄弟胡万里。[2]

表4　星系报业的网络

年份	报名	地点	经理	编辑
1929	星洲日报	新加坡	邓荔生→林蔼民→胡昌耀	朱宝筠→丘菽园→关楚璞
1931	星华日报	汕头	林青山→林蔼民→胡曾炽→卢瓣馨→游子上→胡资周	王浩然→赖竹君→胡曾炽→张壮飞
1935	星光日报	厦门	胡资周	罗弍士
1935	星中日报	新加坡	胡昌耀→胡山→胡蛟→胡昌耀	胡守愚→钟介民→胡迈
1937	星粤日报	广州	胡蛟	俞仲华
1937	星渝日报	重庆	胡蛟	缺
1938	星岛日报、晚报、晨报	香港	胡好	金仲华
1939	星槟日报	槟城	胡山	胡迈→钟介民
1940	星槟周报	槟城	缺	缺
1940	总汇报	新加坡	胡蛟、严瑞棠	冯列山
1947	星闽日报	福州	缺	郑书祥
1949	英文虎报	香港	胡山→胡好→胡仙	冯国桢
1950	英文虎报	新加坡	胡清德	缺
1951	星暹日报	曼谷	缺	缺
1951	星泰日报	曼谷	缺	缺

　　资料来源：《胡氏事业史略》，关楚璞主编，《星洲十年：星洲日报社10周年纪念特刊》，第136-153页；李逢蕊，《胡文虎评传》，收入《李逢蕊集》，呼和浩特：内蒙古教

---

[1] 《胡氏事业史略》，关楚璞主编，《星洲十年：星洲日报社10周年纪念特刊》，新加坡：星洲日报社，1940年，第172-173页。

[2] 李逢蕊，《李逢蕊集》，呼和浩特：内蒙古教育出版社，2000年，第157页。胡万里著有《胡文虎轶事》，全国政协文史资料委员会编，《文史资料存稿选编》，北京：中国文史出版社，2002年，第105-108页。

育出版社，2000年，第279-284页；胡文虎基金会编，《胡文虎基金会成立五周年纪念专辑》，香港：南华印刷，1998年，第5页。

　　由于资料所限，笔者无法查明胡文虎于报业的总投资金额（见表4）。不过，仅《星洲日报》《星华日报》《星光日报》《星中日报》《星粤日报》《星岛日报》《星槟日报》《总汇报》等八份报纸，胡文虎已花去200万元。[1] 胡文虎之所以办报，据说是受陈嘉庚的刺激。陈嘉庚利用其《南洋商报》为陈氏旗下商品如钟牌胶鞋作宣传，收到很不错的效果。其实，胡文虎的星报系列并没有为他带来可观的收入，相反在初创阶段出现过亏蚀，但胡文虎仍愿意坚持，主要因为报纸可帮助宣传永安堂的产品。[2] 根据胡文虎长子胡蛟妻子陈家裕的回忆，胡文虎的用人策略亦是以血缘、地缘为本，她说：

> 　　当他（指胡文虎）开创永安堂时，他首先雇用胡氏家族的客家人；只是在有些职位找不到客家人的时候，他才会去找其他方言群的人。例如他从客家团体或中国南来的人当中聘用《星洲日报》的副编辑或编辑。[3]

三、华商跨国网络的延伸和所出现的问题

（一）陈嘉庚的财政危机

　　陈嘉庚在商业上的成功，使他赚得巨额利润，但他迅即把这些利润转移到他的文教事业上。于1919年至1931年期间，陈嘉庚为厦门大学、

---

[1]　关楚璞主编，《星洲十年：星洲日报社10周年纪念特刊》，第136页。

[2]　Sherman Cochran, *Chinese Medicine Men: Consumer Culture in China and Southeast Asia*, pp. 128, 133.

[3]　Datin Aw Kow, Unpublished transcript of an oral history interview with the Singapore National Archives, 1981, 转引自沈仪婷，《客家人的文化企业：胡文虎的星系报业研究》，黄贤强主编，《新加坡客家》，桂林：广西师范大学出版社，2007年，第125页。

集美学校捐资 820 万元，这绝不是一个小数目，特别是当陈嘉庚公司出现财政紧绌，公司要为负债付出沉重的利息时，这笔捐助更显得重要。根据陈嘉庚的自述，他于 1919 年至 1931 年期间，一直未有停止在为负债支付利息，计：1919 年至 1922 年间 60 余万；1923 年至 1925 年间 70 余万；到 1926 年至 1928 年间更上升至 130 万。支付巨额负债利息的情况在 1931 年陈嘉庚公司改组为有限公司后，仍未得到改善，统计 1929 年至 1931 年间支付利息共 120 万元，前后高达 380 余万元。[1]

表 5　陈嘉庚有限公司于 1931 年 10 月发行债券金额及 1934 年 2 月所欠债项

债权银行	债券金额	贷款金额	利息	欠款总额
汇丰银行	1646000	3331655	221885	3553540
纽约国民银行	847000	2550956	177747	2728703
渣打银行	315000	590853	25771	616624
有利银行	85000	383450	27162	410613
大英银行	40000	516651	36488	553139
华商银行	80000	—	—	—
和丰银行	10000	—	—	—
华侨银行	10000	2379523	167061	2546584
总额	3033000			10409203

资料来源：Agreement between Tan Kah Kee and another and Tan Kah Kee and Company Limited, 5 October 1931, Registry of Companies; 30 April 1938, Registry of Companies. 转引自林孝胜，《陈嘉庚的经营理念与企业管理》，林孝胜，《新加坡华社与华商》，新加坡：新加坡亚洲研究学会，1995 年，第 171、177 页。

从表 5 所列数字可见，陈嘉庚有限公司为了资金周转，逼不得已发行有抵押品的共约 300 万元债券。不过，随着橡胶制品销路不断下降，公司的财政状况始终没有得到改善。相反，积欠一直在增加。1934 年 2

---

[1] 陈嘉庚大力支持教育，有学者称之为"儒商"，见杨进发，《陈嘉庚：为振兴中华而不悔》，载林水檺主编，《创业与护根：马来西亚华人历史与人物：儒商篇》，台北："中研院"东南亚研究计划，2001 年，第 1—40 页。

月，公司虽然有 800 多万元的总资产，但仍无法抵偿 1000 余万元的欠债，最后难逃清盘之厄运。需要指出的是，给予借款最多的首推汇丰、渣打等几家英资银行，其次为与他关系密切的华侨银行。

表6　1928—1931 年上半年度陈嘉庚公司橡胶产品的销售数字

（单位：叻币）

年份	中国	马来半岛、仰光及英属婆罗洲	荷属东印群岛	其他地区
1928	1121453	1262125	884983	225927
1929	1649207	1718248	907695	326627
1930	1683705	1296707	700246	339325
1931	1638620	719281	450441	217894

资料来源：1932 年 6 月会计师报告，转引自 Rajeswary Ampalavanar Brown, *Capital and Entrepreneurship in South-East Asia*, New York: St. Martin's Press, 1994, p. 110。

从表6可见，虽然橡胶产品的销售数字不断下降，但也反映出中国市场的重要性正逐渐增大。其实，到了 20 世纪 20 年代中国经济由农业慢慢转向工业化，陈嘉庚亦被中国庞大的市场所吸引，遂决定投资中国的仓库业、纺织业、房地产等等。陈嘉庚甚至派他的两名儿子和一名女婿长期于中国工作，目的在于监察中国市场。[1] 显然，陈嘉庚的眼光不再局限于东南亚了。

正如学者根据陈嘉庚公司会计师档案所指出的，陈嘉庚有限公司之倒闭，实有多重因素。第一，该公司于进入 20 世纪 30 年代后大量举债，造成过度借贷，一方面要负担 7%—23% 的沉重利息，另一方面又要支付大额捐款，当资金出现周转困难时，公司便无法支撑下去，最终走上衰败之路。不过，由于公司于倒闭前已改组为有限公司，陈嘉庚个人要负的责任，可谓相对较小。第二，公司自成立以来，一直依赖橡胶出口，虽然曾有过辉煌的成绩，分别控制菲律宾和中国15% 和35% 的入口市场，

---

[1]　Rajeswary Ampalavanar Brown, *Capital and Entrepreneurship in South-East Asia*, p. 234.

但是始终局限于单一商品，况且橡胶生产已渐入饱和阶段，在缺乏多元化和工业化发展的前提下，公司陷入困局。第三，陈嘉庚公司基本上是一家家族控股公司，由陈嘉庚任最高的家长，权力序列可谓十分清楚。同样，在销售策略上亦采取相同的序列办法，从不假手于中间人（middleman）或中介层（intermediary）。不过，当市场出现变化时，却往往表现得束手无策。第四，陈嘉庚对政治的兴趣远比商业浓，从其于20世纪20年代的活动中可见一斑，这对于其他热衷于商业而非政治的华商来说自然有所保留，这可说明当陈嘉庚出现财政危机时，只有英资银行愿意出手相救的原因。[1] 当时汇丰银行为了支持陈嘉庚渡过难关，不惜冒险贷出巨款，到后来陈嘉庚有限公司倒闭，汇丰的损失竟高达300万元。

对于陈嘉庚欠缺平衡的理财方法，其胞弟陈敬贤曾提出不满。此外，两人对集美学校的行政亦存意见分歧。[2] 1924年1月，陈敬贤致函陈嘉庚，提醒他在经济不宽裕的条件下，应采用节约的方法去减轻负担：

> 厦大本年预算，除八月至十二月经费未算入，计四十二万四千九百七十四元，若连八月至十二月经费合须约五十万元。昨弟到厦循例开董事会，弟询在设备项目可从缓办置者有无可减缓乎？……弟密计去年胶业生意得利，谅只可供厦、集校费等之开出，椇园收利想只敷还人利息等用，其他谅乏别项之收入。若然，则胶品填入资本数十万元，椇业加置厂，又添置梨厂、报馆等合计当在百万元以上，故窃以为如本年之入息，目下尚无把握，不如从兹将厦大校费用暂且收缩，待生意转好，那时扩充亦未迟。……[3]

---

[1] Rajeswary Ampalavanar Brown, *Capital and Entrepreneurship in South-East Asia*, pp. 105–111.

[2] 参考陈敬贤致陈嘉庚函件，载洪永宏编撰，陈共存口述，《陈嘉庚新传》，新加坡：八方文化企业公司，2003年，第117–126页。

[3] 《陈敬贤致陈嘉庚函》（1924年1月7日），陈嘉庚，《南侨回忆录》下册，新加坡：八方文化企业公司，1993年，第20–21页。

值得一提的是，据陈敬贤儿子陈共存口述的《陈嘉庚新传》，陈嘉庚在公司倒闭前早已转移资产：

> ……陈嘉庚将公司基础较好的橡胶厂及食品厂，分别出租或转让女婿李光前、族亲陈六使等人，订明今后获利，抽一定数额充作厦集校费……[1]

（二）胡文虎跨界网络的扩张

正如表4所示，胡文虎的报纸遍布于新加坡、华南的香港和其他各大城市。到底，胡文虎的"报网"对他的经济和政治事业，有什么重要影响？值得一提的是，胡文虎对其"报网"的经营是十分重视的，他的几个子女，可以说是最能依赖的人，都安排在不同的报纸，负责经营管理的工作。在地理分布上，胡文虎的"报网"不仅和他的永安堂虎标药网有关，也和他的社团网络有不可分之关系。

有趣的是，胡文虎对"报网"的经营，把营运和编辑权分开，并且聘用来自五湖四海不同背景的文化知名人士来担任主编，以应付迅速万变的政治环境。在"星系报网"的编辑班底中，既有左翼文人如钟介民、金仲华，也有右派人士如关楚璞。[2] 1929年《星洲日报》创刊时，他更获蒋介石为该报题字，但当《星岛日报》于1938年在香港创刊时，他又邀请周恩来、朱德、叶剑英等政治名人题字，可见他左右逢源。[3]

胡文虎把25%—60%的商业利润投入慈善事业。1929—1940年期间，

---

[1] 洪永宏编撰、陈共存口述，《陈嘉庚新传》，新加坡：八方文化企业公司，2003年，第134页。

[2] 李逢蕊，《胡文虎评传》，上海：华东师范大学出版社，1992年，第174-176页。

[3] 胡文虎基金会编，《胡文虎基金会成立五周年纪念专辑》，香港：南华印刷，1998年，第50-52页。

他共捐出叻币 38 万余元、港币 118 万余元、国币 528 万余元，加起来与陈嘉庚捐助厦门大学的 800 多万元不相伯仲。值得注意的是，胡文虎对文教、体育事业以及客属社团的大量捐赠，目的是营造一个横跨地域的社团网络，性质犹如他的永安堂药网和星系报网。

新加坡和中国香港情况相同，在殖民环境里，华人难以参与政治，但对于一些自治性质的社会团体，只要不批评政府，殖民统治者都会以最大程度容忍。[1] 可以想见，胡文虎充分利用这种华人心理和英国殖民的社会环境，以"客家精神"为旗帜，号召团结不同地域的客家人，以提高他的个人社会地位。正如表 7 所示，胡文虎于 20 世纪 20 年代至 40 年代，大力推动在英属马来亚、北婆罗洲各地成立客属团体。值得一提的是，胡有意识地把客属总会设于中国香港和新加坡，以统摄分布世界各地的客属分会，充分利用新加坡和中国香港两地的网络枢纽作用。这可显示胡对参与香港崇正总会的真正动机，正如罗香林所说的：

> 而南洋各埠各客属团体之互相联系，则颇受总会与星嘉坡客属总会之影响。盖星嘉坡客属总会原由胡文虎先生等领导，而胡先生自一九二八年后，又常在港领导崇正总会。二总会精神相通，关系密切。[2]

胡文虎为何于 1928 年后转移中国香港，大力支持香港崇正总会，笔者认为与其在新加坡受到陈嘉庚的强大竞争有关。

---

[1] Lee Pui-tak, "Chinese Merchants in Hong Kong Colonial Context, 1850—1910," in Wong Siu-lun and Toyojiro Maruya, eds., *Hong Kong Economy and Society: Challenges in the New Era*, pp. 61-86.

[2] 乙堂，《香港崇正总会发展史》，《香港崇正总会三十周年纪念特刊》，香港：香港崇正总会出版部，1950 年，第 20-21 页。

表7 胡文虎的社团网络

地区	年份	团体名称	创办人	胡文虎的参与
英属香港及马来亚客属团体	1921	香港崇正总会	赖际熙、黄茂林、李瑞琴	1939年任会长
	1923	星嘉坡南洋客属总会	汤湘霖、梁谷欣、邓振卿	1926年出资兴建；1935年任会长
	1929	柔佛新山同源社	胡文虎	捐款二千元，出任会长
	1937	吉打南部客属公会	黄文山、卢尔德唐、范佐盛	号召
	1938	彭丹关丹客属公会	叶亨文、郭贵福、姚达三	倡议
	1939	柔佛笨珍客属公会	黄仁若、张国祥、陈启业	捐款一千元
	1939	马六甲野新客属公会	吴礼庭、林柏豪、林兰屏	主持揭幕
	1940	柔佛麻坡客属公会	胡文虎	倡议
	1940	马六甲客属公会	胡文虎	促成
	1941	星嘉坡武吉班让客属公会	胡文虎	开幕剪彩
	1941	霹雳江沙区客属总会	陈一鹗、黄崇新	倡议
	1950	霹雳丹戎马林客属分会	侯毓紫、萧谭、林世联	捐款二千元
其他	1895	星洲维基利俱乐部	—	出任会长
	1929	星洲中华俱乐部	胡文虎	出任会长
	1930	星洲书记联合会	胡文虎	捐款数千元，出任赞助人

资料来源：《香港崇正总会三十周年纪念特刊》，香港：香港崇正总会出版部，1950年，第1-33页；《胡氏事业史略》，关楚璞主编，《星洲十年：星洲日报社10周年纪念特刊》，第136-153页。

四、中英政府对华商跨国网络之干预

（一）陈嘉庚与胡文虎的竞争

陈嘉庚与胡文虎不和，一般学者都认为最早源自 1928 年 5 月山东赈济会事件，胡文虎虽然捐了 5000 元，但最终并没有当选为委员。[1]笔者认为两人的不和，应推更早，即同年 3 月为争夺"虎标"商标的使用权而闹上法庭。

1928 年 3 月 14 日，陈嘉庚通过律师在新加坡公布："虎标乃属于陈嘉庚财产，与他制造和售卖的下列商品有关：罐头黄梨、肥皂、头发洗涤剂、化妆品、牙膏、糖食点心、饼干、巧克力和糖果，任何人如使用或模仿或以其他方式侵犯，将会受到法律制裁。"[2]不过，胡文虎并没有即时采取行动，直到 1929 年 12 月 2 日，胡文虎通过自己的律师发表另一公布："上述商标，均属永安堂之财，已经多年被用来在海峡殖民地、马来联邦和非马来联邦，推销中药和其他医药制成品。这通告，警告所有人士，一旦侵犯，就开始采取法律行动。"[3]正如图 1 所示，陈嘉庚指控胡文虎所使用的"虎标"基本上与自己的相同，只是陈嘉庚的老虎图案是从左跳向右，胡文虎的老虎则是由右跳向左。由于胡文虎沿用"虎标"多年，他提出的三种商品包括万金油、头痛粉、八卦丹等都能提供使用商标时间的证明，使陈嘉庚无反驳之余地。除了商标使用权的纷争外，笔者再没有找到两人于商业上有其他的竞争。不过，在华侨社会运

---

[1] 在英国统治的香港华人商会，投票权的多寡通常取决于所缴纳会费的金额，出资愈多，投票权愈大，见李培德，《二次大战结束前的香港华人商会》，《华中师范大学学报（人文及社会科学版）》2009 年第 2 期，第 77-82 页，收入李培德编，《商会与近代中国政治变迁》，香港：香港大学出版社，2009 年，第 91-104 页。

[2] *Straits Settlement Government Gazette*, 22 March 1928, Vol. LXIII，转引自陈星南，《胡文虎：一个华商对国家与社会的贡献》，林水檺主编，《创业与护根：马来西亚华人历史与人物：儒商篇》，台北："中研院"东南亚研究计划，2001 年，第 160 页。

[3] *Straits Settlement Government Gazette*, Dec 1929, Vol. LXIV, p. 2602，转引自陈星南，《胡文虎：一个华商对国家与社会的贡献》，第 161 页。

动的领导权方面则大为不同了。

图1　胡文虎（左）和陈嘉庚（右）的老虎商标

资料出处：Kuo Huei-ying, *Networks beyond Empires, 1919—1941*, pp. 141-142.

胡文虎在新加坡受到以陈嘉庚为首的福建帮多番打击，举以20世纪20年代在新加坡兴起的中国救亡运动中，胡被福建社团领袖批评，认为他曾于1929年参与学生运动，逼得胡不得不转而争取海南帮和广东帮的支持。[1] 1935年，中国水灾筹赈会成立，胡文虎当选为主席。陈嘉庚为抵消胡文虎的影响，特别另外成立福建水灾筹赈会，由自己直接领导。[2]

（二）新加坡殖民政府"既控制又利用"的政策

新加坡殖民政府对于华人的统治政策，一般采取"分而治之"（divide and rule）和"实用主义"（pragmatism）两大原则。[3] 陈嘉庚与英

---

[1] 有关胡文虎与陈嘉庚的不和，可参阅 C.F. Young, *Tan Kah-kee: The Making of an Overseas Chinese Legend*, Singapore: Oxford University Press, 1987, pp. 183-191.

[2] John Chan Chuan Chye, *Aw Boon Haw: An Outsider's Struggle for Chinese Leadership in Singapore*, p. 64.

[3] Liren Zheng, "Overseas Chinese Nationalism in British Malaya, 1894—1941", PhD dissertation, Ithaca: Cornell University, 1997, p. 353.

国殖民政府关系密切，在取得统治者的信任下，成为当地华人炙手可热的社会领袖。早于 1915 年，陈嘉庚便开始承运新加坡殖民政府物资。1916 年，陈嘉庚归化英籍; 1918 年，他当上太平绅士; 1923 年，他被委任为华人参事局（Chinese Advisory Board）委员。[1] 虽然后来关系曾一度紧张，但仍被殖民政府重用。站在殖民政府的角度来说，胡文虎的利用价值始终不及陈嘉庚，但为鼓励他在复杂的帮派政治中平衡各派势力及承认他在当地显要之社会领导地位，殖民政府特于 1938 年 5 月颁授 Order of British Empire（OBE）勋衔给他，[2] 而陈嘉庚则于 1941 年被委任为华侨动员总会（Chinese Mobilization Council）主席。

为响应国内全面抗战，新加坡侨民特别组织华侨筹赈祖国伤兵难民大会委员会，简称"新加坡筹赈会"，实行动员各界力量，支持中国抗战。为统一东南亚各筹赈活动和加强华侨之团结力，1938 年 10 月又成立南洋华侨筹赈祖国难民总会，简称"南侨总会"。从表 8 可见，陈嘉庚利用他的人际关系网，牢牢的控制着新加坡筹赈会和南侨总会。

表 8　陈嘉庚的社会关系网及其对新加坡筹赈会和南侨总会的控制

成员姓名	籍贯	于新加坡筹赈会和南侨总会的职务	与陈嘉庚的个人关系
陈嘉庚	福建	新加坡筹赈会和南侨总会主席	本人

---

[1] 这些用以笼络华人的方法，广被华人菁英接受，见 Lee Pui-tak, "Chinese Merchants in Hong Kong Colonial Context, 1850—1910," in Wong Siu-lun and Toyojiro Maruya, eds., *Hong Kong Economy and Society: Challenges in the New Era*, Hong Kong: Centre of Asian Studies, University of Hong Kong; Tokyo: Institute of Developing Economies, 1998, pp. 61–86.

[2] John Chan Chuan Chye, *Aw Boon Haw: An Outsider's Struggle for Chinese Leadership in Singapore*, p. 62.

（续表）

成员姓名	籍贯	于新加坡筹赈会和南侨总会的职务	与陈嘉庚的个人关系
叶玉堆	福建	新加坡筹赈会执委会委员及财政委员	亲戚、福建会馆、怡和轩
李光前	福建	新加坡筹赈会执委会委员、南侨总会常务委员	女婿、前雇员、新加坡华侨树胶公会、福建会馆、怡和轩
蔡汉亮	潮州	新加坡筹赈会执委会委员	福建会馆、怡和轩
周献瑞	福建	新加坡筹赈会执委会委员及查账主任、南侨总会常务委员	亲戚、新加坡华侨树胶公会、福建会馆、怡和轩
李玉荣	福建	新加坡筹赈会执委会委员	李光前兄弟
谢天福	福建	新加坡筹赈会执委会委员	新加坡华侨树胶公会、福建会馆、怡和轩
李振殿	福建	新加坡筹赈会执委会委员及财政主任、南侨总会常务委员	新加坡华侨树胶公会、福建会馆、怡和轩
谢荣西	福建	新加坡筹赈会执委会委员	怡和轩
洪开榜	福建	新加坡筹赈会执委会委员	怡和轩
蔡宝泉	潮州	新加坡筹赈会执委会委员及财政委员	怡和轩
陈延谦	福建	南侨总会常务委员	同族、新加坡华侨树胶公会、怡和轩
林文田	广东	新加坡筹赈会执委会委员及副财政主任、南侨总会财政	怡和轩
李亮琪	福建	新加坡筹赈会执委会委员及总务主任	怡和轩
杨溢璘	福建	新加坡筹赈会执委会委员及财政委员	怡和轩
林师万	潮州	新加坡筹赈会执委会委员、筹赈主任及客帮主任	怡和轩
陈六使	福建	新加坡筹赈会财政委员	同族、校友、前雇员、新加坡华侨树胶公会、福建会馆
侯西反	福建	新加坡筹赈会筹赈主任及福帮主任、南侨总会常务委员	新加坡华侨树胶公会、福建会馆、怡和轩
何葆仁	福建	南侨总会常务委员	亲戚、福建会馆、怡和轩
刘玉冰	福建	南侨总会常务委员	前雇员
黄重吉	福建	南侨总会常务委员	前雇员

资料来源: Liren Zheng, "Overseas Chinese Nationalism in British Malaya, 1894—1941." PhD dissertation ,Ithaca: Cornell University, 1997, pp. 359—360.

对当时在任的殖民地总督金文泰爵士（Sir Cecil Clementi）来说，陈嘉庚的政治活动已超出他可容忍的地步。首先，于1928年成立的山东筹赈会没有向殖民政府登记。其次，陈所推行的树胶附捐并不合法。最后，陈激烈的抵制日货的言论威胁社会稳定，有可能使华人的民族主义情绪过度膨胀。[1] 不过，陈嘉庚与华民政务司署华人帮办孙崇瑜关系良好，[2] 这对于他一直被殖民政府认为是不可代替的华人领袖，有极为重要之影响。随金文泰之离任，后继者珊顿爵士（Sir Shenton Thomas）更坚信陈嘉庚是当地华人社会的最重要领袖，只要能够驾驭他的话，便可帮助殖民政府阻挡中国政府介入新加坡的政治和防范共产主义渗透。[3] 1937年，陈嘉庚当选为新加坡筹赈会主席。1938年，他又任南洋总会主席，同时被国民政府委任为国民参政员。此后，陈不断标榜自己为"南侨爱国无党派"，希望能尽量不引起殖民政府的挑剔。

无论如何，陈嘉庚曾屡次挑战殖民政府，1940年5月，他率领南洋华侨回国慰劳视察团到中国，他先去重庆，但又到延安拜会毛泽东，认为国民党始终不如共产党，加上他批评中国政治，一度引起国民政府不满。陈更利用《南洋商报》作为南侨总会的喉舌，大事宣传抗日救亡，这都引起殖民政府的关注，恐怕终有一天无法驾驭这一"救国明星"。再者，1946年陈嘉庚曾发电报给美国总统，要求停止支持蒋介石，避免中国爆发内战。显然，陈已完全介入了中国政治。

1946年，殖民政府取消陈嘉庚的公民资格并拒绝他入境，主要是因为他与中国政府走得太近。[4]

---

[1] 杨进发，《新马华族领导层的探索》，新加坡：新加坡青年书局，2007年，第144页。

[2] 有关孙崇瑜的简单生平，参考陈昞春，《华民政务司署华人帮办孙崇瑜》，黄贤强编，《新马华人社会与文化》，新加坡：新加坡国立大学中文系，2004年，第63—80页。

[3] C.F. Young and R.B. McKenna, *The Kuomintang Movement in British Malaya 1912—1949*, Singapore: Singapore University Press, 1990, p. 233.

[4] Lu Hu, "Changing Roles, Continuing Ideas: Tan Kah Kee in 1949 and 1950", *Journal of Chinese Overseas*, Vol. 4, No. 1 (May 2008), pp. 1-19.

（三）中国国民政府对胡陈二人的"两面俱圆"政策

毋庸置疑，陈嘉庚和胡文虎同是国民政府看重的海外华社领袖，因为他们都为国民政府效力。1937 年 8 月，当国民政府推出 5 亿元救国公债时，胡文虎毫不犹疑，率先认购 20 万元。为此，国民政府特委胡文虎、陈嘉庚、李俊承三人负责推销。同年 10 月，胡文虎被委任为救国公债劝募委员会常委，却又不甘心再一次屈居于陈嘉庚之下。胡文虎为争取国民政府的信任，再度出手认购 30 万元公债，成为马来亚最大数目的认购者，不过却惹来陈的嫉妒。[1] 除大量购买公债外，陈嘉庚和胡文虎亦为响应国民政府的号召，在国内大举投资。例如华西垦殖公司，设有垦殖银行，资本 1000 万元，由陈嘉庚购入大部分的股份。胡文虎比陈更厉害，由他牵头投资的滇边实业公司和云南矿务公司，各有 1000 万元的资本，就算战后成立的福建经济建设股份有限公司，胡投入的资本亦高达 50 亿元。[2]

为了推动南洋华侨支持祖国抗战，国民政府从 1937 年起，采取不同的办法去加强其在南洋华侨社会的领导力，例如鼓励华侨加入国民党和推广"三民主义青年团"。为了完成任务，对时任中国驻新加坡大使的高凌百来说，可谓煞费思量。很可惜，高凌百与陈嘉庚相处并不愉快，陈指责高的党化教育不切实际，高则认为陈不分党派是变相对国民党不够忠诚。陈嘉庚与胡文虎的不和关系于此遂被高加以利用，高更认为这是一挫陈嘉庚锐气之最佳时机。[3]

1941 年 2 月，胡文虎从仰光到重庆，参加国民参政会第二届第一次会议，拜见蒋介石和林森。这一次会面虽然没有什么实质结果，但胡能够获得蒋介石接见，拉近了其与国民政府权力核心的距离，特别是处于

[1] John Chan Chuan Chye, *Aw Boon Haw: An Outsider's Struggle for Chinese Leadership in Singapore*, pp. 57–58.

[2] 李盈慧，《华侨政策与海外民族主义，1912—1949》，台北："国史馆"，1997 年，第 339 页。

[3] Liren Zheng, Overseas Chinese Nationalism in British Malaya, 1894—1941, pp. 381–391.

陈嘉庚与国民政府关系紧张之时刻，胡文虎这样的举动，对增加胡的政治资本大有帮助。作为国民政府海外华侨事务委员会主席的吴铁城，于1940年12月被派来南洋，表面上是向华侨筹募捐款，实质上是为整肃反蒋分子，对象包括曾屡次批评国民政府的陈嘉庚。吴铁城看中陈胡二人的不和关系，遂与胡合作，利用胡的"报网"和社团网络，制造打击陈嘉庚的社会舆论，另外又在《总汇报》上刊登攻击陈嘉庚的社论和转载其他攻击陈的文章，而吴铁城本人更于该报上亲自撰文，大事抨击陈嘉庚"无党无派"是飘忽不定的政治"墙头草"。[1]

　　笔者认为，促成胡陈两人激烈竞争的原因，除他们二人本身的因素外，新加坡殖民政府和中国国民政府在背后的推力，实应一并考虑。

五、结语：陈嘉庚和胡文虎的比较

　　从表9可见，陈嘉庚和胡文虎的背景，实在有很多相同之处。第一，他们都不在新加坡出生，同样接受中国传统私塾教育，都有一个比较强大的家庭和族群背景。第二，他们都以商业起家，但从事不同的行业，两人的生意并无任何横向或纵向之重叠，他们都设有家族控股和管理的公司。第三，陈、胡二人都利用南洋华侨社会作为发展事业的舞台，并缔结不同的关系网络。第四，他们的活动空间都不限于新加坡或南洋，相反，他们都以中国为将来事业发展的目标。当陈嘉庚有限公司于1934年清盘后，陈嘉庚更明显地转向政治，积极推动振兴民族主义事业。

---

[1]　张述，《吴铁城到新加坡反陈嘉庚的前因后果》，载全国政协文史资料委员会编，《文史资料存稿选编》，北京：中国文史出版社，2002年，第101-104页。

表 9　陈嘉庚和胡文虎生平和事业比较

	陈嘉庚	胡文虎
生卒年	1874—1961	1882—1954
祖籍	福建省同安县集美村（闽南）	福建省永定县金丰里中川村（闽西）
教育	私塾	私塾
家庭	四妻、九子、八女	四妻、七子、二女
集团公司	陈嘉庚有限公司（1931 年）	虎豹兄弟有限公司（1932 年）
商标	虎标→钟标	虎标
经营行业	米店、种植菠萝和橡胶、造鞋	成药、报业、银行、保险公司
所得荣誉	太平绅士、国民政府嘉禾章、国民参政员、华侨参政员；1949 年后任中央人民政府委员、第一届政协常委、中华全国归国华侨联合会主席、第一届人大常委、政协第三届副主席	国民政府采玉章、国民参政员、华侨参政员、英帝国文官 O.B.E. 勋衔（新加坡）、圣约翰爵士勋位
主要活跃社会团体	怡和轩俱乐部、福建会馆	维基利俱乐部、南洋客属总会、崇正总会、香港福建同乡会
主要社会公职	福建会馆、怡和轩主席、华侨动员总会主席	香港崇正总会会长、香港中华体育会名誉会长
慈善活动	购机寿蒋会、新加坡筹赈会、南侨筹赈总会主席、华侨抗敌动员总会	捐赠内地大学和中学，兴建医院和老人院，赞助各种体育事业和比赛，救济水灾
突出政治活动	支持孙中山，1938 年反对汪精卫、批评蒋介石，1940 年见毛泽东，1946 年发电报给美国总统反对内战	1941 年见蒋介石，1943 年见东条英机

资料来源：吴在桥，《香港闽侨商号人名录》，香港：旅港福建商会暨福建旅港同乡会编印，1947 年；李逢蕊主编，《胡文虎研究专辑》，龙岩：龙岩师专胡文虎研究室、闽西客家学研究会、永定县客家学研究会，1992 年。

　　有关陈嘉庚和胡文虎的不和，两人互相竞争，几乎已成为目前研究二人生平不可或缺的部分。不过，根据本文的分析，造成两人竞争的最主要原因并不在于族群。在新加坡，真正威胁闽商的不是客家人，而是潮州帮和广东帮，因为他们的人数和势力均远远超过客帮。

　　笔者认为，陈嘉庚和胡文虎都有在中国发展事业之计划，只不过在发展的过程中，各自的关系网络互相重叠。同时，新加坡的殖民政府和中国国民政府都尝试利用陈胡二人的不和关系，使两人的紧张关系进一步扩大，借平衡两派势力而从中获得利益。坦白说，无论是虎牌商标争夺，还是山东赈济会事件、华侨中学门楼事件，以至在《南洋商报》和《星洲日报》上的骂战，等等，胡陈二人都未曾威胁过对方的生存。

胡文虎是客家人，能够在福建帮控制的新加坡华人社会里打出天下，依靠的当然是跨界的网络。胡可以把自己看作客家人，也可看作福建人。胡文虎的商业网络，可谓是双重的。首先，他能够由仰光顺利转移到新加坡，再由新加坡转移到中国香港和中国内地，建造地域空间的网络。其次，由虎标成药扩展到星系报业，利用报业去宣传成药，可谓相得益彰。正如学者所指，胡文虎的成功在于利用他的"软实力"如大众传媒来与包括新加坡殖民政府、由蒋介石控制的国民政府、战时日本首相东条英机等为代表的"硬实力"周旋。这里所指的软实力除大众传媒外，还应包括胡文虎的慈善事业和社交网络。胡文虎虽然成功建立了他的商业王国，但并不是说他就无往而不利。当1948年中国面对内战和恶性通货膨胀威胁经济时，胡文虎损失不少。另外，受到动荡不稳的政局影响，1952年胡从广州大撤退，他在中国的投资几乎化为乌有。与胡文虎情况相若的陈嘉庚，由于战后与中国政府关系密切，最后于1950年5月被新加坡殖民政府禁止入境，只可无奈地与经营数十年的新加坡阔别，长居中国内地。

作为英属马来亚最成功的华侨企业家，陈嘉庚和胡文虎的经验告诉我们，当网络重叠时所出现的摩擦，才是问题的症结所在。我们在讨论华侨企业家的企业者精神（entrepreneurship）时，绝对不能撇除网络的元素。陈胡二人的经历都在显示一种由族群、帮派的环境中孕育出来的独特商业精神。由陈嘉庚和胡文虎所创造的商业网络，从战前到战后，始终没有中断过，都可由他们的后人一一继承。陈嘉庚和胡文虎的商业王国，分别在其女婿李光前和女儿胡仙的努力下，再度出现于战后的新加坡和中国香港而非中国内地，[1] 其中的社会环境肯定发挥了关键性的作用，值得深入讨论。

参考文献

〔1〕关楚璞主编，《星洲十年：星洲日报社 10 周年纪念特刊》，新加坡：星洲日报社，1940 年。

〔2〕吴在桥，《香港闽侨商号人名录》，香港：旅港福建商会暨福建旅港同乡会编印，1947 年。

〔3〕李逢蕊主编，《胡文虎研究专辑》，龙岩：龙岩师专胡文虎研究室、闽西客家学研究会、永定县客家学研究会，1992 年。

〔4〕李盈慧，《华侨政策与海外民族主义，1912—1949》，台北："国史馆"，1997 年。

〔5〕李逢蕊，《李逢蕊集》，呼和浩特：内蒙古教育出版社，2000 年。

〔6〕林孝胜，《新加坡华社与华商》，新加坡：新加坡亚洲研究学会，1995 年。

〔7〕陈志明、丁毓玲、王连茂主编，《跨国网络与华南侨乡：文化、认同和社会变迁》，香港：香港中文大学香港亚太研究所，2006 年。

〔8〕陈嘉庚，《南侨回忆录》下册，新加坡：八方文化企业公司，1993 年。

〔9〕洪永宏编撰，陈共存口述，《陈嘉庚新传》，新加坡：八方文化企业公司，2003 年。

〔10〕杨进发，《新马华族领导层的探索》，新加坡：新加坡青年书局，2007 年。

〔11〕胡文虎基金会编，《胡文虎基金成立五周年纪念专辑》，香港：南华印刷，1998 年。

---

[1]　Peter Coclanis, "Aw Boon Haw, Tan Kah Kee, and the rise of big business in Southeast Asia," in *Southeast Asian Journal of Social Science*, Vol. 23, No. 1 (1995), pp. 88-98.

［12］康吉父，《胡文虎传》，香港：龙门文化事业公司，1984年。

［13］乙堂，《香港崇正总会发展史》，《香港崇正总会三十周年纪念特刊》，香港：香港崇正总会出版部，1950年，第20-21页。

［14］庄国土，《论17—19世纪闽南海商主导海外华商网络的原因》，《东南学术》2001年第3期，第64-73页。

［15］张述，《吴铁城到新加坡反陈嘉庚的前因后果》，全国政协文史资料委员会编，《文史资料存稿选编》，北京：中国文史出版社，2002年，第101-104页。

［16］李培德，《香港的福建商会和福建商人网络》，《中国社会经济史研究》，2009年第1期，第66-73页，收入李培德编，《近代中国的商会网络及社会功能》，香港：香港大学出版社，2009年，第131-146页。

［17］李培德，《二次大战结束前的香港华人商会》，《华中师范大学学报（人文及社会科学版）》2009年第2期，第77-82页，收入李培德编，《商会与近代中国政治变迁》，香港：香港大学出版社，2009年，第91-104页。

［18］李培德，《十九世纪香港粤商之商业网络》，叶显恩、卞恩才主编，《中国传统社会经济与现代化》，广州：广东人民出版社，2001年，第177-206页。

［19］沈仪婷，《客家人的文化企业：胡文虎的星系报业研究》，黄贤强主编，《新加坡客家》，桂林：广西师范大学出版社，2007年，第125页。

［20］陈星南，《胡文虎：一个华商对国家与社会的贡献》，林水檺主编，《创业与护根：马来西亚华人历史与人物：儒商篇》，台北："中研院"东南亚研究计划，2001年，第160页。

［21］陈昕春，《华民政务司署华人帮办孙崇瑜》，黄贤强编，《新马华人社会与文化》，新加坡：新加坡国立大学中文系，2004年，第63-80页。

［22］杨进发，《陈嘉庚：为振兴中华而不悔》，林水檺主编，《创业与护根：马来西亚华人历史与人物：儒商篇》，台北："中研院"东南亚

研究计划，2001 年，第 1-40 页。

[23] 胡万里著，《胡文虎轶事》，全国政协文史资料委员会编，《文史资料存稿选编》，北京：中国文史出版社，2002 年，第 105-108 页。

[24] 戴一峰，《近代环中国海华商跨国网络研究略论》，《中国社会经济史研究》2002 年第 1 期，第 70-81 页。

[25] Brown, Rajeswary Ampalavanar, *Capital and Entrepreneurship in South-East Asia*, New York: St. Martin's Press, 1994.

[26] Cheng, Lim-keak, *Social Change and the Chinese in Singapore: A Socio-Economic Geography with Special Reference to Bang Structure*, Singapore: Singapore University Press, 1985.

[27] Chin, James Kong, "Merchants and other Sojourners: The Hokkien Overseas, 1570—1760." PhD dissertation ,Hong Kong: University of Hong Kong, 1998.

[28] Cochran, Sherman, "Intra-Asian marketing: Aw Boon-haw's commercial networks, 1910—1937" , in Shinya Sugiyama & Linda Grove (eds.), *Commercial Networks in Modern Asia* ,Surreys: Curzon, 2001, pp. 171–181.

[29] Cochran, Sherman, *Chinese Medicine Men: Consumer Culture in China and Southeast Asia* ,Cambridge, MA: Harvard University Press, 2006.

[30] Coclanis, Peter, "Aw Boon Haw, Tan Kah Kee, and the rise of big business in Southeast Asia" , *Southeast Asian Journal of Social Science*, Vol. 23, No. 1 (1995), pp. 88–98.

[31] Kuo Huei-ying, *Networks beyond Empires, 1919-1941* , Leiden & Boston: Brill, 2014.

[32] Lee, Pui-tak, "Chinese Merchants in Hong Kong Colonial Context, 1850—1910", in Wong Siu-lun and Toyojiro Maruya, eds., *Hong Kong Economy and Society: Challenges in the New Era* , Hong Kong: Centre of Asian Studies, University of Hong Kong; Tokyo: Institute of Developing Economies, 1998, pp. 61–86.

[33] Lin, Man-houng, "Overseas Chinese merchants and multiple

nationality: A means for reducing commercial risk 1895—1935)" , *Modern Asian Studies*, Vol. 35, No. 4 (2001), pp. 985–1009.

[34] Lu, Hu, "Changing Roles, Continuing Ideas: Tan Kah Kee in 1949 and 1950" , *Journal of Chinese Overseas*, Vol. 4, No. 1 (May 2008), pp. 1–19.

[35] National Archives of Singapore: Chinese Chamber of Commerce, Singapore, Volume VI: Minutes of the 15th, 16th, 17th Committee Meeting, 1926—1929.

[36] National Archives of Singapore: Chinese Chamber of Commerce, Singapore, Volume IX: Minutes of the 19th Committee Meeting, 1933—1934.

[37] Schiller, Nina Glick, "Transnationalism: a new analytic framework for understanding migration" , in Nina Glick Schiller, ed., *Towards A Transnational Perspective on Migration: Race, Class, Ethnicity and Nationalism Reconsidered* , New York: Academy of Sciences, 1992, pp. 1–24.

[38] Wang, Gungwu, "Merchants without empires: The Hokkien sojourning communities" , in Wang Gungwu, *China and the Chinese Overseas* , Singapore: Times Academic Press, 1991.

[39] Young, C.F., *Tan Kah-kee: The Making of an Overseas Chinese Legend* , Singapore: Oxford University Press, 1987.

[40] Young, C.F. & R.B. McKenna, *The Kuomintang Movement in British Malaya 1912—1949* ,Singapore: Singapore University Press, 1990.

[41] Zheng, Liren, "Overseas Chinese Nationalism in British Malaya, 1894—1941." PhD dissertation ,Ithaca: Cornell University, 1997.

交错的网络

——20世纪前期的关门市场圈与中日商人[*]

廖赤阳

内容提要：本文以华商及日商的商业书柬和账簿为基本史料，采用"网络交错"的视点，实证地分析了20世纪初至30年代活跃于关门地域（笔者将近代以来的下关与门司作为一个有机关联的经济地域整体地把握，称之为关门地域），积极参与亚洲区域内贸易，在业种、经营形态、企业规模以及帮群、族群等方面均各不相同的商人群体、商号与个人之间动态的网络交错与竞争关系，以及由此所形成的以开港口岸为中介的亚洲区域内商贸与决算的多边通商回路网的实际情形及其历史性格。通过这一分析可见，正是近代化的冲击为传统商业网络新的扩张提供了可能，而即使在近代化浪潮冲击、民族国家形成与民族主义高涨的时代，商人与商业活动在更多时候，表现得并非华商对外商那样的泾渭分明，或"挽回商权"和"抵制外货"那样波澜壮阔，而是围绕着信息、资本、市场、商品与劳动力各种因素博弈的，交集着传统与近代各种因素的芸芸众生日常而又琐碎的营生。

---

* 本文原载日本《歷史学研究》第 691 号，1996 年 11 月，第 25-37 页。收录本书时作者做了较大的修改。

一、前言：关门口岸的商人与市场

本文将舞台设定在 20 世纪初至 30 年代年代的关门地区，而舞台的灯光则聚焦于商人与市场这两个因素。所谓"关门"，作为一种统称或简称，在空间上指的是以日本的下关与门司这两个口岸为中心的区域，但是关门这一名词却远非仅仅止于一个称谓，而包含了十分复杂的历史、地理与行政等不同层面的不同内涵与争议。[1]

迄今为止，对于日本的开港口岸之研究，主要集中在长崎、神户、大阪、横滨及函馆等几个主要开港口岸，与华商相关的研究尤其如此。[2]与此相比，关门地域虽然十分重要，但是几乎没有受到相应的重视，相关研究仅仅只是停留在一种地方史的层面上。从地方史，尤其从行政区划的县市史这样的角度出发，以往的研究往往习惯于将门司和下关的历史切割成两个不同的脉络，并以先进与后进的两种对照模式来加以比对。亦即，一方面详细地描述开港以来，门司作为国际贸易大港成长的近代化历史，另一方面总结了下关未能及时把握时代契机，从而衰落为地方性的商港渔村的历史教训。这种叙事，凸显了近代与传统的差异，强调了在新旧要素冲突、抗衡与竞争的过程中反映出来的两地对于近代

---

[1] 关于以门司和下关两个港口为中心的这一地域应该如何称呼，涉及相当复杂的问题。这一方面是出于对该地域的历史、地理及经济发展诸条件理解角度的不同，另一方面也是由于下关与门司两市的市政当局彼此的立场有所不同，由此而导致称谓成为一个大问题。不过，由于本文将近代以来的两港及其周边地区视为一种具有有机联系的经济地域和节点地域，因而将其统称为关门地区。

[2] 近代以来的长崎华商研究可参见以下四部著作：山冈由佳，《長崎華商経営の史的研究——近代中国商人の経営と帳簿》，東京：ミネルヴァ書房，1995 年；朱德蘭，《長崎華商貿易の史的研究》，東京：芙蓉書房，1997 年；廖赤陽，《長崎華商と東アジア交易網の形成》，東京：汲古書院，2000 年；和田正広、翁其銀，《上海鼎記号と長崎泰益号》，中国书店，2004 年。其他口岸相关研究可参见：斯波義信，《函館華僑関係資料集》，大阪大学文学部，1985 年；堀田暁生、西口忠夫編，《大阪川口居留地の研究》，思文閣，1995 年；中華会館編，《落地生根——神戸華僑と神阪中華会館の百年》，研文出版，2000 年；西川武臣、伊藤泉美，《開国日本と横浜中華街》，大修館書店，2002 年。

化道路的不同选择。[1]

相对于此，本文则认为，门司与下关虽然分属两个不同的行政区域，但是在历史上具有密切的内在互动关系，应将其视为具有实际功能的同一经济区域。只有这样，才能从商业史的持续演变的动态中去观察中日商人之间盘根错节的网络关系，并考察围绕着近代关门的地域市场网络之形成与扩大过程，以及由此所折射出来的变革与持续等各种因素是如何既相互竞争又彼此搅和互补的。

通过关门贸易，华商、问屋、回漕业者以及轮船公司结成了复杂的相互关系，通过这些关系，可以进一步观察到有关近代经营和传统经营等不同经济成分的交错与互动的实际情形。迄今为止的相关研究，主要是从日本产业发展史的角度所进行的，其视线多限于日本史内在发展的脉络。[2]尤其是，对于传统的"原有产业"的研究，[3]虽然是立足于产地的高度实证研究，但是与此同时，却几乎不涉及与外商的关系。而本文，将通过开港口岸的商贸活动，具体地观察华商这一外在因素的掺入，与所谓传统原有型或者是近代经营型等日本资本主义发展过程中所内在的问题是如何相互交错并产生互动的。

---

[1] 参见：門司市役所编，《門司市史》，門司：門司市役所，1933 年；門司市役所经济部产業課、山口大学经济研究所调査室编，《関門经济史》第 1–2 辑，門司市役所，1952 年；下関市史编修委员会编，《下関市史　藩制—明治前期》，下関：下関市役所，1964 年；下関市史编修委员会编，《下関市史　市制施行後》，下関：下関市役所，1983 年。

[2] 参见：中川隆英，《明治大正期の经济》，東京：東京大学出版会，1985 年；阿部武司，《近代の地方经济》，载社会经济史学会编，《社会经济史学の课题と展望》，東京：有斐閣，1992 年，第 109–117 页；谷本彦之、阿部武司编，《企業勃興と近代经营・在来经营》，载宫本又次、阿部武司编，《日本经营史 2 经营革新と工業化》，東京：岩波書店，1995 年，第 91–138 页。谷本彦之，《近代日本における"在来的"经济发展と"工業化"——商人・中小企業・名望家》，载《歴史评论》第 539 号，1995 年 3 月，第 92–109 页。

[3] 传统的原有产业日语称之为"在来产业"。在日本经济史研究中，通常将明治时期以来由欧洲引进的以大规模设备及机械生产为特征的产业化分工称为近代产业，而将前工业化的产业称为在来产业。而所谓地场产业指的是以中小零星企业为主体，具有悠久的产地历史，以传统技术为基础或导入近代化机械技术，生产地域所独有的、在日本国内或海外有广泛需求产品的地方产业。

以往的开港口岸外商研究是以西方商人为主的，而在近年的一些研究中，华商的重要性得到了空前的重视，这一崭新的视角具有十分重要的意义。不过由于主要利用了日本商人的记述，因此容易陷入日商对华商的竞争模式，而且对于华商作为一个与日商相对抗的商人集团的凝聚力难免评价过高。[1]

有鉴于以往的研究，本文将通过关门口岸贸易的个案，关注华商贸易等外来的因素，在注入了所谓的原有产业与近代产业等日本资本主义发展所内在的问题之后所发生的变化。而这一研究的前提，离不开迄今为止不为人知的两个方面的基础史实的梳理与复原。

首先，伴随着关门地区近代化的历史进程及其国内外贸易的发展，该地域的历史空间发生了什么变化？而伴随着这种历史空间的变化，历史上形成的贸易网络又发生了什么变化？具体而言，关门地区与日本内地产地市场是如何被紧密连接在一起的？与此同时，关门口岸与亚洲其他开港口岸之间的多边市场网络又是如何形成和扩大的？

其次，更为重要的是，必须对作为近代关门贸易行为主体的商人及其群体予以充分重视。在关门聚集了华商、问屋[2]、回漕店[3]、产地货主、近代轮船航运公司以及其他财阀系列的企业，这些商人与企业在关门贸易中是如何具体地从事商贸活动的？而伴随着市场空间的占领、开拓和商业利益的追求，这些无论是在族群性、地缘性、行业性等方面，还是在经营形态、企业规模等方面都差异甚大的商人群体之间的相互关系

---

[1] 籠谷直人，《1880 年代のアジアからの"衝撃"と日本の対応——中国貿易商の動きに注目して》，载《歴史学研究》第 608 号，1990 年 7 月，第 1~18 页；同著《アジアからの衝撃と日本の近代——中国人貿易商の"団結力"に注目して》，载《日本史研究》第 344 号，1991 年 4 月，第 16~18 页。

[2] 日本的所谓问屋，类似于中国的批发商。

[3] 回漕店，从江户时代到明治时期以来，一般系指在河岸及港口码头，以运输商船为服务对象，其业务范围涉及货物装卸、运送、保管，以及交易对象的斡旋、中介、市场价格的提供、有关船舶的各种关税征收及与船只有关的各种用品贩卖等广泛领域的行业。

是如何形成的？本文将主要依据泰益号的相关史料来回答上述问题。[1]

二、商贸网络论的研究途径

20 世纪 80 年代以来，有关商贸网络的研究开始出现并深受瞩目。这当然是受到 70 年代以来亚洲经济，尤其是除日本以外的东亚、东南亚相关国家与地区经济迅速成长的影响。多数学者期待通过这一途径，以寻求对亚洲经济史特征的理解和解释。[2] 的确，从 20 世纪 60 年代后期至 90 年代，无论是 NIES 还是 ASEAN，以及中国沿海等地域，从其经济成长类型来看，商业和贸易既是牵引产业化的基本动力，也为经济成长提供了最重要的地域活力。而且，由于在这些地域中，商贸活动的主要行为主体是华商，因此，经济的发展直接表现为华商之间的市场联系在地域及数量两方面的扩大与深化。[3]

诚然，第二次世界大战以后的亚洲经济发展模式，是亚洲区域长周期历史波动的一环。在近代以前的漫长历史时期中，华商等广域商人集

---

[1] 泰益号资料群中所留下的数量庞大的有关关门地区的相关资料，为这种实证性研究提供了可能。这些资料包括：（1）关门地区的日商和华商给泰益号的商业书柬，以及随信寄达的买卖发货单据、采购商品目录、商品价格表、结算单、通关许证、装货提单、收据单、出航指南、出航通知书，总数超过了 2000 件。（2）和以上书柬资料互为表里的是，泰益号账簿中的《关门总簿》账簿资料，是为泰益号关门贸易的总账。该账簿为上海印制的账簿册，从扉页所印柜型图文看，账簿印制商有"周德泰"及"老三益"两家，其中扉页"周德泰"之文曰："本号向在上洋开张，大东门外太平街南首，坐东朝西门面，自造加工，精选贡川毛鹿，鲜艳红花，大小账格。凡蒙赐顾须认明本号图记不误。"加盖天圆地方两章，天圆印文为"货真价实"，地方印文为"童叟无欺"。有的账册扉页则印一善财童子立于聚宝盆之上。"老三益"则"本号开设上洋小东门内，庆寿桥塃，坐西朝东门面"，余义与周德泰大同小异。天圆印文为"画一不二"，地方印章文为"童叟无欺"。账册页面均为竖排十行红线印刷，纵行中央一条横线将每行分为上下两栏。会计项目按干支逐年设置，上栏收入，下栏支出，以苏州数码逐条计入。

[2] Gary Hamilton ed., *Business Network and Development in East and Southeast Asian,* Hong Kong: Center of Asian Studies, University of Hong Kong,1991.

[3] 参见：游仲勋，《世界のチャイニーズ》，東京：サイマル出版会，1991 年；渡辺利夫编，《華人経済の世紀》，東京：プレジデント社，1994 年。

团，就以海洋为媒介从事着生机蓬勃的商贸活动。而伴随着这些活动，亚洲的地域内部和地域之间频繁地进行着人员、资金、物资、技术与文化的各种移动与交流，所有这些构成了激活亚洲区域内经济发展的巨大内在能量。而 20 世纪 90 年代学界关于"亚洲交易圈"的热议，提供了一种对于近代化与产业化的历史意义，从商人的活动和国际贸易竞争的角度重新进行评估的视点。无论如何，包括对亚洲交易圈的讨论抱有同感或是批判、修正乃至尝试超越的研究在内，商人的反应与近代化的问题的重要性都被凸显出来，与此同时，可以被视为亚洲经济发展的自律性与延续性重要指标之一的华商等问题也进一步受到重视。[1]

对于难以被纳入国民经济的框架之中的商人们的广域商贸活动，网络论作为一套有效的分析装置，从 20 世纪末以来被相关研究领域积极导入。本来，网络论发轫于电子工学领域，此后在社会学、人类学、信息学等各个领域被广泛运用。也正因此，其对象、定义和分析手法千差万别。为了梳理和提炼与商贸活动的行为主体之商人有关的网络论之范畴、对象与方法，1993 年的 3 月和 1994 年的 9 月，分别在日本的热海和意大利米兰举行了两次国际研讨会。其中，集中了米兰研讨会成果的论文集，提出将商贸网络分为宏观与微观两个层次的方法论。所谓宏观网络的特征，首先，表现为规模或形态巨大，其次，不是某一种特定的商人或公司的网络。这种宏观的商贸网络概念，主要用于分析亚洲区域内贸易的空间结构。其分析对象，既包括运输网络、信息网络、金融网络等属于基础设施领域的网络，也包括进入东亚、东南亚等国家与地域的国内外市场之华商及日本、印度和阿拉伯商人集团或商帮的网络。与

---

[1] 有关亚洲交易圈的评论参照下列论著：谷本彦之，《"アジア交易圈論"をめぐる最近の研究動向——日本在来産業史からの若干の考察》，载《土地制度史学》第 140 号，1993 年 7 月，第 36—47 页；岸本美绪，《アジアからの諸視角——"交錯"と"対話"》，载《歴史学研究》第 676 号，1995 年 10 月，第 36—47 页；宫田道昭，《"アジア交易圈論"と中国地域経済研究》，载《歴史評論》第 549 号，1996 年 1 月，第 2—15 页；加納啓良，《国際貿易から見た 20 世紀の東南アジア植民地経済——アジア太平洋市場への包摂》，载《歴史評論》第 539 号，1995 年 3 月，第 39—55 页；古田和子，《上海ネットワークと近代東アジア》，東京：東京大学出版会，2000 年，第 1—11 页。

此相比，所谓的微观网络，主要指的是各个商人或商号的贸易网络，也可以称为人际网络。属于一种旨在阐明个人对个人、个人对组织、群体对群体等人际诸关系的原理及其结构的范畴。[1]

如上所述，在一定程度上所进行的类型划分，对于让"商业网络论"不再仅仅停留在叙述和比喻的层次，而是作为一种有效的分析装置真正启动，具有十分重要的意义。不过，从实证的分析个案来看，所谓宏观和微观的边界确实是难以分清的。在大多数时候，毋宁是相互交错、变化、模糊和具有很大流动性的。

例如，本文所研究的长崎华商泰益号及其前身泰昌号，从 19 世纪 60 年代到 20 世纪 50 年代的近一个世纪间，从事着日本"内地"、朝鲜、中国台湾、中国大陆沿海及东南亚开港口岸间的贸易，其所编织出的商贸圈半径，覆盖了以长崎为中心的 6000 余公里之范围。[2] 应该属于所谓微观网络的同商号的商贸网络，无论在持续时间的长度上，还是在涵盖空间的范围上，比起今日所谓的北东亚经济圈、华南经济圈这样的宏观范畴犹有过之。

相对于上述的类型划分，滨下武志提出，从与市场和制度的对话与交错的关系中去探索网络的研究方法。[3] 将这一方法具体地运用到上述网络的范畴化和类型化的作业，可以看到网络呈现出以下两个层面：其一，是将地域关系连接起来的运动形态及其方式，其具体地表现为网络作为一种空间展开的客观存在；其二，是编织出地域关系的商人的主体

[1] Linda Grove, "Macro Networks in Asian Trade" ,Sherman Cochran, "Micro Networks in Asian"，均收入于 *Commercial Networks in Asian, 1850－1930*（第 11 届国际经济史研讨会论文，米兰，1994 年 9 月）。该项研究的最终成果后结集出版，参见杉山伸也、リンダグローブ编，《近代アジアの流通ネットワーク》，東京：創文社，1999 年。

· [2] 廖赤陽，《長崎華商"泰益号"交易ネットアークについて》，载《社会経済史学》第 59 卷第 6 号，第 786-816 页。

[3] 濱下武志，"Network Reconsidered or Market or Institution?"，亚洲历史中的网络研讨会报告，东京大学，1996 年 6 月。将这一观点精致化和体系化的成果，参见：濱下武志，《華僑·華人と中華網——移民、交易、送金ネットワークの構造と展開》，東京：岩波書店，2013 年。

活动。接下来，将从这两个层面对关门商贸网络的历史意义进行探讨。

第一个层面，是从围绕着市场这一中心所形成的，关门地域的空间延展之广度及其与相关地域之间的相互联系。围绕着市场这根基轴，通信、港湾、交通等各种基础设施被建立起来，而信息、资金、物资和人员也随之频繁移动。如果从自然地理的角度对亚洲的市场做一鸟瞰，从东亚至东南亚，是由几个环状衔接的海域所沟通的。而大陆、岛屿以及半岛则位于这些海域的边缘位置，并以这些海洋为媒介进行着持续的相互交流，这正反映了这一地域的一大历史特征。[1] 而这种交流关系得以存在的一个最重要的原因，就是亚洲区域内贸易历史中所形成的商贸与决算的多边通商回路网之存续。这些回路，以历史、地理、自然、生态、文化乃至国内政治和国际关系等诸多要素所形成的星罗棋布的都市、港市为据点，发挥着集散、中继等枢纽的功能。而随着从海洋向内陆深处浸透的过程，海域、河川流域以及陆域等三个贸易网络的接续与交错诞生了。例如，从关门输出的商品，经过上海、台湾、香港等复数的开港口岸的中继，输入到厦门。进而从厦门输入到漳州、泉州等闽南腹地的水陆交通枢纽，再沿着河川流域被贩运到内地的批发集散市场，继续沿着山路被贩运，由此深入到闽西腹地的山区终端零售市场。[2] 类似的个案，不仅限于厦门这样的腹地市场相对有限和封闭的地域空间之中。通过天津港的羊毛贸易也是如此。从沿海的开港口岸，经过广大的长江流域，一直到西北的大漠草原，连接起循环往复的通商网络，尽管远隔数千公里，商品还是像百川归海那样，百折不挠地又集约到开港口岸并由此汇入国际贸易大潮之中。[3]

关于这种地域市场圈的内部结构，斯金纳的中心地理论提出，其空

---

[1] 濱下武志，《海域史研究と琉球の位置》，第 4 届琉中关系国际学术会議，《琉中歴史関係論文集》，那霸，1993 年 3 月，第 559-610 页。

[2] 廖赤陽，《長崎華商"泰益号"交易ネットアークについて》。

[3] Linda Grove, "International Trade and the Creation of Domestic Marketing Networks in North China, 1860—1930"，见 *Commercial Networks in Asian,1850—1930*（第 11 届国际经济史研讨会论文，米兰，1994 年 9 月）。

间的配置，表现为从农村市场到集镇，再到中心都市，这样一种依次集中的层级式的秩序。[1] 而滨下武志则将开港口岸经济圈视为一种中间的经济领域。通过这一领域，开港口岸与其腹地的农村市场这样的地域市场内部结构的问题和中国的对外经济，以及不同的开港口岸经济圈的相互关系等地域市场的外部联系的问题，得以被纳入同一视野加以考察。[2] 而关门网络的研究，恰恰可以为解读这种地域市场圈的内外关系提供一个具体的个案。本来，迄今为止有关开港口岸的个案研究，都集中于上海、天津和汉口这样的大都市，就日本而言，则只注重长崎、大阪、神户、横滨及函馆等主要开港口岸，与此相比，对于关门这样的地域的研究几乎空白。

　　第二个层面，着眼于市场关系的内侧的人际关系。在一个特定的地域空间中，人们通过每天的日常生活和经营活动而结成了各种社会关系网，也由此产生了各种商业习惯与行为模式。

　　由近代条约口岸体制所催生的开港口岸的一个主要特征，就是在同一时期的同一开港口岸，吸引了性质迥异的复数的东西方商人集团，各自在从事其商贸活动。而进入某一特定开港口岸，不过是商人们所从事的广域市场活动的一个环节。为了追求利润，商人之间，作为个体或作为群体，形成了各种复杂的关系，竞争、倾轧或是连携，其相互关系在不停地变化。所谓的外部冲击与内部反应的模式，就十分集中地表现在这种动态的关系之中。

　　石井宽志研究了开港口岸的"卖入问屋"的垄断体制，[3] 从日本的问屋与外商的关系，以及这种内外关系的结合点，对日本之开港及近代化、产业化的各种问题进行了讨论，并由此提出西方冲击与日本商人的

---

[1]　G.W. スキナー著，今井清一等译，《中国農村の市場社会構造》，京都：法律文化社，1979 年；同上著译《中国王朝の末期都市——都市と地方組織》，京都：晃洋書房，1989 年。

[2]　濱下武志，《中国近代経済史研究》，東京：汲古書院，1989 年。

[3]　日文原文为"売り込み問屋"，即销售批发商，主要指的是从生产者或产地货主手中进货然后卖给口岸的输出商或批发商的口岸中继批发商。

应对这一重要问题。[1] 石井所研究的外商主要是西方商人，其贸易品是以对欧美输出为主的生丝，而贸易舞台则是新兴开港口岸之横滨。与此相比，本文考察的外商对象是华商，他们至少从江户时期起，就以传统的贸易港长崎为根据地，在亚洲区域内频繁地从事着商贸活动。本文所考察的贸易品，也不是近代日本产业和外贸支柱之一的生丝，而是传统的面向亚洲输出的海产品。

有关开港以后进入日本的华商，20世纪90年代以来笼谷直人的一系列的研究业绩受到瞩目。笼谷分析了开港后日本所处的国际环境，并注意到当时日本所受到的外压，与其说是来自西方商人，毋宁说是来自象征着亚洲外压的华商。他指出，与华商在商业竞争上的败北，成为日本选择工业化的一个历史契机。而日本商人之所以不能在与华商的竞争中取胜，是由于不具备华商那样的凝聚力。[2] 这个观点十分新颖，耐人寻味且意义重大。但是这种日商对华商的基本构图，仍然不足以摆脱以往的一些相关研究的局限。例如，以往的研究，对开港以后，日本商人试图打通直接向海外输出的渠道的历史过程，是从日商希望摆脱开港口岸控制输出渠道的外商之控制，从而挽回商权这一近代化和民族化的脉络来加以解读的。这种观点可以被称之为"集团之间的对峙"。这种不同的商人集团之间的对峙无疑存在。但是这一视点也有其相当的局限性。

首先，围绕着利润追求而发生的商人间的利害关系，是随着商贸活动的进行而随时变化着的，这种关系不能完全被纳入某一特定的集团而被加以固定化。其次，华商与日本商人在集团层面上固然存在着竞争和抗拒关系，即使同为华商，不同的商帮之间也存在这种关系。但是，同时也要看到，商人间盘根错节的关系超出了集团间对峙的范畴，更像是

---

[1] 石井宽志，《近代日本とイギリス資本》，東京：東京大学出版会，1984年。

[2] 籠谷直人，《1880年代のアジアからの"衝撃"と日本の対応——中国人貿易商の動きに注目して》，同著《アジアからの衝撃と日本の近代——中国人貿易商の"団結力"に注目して》。

一幅竞争与共生相互交错的生态系图景，对此，只能从商贸活动的实际状况中动态性地加以把握。也正因此，本文将从网络的交错这一视点出发，通过关门贸易，将个人、商号及商帮等不同层次的商贸网络之交错的相位展示出来。

以下，将围绕上述问题意识，对关门贸易的实际情形做具体考察。

三、近代关门的历史空间：变革与传统

从地理位置上看，下关位于本州最南端，而门司位于九州最北端。两地隔着一湾关门海峡遥遥相望。关门海峡正当日本的九州与本州的联络要冲，也是连接从"里日本"[1] 进入濑户内海，转到太平洋沿岸"表日本"各港的水上枢纽。而经过关门海峡，日本与朝鲜的海上通道便被最短距离地连接起来。与此同时，关门与中国大陆沿海口岸以及中国台湾和东南亚各港口间的海运也极为便捷。

近世的门司不过是一个偏僻的渔村，而下关（赤间关）则由于地处大阪和长崎、博多两大商业中心之间，而发展成为一大繁华的商贸据点。可以说，近世下关的繁荣，完全是由于依靠地处海陆要冲的优越地理条件，通过中继贸易而获得的。尤其是承担着日本海沿岸贸易的北前船西巡回航路以下关为重要停靠港[2]，成为东北、北陆地方及九州、四国的物资集散中心，经过问屋之手中转贩运，并由此运往大阪。最繁荣时，当地从事中继贸易的问屋超过了 400 家。[3]

1863—1864 年，英、法、美、荷四国与长州藩之间所发生的下关战

---

[1] 日本以太平洋和日本海互为表里，相对于面向太平洋的一侧，日本列岛面对日本海的一侧被称为"里日本"。

[2] 北前船为从江户时代直至明治时期活跃于日本海从事沿岸海运贸易的北国回船。其西向巡回航路从北陆以北的日本海沿岸诸港沿岸（18 世纪时即已抵达虾夷地，即后来的北海道）出发西下，绕过下关进入濑户内海，回航大阪并驶往江户。

[3] 下関市史编修委员会编，《下関市史　藩制——明治前期》，第 126—141 页。下关的问屋也称为万问屋，为日本近世港湾的问屋，其经营范围几乎涉及相关的所有行业。

争的炮声，推动了日本近代化的进程。开港后，以九州近代化的发展为背景，下关也比门司更早获得了发展机遇。1874 年，三菱公司开通了上海航路并在下关设立了赤间关支店。翌年，下关被指定为上海航路停泊地，成为继下田、横滨、长崎、函馆、兵库、新潟之后的第七个开港口岸。十年后的 1884 年，下关与博多、严原一道被批准为对朝鲜贸易港。不过，安享传统贸易活动恩惠的下关商人并未及时认识到时代转换所带来的新发展契机与危机。1875 年的三菱公司船只在下关靠岸，由于受到万问屋的强烈抵制而不得不改为到对岸的门司锚泊。其反对理由为，担心蒸汽船的停泊，将对以往的北前船贸易造成威胁。同样的问题也反映在下关的港口建设上。1887 年，筑港问题已经提上了议事日程，然而此后几经议论，虽然最终于 1912 年获得了议会通过，然而由于市民的强烈反对而不得不撤回。反对筑港的原因，在于担心问屋的利益受到损害。[1]

如后述，九州铁道以门司为起点，是近代门司地位上升的重要条件，然而下关未能比门司更早建筑优良的港湾设施，也是其近代化程度大幅落后于门司的一个重要原因。正因为下关所有的强大传统商业根基在开港以后仍然存在，因此商人们局限于现有的商业利益而未能对近代化的冲击迅速做出反应。也正因此，明治以来，虽然由北海道的开发所带来北前船贸易的繁荣，让下关维持了十二三年间的繁荣，下关终究因为错失了新的发展机遇，而迅速被门司所超越。[2]

与拥有悠久商业传统的下关相比，近代门司发展的最为显著的特征就在于"新兴"二字。

虽然，《马关条约》在下关的春帆楼签订，为下关在近代史上留下了厚重的一笔，但是由此所带来的战争红利却似乎为门司所享有，而下关只退为一个背后的剪影。门司直至 1889 年，才由于被指定为煤炭、大米、小麦、面粉、硫磺等五种商品的特别输出港，而总算加入了国际

---

[1] 下関市史编修委员会编，《下関市史 市制施行——终战》，第 190-197 页。

[2] 下関市史编修委员会编，《下関市史 藩制——明治前期》。

贸易港的行列。但是接下来的甲午战争、日俄战争乃至第一次世界大战，以及同时期以来日本近代产业势头迅猛的发展，极大地刺激了门司港的繁荣。在一连串的战争刺激下，关门地区形成了以筑丰、宇部两大煤矿为基础，官营的八幡制铁为顶点的军需重化工的产业模式，以此为基础门司港成为日本进入北东亚的重要据点。[1] 其具体表现在以下几方面：

1. 腹地近代产业的发展。以煤炭、钢铁业为中心，腹地的九州与山口周边地域近代工业的蓬勃发展支撑了门司港的繁荣与发展。其中，尤其是筑丰煤矿的开发与输出，对门司港奠定国际贸易港的基础起了决定性影响。

2. 铁道与港湾设施的建设。从 1880 年起，伴随着日本的产业勃兴而起的第一次铁道建设热潮中，大型铁道公司纷纷设立。日本陆续修筑了山阳、九州、关西、北海道炭矿等长程干线。其中，1888 年设立的九州铁道会社，以门司为起点，将小仓、福冈、熊本、长崎等九州地方均纳入其干线网络。门司因此与包括筑丰煤矿在内的九州广阔腹地连接起来。受到铁路建设的刺激，1888—1889 年间，门司开始了疏浚海道、填海建筑码头仓库等大规模的港湾建设。三年后的 1901 年，山阳干线延伸到下关，经过频繁往来于关门海峡的联络渡船，从长崎到山口经过大阪、神户至东京，覆盖主要产业与贸易中心都市圈，纵贯九州与本州的铁道大动脉连成一线。[2]

3. 电信通信的发达。在铁道与港湾建设的同时，关门地区的电信通信事业也真正起步。本来，下关的电信事业起步甚早，早在下关被指定

---

[1] 岡倉伯士，《関門地域産業構造の特質とその問題点》，载门司市役所经济部产業課、山口大学経済研究所调查室编，《関門経済史》第三辑，门司：门司市役所，1954 年，第 1-32 页。

[2] 参见：広岡政哉编，《近代日本交通史》，東京：法政大学出版社，1992 年，第 47-84 页；秋草実，《近代の港湾都市門司の成立とその発展》，载门司市役所，山口大学経済研究所调查室编，《関門経済史》第 1 辑，第 1-38 页；上妻隆栄《関門港湾の諸問題》，《関門経済史》第 1 辑，第 109-142 页。

为上海航路停泊港之前的 1873 年，就设置了赤间关电信局，在九州铁道建设热议中的 1887 年设立了门司邮便局，同年，上述两局合并改称赤间关邮便电信局。[1]

4. 设立海关。1875 年，下关长崎海关派出所设立，1889 年，因门司港的煤炭输出改为门司长崎海关派出所。随着贸易吞吐量的增长，1909 年，其又升格为门司海关支署。[2]

5. 航路的扩张。1885 年，日本邮船株式会社创立伊始就开辟了国家指定的沿岸 11 线近海 3 线航路，此后逐年扩展。其中，近海航路以长崎为中继港，将上海、海参崴、仁川、马尼拉及神户、横滨诸港连接起来。其停靠港原为下关，甲午战争之后改为门司。随之，19 世纪 90 年代设立的日本邮船与大阪商船两大轮船公司的赤间关支店与门司派出所，于 1897 年以后改为门司支店和下关派出所。到 20 世纪 30 年代为止，门司港构成近代日本海运网络重要之一环，成为连接着日本以及东亚、东南亚和欧美的主要口岸。其中，尤以韩国的釜山、仁川，中国东北的大连、青岛，华中的上海、天津，华南的香港，台湾的基隆、高雄等港口之间的定期航路极为频繁。[3]

6. 金融体系的构建。随着腹地产业的发展，金融体系也逐渐设立完善。银行的发展下关较门司为早。1876 年，以当时活跃的品物问屋为对象，三井银行设立了下关支店。1893 年，日本银行在此设立了西部支店；1918 年，外国汇兑银行的横滨正金银行设立了下关派出所；1919 年，在对朝交通贸易基地的下关设立了朝鲜银行下关支店。不过，随着门司港地位的上升，几乎所有主要银行的下关支店均转移到了门司。为了方便金融机构与商业活动的联系，1912 年门司设立了票据交换所。因此，门司在 19 世纪末到 20 世纪初，为适应日益增长的国内外贸易而建立和

---

[1] 下関市編集委員会編，《下関市史　市制施行後》，第 460-464 页。
[2] 門司市役所編刊，《門司市史》，1933 年，第 409 页。
[3] 参见日本邮船株式会社编刊，《日本邮船株式会社百年史》，1983 年。

完善了金融体系。[1]

7. 大型财阀企业的进驻。与下关相比，门司的工商业几乎都是新兴的和外来的。1892 年三井物产设立了马关支店和门司派出所，翌年大仓组设立大仓商会，浅野水泥设立了门司工厂。1894 年三菱合资会社支店由下关移设门司，这样，中央财阀系的资本逐渐进驻门司。伴随着门司的繁荣，至第二次世界大战爆发时，三井、三菱、住友、涩泽、铃木、安田、浅野、大仓、安川—松本、古河等大型企业的进驻引人注目。[2]

8. 国际贸易的展开。近代关门贸易可以说就是对亚洲贸易。1925—1934 年的十年间的门司港的输出总额中，向亚洲地区的输出占 97%，其中，对华与对朝鲜输出所占比例常达 70% 以上。而海峡殖民地和以荷兰为主的东南亚地区也占有一定比重。与门司相比，下关即特化为面向中国东北的输出港。1925—1934 年的十年间同港对外输出的 50% 以上是对中国东北的。而从东北的输入额也占了同港输入额的第一位，1929 年至 1931 年的 3 年间，从东北的输入额超过了同港输入额的 50%。[3]

可以说，促成近代门司变化的硬件，是中央系统的大型企业的进入，包括港湾设施和交通、通信事业的敷设、国内外航线的开辟、金融体系的设立等基础设施的全面建设，以及在此基础上所展开的国际贸易。而所有这一切的背后，清晰可见的是日本国家所提供的强有力的保护和鼓励发展的优惠政策之影响。

不过，当视点从生产转向流通，可以看到面向亚洲的传统市场也随着近代化的进程而扩大了。从贸易品来看，门司开港的最初十年间，完

---

[1] 参见：安田充、阿部一成，《関門における金融事情》，载门司市役所、山口大学经济研究所调查室编，《関門经济史》第 1 辑，第 86-108 页；安田充，《門司の金融》，载门司市役所、山口大学经济研究所调查室编《関門经济史》第 2 辑，第 133-195 页；门司市役所编刊，《門司市史》，第 518 页；下关市编集委员会编，《下関市史　市制施行後》，第 465-588 页。

[2] 门司市役所经济部产业课、山口大学经济研究所调查室编，《関門经济史》第 2 辑，第 8-17 页。

[3] 门司税関文书課编刊，《門司税関管内贸易趋势》，1925—1934 各年版。

全由煤炭支撑起对外贸易。而甲午战争以后输出品开始摆脱单一依赖煤炭，门司逐渐从特别输出港向一般的开港口岸转型成长。与工业制品的输出成长同步的是，海产品等传统商品的输出领域也获得了显著扩大。1898 年后的十二三年间，煤炭输出额虽然仍占第一位，但是棉纺织品、生丝、精糖、水泥、海产品、面粉等输出额也大幅增加。1913 年，煤炭终于丧失了输出品首位的地位，取而代之的是精糖。20 世纪第一个十年至 30 年代为止，门司港占据前五位的商品中，除了精糖、棉纺丝、水泥、面粉、钢铁制品等近代工业品之外，海产品和米谷等面向亚洲市场的传统消费品也不时出现。[1]

下关虽然没有发生门司那样醒目的近代化变革，但是与门司相比，下关拥有悠久的商业传统，漫长的历史岁月培育出了众多的中介商人及其娴熟的交易经验、知识与技术，以及自然形成的地域市场网络。所有这些传统的因素，与近代化的浪潮存在着如前所述的冲突和不适，但是在关门地域的近代化过程中，并非完全是负面要素。以小麦粉和海产品为例，其商品主要流向中国东北、华北、华中、华南等地市场，也有不少流向东南亚市场。而这些商品的收购、货物集散、输出及其海外的流通销售，与下关的问屋及泰益号这样的在日华商的贸易网络息息相关。而进入门司港输入商品前五位的大米，以及来自中国的棉花、中药材、来自中国东北和朝鲜的豆类、肥料等重要输入品，也正是泰益号及作为其贸易伙伴的中日商人所经营的重要商品。

所以，如果将近代的下关与门司的历史做分别考察，那么，看到的是一幅发展的门司对落伍的下关的反差图像。不过，如果将关门作为有机联系的一个地域整体来看的话，可以清晰地看到，门司与下关在其发展过程中，各自所拥有的近代化的因素和传统的因素，彼此交错与互动，在激烈的竞争中互补，在密不可分的相互依靠中共生。如果说，以门司港为主的港湾、交通、航运、仓库、金融、近代产业等大规模的近

---

[1] 門司税関文書課編刊，《門司税関管内貿易趨勢》，1925—1934 各年版。

代化事业，是建构起近代关门历史空间的结构性硬件，那么，以下关为中心的商人及其商贸网络的扩大，以及他们所从事的贸易活动的日常营生，则构成了这一历史空间的功能性软件。随着以门司为中心的近代基础设施的建设和近代产业的建立和交通、信息技术的进步，新兴市场被不断地开拓。在这一过程中，由下关所代表的原有产业和传统交易的领域也获得扩大。关门网络正是在这种近代与传统各种因素的相互交错和促进中不断地形成和扩大着的。

四、关门贸易与中日商人：合作与竞争

在本节中，将对关门地区的中日商号之间的交易过程及其细节进行考察。

（一）与泰益号有贸易关系的日商

围绕着关门贸易，在两个口岸聚集了族群、地缘、帮派、行业、经营形态以及企业规模各异的各种商人群体、企业和商号。关门区域与泰益号有关的中日商号如表1所示。

从表1可见，在关门地区与泰益号有贸易关系的日本商社，可以分为三种类型。

1. 问屋。

2. 近代轮船公司与财阀系的仓储及制造业。

3. 回漕业。[1]

---

[1] 1875年（明治八年），随着对商人和工匠统一征收地方税，商人所享有的"株"特权被取消，问屋被改称为回漕店。1886年（明治十九年），为了挽回下关的商业衰微，区长训令成立"回漕店改良委员会"，降低向货主征收的手续费。对此，海产物问屋提出反对，并成立了以海产商为主的"四十物组合"。参见下关市史编修委员会编，《下関市史 藩制——明治前期》，第691-692页。本文和表1分类中的问屋，属于四十物组合这一系统，但是并不拘泥于下关商业史上的分类，而主要依据这些商号的实际经营内容来划分，即将海产杂货批发为主业者归入问屋，以从事货物装卸通关承接转运业务为主者归入回漕店。

表 1　与泰益号有贸易关系的关门商号

商号名	经营、代表者	所在地	电话、电报	经营范围	贸易、通信期间	书柬数
阿南商店	阿南荣太郎	下关观音崎町			1913—1914	
池田屋商店		下关西南部町			1914	
内田商店	内田传吉		☎:特149 电报略号:ウチダ&ケ	海陆物产委托专卖	1903—1913	3
大崎商店	大崎猪之助、大崎保太	下关观音町、岬之町	☎:长455 电报略号:0イ&0	物品问屋	1909—1912	11
黑积商店					1919	
中利商店（赤松富吉商店）	赤松富吉	下关岬之町	☎:长335 电报略号:ナカリ&ナ	海陆物产问屋	1908—1928	226
西村屋商事	岩永奥松	下关岬之町	☎:长566 电报略号:イ&イフ	海陆物产委托问屋贸易商	1918—1929	30
善荣商店	善长定吉	本店:下关岬之町	☎:特长545&1517 电报略号:ヨシエ&ヨ	海陆物产委托问屋贸易商	1909—1929	33
		支店:釜山南滨町	☎:638			
问屋		办事处:清津明治町	☎:25			

（续表）

商号名	经营、代表者	所在地	电话、电报	经营范围	贸易、通信期间	书柬数
木村商会		门司市港町3丁目	☎：长943	回漕业	1929	1
九州商船组本店	足立幸章	门司市港町1丁目	☎：750.217.	大阪商船株式会社转运货物处理所	1923	1
				国际通运株式会社甲种信用部加盟店		
黑石回漕店	黑石荣作	门司市栈桥通6番地	☎：1421	海陆运送	1930	1
西村回漕店		门司市港町8丁目	☎：532.608.1403. 特长201	海路货物运送服务店	1922—1933	325
半田回漕店		门司市港町3丁目	☎：542	海路货物运送店	1929	1
福永回漕店	福永初造	门司市港町1丁目6番地	☎：长403.1344	海陆货物运送办理/仓库业/保险业	1930—1933	16
松井回漕本店⇒松井回漕店	松井百合松/安达茂七	下关市西南部町	☎：特长121	民夫供给海关税务服务/浅野水泥株式会社门司支店专属	1911—1923	617
⇒安达合资会社运输部⇒八坂运输部⇒门司海送部⇒安达回漕店	安达贞三/福岛繁太郎	门司市港町	☎：长347 电报略号：マツイ&っ	海陆货物漕运/大阪商船株式会社专属店/明治运输株式会社办理店/海关货物服务业铁道省公认运送店/东洋海上保险株式会社代理店/海关货物服务业铁道省公认运送店	1906—1927	51

（续表）

商号名	经营、代表者	所在地	电话、电报	经营范围	贸易、通信期间	书栗数
松延组运输部		门司市凑町1番地	☎:1229. 长56	铁道公认货物服务业/日本邮船、大阪商船专属货物办理/日本递送株式会社交易店	1928—1938	284
村本回漕部	邑本增太郎	本庄：门司栈桥通1番地邮船大楼3层	☎:89. 长36. 长455	日本邮船、近海邮船株式会社专属民夫驳船货物办理承包业		
		仓库部门装箱所：邮船仓库内	☎:1290	货物船客经销代办所/大日本制糖株式会社大里驳船承包业		
		大里办事处：大里日糖厂区内	☎:665	日华制油株式会社专属运送办理/海关货物办理人/海陆运送业		
		若松办事处：日本华制油厂区内	☎:451			
八坂运送店门司支店	足立吉章		☎:长750. 特长217.	运输	1924	1
柳井组		门司市东海岸通	☎:特265 电报略号:や&ヤナヰ	海运业（内外船舶服务/驳船/人力拖船）	1909—1912	2
山胁回漕店	佐藤宽冶郎	门司市滨町2丁目	☎:长335	日本邮船株式会社专属货物乘客服务/内外汽船货物服务	1915—1920	75
池田商店	池田幸人	门司市港町		铁道货物服务/驳船民夫承包 国际港运输株式会社	1914	

（续表）

	商号名	经营、代表者	所在地	电话、电报	经营范围	贸易、通信期间	书柬数
轮船公司及财阀系工厂	大阪商船株式会社门司支店	植木又三郎、广井精一郎、藤田子仪、内山正也	门司港町	☎:557	运送/驳船/劳务承包/海关货物服务/运送服务	1909—1933	64
		武田金助					
	大阪商船株式会社门下关支店	藤田子仪			运输	1916	1
	国际运送株式会社门司支店	福岛繁太郎	门司东港町9丁目1番地	☎:长695特长932	海运	1924—1928	10
	日本邮船株式会社门司支店				海运业	1921	1
	大里制粉所（铃木商店系）		门司大里町	☎:1064长109特长201	面粉制造业	1919	5
华商	泰益支店	魏世美、黄祖信、蔡承润（水湿）	下关岬之町	☎:335电报略号：タイエキ（夕）		1906—1934	142
	联昌号	黄智海	下关岬之町91番			1911—1928	

资料来源：本表根据上述商号等各号泰益号的书柬，以及泰益号账簿《关门总簿》，以及泰益号见现存书柬，而仅见于账簿者做成。经营、代表者栏为书柬之署名人，经营范围从信封、信笺所印支字之商号。书柬数空白栏，为仅见于账簿，而未见现存书柬之商号。

从其所在地的分布来看，近代航运与制造业几乎都集中在门司一侧。而回漕业者的本店原先大都设置于下关，但是随着门司的发展，几乎都将经营据点移设到门司。不过，也有少数横跨关门海峡在两地同时开设者。

与此相比，问屋则完全集中在下关一地。从表1可见，问屋主要集中在观音崎町、岬之町、西南部町一带。考其原因应该主要有如下两点：其一，开港前，西南部是藩政控制力较弱的区域，商人们因此多在此地开设店铺从事贸易，这一地区也由此成为商业繁盛之地。其二，近代开港以后，这一带的港湾设施得到修建，与门司的往返渡船以及通关、电信、装卸货物等均极为便利。也正因此，不仅以往的问屋继续在此经营，而且新进驻的西方商社和华商亦在此周边建立其商业据点。表1所见的下关问屋共有7家，将账簿和书柬资料对照，现存泰益号关门贸易总账《关门总簿》中，与泰益号的往来交易记录在册的只有阿南、池田、大崎、中利、岩永、善荣等6家，而有关内田商店的资料仅见于书柬。

这些商号与泰益号之间的贸易额及其交易内容则参见表2。从表2可见，除了设在关门的商号之外，与泰益号的关门贸易关系密切，因此在《关门总簿》中单列会计项目的外地商号还有如下几家：森卯为位于函馆的森卯兵卫商店。酒木为位于神户市海岸通五丁目的酒木市松商店。黑积、黑濑与岩永三家均为长崎问屋。益记为厦门商号，中俊为釜山商号。在逐项交易记录中，收货地有台北、基隆、上海、厦门、新加坡等口岸，收货或收款华商则有台湾的陈源顺、永乾泰、长益、旭商店、庄义芳、金联发、泉兴号，上海的德大，长崎的震丰号、源昌号等商号。

而价款则通过正金银行、第十八银行、第一银行、商业银行、高木银行、福冈银行等金融机关的汇票结算。上述银行的所在地可以分为两类：一是本支店设在下关或门司者，如正金银行（横滨正金银行下关支店）、第一银行（下关与门司均有支店）、商业银行（按战前日本的商业银行超过200家，主要冠以地名区别，此处当为马关商业银行）；二是本支店设在长崎者，如第十八银行、高木银行（按战前有三家同名银行，此处当为长崎高木银行）、福冈银行。

虽然，从 1882 年日本银行就开始发行汇票，但是由于信用等问题一直无法普遍流通，这一状况直至 30 余年后的第一次世界大战末期才开始改变，至 1918—1919 年间银行汇票才在一般交易结算中取得压倒性的优势。[1] 不过在华商所从事的关门国际贸易中，除了个别极小额度的价款外均采用银行汇票结算。

（二）泰益号与中利商店的交易

以下，通过泰益号与中利商店的交易，来观察华商与问屋的关系。

中利商店又称赤松商店。根据同业内人的回忆，赤松商店是下关一家很有地位的问屋，其经营者赤松富吉担任由该地问屋所组成的四十物组合的议员。赤松商店原设在下关的西南部町，其隔壁是英商怡和洋行。在下关，怡和以松尾商店的名义出现。由此，也可知新来的外商选择问屋集中之地构筑商店。现存中利商店寄给泰益号的 200 余封书柬。同商号的信笺上，印有"中利商店便笺"或"中利商店通知书"的文字。而所盖印章刻有"赤松富吉商店"字样。印章中的（人中）符号当为表示"中利"这一屋号（商店号）的商标，而"赤松富吉商店"为表示经营者或所有者的店名。印章上还刻有"下关岬之町"及"海陆物产问屋"的文字，同时期无论是日商还是华商的商业书柬上，往往可见形式类似的印章。这已经超过了印章的信用功能，而具有微型广告的作用。由于泰益号下关支店给本店的报告中提到该商店时一般称之为中利商店，因此本文行文中以中利商店为其通称。

同商号是泰益号在关门的最主要贸易合作伙伴，从 1909 年到 1928 年的 20 年间，两家商号保持了十分密切的贸易关系。与此同时，泰益号与关门的其他问屋之间只有零星交易。同商号不仅是泰益号在贸易上最大的合作伙伴，也是信用上最大的合作伙伴。根据泰益号账簿《关门

[1]　福岛正夫，《银行史上的日本私法》，载《私法》1953 年第 10 号，第 43-64 页。

总簿》的记录，1909—1914 年间，与中利商店的交易额几乎与泰益号关门贸易的总额相当。其数额，年平均在 2 万—3 万日元。1915 年以后，泰益号与松井回漕店的交易额大幅增长。尽管如此，到 1920 年为止，中利商店仍然是泰益号在下关最大的海产品采购店。而且，泰益号与其他关门商号的交易决算，往往是通过中利商店的中继决算进行的。也正因此，《关门总簿》中，中利商店的决算栏里，往往包含了泰益号与其他商号的交易金额。例如，1904 年与中利商店的交易决算记录中，就包含了泰益号与松井回漕店的交易金额（有关泰益号关门贸易的统计参见表 2）。而且，泰益号的经营者陈世望，派其女婿蔡承润（蔡水湿）在下关设立了泰益支店，而这家支店长期以来就依托在中利商店里。

通过书柬资料，可以得知双方的贸易实际情形。1910 年 12 月 11 日，中利商店给泰益号寄出如下书柬：

> 拜启　屡蒙光顾不胜感激。谨陈者，昨日接奉尊函，大豆之事，本船仓位三回满载，故无法发货。此拾四日由梅丸送达。此刻，对马鱿鱼二番品无货。
>
> 一、隐岐鱿鱼秋甲大，下关交货，百斤式拾四円也。
>
> 一、竹岛秋甲大，百斤，式拾三円五十钱也。产地隐岐甲大有二百个、竹岛甲大有五六百个，如价格合适望回复。
>
> 一、捧鳕、四之卷无货，六之卷，拾贯七円五十钱。八之卷，拾贯七円八十钱。
>
> 一、朝鲜奠子（杂鱼），白色，上品，拾贯拾円也。白色，中上品，拾贯七円五十钱。红赤色上等，拾贯七円五拾钱。同中上，拾贯六円五十钱。红赤色，下等，拾贯五円五十钱。
>
> 一、盐鳟，上等，百斤（四舍五入）五円二拾钱。
>
> 物品甚多，匆此先复。[1]

---

[1]　中利商店书柬，1910 年 12 月 11 日。原文为日文，此处引文为笔者所译。以下所引日商书柬，原文均为日文，引文为笔者中译，不逐条另注。

　　从上述信件可见，中利商店负责向泰益号提供商品种类、等级与价格等市场信息，并接受其委托采办水产品。而且，负责采购商品的装卸、船期与仓位预定等业务。其产地采购市场及于日本与朝鲜。交易方式以委托与中介贸易为主。通常，当泰益号接受了中国或其他外国口岸华商的订单后委托中利商店进货。而中利商店从产地市场的货主或当地的问屋进货后发往泰益号所指定的商号。在这种交易中中利商店收取的费用，参见以下交易个案。

　　1913年年初，泰益号从厦门商号处接到了柴鱼的订单后，泰益号随即通过下关支店委托中利商店调查货源并进货。中利商店向小樽、函馆等地远程市场进行了行情调查。下关支店的蔡承润给中利商店的书信中报告了结果：

> 　　至昨今再托中利商店向小樽、函馆两处查问，据函馆初时来电报，壹等价十贯6.1元，百斤9.7元，二等十贯5.9元，百斤9.44元，三等十贯5.7元，百斤9.12元。以上所报，均是在关交货，外须再加保安、会水、失重以及中利商店经手行仲，须百斤按三角左右也。[1]

　　据此，下关的交货价格为：一等品10贯（15公斤）6.1日元，一百斤9.7日元，二等品10贯5.9日元，一百斤9.44日元，三等品10贯5.7日元，一百斤9.12日元，加上保险费（保安）、汇款费（会水）、失重及中利商店的代办佣金（行仲）等，一百斤加收30钱。这大约相当于总额的3%，所以，与被称为"九八行"的华商之商业习惯中所收的中介佣金差距不大。[2]

---

[1]　蔡承润书柬，1913年7月10日。

[2]　幕末的1862年（文久二年），当地问屋的海产品中介佣金按其品种的不同，定在3.5%—4.4%之间（参见《下関市史　藩制——明治前期》，第136-141页），与此相比，此一时期的问屋佣金已经有所下降。或为四十物组合建立后重整问屋之后的调整。

从泰益号与中利店的交易来看，问屋之于华商，不仅限于委托进货，而且一手承接了货物承接转运诸业务，包括进出货物的包装、装卸、仓储、预定船期、代理订舱、报关报检、通关放行、文件处理等等，均一条龙承包。[1] 不过，问屋接受华商委托后，往往将这些业务分包给回漕店。例如，中利商店接受泰益号委托后，再将相关货物接驳业务委托松井回漕店，而松井回漕店则将佣金和各相关费用的结算书或账单发往中利商店。中利商店再将这些费用列入费用清单向泰益号要账。所以，无论货物接驳业务的实际承担者是谁，泰益号是将交易全权委托给了中利商店。[2]

不过，当第一次世界大战爆发，日本迎来了连续 4 年的外贸出超景气，各主要港口均面临输出货物量剧增的局面，运送业务遂供不应求。在此状况下，仓位确保成为当务之急。为了应对这一紧急状况，1917 年 8 月，问屋组织的下关海产贸易组合决议，凡因仓位不足而发生的无法装运，或装船及运送时期的延迟，而导致货物变质及运费差额发生时，其损失应由订货者承担。[3] 由于海产品输出商均为华商，所以这一条项完全是针对华商而来的。

也正是在这一大战景气所导致的仓位紧缺的状况下，越来越多的华商开始越过问屋的中继，而直接与实际承担货物承接转运诸业务的回漕店开展交易。

（三）泰益号与松井组回漕店及其后身的交易

在表 1 所示回漕店中，与泰益号关系最深的是松井组。松井组的营业据点设在门司，负责人为松井百合松。到 1919 年 8 月为止同店给泰益号的书柬署名为"松井回漕店"，同年 9 月以后为"松井组安达合资会社"，很可能是以安达茂七为主进行了改组。[4] 而八坂运输门司支店，

---

[1] 中利商店书柬，1910 年 10 月 11 日，蔡承润书柬，1910 年 7 月 16 日，1911 年 9 月 4 日。
[2] 中利和回漕店之间的交易文件。
[3] 下関海產貿易組合，《決議条項》，1917 年 8 月 15 日。
[4] 松井组安达合资会社书柬，1923 年 9 月 3 日。

原来只有从事火车运输业务的陆运部，1922 年 1 月起新设了海运部。或许是因为业绩不振的原因，松井组安达合资会社的负责人安达贞三以下 10 名店员，全数为八坂运输门司支店所吸收，成为其海运部店员。而该海运部完全继承了松井回漕店的各项业务，并继续作为大阪商船株式会社的专属支店而运作。[1] 不过，翌年 2 月，以安达贞三、福岛繁太郎为中心，以"安达回漕店"名义再度独立，依然作为大阪商船株式会社下的承包公司承继松井回漕店的海运各项业务。[2] 不过，此后的营业并未扭亏为盈，继续惨淡经营。1923 年 9 月，同店给有交易往来的各客户发出了旨在振兴业绩和恢复信用的信件，但是显然重振经营的努力并未奏效，同年 9 月以后，同店和泰益号的书信往来遂告断绝。

　　至少从 1909 年起，同系统的回漕店就已经承担了泰益号输出入货物的承接转运各项业务。当时，二者间的交易主要是通过中利商店的中介而展开的。从第一次世界大战爆发的 1914 年起，泰益号开始与松井回漕店直接进行交易。在《关门总簿》中首次列入了"松井回漕店"的会计科目，如表 2 所示，同年度账簿记录的双方交易金额达近 4000 円，在关门地区仅次于中利商店。而 1915 年至 1919 年间，回漕店与泰益号的交易额屡屡超过了中利商店。

表 2　泰益号的关门贸易统计表

年份	商号名	交易项目	金额 （收来）	交易项目	金额 （付去）	滚存
己酉 1909	赤松	海产品	33476.95	价款等	37000.00	
		牛乳	1347.34			
		诸费用	2175.71			
		合计	37000.00		37000.00	0

---

[1]　八坂运输门司支店海运部书柬，1923 年 1 月 25 日。

[2]　安达回漕店书柬，1923 年 2 月 25 日。

（续表）

年份	商号名	交易项目	金额（收来）	交易项目	金额（付去）	滚存
己酉 1909	大崎	海产品	1830.32	价款等	1865.62	
		诸费用	35.3			
		合计	1865.62		1865.62	0
	利泰	委托贩卖	114.28	运费等	211.74	−97.46
庚戌 1910	赤松	海产品	19162.44	价款等	18298.00	
		相抵费	1800.00	价款对消	*3911.09	
		诸费用	1224.97			
		合计	22187.41		22209.9	−22.49
	利泰	海产品	361.50	价款等	361.50	0
辛亥 1911	赤松	海产品	26662.97	豆类	1488.32	
		诸费用	2690.83	价款等	27040.58	
		合计	29353.80		28528.94	*0
壬子 1912	赤松	海产品	26049.10	豆类	753.25	
		诸费用	1633.80	价款等	26950.58	
		合计	27682.90		27703.83	*0
癸丑 1913	赤松	海产品	15688.75	价款等	18543.14	
		诸费用	2654.67	对消	1901.61	
		合计	20649.24		20449.43	200.00
	益记	委托贩卖	228.10	价款运费等	228.10	0
	阿南	海产品	1516.97	价款等	1563.04	
		诸费用	46.40			
		合计	1563.37		1563.04	0
甲寅 1914	赤松	海产品	18383.68	滚存	200.00	
		诸费用	1870.97	价款等	19907.58	
		合计	20254.65		20107.58	147.10
	阿南					
	池田	海产品	943.49	价款等	943.50	0
	松井回漕	诸费用	3814.58	价款等	3827.37	−12.79

（续表）

年份	商号名	交易项目	金额（收来）	交易项目	金额（付去）	滚存
乙卯 1915	赤松	滚存	147.08	价款等	4586.06	
		海产品	3630.91			
		诸费用	806.14			
		合计	4584.13		4586.06	0
	松井回漕	诸费用	7920.10	滚存	12.79	
				价款等	7724.00	
		合计	7920.10		7736.79	172.50
						*[183.31]
	森卯 北海道	海产品	420.85	价款等	420.85	0
	益记 去货托 酒井	委托贩卖	379.70	价款等	379.70	0
	酒井 神户	汇款	1200.00			1200.00
丙辰 1916	赤松	海产品	4687.79	价款等	512720	
		诸费用	445.07			
		合计	5132.86		512720	*0
	松井回漕	滚存	172.50	价款等	4960.20	
		诸费用	4787.70			
		合计	4960.20		4960.20	0
	酒井神户	滚存	1200.00		1200.00	1200.00
丁巳 1917	中利赤松	海产品	12050.02	价款等	8023.90	
		黄豆	1931.25			
		诸费用	529.03			
		合计	14510.30		8023.90	*
	松井回漕	诸费用	9920.62	价款等	9738.50	182.12
	善荣长	海产品	3243.92	价款等	3306.70	
		诸费用	62.79			
		合计	3306.71		3306.70	0

（续表）

年份	商号名	交易项目	金额（收来）	交易项目	金额（付去）	滚存
丁巳 1917	山协	诸费用	3908.61		3908.60	0
	中俊 釜山	海产品	5753.22	价款等	11741.41	
		黄豆	6171.28	对消	28.4	
		合计	11924.50		11769.81	*154.69
戊午 1918	中利					
	松井回漕		5123.72	价款等	4838.64	*258.00
	山协		74679	价款等	74679	0
己未 1919	中利	海产品	894.84	价款等	951.85	
		诸费用	57.01			
		合计	951.85		951.85	0
	松井回漕		6652.81	价款等	6652.81	
	山协					
	黑积	白盐	612.23	价款等	612.23	0
	黑濑	白盐	36.98	价款等	36.98	0
	中俊 釜山	海产品	378.39	价款等	378.39	0
	赤松	海产品	816.12	价款等		
		诸费用	24.50			
		合计	840.12		840.25	0
	善长	海产品	771.04	价款等	815.13	
		诸费用	44.09			
		合计	815.13		815.13	0
	舲木	海产品	336.40	价款等	346.47	
		诸费用	10.07			
		合计	346.47		346.47	0
	岩永	海产品	2199.90	价款等	2217.80	
		诸费用	17.80			
		合计	2217.80		2217.80	0

（续表）

年份	商号名	交易项目	金额（收来）	交易项目	金额（付去）	滚存
庚申1920	中利	海产品	1649.09	价款等	1763.80	-114.20
	松井回漕	诸费用	9025.65	价款等	9025.65	0
	中俊	海产品	1364.48	价款等	1364.48	0
	赤松					
	善长					
	岩永					

资料来源：根据泰益号账簿《关门总簿》各年度账目统计制表。

备注：

己酉年（1909）

●赤松（商号名均按原账簿会计科目所记，下同）：

1）收来栏主要是泰益号从赤松所进之货的价格及相关各项费用，付去栏为所兑付的货款及相关费用。

2）同会计年度主要使用商业银行及正金银行的汇票结算。

3）松井回漕的价款也通过赤松商店的中介结算。

4）收货方有台湾的陈源顺、上海的德大等。

5）海产品包括盐干鱼类、食盐、椎茸、松茸等在内。

6）诸经费包括中介手续费、运费、包装费等各项费用在内。

●利泰：

1）收来栏为委托赤松商店出货的价款，付去栏主要是向赤松支付的火车运费。

2）收来金减去付去金，有盈余就作为结存金，亏损则作为欠去金，作为滚存结转入翌年。此处的滚存并不表示当年度的贸易盈亏。

庚戌年（1910）

●赤松：

1）付去金除88.17日元为当面现金支付外，均为商业银行汇票支付。

2）*3911.09为价款相抵金，唯原账簿记录无法判读，故从当年度交易总额中推算。

3）收款商号中有长崎源昌号。

辛亥年（1911）

●赤松：

1）关于滚存栏*0，实际上账簿的该年度会计收支相抵并不为0，但是付注"如数两讫"字样，做收支平衡清账，翌年亦无滚存转记。

2）价款主要通过长崎第十八银行及正金银行、商业银行的汇票结算。

壬子年（1912）

●赤松：

1）关于滚存栏*0，当该会计年度收来－付去＝-20.93日元，与上年度同样作清帐处理。

2）付去栏的价款，主要通过长崎第十八银行、商业银行、第一银行的汇票结算。

3）摘要中记录的交易商号名中，有台湾的永乾泰和泉兴号，主要收货地为台湾与上海。

癸丑年（1913）

●赤松：

1）收货商号有台湾的长益、旭商店、泉兴号等。主要收货地为台湾与上海。

2）价款主要通过长崎第十八银行和高木银行的汇票结算。

●益记：委托贩卖的形式为"去货托赤松兑"，即益记通过泰益号委托赤松销售货物。

●阿南：

1）价款通过长崎第十八银行及高木银行的汇票结算。

2）价款的收款人为长崎华商震丰号。

甲寅年（1914）

●赤松：

1）价款通过长崎第十八银行及高木银行的汇票结算。

2）价款包括通过赤松付给松井的金额。

3）收货人有台湾的泉兴号。

●阿南：同会计年度无交易记录。

●松井回漕：

1）收来栏为松井回漕替泰益号垫付的关税和搬运费、仓储费用等。商品主要以木耳、杂货为主。

2）收货方为台湾的陈源顺、永乾泰、庄义芳、金联发等商号。收货地主要有中国台湾和新加坡。

3）价款主要通过长崎第十八银行的汇票结算。

乙卯年（1915）

●赤松：价款通过高木银行的汇票结算。

●松井回漕：

1）商品主要有木耳、毛菇。

2）价款由长崎第十八银行、高木银行、福冈银行等银行的汇票结算。

●森卯：

1）收来栏记录的是泰益号委托森卯采购的鱿鱼。

2）付去栏为通过三井银行汇去的价款和运费。

●益记：委托贩卖的内容为益记委托向神户酒井发货。

●酒井：酒井从高木银行汇给泰益号 1200 日元，是何项款项不明。

丙辰年（1916）

●赤松：收货地有中国上海、新加坡。

●松井回漕：收货地有中国台湾、新加坡。

●酒井：为上年度酒井汇款结存。

丁巳年（1917）

●赤松（中利、赤松）

1）同年度会计科目中"赤松"一栏设为"中利、赤松"。

2）收付相抵盈余 6477.37 日元，但是并未滚存转入翌年，原因不详。同年的该项会计仅有 6—12 月的记录。

●松井回漕：收货地为厦门、中国台湾、新加坡。

●善荣长：即善荣长商店，交易内容与赤松（中利）基本相同。

●山协：

1）交易内容与松井基本相同。

2）交易品为豆类，收货地为新加坡。

●中俊：

1）交易内容与森卯基本相同。

2）收支相抵后的余额，未记入翌年滚存，而是转记入相当于存货分类账簿的《置配查存》。

戊午年（1918）

●中利：同会计年度无交易记录。

●松井回漕：

1）主要收货地为厦门、中国台湾、新加坡。

2）收支相抵后元以下的余额省略，写作"结在来金贰佰五拾捌元正 过入新部"。

●山协：

1）交易内容同松井回漕。

2）主要收货地为基隆、新加坡。

己未年（1919）

●中利、赤松：

1）同会计年度起中利与赤松被分为不同的两项会计科目。这可能与原经营者赤松的去世，导致该商店在经营体制上的某些变化有关。

2）中利的付去栏仅有到 6 月为止的交易记录。而赤松的付去栏记录的是 7 月以降的交易。

●黑积、黑濑、岩永：均为长崎问屋。

庚申年（1920）

该会计年度除中利、松井回漕、中俊外，其他商号均无交易记录。

　　第一次世界大战期间是泰益号经营史上的黄金时期，乘着当时日本巨额贸易顺差的好景气，以从事外贸为主的在日华商经历了从未有过的经营繁荣景象。同一时期中，门司港与横滨、神户诸港一道，随着输出入货物的剧增，出现了运输供不应求的状况。所以，仓位的确保成为输出业务中最优先的课题，由于门司位于横滨、神户航路的下游，所以仓位尤为紧张。可以认为，泰益号与回漕店关系的紧密化，与这种时代背景有直接关系。同一时期海运的繁忙与仓位紧张的状况，从松井回漕店给泰益号的书信中可见一斑：

再启，邮船会社之河内丸明日当入港。三艘均以既无余席，经以电告。又及，商船之神国丸之入港预定，船艘与余席俱无之。但有入港，自当努力，极力达致装载。值此之际，唯仅装邮船，实为困难，专此奉告。根据场合，商船亦可装载，此中情由，复祈揣度定夺。盖因横滨、神户等积载甚多，几乎船腹满载，以致门司港装载极为困难，万望见谅。然但凡有船入港，自当极力以致装船，敬请安神静心。[1]

而以下书柬资料，则反映了泰益号与松井回漕店的实际交易情形。

拜启，每蒙垂青眷顾，奉谢无尽。敬陈者，今次近江丸载来木茸式十五箱，经全数装送本日出港之地久丸。因将所指定之发往怡胜号之船荷证券送呈以备查。尚有输入免状及领书可一并寄呈也。[2]

从上可见，松井回漕店受泰益号委托，在门司将由大阪商船株式会社之轮船近江丸运来的香菇卸船并转装到发信当天出航的同属大阪商船的地久丸上，发往泰益号所指定的台湾收货商号怡胜号。与此同时，用邮件将提单（船荷证券）、进口许可书（输入免状）及领收单据（领书）等寄给泰益号。而以下的明细单，则反映了回漕店所担当的港口承接转运业务的主要内容及其各项费用：

费用清单　德大Ｄ印木茸二合、松茸一箱　发往金联发的部分

一、金额九拾式円六拾伍钱　　　　　　输入免税

一、金三拾钱　　　　　　　　　　　　通算仲仕赁

---

[1] 松井回漕店书柬，1915 年 11 月 6 日。
[2] 松井回漕店书柬，1914 年 12 月 3 日。

　　一、金壹円四拾四钱　　　　　　输入水切及觯赁

　　一、金八拾钱　　　　　　　　　积込并觯赁及仲仕赁

　　一、金五拾钱　　　　　　　　　输入通关料 [1]

　　在以上交易中，泰益号通过台北商号金联发的中继向上海的德大号运送香菇和松茸。在门司承接同批货物转驳业务的松井回漕店，担当了关税支付的代理、进货、入仓、装卸船等各阶段的货物搬运业务，并将实际费用加上佣金一起向泰益号要求报账。在上述与德大号的交易中，松井回漕店将进货和装卸船等搬运业务下包给村本回漕部，并因此向村本回漕部支付了 4 円 8 钱的搬运工人工费，所以松井回漕店将村本的发票与上述账单一并寄给泰益号报账。

（四）泰益号与近代轮船公司和财阀系工厂的关系

　　1. 与轮船公司的关系。泰益号经由关门的货物，主要由大阪商船株式会社的轮船运往亚洲各开港口岸。但是，其交易关系是通过回漕店和问屋中介的间接关系。大阪商船株式会社发给泰益号的书柬，主要是提单、出航指南、定期航路表、货物运送规约等事务性文书，而不包含有关交易商谈的任何记录。

　　2. 与大里制粉所的关系。北九州是与关东平原并列的日本最大的小麦产地，而门司则是西日本的面粉制造中心之一。门司的面粉是属于财阀铃木商店系的大里制粉厂的制品。由日本输出的面粉，主要销往中国的东北、华北、华南及东南亚等地的市场。第一次世界大战中，日本产的面粉对华输出势头旺盛，其中，厦门市场最受欢迎的品牌是大里制粉所的宝石商标面粉。泰益号受厦门商号的订货，向大里制粉工厂联系商

---

[1]　松井回漕店书柬，1914 年 10 月 29 日。"仲仕赁"为搬运人夫费，"水切"为货物运送及保管所需的接送货、装卸、上岸、搬运出入、分类、仓储、出仓、交货、货物移动等现场作业各项费用的总称。"觯赁"为舢板驳艇费用。"通关料"为海关费用。

谈输入厦门的交易。[1]

（五）贸易中的合作与竞争

随着关门贸易的繁荣，贸易竞争也十分激烈。下关的华商不止泰益号一家，来自长崎、神户、大阪及中国台湾的其他华商亦或是在此设立支店，或是派遣社员常驻该地。据泰益号的下关支店的蔡承润送交本店的报告所述：

> 兹将神、阪、台诸号在关告知：
>
> 协昌号、北樱商店、尚有一家专谋上海之家，未识何号，丰记阪庄、黄智海、吴庆详赞岐丸来关，崇记号今来关，在善长商店，并咱家共有八家在地采办熟鱼脯、盐连鱼、如此之多家若无十分用神，不但无益而且有损耳。[2]

从这一报告可知，云集下关的有长崎、神户、大阪及中国台湾等地的华商，加上泰益号，共计八家华商在此为了同类海产品的采购而聚集于一地，相互间竞争激烈。

这些华商的进货渠道，除了当地问屋之外，也可以向运货到此的产地货主直接采购。[3]关于下关采购的实际情形，蔡承润给本店报告中叙述如下：

> 盐连鱼闻源头出数甚大，台湾去路亦少，而内地亦是新拾号中利、杉山、善长、村荣四家按到千余件，而中利自己叫盘 4.7 元。此地之规矩欲作盘之时，乃买客先还价，而后卖客开盘。婿思欲招他开盘，恐卖客看咱有意欲买，价反报硬，至之不美，不

---

[1] 厦门裕益号书柬，1917 年 2 月 26 日；及大里制粉书柬，1919 年 2 月 18 日，同月 28 日。

[2] 蔡承润书柬，1911 年七月二四日。汉字表达的日期为旧历，下同。

[3] 蔡承润书柬，1911 年七月十五日。

如且看其候他召买，那时举手为妙。[1]

中利、杉山、善长、村荣四家问屋到货盐连鱼总数超过数千件，围绕着采购、产地货主、问屋与华商三者之间在交易对象的选择、价格谈判与交涉上展开自由竞争。如泰益号与中利商店之间，既是贸易合作伙伴，也互为竞争对手。

从相关书柬资料可见，为了采购同一货主的货物，泰益号与其合作伙伴的中利商店之间因为同为买主而处于竞争关系。以往的研究，往往视海产品的海外输出渠道为"货主——问屋——华商"这样的单向通道，不过，从关门贸易可见，实际上经过输出港的交易，存在"货主——问屋、货主——华商、问屋——华商、问屋——问屋、华商——华商"等五组关系，而且这五组关系相互交错，其竞争和连携的形势随时变化。

为了便于从下关进货和输出，担任长崎福建会馆会长的泰益号与中利商店之间结成了长期稳定和亲密的贸易合作伙伴关系。而另一位华商黄智海也在该地设立了联昌号，虽然黄智海是泰益号经营者陈世望的妹夫，但是对于黄屡次呼吁泰益号共同联合进行买卖，泰益号均无积极反应。在此，与资本和信用相对较弱的亲戚相比，泰益号毫不犹豫地选择了当地有实力的问屋为其合作伙伴。

决定商业合作的决定性因素并非所属族群或帮派，而是市场商业利润。同样的合作伙伴关系，在长崎福建会馆副会长崇记号与当地有势力的善长商店之间也可以看到。围绕着关门贸易，这两组跨越族群和地缘关系所结成的贸易伙伴相互竞争。而震丰、源昌等在关门没有支店的华商，则往往要通过泰益号等有实力的华商向当地的问屋"代办"（代为采购）或"代配"（代为发货）商品。与此平行交错着的，是围绕着日本海产品的对华输入，发生了华商内部不同帮群之间的竞争。当神户、长崎的华商从关门经由香港向厦门输出之际，广东帮与闽南帮，以及同

---

[1] 蔡承润书柬，1911年七月廿五日。

为厦门华商的洋郊（从事外贸的商帮）与港郊（从事香港贸易的商帮）之间竞争激烈。而经由台湾输出之际，则闽南帮与台湾的淡水郊、基隆郊之间相互竞争。[1] 当然，在华商与问屋之间，也存在着各种各样的群体层次上的竞争与贸易摩擦。[2]

五、网络的交错：华商、问屋、回漕店与轮船公司

将日本内地、开港口岸、海外市场有机地连接起来的关门市场圈，主要是由华商的输出网络问屋的中介网络以及回漕店的承包网络相互交错而形成的。以下，对这三张网络在关门贸易中的相互交错的实际情形进行观察。

（一）问屋的中介网络

近代以前的问屋，不仅占据了商品集散的流通领域的中枢，而且作为资本的支配力量介入了生产领域。江户时代的问屋，通过所享有的"株"的官方特权，"株仲间""讲""组"等强韧的行会组织纽带，以及"口钱"利润所积累起来的丰厚资本而强化[3]，其商业网络包括产地、流通与消费地三个环节。[4]

近代以降，在1872年日本政府宣布解散"株仲间"后，这些传统的问屋组织改组为商业组合。与从事近代经营的大型企业相比，问屋成为原有的经营模式的象征性存在。在下关，早在明治时期以前，问屋和

---

[1] 廖赤阳，《長崎華商"泰益号"交易ネットアークについて》。

[2] 华商与日本问屋的贸易摩擦，可见于同时代一些日本方面的记录。而长崎问屋与华商之间，围绕着贸易惯例所进行的双方有组织的谈判交涉，参照迫文三郎编，《長崎貿易商同業組合史》，长崎贸易商同业组合，1933年。

[3] 近世日本的问屋，形成类似于中国的行会那样的排他性垄断组织"座"，其成员的特权由其所获得的"株"来确保，其相互间结成"株仲间"（类似于行会），这是一种受到幕府和各藩公认的行会组织。"讲""组"也是日本近世村落与都市传统社会的人际关系结合，也包括行业性的结合。

[4] 宫本又次，《日本近世問屋制の研究》，東京：刀江書院，1951年；同《続日本近世問屋制の研究》，兵庫：三和書房，1954年。

大米商人就是支撑起当地中继贸易的核心存在。而海产问屋又是该行业中最核心的部分。1887 年，面对下关港的衰退的颓势，为了打开局面，下关的干鲜鱼商等强化了组织建设，结成了行会组织四十物组合，同组合遂成为下关商界的中坚力量。[1]

　　表 1 所示的善荣（长）商店，从江户时代起就是物品问屋仲间的最有权威的商号。开港以后，至少在 1918—1927 年间，一直担任下关四十物问屋组合的组长（会长），同时也历任下关商业会议所的特别评议员、常议员、商业部常设调查部委员、商业部贸易部会部长等要职。同商号的经营范围包括：(1) 盐干鱼类委托销售；(2) 米谷肥料委托销售；(3) 海产物海内外输出入业；(4) 国内外沿岸渔业经营。其本店设于下关，在朝鲜的釜山设有支店，在清津设有办事处。其交易货物的流通地域，及于九州沿岸、京都、大阪、中国地方[2]、北海道、中国东北、上海、厦门、中国香港及俄领柬索加等地。[3]

　　下关及泰益号本店所在地长崎等具有悠久贸易传统口岸的问屋，都有在漫长的交易历史中所积累的有关商品流通的技术知识与经验，并得到了华商与货主双方的信赖。在长崎，问屋和货主之间的关系类似于家族纽带。这种拟制家族关系即使在株仲间解体之后仍继续存在。[4]也正因为与产地的货主存在这种极为亲密的关系，所以问屋保有及时和准确地把握日本内地乃至朝鲜等产地的商品种类、数量、出货季节及价格等商业信息的能力。与此同时，正如中利商店与泰益号的关系那样，问屋与华间也结成了长期稳定的关系，从而对华商的需求动向也了如指掌。而他们之间所从事的交易，以海产品、草药材以及食品类为主，这类商

---

[1] 《四十物组合の沿革》，瞬报社出版部，《日本之关门》第 31 号（1918 年 4 月）。

[2] 中国地方为日本区域名，位于日本九州西部，包括今岛根县、冈山县、广岛县、山口县等五县范围。

[3] 参见《善荣商店》，瞬报社出版部《日本之关门》第 31 号，及《下関商業会議所月報》第 82-114 号（1919 年 4 月—1921 年 12 月），《下関商業会議所報》第 153-161 号（1925 年 2 月—1927 年 10 月）各号。

[4] 迫文三郎编，《長崎貿易商同業組合史》。

品的种类、品质、规格划分极细，而且成交额极为琐碎，包装、运送、保存、销售等工序不胜繁琐。对于这类商品，大企业难以发挥其经营上的规模效应，而灵活多样的网络型经营恰恰适合于此。这样，通过与华商网络的相互交错，仅限于日本国内市场优势的问屋，将其网络的功能扩大到了国际贸易的领域。

（二）回漕店的承包网络

在地域市场之间承担货物运输与承接中转业务的是回漕业者。在近世的日本，回漕业者曾与万问屋[1]一道，居于掌控商品流通渠道的枢纽位置。到了近代，回漕业作为港湾运送业之一，以从港湾直接连通水陆交通要道的货物搬运配送业务为中心，发挥了港湾最为重要的功能。[2]直到 1927 年金融恐慌发生前夜，门司的港湾物流业主要有以下两类：（1）专属于财阀系的大型船舶公司和仓储业者的港湾货物搬运配送业者；（2）以本地资本为中心的零星港湾货运业者。其中，尤其以（2）的数量占大多数，形成了关门的港湾物流的一大特色。

通过问屋采购的华商的货物，几乎都是由大阪商船和日本邮船这两大轮船公司装载运送的，但是，华商与问屋和轮船公司通常不直接发生关系，其交易往往是通过回漕店的中介来进行的。表 1 所示的泰益号的货运中转业务担当的回漕业者中，松井回漕店和九州商船组等为大阪商船株式会社的专属店，村本组为日本邮船株式会社的专属店。松延组运输部，则同时承接大阪商船株式会社和日本邮船株式会社两家的货运业务。而福永回漕店，从 1930 年起作为专属店加盟浅野水泥株式会社的门司工厂伞下，与此同时，其经营者福永初造自身经营着合资公司关西组。[3] 上述状况不仅限于关门，从 19 世纪后期到 20 世纪前半期，

---

[1] 万问屋是在近世的港湾从事几乎所有业务的问屋。

[2] 内田一男，《関門における港湾運送業》，载山口大学经济研究所、门司市、山口大学经济研究所调查室编，《関門经济史》第 1 辑，第 143-154 页。

[3] 福永回漕店书柬，1930 年 6 月 24 日。

日本的港湾物流业几乎都是承包制，由大企业直接经营或公营的方式极为少见。

回漕店的经营范围甚广，不仅限于货物搬运。回漕店作为问屋和华商的代理，代办通关手续，缴纳关税，并且就预约仓位、装船手续、发行提单等单据与轮船公司交涉，也代办卸货换装和运送保险等业务，同时，也有不少回漕业者从事与上述业务相关的旅馆业。[1]

以下，通过表1所示的村本组的事例，对与回漕店有关的承包网络的实际情形做一观察。村本组（邑本回漕店）的创立者是邑本松二郎和其弟邑本增太郎。外出打工的两兄弟，最初是在日本邮船株式会社的总承包人柳井组之下，作为其负责装卸民工的分包人。1907年，从柳井组独立，设立了村本组（村本回漕店）。[2]获得日本邮船株式会社的承认，被指定为货物承办人的村本组，以邑本松二郎为总承包人，其弟增太郎则率领民工作为装卸分包人。这种双重承包制也广泛地存在于当时的港湾物流业中。通常，总承包人从轮船公司处直接取得货物办理的业务，再转而将具体的装卸业务转承包给民工分包人。总承包人从船主处获得装卸搬运费，再将此费用付给负责实际装卸劳务的民工分包人。分包人按照独立会计雇佣人夫，并直接在现场指挥作业。这一时期，为了从轮船公司获取承包业务，竞争极为激烈，乃至于不同的团伙之间充满了"杀伐的风气"。为了强化竞争力，民工分包人与搬运工之间，结成了师徒制度这样强有力的纽带。如村本组，其经营管理阵容由家族、亲

---

[1] 例如，松延组在门司经营着松延旅馆（松延组旅馆书柬，1906年7月3日、1906年7月8日）。而该地西本町2丁目的大野回漕店则是日本邮船株式会社和大阪商船株式会社两家所的指定旅馆（《门司商工会议所报》第52号，1917年5月12日）。从上述回漕店的经营内容来看，与中国开港口岸及海外华侨聚居口岸的"船头行"和"客栈"有不少相似之处。

[2] 同一时期，门司的搬运人夫人数达6000人。这些人夫的总承包人一共有14组。其中，拥有超过1000人以上码头工人的大型业者有三井物产、矶部组、自念组等3组，除此之外，村本组的规模与其他10组大致相当。不过，村本组以第一次世界大战为契机获得了很大发展，经过第二次世界大战的统制时期直至战后，同家族经营的村本组及其后身的企业，已成长为关门港湾物流业首届一指的企业。

戚和朋友所组成，而民工则大多从老家招募。[1]

六、关门市场网络：三种模式

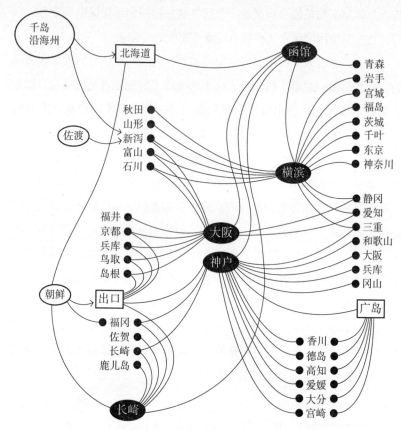

图 1　近代日本的主要海产品输出港及其采购市场圈

接下来，将以市场空间为焦点，就问屋、华商、回漕店和轮船公司之间的多角贸易关系所形成的关门市场网络做进一步考察。

---

[1]　北九州運輸株式会社编，《北九州運輸三十年史》，門司，1979 年。

（一）长崎市场圈的变迁与泰益号的对策

泰益号本店所在地长崎，在江户时代既是全国唯一的俵物集聚上市之地[1]，也是唯一的输出港。在幕府的俵物输出垄断体制下的 18 世纪中期到 19 世纪中期，长崎、大阪、下关作为日本西部地区的俵物集货基地，从各自的周边地域采买俵物。其中，大阪、下关发挥着日本北部地区和东部地区俵物运送中继地的功能。而长崎则兼具周边市场和全国市场的双重功能。[2]但是，幕末开港以后，长崎丧失了全国中心的位置，横滨、神户、大阪、函馆成为新兴的主要海产品输出港。这些输出港口，依靠将根据地设在本港的卖入问屋的采购活动，打通了从产地到输出港的流通渠道，并且由此形成该港的采购市场圈。其中，从市场圈的涵盖面及其输出商品种类来看，具有全国市场性质的，只有横滨、神户和大阪市场圈。[3]从输出品来看，长崎以鱿鱼为中心，而函馆则以海带为主，都未能摆脱地方市场的束缚。长崎的卖入问屋的主要采购市场圈几乎限于九州周边一带，主要的收购产地为日本海，位于东海一侧的佐贺、熊本、福冈、鹿儿岛、五岛列岛、对马等地，此外，在大分、宫崎、山口、岛根等地与神户、大阪市场圈相重合。

正是为了应对市场圈的这种变化，泰益号在下关设立了支店。从门司到本店所在的长崎之间，铁道运输和轮船航线构成了频繁和迅速的海陆交通网络。本支店间的通信一日可达，而电话、电报的通信则更为便捷。因此，两地可以保持人员、物资和信息的密切交流，关门得以和长崎市场圈保持紧密联系。另一方面，泰益号通过关门的问屋，将自身的

---

[1]　俵物为江户时代为了替代金银铜等贵金属而对华输出的海产品，以海参、干鲍、鱼翅等为最主要的三个品种，因为用俵（稻草）包装故名。

[2]　参见：松浦章，《日清貿易における俵物の中国流入について》，载《千里山文学論集》第 7 号，1972 年 3 月，第 19–38 页；小川国治，《江户幕府输出海产物の研究——俵物の生産と集荷機構》，東京：吉川弘文館，1973 年；荒居英治，《近世海産物貿易史研究》，東京：吉川弘文館，1975 年。

[3]　秋谷重男、黒沢一清，《水産品貿易構造の数量的研究Ⅲ——日本资本主义と水産貿易》，第 39–43 页，東京：水産庁，1958 年。

采购半径延伸到远程的北海道、朝鲜市场。如此，通过关门这一新的商业据点，泰益号在守住原有的商业根基的同时，又获得了远远超出长崎市场圈的采购和输出的能力。

（二）关门市场网络的三种模式

围绕着关门贸易所形成的错综复杂的市场关系，可以整理归结为以下三种模式。

1. 开港口岸与日本内地市场和产地市场的结点

通过关门的问屋和产地货主的交易，形成了产地市场与输出港市场之间的流通渠道。下关的问屋在接到华商的订单后，首先从当地的市场调配商品，如果未能采购到符合需求的商品，那么就向周边的产地市场继续寻找货源，而当附近市场也没有这类产品时，就必须从北海道乃至朝鲜这样的远程市场采购。中利商店给泰益号的书信中，经常出现的周边市场有隐岐、对马、竹岛等地，而远程市场则有北海道的小樽、朝鲜的釜山等地。[1]

当然，就海产品的贸易而言，在关门与日本内地市场之间，主要的商品流向是从产地向输出港移动。但是，并不是所有集约到开港口岸的商品，都经由华商之手输出海外，相反，也有经过开港口岸再输入到日本内地农村消费市场的事例。

如前所述，19世纪80年代下关曾被指定为进行朝鲜贸易的三个港口之一。20世纪前半叶，朝鲜是关门贸易的一大采购市场。泰益号下关支店对朝鲜货物的主要进货商是釜山的中俊商店。该商店位于釜山南滨町2町目，也是中利商店的老主顾。第一次世界大战中，泰益号开始了与中俊商店的直接交易。同时期中，泰益号频繁地与中俊商店之间通过电报交换商品价格等市场信息。[2] 1917年，泰益号从中俊商店输入的大

---

[1] 中利商店书柬，1909年5月27日，同年5月28日，同年6月13日，同年6月17日，同年7月2日，1910年12月11日。

[2] 蔡承润书柬，1917年8月27日。

宗商品为海产品和黄豆两大类，其贸易额达 1 万日元。[1] 这在同年度泰益号所从事的关门贸易总额中，与泰益号和中利商店的贸易所占比重相当。（参见表 2）

2. 日本的主要开港口岸与采购市场圈的结点

关门位于长崎、博多市场圈与神户、大阪市场圈的中间位置。不同开港口岸的市场圈，通过关门港的中介呈环状相交，关门市场圈的辐射力也因此获得极大扩张。

1913 年 8 月 17 日，泰益号下关支店负责人蔡承润向本店所提交的报告中提到，除了泰益号之外，长崎福建帮的崇记号、震丰号、公茂号（泰源号），及下关的联昌号，都聚集在下关采购鲵脯。[2] 也就是说，通过这些华商的采购市场圈，长崎与关门的市场圈交错在一起。不仅是近邻的长崎市场，关门对于长崎、神户、大阪乃至中国台湾等开港口岸华商而言，既是重要的商品采购据点，也是重要的转运基地。正由于关门是复数的流通渠道的中继港，所以，在其他口岸卖不出去的货物，往往被运到关门寻求销路。[3]

云集于关门的各地华商在此展开了积极的信息战，彼此侦查竞争对手的采购品种、数量、价格、采购地等动向并将这些信息向本店报告。同时，华商也在关门积极收集其他开港口岸的商业信息。从泰益号支店向本店寄出的信件中，这类信息占了很大比重。

3. 与外国开港口岸的结点

在关门贸易中，装载了泰益号货物的船只的出入港口，有台北、基隆、上海、香港、新加坡、釜山、厦门、槟城等地。通过问屋从产地汇聚到关门的这些货物，经华商之手输出到上述外国港口。其中，尤其以台北、上海、香港、新加坡等地的贸易渠道为重要。从门司输出的上述商品，经过这些开港口岸的中继，继续向处于下流需求市场的开港口岸

---

[1]　泰益号账簿《关门总簿》。

[2]　蔡承润书束，1919 年 8 月 17 日。

[3]　蔡承润书束，1913 年 7 月 23 日。

流动。开港口岸的到岸接货商号，在上海有鼎记号、德大号，台湾有陈源顺、瑞珠、泉兴、永乾泰、长益、鼎兴隆，厦门有宜美号、新哲记，香港有丰记号，新加坡有正泰美等。而贸易品，有朝鲜的椎茸、黄豆、鱼脯、鱿鱼、鳎鱼等，以及上海、宁波、大连的蚕豆、黄豆，台中的糙米、西贡白米、安南白米及碎米等。[1]

这样，通过云集下关的日本货主、问屋及华商的交易活动，该地与日本内地、朝鲜、越南、新加坡、马来半岛以及中国的上海、宁波、厦门、香港和台湾地区等广阔的地域连接起来。发挥着各种货物的输出入、中继、集散、批发地的功能。大阪商船株式会社和日本邮船株式会社等近代轮船公司的船只，在上述地域间起了物资与信息承载运送的作用。

六、结语

通过以上讨论，对应于本文前言所提出的问题，做以下小结：

近代关门市场网络，是在以门司为中心的以港湾、交通、通信、仓储、金融为核心的基础设施建设，和腹地的近代化产业之确立，及由下关所代表的原有的商人及其经商智慧、信用、交易网络等近代和传统的各种因素相互交错之中形成和扩大的。因此，应该将近代关门的传统和变革视为一个连续互动的局面来加以把握。

近代关门市场模式，是在开港口岸与内地的市场流通、日本主要开港口岸采购市场圈的中介和亚洲各地域开港口岸之间的贸易这三个结点交错的基础上成立的。正因为这种地域中继的优势，所以众多外商和日商云集于此，使该地成为国内外贸易的一大中心。将本店设在已沦落为地方市场之长崎的泰益号这样的华商，在关门设立了支店，并通过这一新的商业据点，在维持住长崎的传统商业根基的同时，又确保了得以适应剧烈国际贸易竞争的应变能力和市场辐射力。斯金纳认为，进军并占领

---

[1] 蔡承润书柬，1910 年 7 月 6 日，同年 7 月 28 日，1911 年 7 月 3 日，同年 8 月 31 日。

商业中心都市，是华商在该地域市场确立商业霸权的战略性行动。[1]19
世纪后期，包括长崎福建会馆会长王明玉在内的众多福建华商搬迁到神
户，正是这种向中心都市进军的战略行动的体现。[2]但是，如泰益号进
入关门的行动所示的，在中心都市以外，选择关门这样关键性的中继港
口，也同样是商圈扩展的一种战略选择。

　　围绕着关门贸易，各种商人的网络纵横交错。华商、问屋、货主、
回漕店、近代轮船公司及其他财阀系企业等，在业种、经营形态、企业
规模以及帮群、族群等方面均各不相同的商人，在个人和集团层面上形
成了各种竞争与合作的局面。这种关系随着交易状况的变化而不停地变
化，由此所产生的网络交错的实际情形，其复杂性远远超过了华商对日
商这样的集团间对峙的模式。研究 19 世纪 80 年代的横滨生丝荷预所事
件的海野福寿指出，当时围绕着挽回商权和直接输出所产生的外商、问
屋和货主之间的纷争，并不单纯是内外商人之间的竞争，而是旨在确保
垄断地位的问屋，与对此表示强烈不满的货主之间的竞争，或曰围绕着
生产对流通、产地对开港口岸而发生的日本商人内部之争。[3]这一视点，
对于理解 20 世纪前半期围绕着关门贸易所发生的商人间的竞争与合作
关系具有很大的启迪意义。通过泰益号这样的事例，确实可以看到在网
络形成中血缘和地缘这种基于中国传统社会，甚至是基于近代民族大义
等原理的作用。但是无论如何，环绕着商人所形成的各种关系的支配性
原理，仍然是利润的实现这种最为普遍的商业伦理。

　　从事关门贸易的华商网络、问屋网络及轮船公司等近代企业的航运
网络，是通过回漕店的承包网络连接起来的。以往，承包制度被认为在

---

[1] Skinner, "Mobility strategies in late imperial China：A Regional-systems analysis", in Carol A．Smith ed., *Regional Analysis*, New York：Academic Press, 1976, pp.327-364.

[2] 鸿山俊雄，《神戸大阪の华侨》，神戸：华侨问题研究所，1979 年；吴柏林，《福建会所今昔录》，神戸：神戸财团法人福建会馆事务局，1990 年。

[3] 横滨生丝荷预所是由横滨有势力的生丝卖入问屋所设立的生丝对外贸易机构。1881 年 9 月，加盟问屋试图在垄断对外贸易的同时，通过押汇金融控制生产与流通机构。此举激起了外商的强烈反弹并结成了不买同盟，由此导致生丝贸易中断了两个月。此一事件被称为横滨生丝荷预所事件。参见：海野福寿《明治の贸易》，东京：塙书房，1967 年。

本质上从属于大企业的资本支配，但是，通过本文的事例，承包制度毋宁说是基于市场网络的特定经营组织。在此，轮船公司、总承包人、分包人三家分别提供了资本、市场和劳力，而承包网络正是在这三者结合的基础上成立的。迄今为止，有关近代日本航运市场的研究，仅限于大型轮船公司的成立、内外轮船公司的竞争、航路的开辟、船只数及吨位的增减，以及国家政策的介入程度等方面。[1] 这些因素无疑十分重要，因为其构成了航运市场的硬件，或者说为之提供了外部条件。与此相比，作为地域间的物资、人员及信息移动的载体，轮船公司与地域市场和流通领域是如何发生关系的？通过什么方式与渠道获得货物与顾客？这些问题才是航运市场运作的软件及其内在条件。至少，在关门地区，大型轮船公司与人员和物资供给市场并不直接发生关系。直接掌握信息和市场的是问屋和华商。这不仅反映在海产品、中药材等零星琐碎的传统商品的交易之中，而且，即使是煤炭与精制砂糖这样的近代量产化商品的流通过程，也是由长袖善舞的问屋居间调配的。而漕运业则介于问屋、华商与轮船公司之间，其承包网络之一端连接着船运公司等近代企业。另一端则直通问屋与华商的传统网络。两种经营形态及各种不同的商人群体就这样将近代与原有的、内在与外在的各种因素交织到网络的联系之中。

无论如何，通过以上对近代关门市场、商人及其交易网络的实证性分析，可以看到在历史中所形成的亚洲区域内商贸与决算的多边通商回路网之存续与活跃。通过这种错综复杂的网络，不同的地理、历史、文化与经济社会条件下的地域市场通过开港口岸的中继被交织在一起并汇入世界经济的大潮。在这一过程中，近代化的冲击力当然巨大，但是也正是近代化的要素为传统商业网络新的扩张提供了可能。而即使在近代化浪潮冲击、民族国家形成与民族主义高涨的时代，这种商业活动在更多时候，表现得并非"挽回商权"或"抵制外货"那样波澜壮阔，而是芸芸众生日常而又琐碎的营生。

---

[1] 小風秀雅，《帝国主義下の日本海運》，東京：山川出版社，1995 年。

中山商人的商业组织、网络和
在上海企业的经营

黎志刚

内容提要： 广东香山县位于珠江口，面对海洋，毗邻港澳，是著名侨乡，也是孙中山先生之故乡。由于地理位置的关系，香山人有着创新、务实的传统。在中国近代工商业发展过程中，香山商人一直扮演着举足轻重的角色。百年来中外学者对香山地区（包括今中山、珠海、斗门、澳门等地）商人有丰硕的研究成果。香山地区的商人具有国际视野和冒险进取的传统。

香山是近代走入世界的窗口，从明代开始香山开始有外贸。香山商人具有国际视野，更具备敢为天下先的开拓精神，成为中西文化交流的重要桥梁，是中国近代工商业发展的重要推动力。香山买办和四大百货公司在中国近代史上均具有广泛的影响，唐廷枢、徐润、郑观应、马应彪、郭乐等企业家对中国近代商业发展发挥过重要的推动作用。香山商人由于经常跟洋人接触，具备国际性的商业视野和专业知识，推动了产业转化、股份制度的实行以及新式的经营方式。如著名的四大百货公司，都是香山人在国外接受了新的商业思想，而回到国内创办的，它们的窗口式售货、明码标价以及设立电梯、娱乐场所，通过广播来推广商品等商业方式，都和传统商业文化不一样。其他如创办轮船招商局时采用的股份制，从事保险业等等，不胜枚举。香山商业以创新、务实的香山文化为背景，对推动近代商业改革和发展具有重要的时代意义。本文是对香山商人这一百多年来迁移、商贸和促进中国经济转型的初步探讨。

一、引言

香山县位于珠江三角洲下游，为东、西、北三江出口之处，"四面环海"，界连新安、东莞、新会、顺德、新宁（台山）和番禺六县。境内山环水抱，河道网织，岛屿罗列。据宋代乐史《太平寰宇记》载："东莞县香山（当时香山隶属东莞县管治）在县南，隔海三百里，地多神仙花卉。"这种"地濒海洋"的地理环境，会增强居民向往对外发展的意愿。道光《香山县志》序中指出："广州滨海县七，而香山独斗出海中，勃郁灵淑之气，与南溟奇甸争雄，宜其代有伟人。节义、文章、科名、仕宦骎骎日盛，且户口殷繁，驾出他邑而上，洵广属之沃土奥区也。"

香山县境南部的澳门，于明嘉靖三十二年（1553 年）后被葡萄牙人所占，从一个小渔村发展成一条中西往来的重要通道。不仅外来"夷商"在澳门囤积货物，外来传教士（特别是耶稣会教士）也在这里落脚，使得香山县民有近水楼台的便利。在 16 世纪中叶到 17 世纪初，澳门成为一个重要的国际贸易港，澳门在国际贸易的地位比广州、长崎、马尼拉和巴达维亚更为重要。[1] 当时澳门的国际航线有五条，分别是：（一）广州—澳门—印度—欧洲航线；（二）广州—澳门—日本长崎航线；（三）广州—澳门—马尼拉—拉丁美洲航线；（四）澳门—大小巽他群岛航线；（五）澳门—欧美航线。由于澳门是在香山境内，澳门的发展对香山的经济有一定助力。到清代，澳门依然是中外贸易的主要桥梁，给香山商人制造了很多机会。

在中国近代史上，香山县人才鼎盛。早期官派留美幼童中，大部分来自香山。中外接触的便利，开阔了该地区商民之视野，增强了他们办事的信心。自鸦片战争后，中国开放五口通商，洋货涌至。香山县接近

---

[1]　参见邓开颂及陆晓敏研究澳门的成果。

港澳，得风气之先，很多香山人在外从事商业活动。

在近代中国经济转型过程中，香山商人扮演着举足轻重的角色。19 世纪六七十年代流寓上海的香山商人，对中国近代航运、地产、工矿业做出了重大贡献。20 世纪初，一群侨居在澳大利亚的香山商人，在中国香港、上海、天津、广州及新加坡等地，创办大型百货公司。香山商人也兴办保险、金山庄、银号、银行、纺织、娱乐及其他新式企业。在世界各地，香山籍华商在北美、南美、东南亚、东北亚，特别是大洋洲创建一些大、小型的工商企业，他们是一群具有开创性的商人群体。学界有"广东人的太平洋（Cantonese Pacific）网络"的说法，而香山人在这一太平洋区域里对运输、商贸、慈善和社区联系中有举足轻重之作用。[1]

中山市当代是中国有名的侨乡，有华侨 80 多万，分布在中国港、澳、台和 90 多个国家和地区。[2] 中山华商在各地商贸活动十分活跃。在澳洲黄金海岸中山华商也积极参加当地唐人街的兴建[3]，中山华人组织支持昆州学术活动[4]，也间接参与王建林等中国商人在黄金海岸及其他中资企业的商业投资活动。他们在世界各地都广设同乡会和商业组织，参加

---

[1] 参见 Elizabeth Sinn, *Pacific Crossing: California Gold, Chinese Migration, and the Making of Hong Kong*, Hong Kong University Press, 2013; Elizabeth Sinn, "Moving Bones: Hong Kong's role as an in-between place in the Chinese Diaspora", in David Strand & Sherman Cochran eds., *Cities in Motion: Interior, Coast, and Diaspora in Transnational China*, Berkeley: Institute of East Asian Studies, University of California: Center for Chinese Studies, 2007, pp.255-260。也参见 John Fitzgerald 的文章和 Henry Yu, "The Intermittent Rhythms of the Cantonese Pacific", in Donna R. Garbaccia and Dirk Hoerder eds., *Connecting Seas and Connected Oceans: Indian, Atlantic and Pacific Oceans and China Seas migrations from the 1830s to the 1930s*, Leiden: Brill, pp. 393-314.

[2] 中山市地方志编纂委员会编，《中山市志》，广州：广东人民出版社，1997 年；广东省珠海市地方志编纂委员会编，《珠海市志》，珠海：珠海出版社，2001 年。

[3] 参见: City of Gold Coast, Gold Coast Chinatown（2013）; Gold Coast Chinese Club Inc., Dragon Boat Festival and Chinese Festival GALA 2012; Gold Coast Chinese Club Inc., Gold Coast Chinese Festival Gala 2013; Gold Coast Chinese Club Inc., Gold Coast Chinese Festival Gala 2014; Gold Coast Chinese Club Inc., Gold Coast Chinese Festival GALA 2015.

[4] 昆州中山同乡会积极参与和支持昆士兰大学、清华大学、南洋理工大学与中国社会科学院近代史研究所在 2015 年 10 月 1—6 日在悉尼、布里斯班和新加坡合办的海洋视野下的中国和世界国际研讨会。

侨居地的慈善及社区活动。[1]

　　本文参考历代刊行的《香山县志》[2]《香山乡土志》《中山文史》[3]《申报》《香港华字日报》和其他报纸杂志、广肇公所档案和征信录、新南威尔士州中华商会档案、东华三院和其他已经出版的有关香山和澳门的档案资料[4]、香山以及后来的中山县商人的文集及回忆录[5]和近人研究香山与中山县的成果[6]，来探讨这一地区商人的商业网络、经营手法和商贸

---

[1] 参见毛迪，《原籍安葬：香山县的慈善组织及慈善网络（1880—1930）》，首届"岭南历史文化研究年会"，2015年。

[2] 例如厉式金修，汪文炳、张丕基纂，《民国香山县志续编》，载《中国地方志集成·广州府县志辑》第32辑，上海：上海书店，2003年。

[3] 广东省中山市文史委员会，《中山文史》。

[4] 叶汉明编，《东华义庄与寰球慈善网络：档案文献资料的印证与启示》，香港：三联书店，2009年；赵令扬、杨永安，《救灾与救国：二十世纪三十年代澳洲华人之中国情怀》，载中国社科院近代史研究所编，《近代中国与世界》，北京：社会科学文献出版社，2005年，第381-401页；莫世祥、虞和平、陈亦平编译，《近代拱北海关报告汇（1887—1946）》，澳门：澳门基金会，1998年。

[5] 例如拙著，《李承基先生访问纪录》（2000年）；黄居素编，《建设新中山言论集》第一辑，载龙向洋编，《美国哈佛大学燕京图书馆藏民国文献丛刊》第20卷，桂林：广西师范大学出版社，2001年；夏东元编，《郑观应集》，上海：上海人民出版社，1982—1988年，和李道生的个人回忆录（2014年）。

[6] 例如宋钻友，《广东人在上海（1843—1949）》，上海：上海人民出版社，2007年；杨永安，《长夜星稀：澳大利亚华人史1860—1940》，香港：商务印书馆，2014年；晓辉，《近代粤商与社会经济》，广州：广东人民出版社，2015年；蔡志祥，《从地方志看香山县地方势力的转移》，《中国社会经济史研究》1991年第3期，第60-68页；胡波编，《商会与商道》，广州：广东人民出版社，2009年；胡波，《香山商帮》，桂林：漓江出版社，2011年；王远明、颜泽贤编，《百年千年：香山文化溯源与解读》，广州：广东人民出版社，2006年；黄鸿钊编，《辛亥革命时期的香山社会》，北京：社会科学文献出版社，2011年；中山市华侨历史学会、中山市归国华侨联合会编，《中山旅外侨团》，国际港澳出版社，2004年；中山市外事侨务局，《中山华侨志》，2011年；胡波，《走出伶仃洋》，广东人民出版社，2012年；韩延星，《旅外侨团与海外中山人的文化认同——基于中山旅外侨团变迁的历史分析》（China and the World From the Maritime Perspective, conference paper, Oct, 2015）；珠海市地方志办公室编，《珠海历史回眸》，珠海：珠海出版社，2006年；C. F. Yong, *The New Gold Mountain: The Chinese in Australia 1901-1921*, Richmond, South Australia: Mitchell Press Pty. Ltd, 1977; Shirley Fitzgerald, *Red Tape, Gold Scissors*, Sydney: State Library of New South Wales Press, 1996; Ching-hwang Yen, *Ethnic Chinese Business in Asia: History, Culture and Business Enterprise*, Singapore: World Scientific, 2014; Philip P. Choy, *Canton Footprints: Sacramento's Chinese Legacy*, Sacramento: Chinese American Council of Sacramento, 2007; Michael Williamms, "*Returning Home with Glory*", Hong Kong University Press, 2016.

经验如何促进中国工商业的发展，有助于我们加深对华商、商业组织的深度认识和了解。

二、香山商人的经济活动

由于地缘关系，在香山县前山及唐家湾地区一带的香山人多有与外人接触的机会。在靠近澳门的香山地区产生了一批熟悉洋务[1]和善于营利的买办、新式商人和赌商。

在19世纪中叶，香山人被看作"买办"的同义词。[2]根据郝延平、汪敬虞、聂宝璋及刘广京等的研究，早期买办商人绝大多数是广东人。[3]直到19世纪70年代初期，王韬记载，上海的洋行买办，"半皆粤人为之"[4]。更明确的说法应是香山人。

费正清（John King Fairbank）在《中国沿岸的贸易和外交》一书中所指"广州化的上海"（The Cantonization of Shanghai）的主角，就是曾任买办的香山翠微村人吴健彰。[5]吴氏早年到澳门贩卖为业，后到广州波斯洋行当仆役，深得洋行大班信任。该洋行贩卖烟土和名贵皮革，吴氏曾经因机智而发大财。他后来从买办转业为官，因他通晓英语而被任命

---

[1] 《香山县志续编》卷十一，第19-40页，《列传》，收入《文献》第七册，第2387-2433页。

[2] 李燕编，《买办文化》，北京：中国经济出版社，1995年，第105页。

[3] Yen-p'ing Hao. *The Comprador in Nineteenth Century China; Bridge between East and West* ,Cambridge: Harvard University Press, 1970；汪敬虞，《唐廷枢研究》，北京：中国社会科学出版社，1983年，第1页；刘广京，《唐廷枢之买办时代》，《清华学报》（台北），1961年6月；黄逸峰、姜铎、唐传泗、陈绛，《旧中国的买办阶级》，上海：人民出版社，1982年；严中平编，《中国近代经济史，1840—1894》上册，北京：人民出版社，1989年，第367-420页；许涤新、吴承明编，《中国资本主义发展史第二卷：旧民主主义革命时期的中国资本主义》，北京：人民出版社，1990年，第134-180页；聂宝璋，《中国买办资产阶级的发生》，北京：中国社会科学出版社，1984年。

[4] 王韬，《瀛壖杂志》，上海：上海古籍出版社，1989年，第一卷，第8页；又参考聂宝璋，《中国买办资产阶级的发生》，第11页。

[5] John King Fairbank, *Trade and Diplomacy on the China Coast: The Opening of the Treaty Ports, 1842—1854*, Stanford:Stanford University Press, 1969，pp.393-409.

为苏松太兵备道，记名按察使兼江海关监督。[1] 太平军小刀会事件时被参，说他参加外国人的商业投机。[2] 被撤职后他挟巨资回故里，广置庄园田宅，曾被香山县地方政府参劾，因而破产。身为香山人的容闳，曾被宝顺洋行（Dent & Co.）之经理赏识，欲委任为日本长崎分公司之买办。[3]

然而，不少香山买办为时人所器重。著名香山买办有北岭的徐润、唐家湾的唐景星、三乡的郑观应、前山的刘世吉及掌管太古洋行 60 年的三代华人买办莫仕扬、莫藻泉、莫干生、莫应港祖孙。[4] 他们不仅从事买办工作，并投资于鸦片、丝茶贸易、股票、房地产及近代新式企业，在香港、上海进行大规模商业活动。

唐景星和徐润在 1873 年年初受李鸿章委任为中国第一家新式公司——轮船招商局的总、会办，他们在上海是颇有名望的社会贤达。他们与《申报》有业务往来，因此《申报》有一段对香山商人的整体描述：

> 所谓细崽者，此跟班类耳。香山小民从业于此，亦谋生一路，即如他处人亦均有之，如贸办者，此生意人耳。西方既来他方贸易，该方规矩皆不能悉，故赖本地人引导，而华人方从事于是也，即细崽亦不可谓之洋奴，何况买办乎。盖西人之奴，必卖身之人，而后有此称也。西人既赖中人为事，犹之华人亦有待洋人作事，如海关炮局是也。此类洋人，岂可亦谓为贱役乎。夫西人通商之事，于国计为大事。而上海 [一] 处 [则] 更甚，无

---

[1] 李大节，《吴健彰其人》，《珠海文史》，1984 年，第 54-56 页。

[2] 上海社会科学院历史研究所编，《上海小刀会起义史料汇编》，上海：上海人民出版社，1958 年，第 203 页。

[3] 容闳，《西学东渐记》，第 41-42 页。《重修香山县志》卷二十二，第 87 页，收入《文献》第六册，第 1957 页。

[4] 莫氏家族的买办事业，可参看麦国良，《掌管太古洋行六十年的三代华人买办——莫仕扬、莫藻泉、莫干生、莫应港祖孙》，《中山文史》第 20 辑，1990 年，第 67-72 页；莫应港，《英商太古洋行广州分行》，收入《广州的洋行与租界》，广州文史资料第四十四辑，广东人民出版社，1992 年，第 71-90 页；莫华钊、梁元生、胡波、侯杰编，《买办与近代中西文化交流》，广州：广东经济出版社，2014 年。

之，而此处为一区区小鱼乡也，香山人奏效于此役也，功莫大焉，亦非上海诸人所宜实也。夫人类各有分，如士农工卖是也。欲较量其上下，则以其所行所为之大小，仔细而求之，乃商人之数，更为大矣，吾不知有何贻笑士人之处也。士人有高有低，以其所行所为，尚有不如商人者，若商人原而谅之可也。然香山人自为商贾者，已属多处，即如中国四方茶叶生意大宗，皆香山商人操之，乃有一小县之人，能兴理此大业，而遂敝之其可乎。吾故谓天下各县之人，若能如香山人大奏功效，实中国之大幸矣。即或嘉之过份，不亦可乎。然闻有人被轻，则稍过份以慰之，似亦无妨。况香山人大有功于通商之事者乎。[1]

除买办之外，香山地区又盛产赌商。根据近人研究，香山有很多著名赌商。例如何汉威和 Carl Smith 所研究的承办粤省第三届闱姓的宏丰公司之大股东刘学询、刘渭川、韦玉、韦菘均是香山县前山人，且有买办经验。刘渭川的家族在 19 世纪 80 年代曾担任沙宣洋行的买办，到过加拿大温哥华学习海事商业，后担任汇丰银行买办。韦玉、韦菘的父亲是有利银行买办，他们投资香港地产，并任汇丰银行及大东电报局的买办。[2]

上述赌商虽用"公司"名义，但经营赌业的风险是十分巨大的。广东政府也严厉推行禁赌政策，所以赌商常被视为不法商人。[3] 此外，在香山地区赌博很盛行，《香山县志》载有："奸民重利，放债引诱富家子弟赌荡号日，引子账文。"[4]

在近代香山商人群中，最早经营大型企业的要算唐景星和徐润。他们对招商局的经营方式可作为我们了解部分香山人士的投资行为。徐润

[1] 《申报》，1874 年 1 月 21 日。

[2] Carl Smith, *Christians, Elites, Middlemen and the Church in Hong Kong*, Hong Kong: Oxford University Press, 1985; 河汉威，《清末广东的赌商》，《"中研院"历史语言研究所集刊》第六十七本第 1 分册，台北，1996 年，第 72-74 页。

[3] 何汉威，《清末广东的赌商》，第 65-67 页。

[4] 《香山县志续编》卷十，第 2 页，《宦绩》，收入《文献》第七册，第 2354 页。

的伯父徐钰亭在上海任宝顺洋行的买办。1852 年徐润 14 岁随其四叔徐瑞珩到上海宝顺洋行工作，后充任该行买办。1873 年他在招商局任会办，与唐景星合力筹集商股。1874 年时，其中约一半的股本是从他及其亲友处筹集而来的。徐氏并与唐景星等合创仁和水险及济和水火险公司及开平煤矿务局等新式企业。到 19 世纪 80 年代，他成为上海的首富。郝延平指出，徐润在 1883 年的资产相当于 316000 个中国农民的年收入，他的资产净值，相当于 82150 个农民的资产。[1] 表 1 是徐润在 1883 年投资的情况。徐氏本来看准上海的地产市道，至 1883 年他共购有上海土地 2900 亩，另拥有盖建房产的土地 320 亩，但 1883 年的上海金融风潮使他损失惨重。他后来交出全部地产所有权和股票，以偿还总额 250 万两的欠债。[2]

表 1　徐润投资状况（1883 年 11 月）

资产	资产值（两）
房地产	2236940
股票	426912
当铺	348571
应收股票担保账款	397000
合计	3409423
负债	
钱庄贷款	1052500
股票担保贷款	419920
房地产担保贷款	720118
私人贷款	329709
合计	2522247
资产净值	887176

资料来源：徐润，《徐愚斋自叙年谱》，第 2、5、34—35 页。转引自郝延平著，陈潮、陈任译，《中国近代商业革命》，1991 年，第 307 页。

---

[1] Yen-p'ing Hao, *The Commercial Revolution in Ninetcenth-cenniry China' the Rise of Sino-Western Mercantile Capitalism* ,Berkeley: University of California Press, 1986，p.272.

[2] 同上，第 272—273 页。参考徐润，《徐愚斋自叙年谱》；又参考刘广京，《一八八三年上海金融风潮》，《复旦学报》1993 年第 3 期，第 94—102 页。

招商局在唐景星及徐润时代，可以说是黄金时代。轮船招商局于1877 年以银 220 万两，购买美国旗昌轮船公司（The Shanghai Navigation Company）轮船 18 艘及其所有产业。创业不足五年，即拥有轮船 30 艘，雄踞当时东北亚的航运界，与英国太古和怡和轮船公司雄踞于中国水域之上，鼎足三分，在中国航运史上开拓新的一页。[1]

三、移民

香山县位于珠江三角洲下游，地濒海洋，是中外接触的重要通道，该地人民远涉重洋致富的例子很多。早在南宋宝祐年间（1253—1258），进士黄敬斋奉令出使安南，在国外十数年与在国外香山三乡平岚林姓女子结亲，这是香山人在海外最早的记录。明初洪武二十六年（1393 年），香山县海商吴添进就已通番。[2]1800 年，程世帝、鲍志、鲍华、郑某等十多个香山县侨民乘坐两艘帆船经过月余的航程，抵达槟榔屿，其后有香山侨民陈某于 1802 年在槟城建立"香邑公司"，成为香山侨民在东南亚地区最早建立的同乡会馆。[3] 近百年来，香山各乡的村民很早就移民海外，到新加坡、檀香山、旧金山、加拿大、墨西哥、秘鲁、古巴、日本、新西兰、特立尼达、澳洲等 60 多个地区发展，经过多年拓殖，产

[1] 参见张后铨编，《招商局史——近代部分》，北京：人民交通出版社，1988 年；Kwang-Chmg Liu, *Anglo-American Steamship Rivalry in China*, 1862—1874, Cambridge: Harvard University Press, 1962。

[2] 杜臻，《闽粤巡视纪略》，《香山》。转引自黄启臣，《明清广东商帮的形成及其经营方式》，明清广东省社会经济研究会编，《十四世纪以来广东社会经济的发展》，广州：广东高等教育出版社，1992 年，第 128 页。

[3] 马来西亚中山会馆联合会，《首届国际中山会馆恳亲会纪念特刊》，1996 年 9 月14—15 日，第 49 页；又参考吴华，《马来西亚华族会馆史略》，东南亚研究所出版，1980 年；高民川，《中山市华侨大事记》，《中山文史》第 20 辑，1990 年 12 月 20日，第 8 页；Cheun Hoe Yow, *Guangdong and Chinese Diaspora*, New York: Routledge, 2013, p. 48。

生了很多著名侨商。他们有的在侨居地成为首富，并组织同乡会社。[1]
有些侨民回到中国投资，促进中国经济发展的步伐。[2]

　　香山地区的侨民除早期乘坐帆船到东南亚地区之外，多以"契约
劳工"方式被"卖猪仔"到海外。有些可能是受骗而被"带进猪仔
馆"[3]，但很多到美国及澳洲的侨民是自愿到海外创业。[4]他们不是"猪仔"
或苦力（coolie）。他们大多与中国移民头目签订契约，在三至五年内
以无偿工作来赎身。"猪仔"的命运是种非人生活，真可以用"浮动地
狱"（Float Heli）来形容。[5]下面将讨论澳洲香山籍侨民的移民和创业。

　　第一代到澳洲垦荒的香山人多以上述"契约劳工"（indentured
labor）方式来到澳洲。香山县曹边乡的梁坤和（1833—1908）到澳洲
谋生的经历是一典型例子。1849 年 8 月他年仅 16 岁，因家境清贫和
丧失双亲，抱着发财希望，到澳洲掘金。他命运比较好，到岸后先到
昆士兰州罗便臣的农场做三年合约劳工。其后与同乡友人一起到维多
利亚州朋地谷（Bendigo）掘金。华人在澳洲艰苦创业时历尽风险，有
时"黄金梦、梦成空"。[6]

　　从淘金时代开始，各地都有排华暴动，澳洲和美国加州更有反华联
盟（Anti-Chmese League）的组织。19 世纪 60 年代开始，世界各地相继
制定排华法案，在澳洲，各州政府都立例不准华人领取采金执照，这样

---

[1] 《中山旅外侨团》，国际港澳出版社，2004 年；中山市外事侨务局，《中山华侨志》，
　　2011 年；胡波，《走出伶仃洋》，广州：广东人民出版社，2012 年；韩延星，《旅外侨
　　团与海外中山人的文化认同——基于中山旅外侨团变迁的历史分析》。

[2] 参看赵红英、张春旺、巫秋玉编，《华侨史概要》，北京：中国华侨出版社，2015 年；
　　中山侨商会编，《成立周年纪念特刊》，香港：中山侨商会，1969 年；黎志刚，《近代
　　广东香山商人的商业网络》，第七届中国海洋发展史国际研讨会论文，中央研究院中
　　山人文社会科学研究所，1997 年 5 月 1—3 日。

[3] 陈翰笙，《香山县人李阿达供》，《华工出国史料汇编》第一辑，中厬宫文书选辑，
　　北京：中华书局，1984 年，第 808 页。

[4] June Mei, "Socioeconomic Origins of Emigration: Guandong to California, 1850 to 1882", in
　　Lucie Cheng & Edna Bonacich eds., *Labor Immigration Under Capitalism: Asian Workers in
　　the United States before World War II*, Berkeley: University of California Press, 1984, p.220。

[5] 李承基，《第二故乡》，自印，1997 年，第 3-4 页。

[6] 同上，第 21 页。

使许多中国侨民转业。

梁坤和离开朋地谷金矿区后，在 1858 年决定在澳洲昆士兰州的汤士威卢（Townsville）近郊处定居，集合一批香山同乡四至五百人在昆士兰州垦殖玉蜀黍、马铃薯等，并移植香蕉。出产的香蕉质量优良，畅销昆士兰各地。[1] 与一般华侨移民模式相似，第一代香山侨民先到侨民地创业，站稳阵脚后，会把家族、宗族、邻里带到侨居地发展。梁氏在事业成功后，对同村的香山人十分照顾。他们的运气比第一代好。

第二代澳洲香山商人以郭乐（1874—1956）和马应彪（1860—1944）之成就最为彪炳。马应彪是香山县沙涌乡人。他的父亲马在明以"契约劳工"方式到澳洲淘金。马应彪在 20 岁时前往澳洲淘金，后转营菜业。马氏于 1890 年先后开设永生、永泰、生泰果栏。郭乐是香山县竹秀园村人。1892 年郭乐离开家乡远赴悉尼，在菜园当雇工。郭乐的长兄郭炳辉在墨尔本当帮工，虽不能对郭乐有直接照顾，但也起了桥梁作用。五年后，悉尼有一家华商开办的"永安栈果栏"，因经营不善，有意出让。郭乐于 1897 年 8 月与同乡欧阳庆民、梁创、马祖星、彭容坤等合资澳币 1400 镑承办永安果栏。初创时，永安果栏只是售卖蔬菜和生果的摊位，并兼营一些中国的土特产及杂货。这些经验对永安百货业日后的发展有所帮助。

由于采购上的需要，郭乐到盛产香蕉的斐济（Fiji）岛拓展业务，并在昆士兰州及新南威尔士州北部的 Coffs Harbour 经营水果贸易，生意蒸蒸日上。1902 年郭氏将永安果栏与沙涌乡马应彪所开办的永生、永泰果栏合并，在斐济首府瓦埠（Suva）建立"生安泰果栏"，由郭乐的弟弟郭泉主理。"生安泰"的店名中"生"代表"永生果栏"；"安"代表"永安果栏"；"泰"代表"永泰果栏"；当时"生安泰果栏"[2] 购入香蕉园 350 英亩，作为种植香蕉的园地，雇用一千多名员工，每月可运两万

[1]　李承基，《第二故乡》，第 46—53 页。

[2]　C.F. Yong, *The New Gold Mountain*, pp. 46, 48–57, 77–78; Mei-fen Kuo, *Making Chinese Australia: Urban Elites, Newspapers and the Formation of Chinese-Australian Identity, 1892—1912*, Monash University Press, 2013, pp. 106–112.

串香蕉到悉尼，获利甚丰。[1] 上述的昆省富商梁坤和也乐意帮助马应彪和郭乐的果栏事业之发展。梁氏把昆士兰香蕉代理权交由"生安泰"代理，这对马氏和郭氏家族以后的发展有很大帮助。

马应彪和郭乐等虽然是比较幸运的第二代香山籍澳洲移民，但他们选择回到中国发展。马应彪于 1894 年在香港开办永昌泰金山庄，营办出入口货品。马氏在悉尼时曾注意到澳洲百货公司以明码实价为原则，经营便利，马氏力倡组织"不二价"的百货公司，以改香港商场的积习。马氏等对澳洲地区的百货业十分留心，他以悉尼的百货公司为模范，1900 年马应彪、马焕彪、蔡兴、郭标、马永灿和黄焕南等集资 2.5 万港元，由马应彪司理，创办先施公司。他们在香港皇后大道中 172 号购买一幢三层店铺，大加装饰，又从乡间招来男女 25 人，训练他们待客有礼。由于业务蒸蒸日上，1907 年注册为股份有限公司。[2] 他们首先提出以"始创不二价，统办环球货"为口号，在当时是一革命性的做法。

《先施公司二十五周年纪念刊》点出马氏经营的观点："盖营药之道，首贵于诚实，倘未能以诚实实施于人，断难得人信任。又以先施二字，

[1] 新南威尔士州中华商会档案 , File No; Wellington K. K. Chan, "The Origins and Early Years of the Wing On Company Group in Australia, Fiji, Hong Kong and Shanghai: Organization and Strategy of a New Enter-prise" , in Rajeswary Ampalavanar Brown, ed, *Chinese Business Enterprise in Asia*, London-Routledge, 1995, pp.80–95; Wellington K. K. Chan, "Personal Styles, Cultural Values and Management: The Sincere and Wing On Companies in Shanghai and Hong Kong", *Business History Review*, vol. 70, Summer 1996, pp.141–166 ; Wellington K. K. Chan, "Chinese Business Networking and the Pacific Rim: The Family Finn's Roles Past and Present", *The Journal of American-East Asian Relations*, 1 (Summer, 1992), pp.171–190; Yen Ching–Hwang, "The Wing On Company in Hong Kong and Shanghai; A Case Study of Modem Overseas Chinese Enterprise, 1907—1949", *Proceedings of Conference in Eighty Years History of the Republic of China*, vol. IV , Taipei, 1991, pp.77–117 ; 孔令仁，《郭乐、郭顺》，《中国近代企业的开拓者》，济南：山东人民出版社，1991 年，第 262–263 页。

[2] 上海社会科学院经济研究所编，《上海近代百货商业史》，上海：上海社会科学院出版社，1988 年；林金枝，《近代华侨投资国内金业概论》，厦门：厦门大学出版社，1988 年，第 248–250 页。

英文为 Sincere 亦有诚实之意，音义相同，故本此宗旨，首创不二价。"[1]
先施公司之营业创新尚有：居铺是星期日休息，购物必发收据和雇用女
售货员来售卖商品这在当时人心中是一标新立异的手法。部分股东并以
雇用女工和星期日休息来作为口实，要求清盆结业。但上述的经营方式
不但没有亏本，反使先施公司获利甚丰。先施在香港成功的基础上，于
20 世纪初先后在广州、上海、新加坡及南宁等地开设分店，还在伦敦设
办庄，也兴办保险、银行业、化妆品等业务。

　　在侨寓外地的香山人中，澳洲地区的侨商成就最为彪炳。自 1842
年至 1949 年海外华侨在中国的投资以东南亚及澳洲华侨为最多。根据
林金枝的研究，澳洲华侨在上海的总投资额占 30.05%，当中绝大部分
是香山人的投资。[2] 从百货业来说，20 世纪初年港、穗、沪均有"四
大公司"。香港的四大公司是指上述马应彪在 1900 年创立的"先施"，
蔡兴、蔡昌创办的"大新"，郭乐、郭泉（1879—1966）开办的"永
安"及陈少霞创办的"中华"。广州的四大百货公司是指上述香港的
"永安""大新"及 1910 年黄在扬、黄在朝所创立的"真光"及"光
商"。上海的四大公司是指"先施""永安""大新"和刘锡基及李敏周
所创办的上海"新新"百货公司。这些公司创办者均为澳洲籍的香山
企业家。[3] 这些公司也创办旅馆、舞厅、酒楼、娱乐场所、保险公司、
银行及其他企业。比较大规模的企业还有郭乐及郭顺等在 1921 年 6 月
集资 600 万港元创设的永安纺织公司。他们的事业在中国开花结果。

　　总括而言，香山地区的移民在国外饱受各项挑战，此外他们在外地
接触新鲜事物，也有利于开阔他们在中国创业时的视野。在国外的痛苦
经验，往往转化成创新的本钱，对他们的事业有不少帮助。一旦他们找
到正常、稳定的企业机会，他们也会善于利用这些机会。

---

[1]　同上，又见《先施公司二十五周年纪念册（1900—1924）》。

[2]　林金枝，《近代华侨投资国内企业史资料选辑，上海篇》，厦门：厦门大学出版社，
　　　1994 年。

[3]　麦国良，《香山籍人创办的四大公司》，《中山文史》第 20 辑，1989 年 11 月 12 日。

四、网络是香山商人减低风险的经验

人事安排方面，我们可看出一个现象，在香山人的企业中，股东和中级以上的行政人员，绝大多数是来自香山地区或创办人的同村兄弟。在永安纱厂及其他香山人办的企业中，分公司的主管也来自香山地区。基层的员工则来自本地。[1] 这种人事网络在香山人办的企业中，非常普遍。

一般学者认为中国式管理与血缘及地缘有很大关联，香山地区商人也不例外。他们往往在商业活动中借重亲族，特别是兄弟、叔伯、子侄、同宗、同姓和左邻右里，互相提携、互相扶掖，这种亲族情怀、乡情互助的方式，不仅源于个人感情关系，亦建基于减低交易成本（transaction cost）的考虑，[2] 亦即同宗同姓的血缘关系是可以信赖的。当他们要创办企业时，首先会安排其兄弟及子侄到主管企业中担任基本干部，亲族也在资本融通上给创办者有力支持。例如，轮船招商局早期集资过程中，唐景星、徐润及郑观应的很多亲友，成为招商局的股东和商董。永安公司的创办人郭乐在其永安果栏生意兴旺时，将其三弟郭泉、四弟郭葵、五弟郭浩、六弟郭顺从家乡竹秀园村接到悉尼襄助他的业务。永安集团的员工也多来自香山县竹秀园村。当新新公司创办时，李敏周"正在上海春风得意，事业鼎盛之际，希望自己嫡系子侄同来发展"。他亲自回到家乡石岐召集其子侄李道生、李道谦、李道成到上海。他也任命其侄儿李若陶担任新新公司的主要经理。[3] 在股东名册中，他年幼的儿子李承基也在股东名单之内。这种人事上的安排是有保险作用存在的。

在商场中，网络是创造宝本的泉源。换句话说网络即资本（Network

---

[1] 李承基先生面谈记录（一），1997 年 3 月 27 日，及中研院藏《经济部卷宗》中有 60 至 70 个有关中山商人的档案。

[2] Robert A. Pollark, "A Transaction Cost Approach to Families and Households", *Journal of Economic Literature*, 23 (June 1985), p.583.

[3] 李承基，《第二故乡》，第 174–175 页。

as Capital）。香山人对商业网络十分重视。香山商人也热心社会公益，例如他们参加同乡会活动。唐景星和徐润是广肇公所的创办人。上海四大百货公司的主管在广肇公所、广肇公学、广肇医院、广东公学、广东同乡会、粤商俱乐部以及岭南大学等都有支助。香港的香山商人对保良局及东华三院均极力支助。他们对香山地区的社会事务及教育均有赞助。他们也结交政界人物，以增强其社会声望和文化表征的宝本（symbolic capital）。这些社会关系有时会达到"路路通"的效果。总括来说，香山人在其进行冒险活动的同时，特别关注人事上的安排及网络的重视。这些经验不仅有助他们自己业务的扩展，也促进一些新创的商业制度在近代中国出现。

五、结语

本文就香山商人经济活动和移民经验来探讨香山商人的网络和商业经营的关系。在历史和地理的特殊因素下，香山人很早就与外人接触。澳门更成为该地乡民冒险犯难的基地和护符。在这一环境中孕育出很多杰出的企业家。香山地区盛产杰出的买办、赌商和商人。招商局的唐景星和徐润即为当中的佼佼者。他们经营新式企业的大胆作风，可以引证其勇于承担风险的特性。从华商心理来考察，香山地区移民的惊险经历也可帮助他们在创办新式企业时更加果断和有勇气，有敢为天下先的企业家风范。因此香山地区盛产勇于承担风险的杰出企业家。从整体来说，近代香山县企业家带动了中国工商业的现代化，从航运、百货业、纺织到保险业，香山商人实成为不可忽视的现代中国企业家群。他们对中国现代化贡献极大。网络是香山商人减低风险的经验特性。当代澳洲的中山人也承担了中澳商贸的桥头作用。我希望日后能研究当代中山社团和华商如何促进中澳的贸易，并在中国企业转型和民营企业国际化过程中再创新机和做出杰出的贡献。

朝鲜殖民地时期华侨纺织品进口商的商贸网研究[1]

李正熙

内容提要： 本文将围绕朝鲜殖民地时期（1910—1945 年）华侨纺织品进口商的贸易渠道展开研究。英国平纹坯布及棉纱等被日本产取代后，华侨纺织品进口商在 20 世纪 30 年代初依然垄断着英国产漂白坯布的进口市场，并通过各种方式引进日本产平纹坯布及棉纱。如：经大阪的日本纺织品批发商及川口华商行栈引进；或经朝鲜国内的日本纺织品批发商转卖，等等。这首先标志着上海从开港时期的单边贸易模式已经结束，从而打开了多元化贸易的新局面。其次也阐明，在 1924 年奢侈品关税实施前，华侨纺织品进口商一直独霸中国丝织品的进口市场，然而在关税实施后，华商取得了日本产丝绸产地——桐生、福井地区的制造业者及批发商的认可，直接进口日本丝织品，弥补在中国产丝绸不景气之下所可能造成的损失。在中国麻织品方面，因日本麻织品对朝鲜出口较少，加之 20 世纪 20 年代没有向麻织品征收高额关税。因此直到 1937 年，中国纺织品进口商一直独占上海的进口渠道。这一点与开港期有所不同。换言之，与开港时期相比，中国纺织品进口商不仅拓展了经营规模，并在上海设立了分店。此后随着上海—仁川开设直航，中止了以往经由烟台本店的中转方式，从而转变为从上海麻纺织品批发商处直接

---

[1] 本文原载《海外华人研究（TCEA）》Vol.9，荷兰 :Brill，2015 年。

进口。总的来说，旅居朝鲜的中国纺织品进口商不仅以京城及仁川为据点，铺开了日本大阪等地的进口贸易之路，亦兼有将购入的日本纺织品向中国再出口的销售渠道。

一、序言

本文将围绕朝鲜殖民地时期（1910—1945年）华侨纺织品进口商的贸易渠道展开研究。姜先生和石川先生于早年已对朝鲜华商的情况进行过相关研究，两人充分运用韩国首尔大学图书馆内有关同顺泰的资料藏书，揭示了在朝鲜开港时期（1876—1910年）广东帮同顺泰在东亚地区的贸易情况。[1]然而在殖民地时期，同顺泰的业务状况一直衰竭不振，并退出纺织品进口商行列，不得已之下在中日战争爆发后歇业了。殖民地时期的朝鲜华侨纺织品进口商由山东帮取代了原来的广东帮同顺泰。前者不仅仅是纺织品进口商，其经营范围还拓展至纺织品批发及零售。可以说，山东帮掌控了整个朝鲜华侨纺织品商行业。[2]到1930年10月为止朝鲜共有2116家华侨纺织品商行，约占朝鲜国内纺织品商行总数的20%，仅次于朝鲜人开办的纺织品商行。此外，朝鲜国内的纺织品销售总额中，华商约占比20%—30%以上[3]，形成一股对朝鲜及日本纺织品商的压迫之势。朝鲜华侨纺织品进口商既从国外进口纺织品，又向朝鲜各地华侨零售商进行批发。双重的身份决定了他们在朝鲜华侨纺织品行业中起到了重要的引导作用。

因此本文将围绕纺织品进口业，以华侨进口商通过何种贸易途径大

---

[1] 姜抮亚，《同顺泰号：东亚华侨资本与近代朝鲜》，大邱：庆北大学出版社，2011年；石川亮太，《开港后朝鲜における华商の对上海贸易》，《东洋史研究》63：4，京都：东洋史研究会，2005年；石川亮太，《开港期汉城における朝鲜人・中国人间の商取引と纷争》，《年报朝鲜学》10，福冈：九州大学朝鲜学研究会，2007年。

[2] 李正熙，《朝鲜华侨と近代东アジア》，京都：京都大学学术出版社，2012年，第39-40，44-54页。

[3] 同上，第39-40页。

量引进纺织品，他们与日本纺织品商如何展开合作与较量，朝鲜国内生产结构如何导致纺织品大量进口等三点作为研究课题进行深度探讨。

二、棉织品进口的商贸网

（一）英国产细棉布的进口情况

在现今众多研究中可以清晰地了解到以下情况：在朝鲜开港时期，棉织品的进口主要是通过日本纺织品进口商和华侨纺织品进口商。两者的经营范围各有不同，前者进口日本产棉织品，后者进口英国产棉织品。中日甲午战争之前，无论在质量或价格方面，英国产棉织品都优胜于日本产，因此负责此进口业务的华侨商人拥有较高的进口量。然而随着战争的深入，日本纺织业得到了发展，使局面发生了变化。日本产棉织品步步追赶英国产织品，使日本纺织品商几乎垄断了当时的朝鲜棉织品进口市场。这样的商业架构在殖民地时期得到了进一步强化，直到日本纺织品商彻底掌控朝鲜棉织品进口市场。

确实如此。事实上，在朝鲜市场中，日本产棉纱和天竺布的进口量分别在 1894 年和 1898 年年初首次超过英国产织品，此后英国产便完全被市场淘汰。[1] 起初华侨纺织品商从上海大量进口低廉的英国产棉织品非常有竞争力，日本的纺织会社和驻朝鲜日本纺织品商人对此采取有力的抗衡产品——平纹坯布 [2]，直至 1908 年日本产平纹坯布已远远超过英国产棉织品。因受第一次世界大战影响，后者于 20 世纪 10 年代中期逐渐退出朝鲜市场（参照表 1）。

---

[1] 沢村东平，《近代朝鲜の棉作棉业》，东京：未来社，1985 年，第 48-49 页。

[2] 编者不详，《韩国各地日本棉布概况一班》，1907 年，第 4 页。此报告书汇总了来自第一银行韩国总分行及各分行、各农工银行、各日本人商业会议所、财政顾问各分部等的报告。

表 1　朝鲜平纹坯布及细棉布进口明细

（单位：反·千日元）

年份	平纹坯布				细棉布			
	英国产		日本产		英国产		日本产	
	进口量	进口额	进口量	进口额	进口量	进口额	进口量	进口额
1892	473009	1387	—	—	8069	22	—	—
1895	708704	2601	31187	121	7524	30	—	—
1900	388338	1526	171269	655	33478	149	50	0.2
1905	702908	3278	323016	1314	231230	1145	849	4
1906	282656	1393	318142	1425	146611	753	1768	8
1907	584153	2825	471079	2120	254459	1264	690	3
1908	430949	2141	458808	2148	287899	1500	4650	23
1909	360315	1747	393854	1782	286419	1477	3185	16
1910	349360	1724	591231	2752	267370	1510	36115	165
1911	330233	1627	877843	4091	271673	1533	60582	284
1912	21766	1100	1137854	5747	425217	2291	96450	500
1913	292154	493	1064218	6001	348492	2044	30056	174
1914	30985	168	1030902	5706	238463	1406	60294	351
1915	28233	146	1308038	6099	244339	1416	130627	686
1916	13074	70	1259181	7085	208370	1383	237481	1457
1917	1698	15	1190643	9929	161817	1665	215108	2047
1918	1432	60	1361616	15551	99645	1531	136332	1720
1919	1739	37	1984631	31000	150863	3117	56742	9257
1920	574	7	971120	16956	114432	2085	91879	1503
1921	23823	268	2129817	25017	270198	3341	323806	2990
1922	6760	80	1518456	16204	246622	3271	158388	1928
1923	773	9	1494323	15277	220815	2818	233033	2661
1924	855	10	1664968	20227	117838	1845	358025	4694
1925	110	2	1612050	21419	80680	1375	353263	4725

资料来源：朝鲜棉线布商联合会，《朝鲜锦业史》，首尔：朝鲜棉线布商联合会，1929 年，第 92—94，128—130 页。

其原因在于，日本的纺织会社不仅实现了平纹坯布的品质改良与价格调整，还对当时日本的纺织会社及其在朝鲜的商社的营销结构产生了积极的影响。由负责出口平纹坯布至朝鲜的 3 家公司：棉布织造会社、大阪纺织会社、三重纺织会社于 1908 年在汉城成立棉布销售同盟"三荣组合"，3 家的商品销售不仅委托三井物产，并且通过在京仁（京城和仁川）地区指定 20 名特约经销人，进一步扩大了销路。[1]

然而，棉织品进口量中仅次于平纹坯布的漂白坯布，与天竺布、棉纱、平纹坯布有着不一样的发展轨迹。从第一次世界大战时期到 1923 年为止，英国产漂白坯布的进口额已超过日本产。英国产漂白坯布以 32 支、42 支的细棉纱为原材料织成，洗涤后不经漂白，质地柔软细腻，是一种较平纹坯布高档的棉织品。对比仅以 14 支不到 16 支的粗棉纱织成的日本产漂白坯布，根本不能相提并论。[2]

英国产漂白坯布的价格比平纹坯布昂贵，其进口量及进口额在 1892 年仅为 8069 反·22913 日元，但随着朝鲜上流阶层的生活质量提高，内需增加，1905 年激增至 231230 反·114 万日元。持续到 1912 年为止足足比 1905 年翻了 2 倍，达到 425217 反·229 万日元。这时期的英国产漂白坯布占据着朝鲜市场的全部份额。相比之下，日本产漂白坯布黯然失色，在 1910 年之前的进口量／额基本为零。

随着第一次世界大战的爆发，英国产漂白坯布的进口变得举步维艰。反观彼时的日本在漂白技术上取得的进步，加上生产设备的扩充使日本产漂白坯布作为英国产的替代品，进口量开始有所增加。[3]1916 年日本产首次超过英国产。虽然战后 1920 年和 1922 年英国产进口额再次回弹取胜，但随着 1925 年 3 月 10 日英日协定税率废除和 1926 年 3 月 29 日关税修正导致的增税令发布，英国产进口额从 1927 年 119 万日元，1928 年 99 万日元，1929 年 69 万日元，到 1930 年 42 万日元逐年减少。1931 年更是受朝鲜国内排华事件及行业不景气的影响锐减至 8 万

---

[1] 编者不详，《韩国各地日本棉布概况一班》，第 3 页。第一银行向特约经销商指导如何将押汇资金以低息放贷。1907 年第一银行的储贷金额中日本人占 66.9%、朝鲜人 5.9%、外国人 27.2%。外国人多为华侨纺织品商（高鸪雅明，《朝鲜における殖民地金融史の研究》，东京：大原新生社，1978 年，第 177 页）。

[2] 沢村东平，《近代朝鲜の棉作棉业》，第 66 页。日本产漂白坯布因浆糊添加过量，不耐用而被指责为技术上的稚嫩（朝鲜棉线布商联合会，《朝鲜锦业史》，首尔：朝鲜棉线布商联合会，1929 年，第 95 页）。

[3] 朝鲜棉线布商联合会，《朝鲜锦业史》，第 97 页。

日元[1]，此后一蹶不振。无论如何，华侨纺织品进口商凭着英国产漂白坯布，在 1905—1930 年间以年均 171 万日元的进口额，成为行业翘楚的历史是不会被磨灭的。

（二）日本产棉织品的引进及朝鲜国内的销售情况

日本产平纹坯布和棉纱等的进口只完全依赖日本纺织品商来运营吗？当然不是。

开港时期，英国产棉纱自 1894 年被日本产超越后并逐渐退出市场后，当地华侨纺织品进口商开始着手进口日本产棉纱。[2]1897 年在日本产棉纱之外，华商还扩大营业范围到日本产平纹坯布的进口贸易上。下文是驻仁川日本领事馆于 1897 年 11 月末发回本国报告书的部分内容：

> 此商品（棉布）的买卖市场几乎由中国商人垄断的现象，本月以来愈发明显。中国商人先于旺季前一个月，利用汇率之优势从上海大金额进货。进入本月不仅扩大其在朝鲜内销售量，而且开始了对日本产棉布的进口。以本月为例，该港口的进口日本棉布几乎全是从大阪川口的中国商人转销至该港的同国商人手中。同样地，纺织品的其商权亦逐渐转移至中国商人。参照本月情况，虽说本邦商人的进口额能保持约总额的三分之二，但眼见我国生产的商品的进口业务一步步落入他国商人之手，实属贸易上的遗憾。[3]

---

[1] 朝鲜总督府，《昭和六年　朝鲜总督府统计年报》，首尔：朝鲜总督府，1933 年，第 294 页。

[2] 河明生，《韩国华侨商业：1882 年より 1897 年迄ソウルと仁川を中心として》，《神奈川大学大学院经济学研究科研究论集》，横滨：神奈川大学大学院经济学研究科，1994 年，第 71 页。当时住仁川中国商人从神户、大阪的华侨商人处进口日本杂货（塩川一太郎，《朝鲜通商事情》，东京，1895 年，第 69 页）。

[3] 《驻仁川日本领事馆事务代理币原喜十郎报告》，《三十年九月中仁川商况》，《通商汇纂》88，东京：外务省通商局，1898 年 1 月 15 日，第 3 页。

换言之，仁川的华侨纺织品进口商不仅从上海进口英国产平纹坯布，同时也通过驻大阪川口的华侨商人进口较英国产便宜的日本棉布。

这种现象不只在开港期，在殖民地时期亦有所显现。在纺织品进口中仁川港占据着主要地位。[1] 接下来再探讨一下，该港口进口的棉织品和棉纱中，经华侨纺织品进口商的占有多少比重，而他们从日本进口的比重又是多少。

1924 年经仁川港的进口棉纱共计 668000 斤（695000 日元），其中 272000 斤（28 万日元）为仁川在住商人进口的部分。进口地占比为大阪 50%、神户 15%、关门 15%、中国 15%、英美 5%。即日本进口占总数的 80%。暂不论海外部分，单从京城以及从朝鲜其他地区的进口额也达到了 5 万斤（约 5 万日元）以上。同港输入的棉纱总额约 23 万日元。这 23 万日元的棉纱批售到朝鲜不同地方，其中日本商人的出口量占整体 6 成，华侨纺织品进口商占 4 成。[2] 华侨纺织品进口商的棉纱购买地，中国和英美占 20%，朝鲜国内占 4%。以此推测，剩余 16%（36800 日元）是从日本，或者是通过仁川的日本纺织品商购买的。

1924 年从仁川港进口的棉织品中，平纹坯布和市布共计 28225000 方码（8825000 日元）、漂白坯布和漂白市布为 7317000 方码（3033000 日元）。其中仁川在住纺织品商（日本纺织品商和华侨纺织品进口商）分别占总额的 38% 和 67%。如果算上从京城及朝鲜内其他地区进口的棉织品，住仁川的纺织品商的棉织品进口额将超过 638 万日元。从仁川纺织品商购买平纹坯布和市布的地方来看，大阪占 90%、日本其他地区 3%、朝鲜各地 5%、中国 2%。日本纺织品商占平纹坯布和平纹细布进口额的 9 成（3018150 日元）、华侨纺织品进口商占 1 成（335350 日元）[3]。同时，仁川的华侨纺织品进口商从

---

[1] 例如，1924 年平纹坯布和市布的进口量若按港口分布，仁川港占 42.4%、釜山 18.6%、群山 13.0%，仁川港比重最大。（橋谷弘，《两大战间期の日本帝国主义と朝鲜经济》，《朝鲜史研究会论文集》20，东京，1983 年，第 46-47 页。）

[2] 朝鲜总督府，《市街地的商圈》，首尔：朝鲜总督府，1926 年，第 43 页。

[3] 朝鲜总督府，《市街地的商圈》，第 43 页。码（yard），1 码为 0.9144 米。

中国直接进口为 2%，剩余 8%（268280 日元）是从日本进口。

1930 年 7 月至 12 月，日本国内各大银行向仁川各银行开具的、以当地华侨纺织品进口商为名的各色票据数额达到了约 399 万日元。这些几乎全是日本产棉织品在下半年买卖的结算金额。[1]若加上上半年的金额将会更庞大。由此，可以证实仁川华侨纺织品进口商从大阪等地直接引进的棉织品量增加了。

漂白坯布和漂白市布的进口总额为 2032110 日元，若按供给地占比来看，大阪为 40%，中国（英国产）为 55%，其他地区为 5%。而买卖这些纺织品的商人中，华侨纺织品进口商占六成、日本人占四成。华侨纺织品进口商的货物中有 55% 是英国产的，5% 是从日本输入的。

仁川日本纺织品商和华侨纺织品进口商的平纹坯布、市布及漂白坯布、漂白市布主要在京城及朝鲜国内销售。其中六成出口经日本纺织品商，四成经华侨纺织品进口商。华侨纺织品进口商所贩卖的棉纺织品中，12%—13% 由日本纺织品商供给。[2]1926 年京城商业会议调查亦记载："以往（朝鲜华侨纺织品进口商）与日本商人之间的交易十分罕见。但自从经营日本产棉布以来，他们除了通过日本华商以外，还直接与当地日本商人进行交易。"[3]华侨纺织品进口商除了从日本直接购买外，还从仁川及京城的日本纺织品商处买入日本棉织品。

当中最具代表性的是殖民时期朝鲜区域内最大的华侨纺织品进口商——裕丰德。裕丰德是受前文提到的三井物产京城办事处的许可列入"三荣组合"的特约经销商。首先介绍它的来历："三荣组合"成

[1]　京城商工会议所，《满洲事变の朝鲜に及ぼした经济の影响》，《经济月报》196，首尔：京城商工会议所，1932 年 4 月，第 48 页。

[2]　朝鲜总督府，《市街地的商圈》，第 44 页。负责进口仁川棉纺织品的日本纺织品商主要有河野商店、三友商会、鬼头商店、井上商店。华侨纺织品进口商从这些商店中购买棉纺织品（京城府，《重要商品调查：绵布の部》，首尔，1924 年，第 86 页）。

[3]　京城商业会议所，《朝鲜の对支经济关系概况》，《朝鲜经济杂志》127，首尔：京城商业会议所，1926 年 7 月，第 8 页。

立后，三井物产办事处指定该会的特约经销商限制为日本商人。[1] 对此，朝鲜批发商和华侨纺织品进口商"产生逆反心理，设法排斥其产品"。[2] 于是朝鲜纺织品批发商联合90名商家组成彰信社，抗衡"三荣组合"并与富士瓦斯纺织公司于1906年10月签订独家销售合约。[3] 如此看来，三井物产办事处应为缓解紧张气氛，也为扩大自家的棉织品销路，决定指定裕丰德为特约经销商。1912年仅有3家被指定为特约经销商，除裕丰德外另有驻朝鲜的日本纺织品商——和田商店和安盛商店。[4] 裕丰德以担保作为延期50—60日支付的条件，销售三荣组合的商品。

　　1918年加入裕丰德的周慎九陈述道，虽然"最初我们的商品大部分都仰仗英国进口，仅有少量从日本进口的粗棉布"[5]，但不久后经三井物产办事处购买的日本产棉织品愈发多起来。1920年4月，三井物产的棉花部门独立出来，成立了"东洋棉花"。如此一来，裕丰德与旧东家的贸易关系发生了转变，与新东家"东洋棉花"的合作一直持续到中日战争以后。[6] 裕丰德凭借与三井物产办事处及东洋棉花的背景，以低廉的价格和稳定的货源，一直持续发展，并与驻朝鲜的日本纺织品商，如高瀬商店、安盛商店、共益社、宫林商店等并驾齐驱。[7]

　　综合以上探讨，在当时的朝鲜市场中，自日本产棉织品取代英国产后华商们不得不增加对日本产棉织品的引进量，通过从旅日华侨商人以及驻朝鲜的日本纺织品商两种渠道购买，来弥补英国产棉织品进口量减

---

[1] 京城特约经销人（店）为高瀬合名会社京城分店、和田常市、安盛弥兵卫3名。此后高瀬分店变为高瀬商店，安盛弥兵卫变为安盛商店，成为进口朝鲜的日本棉纺织品主要批发商。

[2] 编者不详，《韩国各地日本棉布概况一班》，第9页。

[3] 朝鲜棉线布商联合会，《朝鲜锦业史》，第42页。

[4] 朝鲜总督府，《京城商工调查》，首尔：朝鲜总督府，1913年，第99页。

[5] 周慎九，《在鲜支那人の感谢と希望》，《朝鲜及满洲》374，首尔：朝鲜及满洲社，1939年1月，第28页。周慎九于1909年至1917年间在三井物产京城业务所负责向中国出口高丽人参。进入裕丰德后，周慎九成为裕丰德主负责人、京城中华商会的主席。

[6] 周慎九，《在鲜支那人の感谢と希望》，第28—29页。

[7] 京城府，《重要商品调查：绵布の部》，第86页。

少所造成的损失。

三、丝织品的进口与引进

（一）中国产丝织品的进口

中国产丝织品是通过三市（中江、会宁、庆源）贸易和使行贸易之朝贡贸易方式，从中国进口的主要贸易商品，随着《中朝商民水陆贸易章程》的签订，华侨纺织品进口商以自由贸易方式经海运将商品带入朝鲜。

朝鲜开港期中国产丝织品的进口额，在中日甲午战争以前即1891年达到最高峰，为429117万日元。随着战后需求的急速增长，1910年首次突破100万日元大关后，除1902年、1903年、1906年，每年均超过100万日元。[1]因此在开港期，中国产丝织品是华侨纺织品进口额仅次于棉织品的第二大纺织品。

中国产丝织品的进口额在殖民地时期，随朝鲜内需增长而增加。1912年突破200万日元后虽有短期回落，但有第一次世界大战带动经济，1917年便恢复至200万日元，随后以1918年399万日元，1919年676万日元的速度增长（参照表2）。中国产丝织品在1912—1924年间以年均超324万日元的进口额成为朝鲜对华最主要的进口商品之一。[2]

---

[1] 梶村秀树，《李朝末期朝鲜の纤维制品生产及流通状况》，《东洋文化研究纪要》46，东京：东洋文化研究所，1968年，第216页。其中包含一部分日本产丝织品，但金额极小。

[2] 1923年主要进口中国的商品有粟1331万円、天蚕丝糸1015万円、豆糟730万円、煤炭696万円、木材505万円、麻布503万円、板坪300万円、天日盐232万円、丝织品227万円（京城商业会议所，《朝鲜の对支经济关系概况》，第13-14页）。1923年丝织品对中国的进口额较表2少，有可能不含包裹形式进口的丝织品金额。

．

表2 朝鲜之丝织品进口及生产额

（单位：日元）

年份	进口额				朝鲜生产额	消费总额
	日本	中国	其他	合计		
1912	648000	2003566	2823	2654389	666137	3320526
1913	779502	1534435	6318	2320255	733709	3053964
1914	671432	1612032	8415	2291879	622893	2914772
1915	866237	1770385	3223	2639845	582528	3222373
1916	994719	1866625	2959	2864303	740973	3605276
1917	1429346	2222168	2998	3654512	1053588	4708100
1918	2307117	3992511	2438	6302066	2080135	8382201
1919	5081994	6763208	14445	11859647	2844352	14703999
1920	3921042	5125667	545	9047254	2018072	11065326
1921	5430343	4012138	217399	9659880	2512446	12172326
1922	5793647	4132635	12824	9939106	2502303	12441409
1923	4307036	3413996	21259	7742291	2718764	10461055
1924	5158400	3607701	6176	8771974	3193610	11965584
1925	8030775	6600	863	8038238	3421588	11459826
1926	7903090	9296	293	7912679	3378493	11291172
1927	9266404	26183	345	9292932	3283289	12576221
1928	13376359	4199	220	13380778	3511051	16891829

资料来源：室田武隣，《朝鲜の麻织物及绢织物》，《朝鲜经济杂志》121，首尔：京城商业会议所，1926年1月，第36-37页；税田谷五郎，《内地に於ける鲜人向绢织物の生产に就て》，《朝鲜》128，首尔：朝鲜总督府庶务部，1926年1月，第146页；室田武隣，《朝鲜の机业に就て》，《朝鲜》189，首尔：朝鲜总督府庶务部，1931年2月，第71页。

中国产丝织品的进口额在1912—1924年间以年均41%的高比例占据着朝鲜国内丝织品消费总额。相比之下，同时期的朝鲜国内的生产额年均不足22%，仅为中国产丝织品的一半。差别之大，可以从朝鲜总督府的都泽正章和小ケ仓喜平于1922年对于中国华中之丝织品制造业进行调查的结果中寻求答案。

两人分别对朝鲜和中国的丝织品进行了比较，总结出以下原因。（1）"作为原料中国蚕丝的价格低三成属有利"；（2）"劳务金方面，由于中国方生活成本低属有利"；（3）"现时生产设备方面，中国方较齐备";（4）"现时织造技术方面，中国方占优势"。基于上述四个原因，论断"不能与中国产丝织品竞争"。[1]

两人还抽取进口朝鲜的中国产丝织品[2]中相对较多的明绸、官纱、纹缂子（法缎）3种商品，针对在朝鲜和中国的生产成本进行比较。结果是朝鲜产分别是6.950日元、10.200日元、32.40日元，中国产分别是4.695日元、7.31日元、27.12日元。前者较后者分别高出40%、40%、19%。[3]因此在1922年朝鲜通过对上述3种中国商品征收520日元/100斤的关税措施，勉强实现可与中国产丝织品竞争的水准。

两国生产的三种类型的丝织品在同等价位下，在品质方面依然是中国产的更有优势。它不仅经久耐用，花纹独特，富有光泽感而有品味。[4]因此有学术提出，中国产丝织品凭着在价格、质量上的优势，从开港期到殖民地时期一直被大量引进，是造成朝鲜国内丝织品制造业停滞不前的主要原因。[5]

再探寻一下中国产丝织品是如何经华侨纺织品商走进朝鲜境内的。中国丝织品的主要产地在广东省、浙江省、江苏省和河南省。其中，广东省和河南省生产"绸"及多种普通型丝织品，而浙江省和江苏省专门

---

[1] 朝鲜总督府，《支那ニ於ケル麻布及绢布并其ノ原料ニ关スル调查》，首尔：朝鲜总督府，1923年，第89-90页。此调查活动为朝鲜总督府以遏制中国产丝绸和麻布进口为目的而撰写的基础文件。

[2] 1923年中进口较多的中国产丝绸品为官纱（总量的26.8%）、府纱（同18.5%）、宁绸（同13.0%）、缂缎子（同11.7%）、老纺绸（同5.7%）、绢绸（同4.8%）、唐亢罗（同4.8%）、纱（同3.4%）（京城商业会议所，《朝鲜绢织物贸易の消长と支那绢布及代用品に就て》，《朝鲜经济杂志》114，首尔：京城商业会议所，1925年6月，第5页）。

[3] 朝鲜总督府，《支那ニ於ケル麻布及绢布并其ノ原料ニ关スル调查》，第90-92页；《奢侈税と朝鲜の机业》，《京城日报》1924年8月22日。

[4] 金敬泰编，《通商彙纂：韩国篇②》，首尔：丽江出版社，1987年，第202页；权泰檍，《韩国近代棉业史研究》，首尔：一潮阁，1989年，第211页。中国丝织品制造业者为了出口朝鲜，制作出迎合朝鲜人喜爱的款式和颜色（露国大藏省编撰，农商务省山林局译，《韩国志》，东京，1905年，第166页）。

[5] 须川英德，《开港期朝鲜における绢业について》，《朝鲜学报》127，天理：朝鲜学会，1988年；须川英德，《李朝商业政策研究》，东京：东京大学出版会，1994年，第260—271页。

织造"缎"[1]，出口朝鲜的丝织品中有大部分是这里的制造业者织成的。[2]
两省的丝织品主要产地在南京、苏州、杭州及镇江等。如苏州云锦公
所、南京缎业商会、镇江绸业公所等均为此地丝织品制造业者与商家们
的结合体。[3]

朝鲜的华商无须直接奔赴以上产地进行采购，较为常见的做法是，
待南京、苏州、杭州及镇江织造的丝织品经上海丝织品批发商集中再分
发至各点。[4]朝鲜的华侨纺织品进口商通过与上海的丝织品批发商之间
结成特殊交易关系，或派发自己的调度员到上海负责进口事务方式并将
上述丝织品进口至朝鲜。[5]当接到华侨纺织品进口商的订单后直接从上
海发货时，费用1个月后缴付。而当调度员采购货品时，待商品到达朝
鲜后60日内通过该调度员进行汇款支付。[6]

华侨纺织品进口商与上海哪家丝织品批发商进行交易暂且不明。回
顾1920年和1924年，江浙地区曾因朝鲜总督府颁布的高额关税而掀起
反对运动，或许从当时响应积极的团队中可略见端倪。坚决反对的团体
均为对朝输出丝织品的组织，如南京缎业商会、镇江绸业公所、苏州云
锦公所、江浙丝绸机织联合会等，许是受影响最大、利益关系最深，当
时参与反对运动次数最多的苏州云锦公所影响。[7]上海方面，专门负责
苏州丝织品的进出口批发商有上海云锦公所，其成员包括永兴洽、裕泰

---

[1] 中国丝织品的种类繁多。中国丝织品在原料上、用途、产地名、花纹等各有区
　　分。绸和缎的区别在于原料，前者为纯手工织品；后者为呈现出经纬纱纹理的像
　　缛子般的纺织品。（朝鲜总督府，《朝鲜於支那人》，首尔：朝鲜总督府，1924年，
　　第39页。）

[2] 朝鲜总督府，《支那ニ於ケル麻布及绢布并其ノ原料ニ关スル调查》，第68页。

[3] 《日本又拟增加朝鲜进口税》，《天津大公报》，1919年12月12日。

[4] 朝鲜总督府，《支那ニ於ケル麻布及绢布并其ノ原料ニ关スル调查》，第77页。

[5] 同上，第79页。

[6] 同上，第79-80页。调度员的详细情况稍后再述。因丝绸品属于高价且容积小的物
　　品，用邮包进口价格较低。（朝鲜总督府，《朝鲜於支那人》，第38页）

[7] 关于这一团体的抗议活动有如下记载。《日本又拟增加朝鲜进口税》，《天津大公
　　报》，1919年12月12日；《反对日本苛税之踵起》，《上海时报》，1924年8月17日；《日
　　本加税各界之反应》，《上海时报》，1924年8月23日；《沪十四公团反对日本加税》，
　　《上海时报》，1924年12月12日。

丰、曹哉记、徐协记、裕丰仁正记、王义丰和记、裕丰仁泰记、正泰丰、正裕、德余丰、震泰荣、生记等。[1] 由此断定，朝鲜华侨纺织品进口商与这些商行均有贸易关系。

（二）日本产丝织品的引进情况

如表 2 所示，日本产丝织品的进口随着中国产丝织品进口量增多而增加。日本产纺织品进口额在 1917 年前后开始迅速上升，到 1921 年首次超越中国产丝织品。但在"韩国合并"之始，包括开港时期在内，日本产丝织品一直受中国产纺织品压制。[2] 如 1912 年日本产丝织品仅占朝鲜国内消费总额的 20%，中国产为 60%，朝鲜产为 20%。当时，进出口朝鲜的日本产丝织品大多数是只有日本人穿戴的铭仙、缩缅的纺织品，对于朝鲜人所需的官纱等纺织品供给十分有限。不仅如此，除价格偏高之外，其缺乏光泽感和过于花哨的花色并不受当时朝鲜人民的青睐。[3]

由于日本同业界对于中国产纺织品垄断朝鲜纺织品市场极为重视，从开港期之初便一直为提高日本产丝织品的出口量出谋划策。譬如 1895 年前后，京都西阵锦缎的纺织品商为能使日本产丝织品出口到朝鲜，仿照朝鲜人喜爱的中国丝织品样式制作出华美的织品，但因无法降低价位最后以失败告终。[4] 到了 20 世纪 10 年代，日本的丝织品制造业者为能制造出与中国产一样的丝织品，首先从中国买入生丝进行加工，然后将日本丝织品包装成中国产的样子，再运到上海和大连转而出口至朝鲜。但均收效甚微。[5]

---

[1] 《绸缎公所维持系纺织品之苦心》，《上海时报》1914 年 5 月 25 日。

[2] 1877—1908 年朝鲜丝绸品进口额中日本产甲斐绢的年平均进口额比重为 6.3%。（须川英德，《李朝商业政策研究》，第 267 页。）

[3] 朝鲜总督府，《仁川港商工调查》，首尔：朝鲜总督府，1913 年，第 105 页。

[4] 金敬泰编，《通商彙纂：韩国篇③》，首尔：丽江出版社，1987 年，第 307 页。

[5] 室田武隣，《朝鲜的麻织物及绢织物》，《朝鲜经济杂志》121，首尔：京城商业会议所，1926 年 1 月，第 37-38 页。

再有，约在 1908 年，当华侨纺织品进口商垄断市场之际，在朝鲜的日本纺织品批发商积极争取中国丝织品进口权，他们派遣调度员到芜湖、苏州、杭州等丝织品的集散地——上海，向当地的中国批发商进行采购，但一直遭遇困难。据引述"收支上的不平衡，根本无法望其项背（华侨纺织品进口商）。第一，华商的经费便宜。第二，华商常年不兑换货币，这正是我们（在朝的日本纺织品进口商）的弱项"[1]。

日本纺织品制造业者为迎合当时朝鲜人的喜好，努力改良生产和开发新产品并慢慢收到效果。他们不但开发出受朝鲜人喜爱的中国三八绸、官纱、库纱等替代品，还抓准了朝鲜人的口味织造出中国唐坑罗、官纱、库纱的仿制品。不仅这样，他们还对出口朝鲜的法缎、甲斐绢等扩大生产量，改良对朝出口的缩缅和纹羽二重等丝织品。[2] 如此这些，都可以从日本产丝织品进口量过半的京城在 1924 年 9 月至翌年 4 月间进口情况中清楚了解到。换言之，日本产丝织品中，缎子和缯子占进口额的 57%、羽二重 19%、甲斐绢 16%、富士绢 4%、绉·纱·倭纱·官纱共占 2%、琥珀占 2%。[3] 相较此前日本人所需的羽二重、甲斐绢等仅占整体的 4 成，其余约 6 成均为朝鲜人所需的中国丝织品的替代品。

日本纺织品商通过不懈努力已逐渐取得成效，而最终促成日本丝织品在朝鲜市场内完全取代中国产丝织品的，是朝鲜总督府于 1920 年对日本与朝鲜施行统一关税政策以及 1924 年实施奢侈品关税。尤其后者针对中国产丝织品征收 100% 的关税而彻底将其拒之门外，由日本产取而代之。（参照表 2）日本产丝织品的进口额自 1924 年 516 万日元后逐年增长，到 1928 年为止已达到 1338 万日元。而奢侈品关税实施后的 1925—1928 年间，其在朝市场份额已远远超越中国产，达到 74%。

---

[1] 朝鲜贸易协会，《朝鲜贸易史》，首尔：朝鲜贸易协会，1943 年，第 287 页。引用文为朝鲜棉线布商联合会会长高井兵三郎的讲话。

[2] 税田谷五郎，《内地に於ける鮮人向絹織物の生産に就て》，第 26-28 页。

[3] 京城商业会议所，《朝鲜绢织物贸易の消长と支那绢布及代用品に就て》，《朝鲜经济杂志》114，首尔：京城商业会议所，1925 年 6 月，第 7 页。

如前文论述，华侨纺织品进口商曾依靠垄断中国丝织品进口市场而获取比日本纺织品商更多的优势，但中国纺织品进口量的骤减，无疑是对华侨商人的一大重创。华商面对危机将如何应对，以下围绕他们商业上的对策措施进行详细论述。

首先，为避开高昂的奢侈品关税，华侨纺织品进口商在 1924 年 12 月计划斥资资本金 400 万—500 万日元于京城设立丝织品制造公司。[1] 他们引入工薪低廉的中国劳工，以购入中国生丝做原材料，制成丝织品在朝鲜境内贩卖，来谋求实现朝鲜现代化生产。华商曾向朝鲜总督府当局提出设立新公司的申请，但朝鲜总督府考虑此举会造成众多朝鲜人失业，因此不希望引入中国劳动力[2]，导致该计划终成泡影。

其次，在奢侈品关税的重压下，华侨纺织品进口商铤而走险，利用朝鲜和中国之间的边境地区大量走私[3]。被在朝日本人和朝鲜商人发现后，当局提出必须严厉取缔走私行为的请求，于是朝鲜总督府在 1927 年在边境区域增设监视所[4]，实行对正常进出口的丝织品及朝鲜内生产的丝织品加盖检验章等措施，加强监管力度。如此措施实行才遏制了一度猖獗的走私现象。[5]

对于华侨纺织品进口商来说，剩下的唯一办法便是从日本引进日本产丝织品。在征收奢侈品关税以前，华侨纺织品进口商"即便是内地的仿造品，也可以通过得力的批发商及直接买卖来购入商品"[6]，因此在奢侈品关税实行后，日本丝织品的需求量更上了一个台阶。

---

[1] 《中国商이人绢布会社计划》，《东亚日报》1924 年 12 月 20 日。

[2] 《中国人计画의中国绢布製造不許용奢侈品关税引上本意로》，《朝鲜日报》1924 年 12 月 27 日。

[3] 《密輸品六千件奢侈品关税가激增》，《绸缎密輸》，《东亚日报》1926 年 2 月 3 日。

[4] 《密輸防止策으로税关施设充实》，《东亚日报》1927 年 12 月 3 日。

[5] 田中二雄，《输移入及鲜内产绢布的检印实施에就て》，《朝鲜》151，首尔：朝鲜总督府庶务部，1927 年 12 月，第 1—4 页。关于朝鲜内生产的丝绸品要在各府郡的监督下加盖"生产证印"，日本的进口货要在税务署的监督下加盖"移出证印"，朝鲜海关加盖"进口证印"。

[6] 京城商工会议所，《在鲜支那贸易商的实力》，《朝鲜经济杂志》58，首尔：京城商工会议所，1920 年 10 月，第 4 页。

我们可以关注一下瑞泰号的账簿，其中记载"福井·桐生日鲜往复"。[1]账簿中的名称"福井·桐生"指的就是日本福井和桐生地区。众所周知，当时的福井和桐生地区主要以生产丝织品而闻名，两地的出口量亦最大，其中桐生地区在1929年的丝织品进出口额达到2000万日元以上。[2]此外，进口朝鲜的日本产丝织品和人造丝织品"几乎全是北陆的福井、石川和两毛地区"。[3]两毛地区即现在栃木县横跨西南部至群马县东南部一带，包括桐生地区。

可以确定记载"福井·桐生日鲜往复"的瑞泰号曾有着与福井和桐生地区的贸易合作。他们是如何进行交易的？先来看一下京城商工会议所调查课——德家藤荣对桐生纺织品的调查结果。桐生产丝织品在进入朝鲜之初以缎子类为主，其中法缎约从1914年起开始少量入口，持续时间最长。其他如琥珀、真珠纱、永绢缎分别在1918年、1922年、1925年开始陆续进入朝鲜市场。1930年上半年，出口至朝鲜的桐生产丝织品为437572码（22万9032日元）。[4]

德家对华侨纺织品进口商与桐生织造业者及纺织品批发商之间的关系有着以下描述：

> 因出口至朝鲜的纺织品多为款式独特的花纹款平物，本地机织铺预期生产者甚少，多数在接到批发商或中间商的订单后再生

---

[1] 瑞泰号的账簿有"发货流水账"、"现买账"、"杂项账"、"收货老账"、"收申货账"、"各埠往复"、"银行往复"、"本街往复"、"本街日鲜往复"、"各埠日鲜往复"、"福井·桐生日鲜往复"、"大阪往复"、"申·阪烟往复"、"仁釜往复"、"借贷往复"、"暂欠往复"、"银行收入通账"、"银引勘定通账"、"银引割引收入账"（《瑞泰号呈》，1930年4月7日，《交涉营业税》，《驻韩使馆保存档案》，"中研院"近代史研究所档案馆03-47，191-03）。

[2] 德家藤荣，《内地に於ける主要机业地の情况と朝鲜向绢织物に就て（其の三）》，《经济月报》229，首尔：京城商工会议所，1935年1月，第76页。

[3] 德家藤荣，《内地に於ける主要机业地の情况と朝鲜向绢织物に就て（其の四）》，《经济月报》231，首尔：京城商工会议所，1935年3月，第68页。

[4] 德家藤荣，《内地に於ける主要机业地の情况と朝鲜向绢织物に就て（其の四）》，第68-69页。人绢丝绸15万9，402码·3万2，679円（全体的14%）。

产。于是对没有专门面向出口朝鲜纺织品的织造厂家而言，该纺织品只能与其他出口商品连带生产。许多出口朝鲜纺织品的主要织造业者同时也是中间商，性质单纯的织造业者一般通过中间商进行买卖。如，北陆地区的出口均由大阪批发商经手交易，相对两毛地区则直接从产地处购入。支付方式为货到后结算，延期支付仅限于与朝鲜批发商或商行有特殊关系者。[1]

结合以上德家的调查分析，瑞泰号与桐生的织造业者及中间商进行交易，一般生产方接到由瑞泰号发出的有注明纺织品款式等的订单后进行织造，以汇票方式支付。桐生主要的朝鲜纺织品经办处及生产商有书上商店、合资会社小野亦工厂、江原商工株式会社、松冈商店、帝国绢布株式会社、蓝原和十郎、饭冢春太郎商店、两毛染色整理株式会社、稲边纺织品整理工厂等。[2] 但无从考究瑞泰号与哪家商行进行合作。

不仅有京城瑞泰号这样的华侨纺织品进口商，平壤的华商在20世纪20年代后期更是直接与桐生及足利地区的生产商进行交易。这足以说明华侨纺织品进口商在奢侈品关税实行后，以更灵活多样的方式与日本纺织品产地进行买卖。[3]

综合以上研究结果，图1比较清晰地列出了殖民地时期朝鲜华侨纺织品进口商的丝织品的流通过程。

---

[1] 德家藤荣，《内地に於ける主要机业地の情况と朝鲜向绢织物に就て（其の四）》，第69页。

[2] 税田谷五朗，《内地に於ける鲜人向绢织物の生产に就て》，第34-35页。

[3] 平壤商业会议所，《平壤全志》，平壤：平壤商业会议所，1927年，第364页。奢侈品关税实施后，中国纺织品进口商把从日本进口的廉价丝绸品冒充中国产上等丝绸销售（《中国商人에见欺치말라》，《东亚日报》1926年2月15日）。

中国产丝织品：上海丝织品批发商 ⇒ 华侨纺织品进口商

日本产丝织品：桐生·福井·足利的制造业者·批发商 ⇒ 华侨纺织品进口商

注："⇒"为商品的流通方向

图 1 殖民地时期朝鲜华侨纺织品进口商的丝织品商贸网

四、麻织品的进口状况

（一）中国产麻织品的大量引进及其原因

麻织品可以说是华侨进口商在中国进口纺织品历史中最远久的商品。其引进时间自 19 世纪 80 年代到 1937 年抗日战争全面爆发为止，持续了大半个世纪。它比英国产棉织品和中国丝织品历时更长，是华侨商人经营的支柱型商品。

中国产麻织品的进口额在 1889 年仅为 8039 日元，19 世纪 90 年代起开始上升，到 1905 年首次超过 100 万日元。[1]殖民地时期增幅更大，从 1917 年突破 200 万日元，1919 年 691 万日元，到 1922 年 870 万日元成为史上的最高峰额（参照表 3）。尽管此后年间稍有回落，至少直到 20 世纪 10 年代末止依然有 500 万日元的进口额。在 1912—1928 年间，中国麻织品以年均进口额约 426 万日元傲视同年间的中国产丝织品和英国产棉织品，尤其山东帮是进口麻织品最多的一家商行。此外在 1912—1928 年间，其年均进口额占到朝鲜国内麻织品消费总额的四成。再则，在 1913—1920 年间，中国的麻织品的出向地占比中，朝鲜以年均 70.9% 的比例，远高于中国香港的 14.3%、日本和中国台湾的 12.7%、新加坡

---

[1] 统监府，《第二次统监府统计年报》，首尔：统监府，1908 年，第 248 页。

的 0.8%，其他地区的 1.3%，成为中国产麻织品最大的出口市场。[1]

表3　殖民地时期朝鲜的麻织品进出口额及生产额

（单位：日元）

年份	进口额			朝鲜生产额	出口额	消费总额
	日　本	中　国	其他国家			
1912	21436	1485551	11049	2378128	–	3896164
1913	23802	1353616	19090	2686785	–	4083293
1914	27408	1564333	25632	2772437	3150	4386660
1915	24504	1155150	6449	2985524	15494	4156133
1916	36900	1612579	13099	3665527	11141	5316964
1917	70354	2210760	17992	5372845	29032	7642919
1918	79176	2474972	23939	9310701	43086	11845702
1919	129342	6907229	42928	14160832	93174	21147157
1920	194269	7905068	25937	8299010	23152	16401132
1921	109127	5395419	22610	9646658	74556	15099258
1922	135987	8702849	13349	9021120	87959	17785346
1923	179660	5181516	13635	8775370	87247	14062934
1924	246332	4991614	105781	9251488	51303	14543912
1925	269567	4787025	5919	9327802	81733	14308580
1926	233973	5419850	10769	9658977	70423	15253146
1927	219333	5500595	31598	10069131	65970	15754687
1928	341532	5780450	31044	10444763	57504	16540285

资料来源：京城商业会议所，《朝鲜に於ける麻布の需给概况》，《朝鲜经济杂志》162，首尔：京城商业会议所，1929 年 6 月，第 2-8 页；室田武隣，《朝鲜の机业に就て》，《朝鲜》189，首尔：朝鲜总督府庶务部，1931 年 2 月，第 56-57 页。

　　朝鲜对中国产麻织品需求量之所以如此大，其原因可从该商品在朝鲜的供求关系入手。在朝鲜，麻织品常用于制作丧服和夏季衣衫，而朝鲜国内的生产力往往不能满足需求。朝鲜的麻织品分为麻布和苧布两种，前者质地坚韧结实，用于制作中下层阶级的工作服，后者结实而华丽，大量用于制作上层阶级的夏季衣衫。一方面，由于麻织品是农村

---

[1]　朝鲜总督府，《支那ニ於ケル麻布及绢布并其ノ原料ニ关スル调查》，第 21 页。

妇女们在短暂的农闲时期通过手工制作的，受时间限制，难以大批量生产。另一方面，开港时期以来中国产麻织品进口行业之兴旺在一定程度上抑制了朝鲜麻织品业的发展，但亦不能忽视朝鲜总督府的奖励政策[1]对朝鲜麻织品产业发展起到的作用。

京城商业会议所曾指出"在朝鲜，麻布原料缺乏，生产成本昂贵，织造技术拙劣"[2]。作为中国产麻织品的原料，麻布和苎布在中国大陆的南部和中部大量生产，同地的苎麻生产量更是居世界第一。[3] 反观朝鲜，因大麻种植地处山城，交通不便之余，还有棉花、桑、烟草等其他农作物干扰[4]，增产困难。苎麻喜高温高湿，朝鲜只有全罗道适合种植，因此产量远远不及大麻。[5]1915—1920 年间朝鲜进口市场中，中国产苎麻年均每 100 斤 34 日元，朝鲜产为 121 日元，后者高出 3.6 倍[6]。即使朝鲜的苎布产地选择中国苎麻来制作织品，也不受朝鲜消费者的喜爱。[7]

1920 年朝鲜产和中国产的麻织品在朝鲜的市场价，朝鲜产麻布为 2.9 日元，苎布 4.45 日元，中国产麻织品均价 3.28 日元[8]，中国产麻布贵出 12%，苎布则相对便宜 38%。朝鲜产苎布品质优良，兼具实用、美

---

[1] 统监府及朝鲜总督府设置工业传习所、机业组合等组织。根据 1926 年朝鲜产业组合令，通过产业组合的设立来奖励农村地区的纺织品织造（权泰檍，《韩国近代棉业史研究》，第 191–243 页）。

[2] 京城商业会议所，《朝鮮に於ける麻布の需給概況》，第 8 页。

[3] 麻布的原料为大麻（Hemp）、亚麻（Flax）、黄麻（Jute）、苎麻（China Grass）等。朝鲜因气候原因大麻和苎麻的生产量较多（刘斗灿，《朝鮮製麻事業之濫樓利用策》，《开辟》，首尔，1921 年 1 月，第 79 页）。关于中国产苎麻，具体请参照田代安定，《日本苎麻兴业意见》，东京：国光出版，1917 年，第 57–83 页。

[4] 权泰檍，《韩国近代棉业史研究》，第 220 页。

[5] 京城商业会议所，《朝鮮に於ける麻布の需給概況》，第 2 页。全罗道的苎麻生产量为 1928 年朝鲜国内生产量的 73%。

[6] 都泽正章，《支那苎麻朝鲜输入に关する私见》，《朝鲜农会报》17：9，首尔：朝鲜农会，1922 年 9 月，第 37 页。

[7] 《中国原料로써新鲜苎改良织组利益多大》，《东亚日报》1925 年 11 月 22 日。1925 年从中国进口的原料麻上升为 13 万 512 円（《中国麻布进口逐年减少趋势》，《东亚日报》1926 年 9 月 4 日）。

[8] 都泽正章，《支那苎麻朝鲜输入に关する私见》，第 33 页。

观、耐久等特点，比中国产更优质。[1]因此即使价格稍高，仍受到朝鲜上流阶层的青睐，并远销海外（参照表3）。相反地，朝鲜产的麻布品质不及中国产的一半[2]，因此在麻布方面，中国产更有竞争力。

此外，1912—1928年间麻织品从日本进口金额为年均137829日元，仅占朝鲜麻织品消费总额的1%左右。究其原因，是因为以纺织棉为原料的麻织品不受朝鲜人民的喜爱，而以手纺棉为原料的产品成本上涨所致。[3]

不同于中国产丝织品的进口情况，中国产麻织品长时间出口至朝鲜，主要是朝鲜及日本的麻织品行业的生产结构单薄所致。

（二）中国产麻织品的进口状况

华侨纺织品进口商如何从上海进口中国麻织品，本章节将围绕其贸易渠道进行探讨。为此"潮商夏布事"可有助研究的推进。

1922年6月4日，京城中华总商会发函至驻朝鲜总领事馆。[4]函中瑞泰号、德顺福等华侨纺织品进口商向京城中华总商会陈情，并由该总商会向总领事馆转达。以下为函文的大致内容：

向朝鲜出口的中国产麻织品的城市中，四川省、江西省、江苏省产的麻织品最为精良，颇受朝鲜消费者的欢迎，而广东省潮州产麻织品无论是光泽还是耐久性方面都表现低劣，价格却与其他制品相差无异，因而不被朝鲜消费者信赖。继1922年年初华商取消该制品的预约订单后提出价格下调的要求，事态越发严重。华侨进口商向"在沪代表"发出通报，提出对已采购入库的潮州产粗劣麻织品，根据品质重新定价，并

---

[1] 权泰檍，《韩国近代棉业史研究》，第222页。

[2] 权泰檍，《韩国近代棉业史研究》，第205页；丰永真理，《兴业资料（1）》，《朝鲜彙报》，首尔：朝鲜总督府，1926年1月，第19-20页。

[3] 京城商业会议所，《朝鲜に於ける麻布の需给概况》，第7页。

[4] 《京城中华总商会函》，1922年6月4日，《潮商夏布事》，《驻韩使馆保存档案》，03-47，108-05。

让其按照明细规定，与客户"潮商"[1]进行交涉。然而潮商不接受此提案。最后，瑞泰号和德顺福等只能通过京城中华总商会解决问题。

对朝出口的广东省麻织品由潮商经办。1930年中国各地生产的麻织品均有出口至朝鲜，其中江西省占整体73%，湖南省和四川省共占18%，广东省（潮州）和江苏共占9%。广东省产麻织品占全体不到10%。[2]特别是潮州产麻织品的进口量，在1923年经仁川港的潮州麻织品占中国麻织品进口总额的2%。[3]从《潮商夏布事》对出口朝鲜的潮州麻织品的影响可见，终究还是江西省为朝鲜的主要出口省市。

该总领事馆受理了总商会关于瑞泰号和德顺福等进口商的陈情后，联络上海总商会及中华国货维持会，提出要解决该问题的请求。上海总商会立即督促上海"潮惠会馆"，由该会馆启动仲裁。6月15日，上海山东会馆里的2名"潮帮"代表和4名山东帮代表（王绍坡、赵聘三、李子言、谭振声）进行面谈。两方协定，因品质粗劣的潮州产麻织品而使华侨纺织品进口商所蒙受约11万日元的损失金额，双方各负担一半。而今后收到的潮州产麻织品若再出现粗劣品，以相同方法解决。[4]此消息分别由中华国货维持会向总领事馆[5]，"在沪代表"向总商会[6]，各自转达。

《潮商夏布事》的记载中多次出现"在沪代表"一词。京城华侨纺

---

[1] 所谓潮商是指潮州商人，多属于上海的广东帮人，多是外国贸易及外国商的买办。是仅次于上海宁波帮的第二大商业势力。（在上海东亚同文书院，《中国经济全书》，东京：东亚同文会，1908年，第162页）

[2] 《反日援侨会游行对日经济绝交远者受罚》，《上海时报》1931年7月16日。

[3] 京城商业会议所，《朝鲜に於ける麻织物の生产と贸易概况》，《朝鲜经济杂志》112，京城商业会议所，1925年4月，第9页。多数进口制品为"四川夏布"（全体的29%）、"千尺"（同16%·江西省产）、"五百尺"（同14%·江西省产）、"江西夏布（扬荘）"（同11%）。

[4] 《上海总商会函》，1922年6月23日，《京城中华总商会禀》，1922年7月25日，《潮商夏布事》，《驻韩使馆保存档案》。

[5] 《中华国货维持会函》，1922年6月23日，《潮商夏布事》，《驻韩使馆保存档案》。

[6] 《京城中华总商会禀》，1922年7月5日，《潮商夏布事》，《驻韩使馆保存档案》。

织品进口商"在商品出向地——上海，都有自己的店铺"[1]，因此这里的"在沪代表"很可能指的就是华侨纺织品进口商于上海分店的负责人。上文4名山东帮代表应该是华商——瑞泰号和德顺福等上海分店的负责人了。在上海，出口朝鲜的麻织品批发商有恒升东、德裕、隆和、同和永、和聚盛、源泰、柳余记等7家商行[2]，可以推断他们是华侨进口商的合作伙伴。

值得关注的还有瑞泰号的账簿。账簿写有关于上海的记录"收申货账""申·阪烟往复"。考虑到瑞泰号在上海设立分店，"申"同样也是上海别称，因此这会是上海分店在购买·运送·到货的记录账本。"申·阪烟往复"则是上海分店与大阪、上海分店与烟台（芝罘）总店贸易账本。大阪和烟台的客户不明。

如上述属实的话，那么可以证实，殖民地时期的华侨纺织品进口商改变了纺织品的购入方式。驻上海日本总领事馆于1912年对上海地区出口朝鲜的麻织品情况进行了调查，"在朝鲜合并前，芝罘为朝鲜和中国的贸易中转站，其出口额亦最大"，"可从上海经芝罘商出口，可由位于九江的江西省纺织品批发商直接发货或经芝罘商出口"。[3]古田和子氏认为，"上海—芝罘—仁川"的三点一线贸易渠道在开港时期已形成。[4]但是，瑞泰号、德顺福等华侨纺织品进口商在殖民地时期并没有经过烟台总店，而是从自家的上海分店直接买入麻织品等。这意味着从前的"上海—芝罘—仁川"已转为"上海—仁川"直线贸易模式。

商业运作方式的转变有两方面的原因。其一，开港时期，各华侨纺织品进口商店约有10名员工，20世纪20年代扩大规模后员工人数翻了

[1]　京城商工会议所，《在鲜支那贸易商の实力》，第4页。

[2]　《反日援侨会游行对日经济绝交远者受罚》，《上海时报》1931年7月16日。

[3]　在上海帝国总领事馆，《上海に於ける朝鲜向麻布》，《朝鲜农会报》，6：9，朝鲜农会，1912年9月，第25页。

[4]　古田和子，《上海ネットワークと近代东アジア》，东京：东京大学出版社，2000年，第100页。

三四倍达到 30—40 人[1]，并设立上海分店。其二，1924 年 6 月在上海—仁川之间开设航线。[2] 过去没有航线时，通常从上海购入纺织品，经芝罘和大连再转装至仁川，操作繁琐之外还产生额外费用。可以说这条直达的航线为商家们提供了较大的便利及节省了经费。因此随着上海—仁川航线的平安丸（1580 吨）的运行，"大部分货品均以直接进口方式从上海到达仁川"。[3]

最后关注一下在上海的"鲜帮公会"。此组织曾参与关税反对运动[4]，1931 年朝鲜国内排华事件中，其连同京城中华总商会将朝鲜国内情况通告上海诸团体。[5] 此外，1930 年"鲜帮公会"联系京城中华总商会，告之中日关税协定的进展情况，更借机从旁出谋划策[6]，自身更是出面联系上海夏布公会、中华国货维持会及中国外交部，提出下调丝织品等进口关税之要求。[7] 从其参与的众多活动中可推断，"鲜帮公馆"极有可能是朝鲜华侨进口商派往上海分店的负责人之间联合组织的一个团体。

五、结语

前文已对在殖民地时期华侨纺织品进口商以何种渠道引进纺织品做出多方面的论述。

---

[1] 朝鲜总督府，《朝鲜於支那人》，第 41 页。

[2] 朝鲜邮船接到朝鲜总督府的命令，开设的航线以仁川为起点，途经釜山、镇南浦、青岛、群山、木浦交替停泊。1928 年全年航行 18 次（京城商业会议所，《朝鲜に於ける外国人の势力》，《朝鲜经济杂志》，159，首尔：京城商业会议所，1929 年 3 月，第 22-23 页）。

[3] 京城商业会议所，《朝鲜に於ける麻布の需给概况》，第 8 页。

[4] 《日本又拟增加朝鲜进口税》，《天津大公报》1919 年 12 月 12 日。

[5] 《反日会决定今天起检查日本货》，《上海时报》1931 年 7 月 21 日。

[6] 《京城中华总商会函》，1930 年 3 月 13 日，《织品征税事宜》，《驻韩使馆保存档案》，03-47，191-06。

[7] 《旅沪鲜帮公会·中华国货维持会执行委员会·上海夏布公会函》，1930 年 4 月，《织品缴税事宜》，《驻韩使馆保存档案》。

即便英国平纹坯布及棉纱等被日本产取代后，华侨纺织品进口商在20世纪30年代初依然垄断着英国产漂白坯布的进口市场，并通过各种方式引进日本产平纹坯布及棉纱。如：经大阪的日本纺织品批发商及川口华商行栈引进；或经朝鲜国内的日本纺织品批发商转卖，等等。这标志着上海从开港时期开始的单边贸易模式已经结束，从而打开了多元化贸易的新局面。

其次也阐明，在1924年奢侈品关税实施前，华侨纺织品进口商一直独霸中国丝织品的进口市场，然而在关税实施后，华商取得了日本产丝绸产地——桐生、福井地区的制造业者及批发商的认可，直接进口日本丝织品，弥补在中国产丝绸不景气之下所可能造成的损失。

中国麻织品方面，因日本麻织品对朝鲜出口较少，加之到20世纪20年代止没有向麻织品征收高额关税，因此直到1937年，中国纺织品进口商一直独占上海的进口渠道。这一点与开港期有所不同。换言之，与开港时期相比，中国纺织品进口商不仅拓展了经营规模，并且在上海设立了分店。此后随着上海—仁川开设直航，中止了以往经由烟台本店的中转方式，从而转变为从上海麻纺织品批发商处直接进口。

总的来说，旅居朝鲜的中国纺织品进口商不仅以京城及仁川为据点，铺开了日本大阪等地的进口贸易之路，亦兼有将购入的日本纺织品向中国再出口的销售渠道。

五　华商在中国

华商主导中国外资

——近年来的强势成长与深刻变化

龙登高　　张洵君　　周丽莎

　　内容提要：海外华商对中国境内的投资，世纪之交一度相对低迷，近8年来则强势成长。亚洲华商在中国外商直接投资中的比重逐年稳定上升，从2005年的34%增至2011年的66%，与此相对照，欧美日韩企业对华投资的比重则下降至14%。同时海外华商平均投资额也大幅度增加，超过欧美日韩企业的水平。这一格局变化耐人寻味。中国经济与市场快速发展，变动不居，海外华商更具适应性，并利用自身独有的优势，紧贴中国政府的经济规划和发展导向，抢占先机。在中国经济转型过程中，侨资企业正在发生深刻变化。日益本土化的趋势使之全面融入中国经济脉动之中，优质侨资企业越来越强壮，一批华商品牌在中国成长起来。国内外资本市场的发展，推动了侨资传统产业的资本形成与技术升级，侨资科技产业与战略性新兴产业异军突起。侨资企业优胜劣汰，呈现新的格局与国际竞争力。

　　在中国外商对外直接投资（FDI）中，海外华商与欧美日韩等外商是两大主要来源，二者之间此消彼长，30年来经历了曲折的变化。20世纪80年代海外华商几乎一枝独秀，1992年邓小平南方谈话以后，中国外资迅猛增长，其中尤以欧美日韩的大举投资引人注目，改变了侨资独大的格局。这种趋势在2001年中国加世界贸易组织（WTO）之后进一步强化。欧美日韩对华投资的重要性日益增强，而海外华商的比重和重要性趋于下降；这一印象如此强烈并合乎逻辑，以至于人们无视最近七八年来的重大变化，那就是海外华商投资的大幅度增长，在中国外商对外直接投资（FDI）总额中的比重逐年稳定地上升，重新主导外资在中国的强劲发展。不了解这一变化，将无从动态地把握中国外资企业的总体格局及其变动。如果不区别对待并进行比较研究，将无视海外华商在中国境内投资企业成长及其对中国经济增长的巨大贡献，同时会漠视欧美日韩对华投资额减少及比重大幅度下降的危险信号，从而有针对性地调整外商投资政策与华侨华人政策。

清华大学华商研究中心一直致力于海外华商在中国境内的投资企业，关注并跟踪研究这一现象。受国务院侨办的委托，清华大学华商研究中心近年完成了基于全国侨资企业普查工作的研究报告"中国侨资企业数据库的开发与应用"，自 2008 年以来研究和撰写四辑"中国侨资企业发展年度报告"。在此基础上，本文将进一步论述海外华商与欧美日韩在华投资的重大变化，并探讨 2005 年以来海外华商在中国境内投资比重迅速上升的原因，以及这些现象与成因带来的启示。

一、大分流：华商与外商在华投资格局的大变动

20 世纪 80 年代改革开放之初，海外华商在中国外商直接投资总额中占到百分之七八十的绝对主导份额。这一比重在 1992 年之后逐年下降，1994 年约为 64%。图 1 清晰显示了 1994—2011 年侨资与外资（非侨资）变动的大分流，中国港澳地区及新加坡华商等东亚华商作为侨资的代表，欧美日韩为其他外商的代表，两条曲线的走势耐人寻味。以 2005 年为界，欧美日韩对华投资在中国 FDI 总值中的比重，1994—2005 年呈逐年上升趋势。具体来看，1994 年为 20.19%，次年达 25.1%。2001 年中国加入 WTO，欧美日韩的投资进一步增加，2003 年达 33.2%，2004 年、2005 年继续维持这一水平，与东亚华商在 FDI 总额中所占比重相当。然而这一趋势从 2006 年开始发生逆转，欧美日韩投资比重逐年稳定下降。2006 年欧美日韩对华投资的比重降至 26.45%，低于东亚

华商，2007 年更急跌至 18.39%，此后逐年下降，2010 年降至 14.29%，2011 年进一步探底。这一数字仅分别相当于欧盟、美国、日本、韩国对华投资的各自峰值。但这一严峻态势未被社会、媒体、学界和政府所全面把握，人们似乎还一味沉醉在外商直接投资总额不断上升的乐观图景之中。

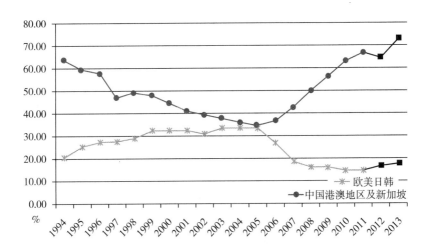

图 1　以中国港澳地区及新加坡为代表的东亚华商与欧、美、日、韩投资商在中国外商直接投资（FDI）中的比重变化

图表制作：清华大学华商研究中心；原始数据来源于国家统计局。

与此形成鲜明的对照，近年来侨资企业强势增长。中国香港和新加坡是华商的经济之都，两地对中国的投资，绝大部分由华商完成，其数字基本上可以视为中国侨资的水平。东南亚华商亦经由这两个金融中心与经济都市走向中国，直接来自东南亚各国的投资并不多。另一方面，北美等地华商对中国的投资，统计数据不便获取，在侨资巨大数字中的比重亦不高，对侨资整体的估计有限。因此我们以中国港澳地区与新加坡的数据来观察华商对中国的投资，即中国侨资数据的总体水平。当然这并不意味着中国香港与新加坡以外的侨资无足轻重。事实上，根据"中国侨资企业数据库"，2004 年侨资企业的来源地排名中，美国达

4456 家，高居榜首，远远超过第二位的新加坡（1602 家），第三位的是日本（1399 家），第四至六位的加拿大、澳大利亚、英国分别为 600—800 家。

（一）侨资 1998—2005 年低迷不振，西方企业对华投资引人注目

东亚华商在中国境内的投资额，1994 年为 215 亿美元，1997 年增至 245.6 亿美元。受东南亚金融危机等因素的影响，此后十年一直处于低迷阶段，2006 年才开始回升。如图 2 所示。

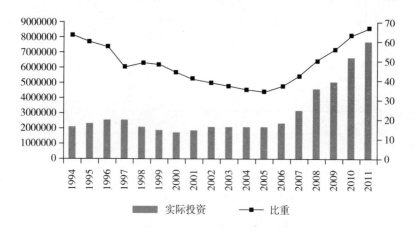

图 2　华商投资额及其在中国 FDI 总额中的比重（1994—2011）

图表制作：清华大学华商研究中心；原始数据来源于国家统计局。

在海外华商投资中国的十年低迷期，其在中国 FDI 总额中的比重仍大体处于上升阶段。虽然受东南亚金融危机的影响曾陷入三年低谷，但 2001 年加入 WTO 当年便回升。2002 年以 527.4 亿美元超过 1997 年的 523.8 亿，这主要得益于欧美及日韩企业的投资增长。在这一期间，海外华商投资额占中国 FDI 总额的比重，逐年下降，如图 2 所示，从 1994 年 63.4%，降至 1997 年的 46.9%，2005 年降至最低点的 34.4%。新加坡对华投资的变动也大体相似。如图 3 所示，从 1994 年的 11.8 亿美元，迅速增至 1996 年的 28.1 亿美元，1998 年达到峰值 34 亿美元，在中国

FDI 总额中的比重也高达 7.49%。此后逐年回落，2004 年探底至 20 亿美元，在中国 FDI 的比重亦低至 3.3%。

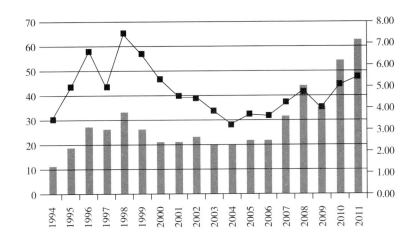

图 3　新加坡对华投资额及其在中国 FDI 总额中的比重（1994—2011）

图表制作：清华大学华商研究中心；原始数据来源于国家统计局。

1998—2005 年期间，海外华商在中国外商直接投资中的重要性呈下降之势，但这是 2005 年之前的现象，这一现象甚至支配了社会与媒体对侨资企业的印象，而且一直没有改变，以至近七八年来侨资巨大发展的新变化，竟没有被意识到，更没有人进行分析。当我们提出这一大变化之后，人们也是将信将疑，甚至觉得不可思议。

（二）2006 年以来，海外华商对中国境内的投资强力反弹

2006 年以后海外华商投资终于走出十年的低迷，2007 年迅速增至315 亿美元。此后每年屡创新高，2008 年达 460.5 亿美元，2010 年飙升至 666.5 亿美元，2011 年达到 772.8 亿美元的峰值。海外华商投资额在中国 FDI 总额中的比重，也迅速上升，2008 年已接近一半，2011 年达到 66.6%。

从侨资总量上看，海外华商对中国境内投资总量从 2006 年的 231

亿美元迅速增至 2011 年的 772.8 亿美元，在短短五六年间增长了 3 倍多。其中新加坡对华投资额 2007 年达 31.8 亿，2008 年世界金融危机中仍上扬至 44.3 亿，2010 年达到 54.3 亿，2011 年更达 61 亿（如图 2）。这一数值超过欧美日韩任何一个国家当年对华投资额，仅次于中国香港而居第二位。与 2004 年新加坡对华投资谷底时的 20 亿美元相比，2011 年增长逾 3 倍，同时在中国 FDI 总额的比重亦上升至 5.13%。

（三）近年来华商主导外商对华投资，引领 FDI 逆势上扬

近年中国外商直接投资的大幅度增长，是由海外华商投资所推动的，这既是中国能够在全球金融危机中逆势上扬的原因，也改变了中国 FDI 的总体格局。这是必须引起高度关注和深入探讨的重要事件。

与国际 FDI 的大势相比，中国外商投资渡过了 FDI 的两个低迷期。1997—2005 年的低迷期是由欧美日韩所推动和改变的，可以说是欧美日韩投资帮助中国 FDI 走出低谷，在外商对华投资格局中发挥主导作用。这一趋势在 2005 年之后发生逆转，海外华商对华投资一枝独秀，改变了欧美日韩对华投资长达六至七年的主导地位，成为外商对华投资的领头军，推动了中国 FDI 的复苏，并在规避世界金融危机与欧债危机所带来的不利影响的同时，引领中国外资逆势上扬。

从全球范围看（如图 4 所示），世界 FDI 总额在 2007 年以 2.1 万亿美元达到最高点，因受 2008 年国际金融危机影响，投资总额骤降了 20%，降至 1.7 万亿美元，2009 年进一步下跌至 1.1 万亿美元，2010 年有所回升，升至 1.2 万亿美元，2011 年进一步升至 1.5 万亿美元。与此对照，中国 FDI 总额在 2010 年首次超过 1000 亿美元，2011 年更达 1177 亿美元；与 2005 年的 603 亿美元相比，2010 年净增 454 亿美元，2011 年净增 574 亿美元；这些增长绝大程度上归功于侨资对华投资的增长。

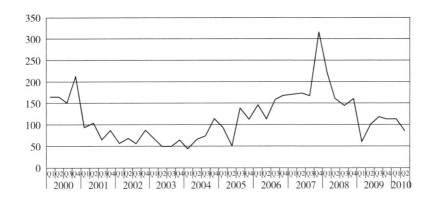

图 4　全球 FDI 季度系数，2000 第 1 季度—2010 第 2 季度

数据来源：联合国贸发组织，以 2005 年季度平均值为 100。

二、近年侨资强势成长的原因初探

海外华商与侨资企业近年来强势成长，其原因是多方面的。既受世界经济大环境特别是全球 FDI 的趋势的影响，也与中国经济发展态势密切相关，还与海外华商的投资与经营特点相关。本文难以全面论述，仅做初步探讨以抛砖引玉。

其一，海外华商、侨资企业与中国经济快车共成长。

大多数侨资企业在一二十年的中国经济高速快车上不断壮大，与世界企业的差距大大缩小，国际竞争力日益增强。这种趋势在中国企业的成长中亦得到同样的反映，譬如近几年中国企业进入世界 500 强、1000 强与全球最大银行等排名的数量逐年增加，排序迅速靠前。中国经济的持续增长是侨资企业发展的基础和根本原因，但同样在中国市场投资，为什么欧美日韩企业却未能良好成长呢？

其二，中国投资环境的缺陷，使欧美日韩企业的投资受到抑制。

2001 中国加入 WTO，外商信心大增，对西方与东北亚的来华投资产生了积极推动作用。但中国投资环境的改善不如预期，或者说外商还未能适应中国的市场环境，在华投资的效益不如预期，使外商大举投资受到抑制。《经济学人》信息部对包括 328 家在中国开展业务的跨国公司调查后发现，在中国向高新经济体的转变过程中，企业的商业模式将会承受越来越大的压力，而企业盈利数据寥寥无几。政策准入门槛的提高和优惠政策取消带来的成本变动，也让跨国公司在中国的经营比以前更为艰难。不仅没有专门的优惠政策，长三角等地区甚至提高了投资门槛，对其产业类型、节能减排方面提出很高的要求。中国在 2010 年 12月 1 日统一内外资企业和个人城市维护建设税和教育费附加税，以及在 2007 年统一内外资企业税率，让他们公司的税费增加了很多。因此，2008 年之后的世界金融危机，2010 年后的欧债危机，使欧美企业的对外投资受到抑制，日韩也受到影响，对华投资继续下行。

侨资企业与本土企业的强劲挑战，也是跨国公司面对的新问题。中国正孕育出一批实力强大的本土领军企业，与它们展开竞争是跨国公司面对的新现实。这些本土企业更接近和了解消费者，重点生产价廉物美的替代产品，重视营销和分销战略，它们开发的新产品和创新型销售模式都极为贴合中国消费者的需求。侨资企业在某种程度上也属于这种本土企业。海外华商与侨资企业越来越扎根于中国经济土壤之中，其波动起伏主要受中国经济的作用，同时他们也影响着中国市场的发展。

中国投资环境与市场规则还不尽完善，并在体制改革过程中不断变化。海外华商灵活应对这些变化，克服各种障碍，以灵巧的身段随时调整和确立自身发展的位置。其他外商则习惯按部就班，按规则办事，面对障碍往往难以灵活应变。加上中国投资环境改善的步伐远不及预期，或者说外商还未能适应中国的市场环境，在华投资的效益不如预期，这在某种程度上限制了外商对华投资，这也反映了中国市场环境成长的缺陷，更呼唤中国市场经济体制需要更快、更全面地进行改革，与国际惯例接轨。

其三，华商以灵活的身段与自身优势适应中国市场环境及其变化。

中国作为新兴市场，一方面经济快速增长，变动不居，新的机会不断涌现；另一方面投资环境尚不太健全，障碍丛生，具有不确定性，这是新兴市场的特征，需要投资者调整自身去适应体制，适应文化。

　　中国快速发展与变动的市场，新的机会需要企业相机调整，甚至创造条件去把握先机。近十余年中国内需增长最快的领域是房地产业。房地产业占中国外资的1/5，逾200亿美元，基本上都是由华商投资经营。这是侨资快速增长并在中国利用外资中比重迅速上升的一个突出领域与行业见证。但欧美日韩企业则很少涉及房地产业。我们座谈的20多个日本企业家，都不认为自己应该投资房地产业，甚至有些鄙视，他们也没有见到日本企业投资其中。欧美跨国公司亦然。两种经营方法各有其逻辑，新的机会与高收益遂由侨资控制。当中国房地产趋于平稳之时，华商又面临新的调整，而专业化经营的西方企业一以贯之地稳扎稳打。

　　侨资企业在中国市场拥有自身的经营优势，如语言与文化方面的优势，使海外华商相比于其他外商，能更快和更深入地全面适应中国社会经济，这可以说是海外华商的先天优势。华侨华人在中国和海外拥有信息和经营网络，能够全面把握中国市场的发展与变化，确定自身的优势与竞争力，并相机调整自身的定位，抓住发展机遇。

　　海外华商与各级政府的联系较为密切，紧贴中国政府的经济规划和发展导向，从中获取资源，抢占先机。华商既抓市场，也抓市长，并适应侨乡市场及当地投资环境。西方企业则只抓市场，从目前中国的实际来看，就会有所不足。西方企业也无法像华商那样，与官员通过各种活动和私人交流，融洽相处，维持良好的关系，配合和推动政府的措施，甚至推动官员的政绩，自身亦获得机会。当然，从长远趋势而言，市场经济中的政府角色，的确应该逐渐淡化。让市场真正地全方位地配置资源，这是中国发展的方向。也只有这样，才能广泛吸引包括跨国公司在内的各种外商投资。

　　此外，中国香港特区及新加坡作为华商的经济都会和金融中心的地位得到强化，华商经由两地投资中国的趋势大增。中国内地与香港、澳门特区政府2003年分别签署了内地与香港、澳门《关于建立更紧密经贸关系的安排》（以下简称"CEPA"），2004年、2005年、2006年又分别签署了三个补充协议。CEPA是"一国两制"国策的成功实践，是内地与港澳制度性合作的新路径，是内地与港澳经贸交流与合作的重要里程碑，是我国国家主体与香港、澳门单独关税区之间签署的自由贸易协议，也是内地第一个全面实施的自由贸易协议。华商以新加坡和中国香港作为了解和把握国际市场的窗口，以之为桥梁扩大和强化国内外的联系，更好地整合海内外资源，并利用其便利的金融中心地位来融资和调剂资本。

三、中国经济转型下的侨资企业经营：国际竞争中走向新格局

（一）侨资企业形成新格局

其一，侨资企业优胜劣汰，正在形成新的格局。

在金融危机与中国经济转型中，一些侨资企业特别是低端产业与劳动密集型企业惨遭淘汰；大批侨资企业则与中国经济快车共成长，由小企业变成大企业，由小老板一跃而为大富豪，甚至跻身为世界级企业与世界级富豪。侨资企业在中国经济转型升级中继续发展，并在金融危机洗礼中增强其国际竞争力，将逐步形成新的格局。

其二，优质侨资企业越来越强壮，一批华商品牌在中国成长起来。

根据 2000—2008 年国侨办三届明星侨资企业申报企业数据进行计量分析发现，优质制造类侨资企业综合能力稳定增长。如表 1 所示，经济创造能力从 0.115 稳定上升至 0.155；尤其是 2006—2008 年增速高达26.02%。科技创新能力从 0.135 稳定上升至 0.171；2006—2008 年增速达20.42%。环境资源保护能力从 0.213 稳定上升至 0.261；2006—2008 年增速亦达 16%。

一批华商品牌在中国成长起来。如造纸业的恒安、玖龙、金光、维达等；如侨资纺织服装业中集中了大量的中国优质品牌，包括七匹狼、鲁泰、雅戈尔、伟星、华孚、中冠、天山纺织、维科精华、远东、达芙妮、百丽等众多企业。这些侨资品牌主要是在中国成长起来的。

表 1　优质侨资制造业企业的综合能力变动情况表

项目	2000—2002	2003—2005	增加（%）	2006—2008	增加（%）
经济创造能力	0.115	0.123	6.96	0.155	26.02
科技创新能力	0.135	0.142	5.19	0.171	20.42
环境资源保护能力	0.213	0.225	5.63	0.261	16.00

图表制作：清华大学华商研究中心；原始数据来源于国务院侨办三届明星侨资企业申报资料。

其三，侨资规模持续扩大。

华商投资规模小，这种陈见与旧有印象在近几年的数据面前必须改变。就对中国境内投资项目平均水平而言，中国港澳地区与新加坡都超过日本、韩国、美国，而且自 2006 年之后二者的差距还逐渐拉大。2003—2006 年间上述地区对中国境内投资的平均水平大体在 100 万—200 万美元之间，相差并不算大；但此后新加坡与中国港澳地区的投资平均额逐年扩大，2010 年分别增至 695 万、459 万美元，2011 年进一步扩大至 824 万、502 万美元。而韩国、美国的平均投资额基本上没有扩大，仅日本略有提升（见图 5）。

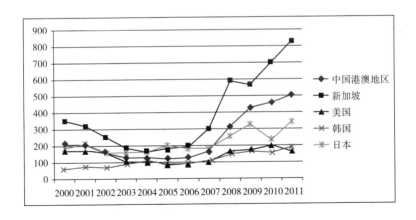

图 5　对中国境内投资项目平均规模的变化与比较

图表制作：清华大学华商研究中心；原始数据来源于国家统计局。

从 2001—2008 年国侨办明星侨资企业申报数据所计算的规模指数看（见表 2），呈逐年稳定上升趋势，从 2001 年的 10.87，上升至 2008 年的 18.74，表明优质侨资企业的规模有了大幅度的增长。

表 2　优质侨资企业规模指数与发展指数

	2001	2002	2003	2004	2005	2006	2007	2008
企业规模指数	10.87	12.36	13.27	15.14	15.92	17.04	18.16	18.74
企业发展指数	36.98	38.27	40.00	43.51	38.30	39.62	47.01	39.10

图表制作：清华大学华商研究中心；原始数据来源于国务院侨办三届明星侨资企业申报资料。

（二）侨资企业本土化趋势加强，已融入中国经济脉动之中，面临新转型

侨资企业与国内企业趋同及融合的趋势，在市场、管理、技术、资本各层面展现出来。一方面，侨资企业的这种趋势，表明它成为中国经济发展的内在动力。例如，过去侨资企业产品面向欧美市场，现在转向国内市场；过去高层管理人员来自海外空降，现在越来越多来自于中国职业经理市场；过去资本来自于海外的华商，现在从国际和国内金融市场获取融资；过去技术靠引进，现在是本土研发，或在跨国流动中实现创新。另外，在中国创业与创新的华商也越来越多。另一方面，侨资企业的特殊性也因此受到忽视，特别是 2008 年侨外资企业国民待遇化之后，已逐渐成为中国国民经济的有机组成部分。

侨资企业的转移和转型，主要体现为由面向西方市场转向扎根国内市场，由出口导向转为面向中国内需市场；本国市场的制造业向中西部转移的发展趋势。侨资企业越来越具有国际竞争力的产业链与产业集聚，逐步进入研发、制造、销售同步发展与自我不断升级完善的成熟阶段，产业集聚也由劳动密集型向资本密集型转变。中西部的一些地区，在这种转移与转型过程中呈现出后发优势，其华商投资增幅已高于全国平均水平。

侨资企业的这种趋势，表明它正在成为中国经济发展的内在动力和发展后劲。

（三）侨资科技产业与战略性新兴产业的发展

华商科技产业引领风骚，留学归国创业出现新的高潮。华商科技人才与科技企业引领中国科技成长，特别是科技产业市场的发育，并成功地抗击金融风暴。优质侨资企业的科技创新能力快速提高，2006—2008年较之2003—2006年的数据显示，明星企业的科技创新能力增幅高达20%。政府部门（尤其是侨务部门）的作用、中国转型经济体制架构（包括资本市场）、侨资企业所处行业的市场特征、侨资企业的系统组织能力、技术创新及市场应用，都是决定侨资科技企业竞争和成长的关键因素；中国资本市场的发展和完善，推动了侨资传统产业的技术升级，以及以新侨企业前沿技术研发为主导的市场机制的形成。

第一，近年来中国资本市场的发展和完善，加之海外华商以自身优势利用国际资本市场，推动了侨资传统产业的资本形成与技术升级，以及新市场研发机制的形成。

2010年创业板的设立，为新兴企业特别是科技型企业提供了低成本的融资渠道，也可以说侨资企业为中小板和创业板，贡献出优质的上市公司资源。如国务院侨办"重点华侨华人创业团队（2009年）"中的聚光科技（杭州）有限公司、广东冠昊生物科技股份有限公司，自2011年上市至今获得资本市场的高度青睐。这些是在中国经济转型、产业升级中有代表性的新型侨资科技企业，据清华大学华商研究中心数据库的不完全统计，2010—2011年两年中，至少有21家侨资企业通过新设的创业板上市，有14家通过中小板上市。

此外，在美国纳斯达克、中国香港等地资本市场上，华商也具有自身的优势。如通信、传媒、互联网等新兴产业的新侨资企业在美国纳斯达克上市，他们其中或是在新兴产业中行业地位突出，或是注重革新性的技术，或是借助国际化资本开展跨国运营，或是致力于拓展国际市场。最近几年，侨资企业在中国香港、新加坡等地上市融资也愈加频繁；他们的业务主体大都在中国内地，并得益于香港作为国际金融中心的便利，受惠于中国内地与香港《关于建立更紧密经贸关系的安排》协议等有利的政策。这些因素成为来自香港的直接投资（FDI）占整个FDI的比重持续上升的驱动因素之一，其中成功的案例给中国企业带来许多示范效应。

第二，海归与有科技背景的华商的投资与创业将进入一个新的高潮。

许多留学创业人员、有海外背景的创新人才，顺应中国经济社会的发展规律，结合中国国内的生产要素，致力于技术进步和科技创新，优质侨资企业的科技创新能力快速提高，在各产业领域贡献出丰富的创新成果；同时，专业人才与留学生回国进入一个新的高潮，将继续成为中国高校、科研机构和技术领域的领军人物。

第三，战略性新兴产业中侨资企业的作用突出。

侨资科技企业所处的行业，不少都对应着我国政府正在大力培育的战略性新兴产业，且七大战略性新兴产业，几乎在所有各个细分领域都有侨资企业的身影。侨资科技企业在战略性新兴产业中的布局具有领先性，有不少侨资（含港台中的侨资）科技企业在产业链分工中处于关键环节，具有相当的行业影响力和经营示范效应。国侨办以及各地侨办多年来一直致力于协助引进一批在新兴产业方面掌握核心技术的领军人才，引导侨资企业加大科技和研发投入，充分发挥侨资在推动产业升级、结构调整、自主创新等方面的作用。在各个战略性新兴产业及各产业中的分行业、细分市场，都广泛分布着侨资企业，特别是太阳能、LED、生物产业链中的典型侨资企业，如LED行业的海归创业企业武汉华灿光电股份有限公司等。

四、结语

华商对中国境内的投资，曾在1992年以前一枝独秀，1997年东南亚金融危机之后陷入长达十年的低迷期。与此相对照，这一时期包括2001年中国加入WTO之后，欧美日韩企业对华投资持续增长，在中国

FDI 总额中的比重，从 1994 年的 20%，上升至 1999 年的 32%，2005 年超过 33%。亚洲华商（以中国港澳地区与新加坡为代表）对中国境内的投资所占份额，则从 1994 年的 63.4% 逐年递降至 34.4%，与欧美日韩企业的比重相当。这一此消彼长的态势，使华商与侨资企业在中国外资企业中不再那么重要的印象与观点深入人心，既深刻影响政府的政策与社会的看法，也使人们看不到近年来的重大变化。

本文根据各种统计与计量分析首次揭示，自 2006 年以来海外华商投资中国强势成长，亚洲华商在中国外商直接投资中的比重逐年稳定上升，逐年大幅度递增至 2011 年的 66%，超过了 1994 年的水平，表明海外华商再度成为中国外商直接投资的主导力量。与此形成强烈反差的是，欧美日韩企业对华投资的比重则下降至 14%。中国的两大外资群体呈现出明显的大分流态势。同时海外华商平均投资额也大幅度增加，超过欧美日韩企业的水平。这一格局变化耐人寻味，具有其内在逻辑性，亦有据可寻。

中国经济与市场快速发展，变动不居，投资环境亦不尽如人意，欧美日韩企业的投资近年大受抑制。海外华商则更具适应性，并利用自身独有的优势，紧贴中国政府的经济规划和发展导向，抢占先机。在中国经济转型与内需市场迅速成长的过程中，侨资企业正在发生深刻变化，日益本土化的趋势使之全面融入中国经济脉动之中。优质侨资企业越来越强壮，一批华商品牌在中国成长起来。特别是最近几年国内资本市场的发展及海外华商擅长利用的国际资本市场，低成本的融资渠道推动了侨资传统产业的资本形成与技术升级，侨资科技产业与战略性新兴产业异军突起。侨资企业优胜劣汰，呈现新的格局与国际竞争力。

这些深刻变化与新趋势，以往缺乏全面深入的揭示与论证。本文提出了欧美日韩企业对华投资减弱的现象及其警示，首次系统论证了中国 FDI 近年持续增长的主要推动力在于海外华商与侨资企业，也揭示和解释了侨资企业成功的原因与发展态势。

参考文献

［1］龙登高、赵亮、丁骞，《海外华商投资中国大陆：阶段性特征与发展趋势》，《华侨华人历史研究》2008年第2期。

［2］龙登高、谭天星主编，《侨资企业数据库的开发与应用》，国务院侨办，2009年。

［3］龙登高、张健青主编，《中国侨资企业发展年度报告2010—2011》第一章，国务院侨办，2012年。

［4］赵磊、周洲，《外企掀起退出中国潮，业内称企业高利润日子一去不复返》，《中国经济周刊》2012年2月7日。

［5］龙登高，《侨资企业与外资企业的比较研究》，清华大学·野村综研中国研究中心演讲，2012年3月。

［6］龙大为、任志强、梁晓钟，《海外华商在侨乡企业的管理模式探析——以员工集中管理与内部化服务为中心》，《华侨华人历史研究》2010年第3期。

［7］谭天星、龙登高主编，《中国侨资企业发展年度报告2008》，国务院侨办，2009年。

［8］龙登高、赵亮，《世界经济危机与海外华商投资中国动向》，夏诚华主编，《新世纪的海外华人变貌》，玄奘大学海外华人中心，2009年。

侨乡侨资企业管理模式探析

——以员工集中管理与内部化服务为中心 *

"海外华商经营管理研究"课题组

内容提要： 田野调查发现，海外华商在侨乡的劳动密集型企业，对中方员工通常采取内部化服务与集中管理，从生产流程到日常生活都实行全方位渗透与强化，这是海外华商适应侨乡市场与投资环境而选择的管理模式，形成了国际产业链中的竞争力。内部化服务是外部社会化与市场化缺失的一种替代，集中统一的强化约束与技能培训，则是农民转变为工人的过程中提高管理绩效和降低成本的手段，同时华商通过营造大家庭式氛围培育团队精神与企业文化。另一方面，企业的责任与风险也随之增加，随着侨乡市场与投资环境的改善，这种管理模式开始新的调适与变动。

海外华商在境外经历了中西方管理理念与文化的融合，取得了成功的经验，对此已有不少研究成果。他们回到中国沿海侨乡投资，在移植这些管理理念与模式的同时，面对环境、制度与文化差异，本身也再次经历了冲突与磨合的过程，并在适应中国文化与制度的过程中对经营管理模式进行调适与创新。这方面的研究虽然受到关注，但成果有限，而

---

* 国家自然科学基金项目"海外华商经营管理研究"（课题负责人：龙登高）成果，本文主要执笔人为：龙登高、张春旺、任志强、梁晓钟。

且多集中于历史与文化层面。本文研究团队在世纪之交（1998—2002年）对广东、福建等地侨乡约 20 个县市的 60 余家海外华商企业[1]进行密集的实地调研，此后也一直关注与调研，形成了长达 15 年的追踪考察。

东南沿海侨乡的早期华商投资，基本上都是较低端的劳动密集型企业，雇工数量多，大都是来自中西部的农民。在改革开放之初，侨乡的基础设施、劳动市场、投资环境均处于起步阶段和变动之中，侨商企业如何适应这种市场环境，以什么样的管理模式来应对，并在全球化产业链中打造其核心竞争力？中国市场经济改革的深入推动了市场与投资环境的变化，这种管理模式的动向与发展趋势如何？在第一手调研材料与研究团队原有研究基础上，本文对侨乡华商企业的因应策略特别是员工管理模式进行系统考察，力图从文化调适与管理适应的角度解释海外华商管理的独特模式及其成因与演变趋势。

一、强化约束与技能培训：推进员工从农民向工人的转变

侨资劳动密集型企业的员工都来自农村，从习性散漫的农民到纪律严明的工人，从田间耕作到车间技能，这一转变是工业化的重要内容，由侨资企业来承担。流水线的每一个流程与环节，都关系到产品的制造与质量，时间控制、程序操作者都必须分毫不差。

适应这一进程，侨资劳动密集型企业都实行员工强化管理，如进行封闭式厂区管理，强调战斗力与凝聚力等。在这方面最为突出的是台商，侨商可能受其影响，如厦门集美的郭姓台商企业，每天都要升国旗

---

[1] 海外华商千姿百态，本文所论海外华商企业或侨资企业，是指海外华侨华人或港澳商人在东南沿海侨乡投资的劳动密集型企业。具体所列举的企业都是本文研究团队实地调研的对象，恕不一一注明。为避免敏感起见，有的受访企业的名称以字母代替。个别企业是来自西方的外资企业，但访谈对象是企业中的华人管理者。参加几次调研与案例分析的人员还有：曾彩兰、王爱阳、梁晓钟、马志伟、邵功南、彭迪和巩为为等。感谢受访企业对我们的配合与支持，感谢吴行赐先生等给予的帮助。

和厂旗，喊口号。这种具有气势的管理模式影响到其他华商，"我们不搞不行"，像开平美国侨资企业伊利安达公司也效仿实行军训。

强化式员工管理贯穿于各生产流程。在厂房内，各种醒目的标语、警示、评比随处可见。"不准随地吐痰"，"严禁携带火种入车间"，"偷盗公司财物，严惩处罚，立即开除，无工资结算"，诸如此类，司空见惯。这些劳动密集型企业中的员工，开始时不习惯工厂规范与程序，有必要对他们的生活习惯加以约束和改造。汕头春源实业公司、东莞嘉利公司等还实行"5S"（"五常法"：常整理，常整顿，常清扫，常清洁，常修养）基层管理制度，以强化厂区秩序，提高员工素质。这些其实是简单得几乎被人遗忘的原理，却因为容易被人忽视而妨碍了效率的提高，"5S"制度让员工通过形式化、行事化、习惯化的过程逐步规范其行为，提高工作效率。许多公司定期举行各种评比，如个人与小组的进度评比，质量评比，提案评比，以至厂内宿舍卫生检查，等等。一些企业适应民工的特点与需求，恩威并重，软硬兼施，物质利益与精神鼓励相结合，取得了良好的效果。下面一则厂区标语颇有内涵："没有品质就没有面子，就没有……比比看，谁的面子大。"言外之意是，不保证品质，不仅工人与企业失去面子，随之而来的也将会失去奖金与企业利润，乃至就业岗位，这对激励员工起到了明显的警示作用。

从农民向工人的转变过程，不仅伴随习惯的改变、技能的转换、身份的变化，而且从农村到城镇，从家乡到异乡，员工的生存压力与工作压力相当大。员工普遍存在不适应性，并潜藏着心理问题乃至极端的抵触现象，富士康12连跳中就不乏其例。[1]对于华商与企业，实质上在承担工业化进程中的社会职能时，将本应该与政府及社会一起分担的风险集于一身。

除了集中强化管理之外，侨资企业加强对农民工的技能培训。农民进厂之前通常既没有工人意识，也没有技能，必须进行岗前培训。为了

---

[1] 2010年1月至5月，拥有数十万员工的企业富士康发生了12次员工跳楼事件。其原因是复杂的，本文不拟探究。

提高员工的素质与潜能，企业鼓励员工加强技术学习与提升。为了吸引更高层次的技术人员与管理人才，有的公司还提供进修与培训的机会。他们或外派员工接受培训，或鼓励员工参加夜大、函大、远程教育、自学考试等，公司给予津贴，有的公司甚至还设立培训学院。如台山利华电子的技术人员与管理人员，分别被派到上海、广州、江门及东莞等地的企业或高校进行培训，优秀的技术人员还被派到美国总部或合作企业去进修。伊利安达、李锦记等许多受访企业，都派员工去香港接受培训。顺德美芝公司培训员工舍得花钱，鼓励员工参加成人教育、远程教育或集团内的培训学习，只要课程合格，费用可全部报销。规模大一点的企业还设立学院，如厦门灿坤集团的灿坤学院，春源实业的华工成人教育春源分院等，由本公司高层管理者或延聘大公司管理者或高校教师主讲。这种学院还对外招生，优秀者招聘为公司员工，实际上就是为公司储蓄后备军。康佳公司最初也是侨资企业，其康佳学院培训企业人才，每年开几十个班，同时选派员工到大学深造，选派干部到国外学习。外企的培训机会，颇具吸引力，一些受访的中方管理者认为，培训机会是他们选择外企的最重要的一点，能提高自己能力，学到本领，从而拓展了人力资本发展空间。

对于这些侨资企业来说，通过岗前培训、进修乃至先期招生与教育来储备和训练产业劳工队伍，克服了熟练工人不足的劳动市场缺陷。20世纪90年代以后，中国处于工业化急剧发展的阶段，应对新兴市场的劳工队伍特点，侨资企业采取这种策略，不仅使自身获得了雇工队伍及其后备补充，而且对中国的发展而言，侨资企业对员工的严格管理以及招生与培训，有效地促进了农民向市民和产业工人的转换，[1]加速培育了产业工人阶级的成长。同时，企业国际竞争与产业升级进程的不断加速，本质上源自于员工素质、技能的提高，来自于员工的研发与创新，

---

[1]　农民向市民或产业工人的转变过程，同时也是一个国家的人力资本成长的手段和渠道。相反，旧有的制度（如户口制度）阻碍农民变为市民，实际上是一种逆工业化、逆城市化的制度，也在无形中成为我国人力资本形成的障碍。

数以亿计的农民工获得现代技能与知识，也促进了中国人力资本的发展进程。侨资企业在这方面的贡献，常常因熟视无睹而被忽略。

二、集中统一的内部化服务：市场替代

集中统一的强化约束，其管理成本相当高，因为企业还承担了农民向工人转变的社会职能。如何降低成本？对员工的衣食住行都进行统一安排，提供集中的内部化服务，一方面有利于推行严格管理，提高绩效，另一方面则有利于形成规模效应来降低单位成本。

突出的表现是修建员工宿舍楼与食堂，并对员工的吃住进行纪律约束。深圳市区的沙都娱乐公司温锦培将祖居推平修建了 6000 多平方米的员工楼。深圳大鹏镇的友发玩具，建有干部楼供管理人员居住，还有别墅式的夫妻房供高层管理者居住。有的企业建设工业村、工业城，不仅有员工宿舍、食堂，还有内部娱乐设施。汕头的春源集团工业村内，员工生活区建筑面积逾 1.5 万平方米，主楼高 8 层，有容纳 1000 名单身员工的宿舍以及职工食堂、图书馆、影视厅、卡拉 OK 娱乐场所等设施。东莞嘉利公司除员工宿舍外，还有家庭套房、夫妻宿舍及朋友来访招待房；食堂就有 6 个，公司还开设幼儿园、医疗室、公园、烧烤场、各类球场、图书馆、卡拉 OK 厅、溜冰场、康乐室等。深圳力嘉纸品工业城，买下厂区旁边的一座山，进行绿化美化，公司水台建在山顶，并别出心裁地在水台上建造一尊高大的观音坐莲，旁建一亭，名芝德轩，碑文曰：员工"业后工余，成群憩息亭下，草地就座，树荫谈心，花絮芬芳，清风徐来，分外凉爽……但愿观音座下，众生个个平安"，营造出一个怡然安乐的厂区环境。

这与西方厂商的员工管理模式大相径庭，那里实行员工服务社会化和市场化。譬如员工住宿，西方厂商已习惯社会化思维定式，其在华企业宁愿租别墅给员工，尽管费用可能高于自己建员工宿舍。但在八九十年代的侨乡，市场化与社会化的服务业还不普遍，企业内部向员工提供各种生活服务，是一种市场替代，是华商管理的因应策略，不仅适合中

国国情，而且整合了资源，提高了效率。

其一，员工在外住宿和吃饭，费用较高，低工资的员工承受不起，最终会通过提高工资而增加公司成本。特别是华商企业所在的一些中小城镇侨乡，社会化服务的程度不高，外部社会为员工的后勤服务在投资初期跟不上，侨资企业不得不通过内部化服务来弥补市场化的缺陷。同时，这些劳动密集型企业，员工人数多，集中管理能够形成规模效应，降低单位成本。

其二，公司建宿舍楼，本身就是一种固定资产投资；自办食堂，也是一种劳动密集型经营，亦可有盈余，何乐而不为呢？

其三，便于对农民工的有效管理，培养其纪律观念与良好的工作习惯，实现从农民到工人的转型，以提高生产效率。

其四，这也反映了华商与西方厂商不同的经营理念。华商老板把员工视为公司这个集体中的一员，其心目中员工对他是一种隶属关系，而他对员工负有责任。老板力求树立仁慈的"严父"形象，当他给予别人庇护与关照时，对方就会回报以尊重与忠诚。正如一位港商所说：我有强烈的家长感情，我有义务去照顾我的人；最终也是照顾了自己。又如一位菲华商人所说"我的职工就是我的家属"。汕头海霸王公司厂房有一则醒目的标语，典型地反映了这种价值取向："上对下有仁，下对上有义"，从儒家仁义道德规则的角度来诠释主雇关系，通过道德约束与润滑来减少劳资对立，缓解中国主流意识形态中资本家剥削工人的原罪。

此外，大多数受访企业都组织员工开展各项文体活动与福利活动，通过内部化服务提升团队精神，凝聚员工的向心力，企业内部的福利制度还分摊和降低了员工的生存风险。如，中山完美公司每年组织春节联欢、三八联欢会，员工生日由部门组织庆贺。李锦记集团还组织员工到国外旅游，员工结婚时，老板参加婚礼并用私车接送。东莞嘉利国际公司设有称为"嘉利圈"的员工组织，下设医疗合作社、员工子弟助学基金、员工结婚等喜事祝贺金等，通过员工之间的互助合作，分摊风险，筹集资金。由于社会福利制度在世纪之交的中国还没有普及，即使在今天，也还没有惠及农民工，因此侨资企业的员工互助组织是一种制度替代。

三、大家庭式氛围与团队精神

在集中统一管理与内部化服务之下，员工的工作、生活乃至家庭都在企业范围之内，这为人力资源管理与企业文化提供了较大空间，尤其是有利于大家庭式氛围与团队精神的培育。

对普通员工如果只是简单的管束，在中国大陆劳动力无限供给的状况下，基本上是不成问题的，"员工很听话"，昆明加拿大华商郭明道出了大多数华商的看法。广州先达的莫总也说："外省民工好用，能吃苦，又听话。"但仅此是不够的，华商与管理者试图强化员工对企业的忠诚，以营造企业文化，提高效率。许多外商老板都抱怨大陆员工对企业不够忠诚。实际上，有关员工的忠诚与否应做多维分析。农民工缺乏忠诚，既与户口等制度造成其过客心态相关，更主要的是劳资关系所决定的，过于廉价的劳工难以具备高度忠诚，外来老板与外来工都未确立扎根意识时，难以对企业忠诚。[1]

华商老板对员工的评价，在忠诚与才干之间，更强调忠诚。我们的访谈对象大都直言不讳地指出忠诚是最重要的。深圳温老板则说得更详细，"忠诚与才干，不同职位有所区别，如会计，首推忠诚。"在华商企业中，下属其实是忠于老板个人，而不一定忠于企业原则，对上级、对老板的忠诚超过对企业的忠诚。当然，老板的家长责任出发点在于员工对企业的忠诚，同时，责任的另一面是控制与服从。在华商家族企业内部，老板与员工的关系，是以命令和服从为主轴的。下属识时务者，要学习体会老板的想法，察言观色地去做具体事务。[2]西方企业中上下级可以公开争论，华商家族企业中员工对老板、下级对上级通常态度谦恭，尤其是对老板，上自经理，下至普通员工，都表现得顺从谦卑，这

---

[1] 日本企业员工忠诚度最高，与终身雇佣制、员工持股制等紧密相关。

[2] 如 XMCK 的一位高级管理者吃透了老板的指令，他的老板极具冒险精神与冲击力，因此在理解其指令时常得大打折扣，"当老板说要招收 100 名职工时，你准备 50 人就够了，否则到时就消化不了"，因此这位管理者与老板实现了冒险与平稳的互补，总能达到"中庸"，恰好适合企业实际。

在我们调研的华商企业中表现非常明显，而且几乎无一例外。

更重要的是如何调动员工的积极性，激励不是一件容易的事。华商企业老板和公司会尽量体现善待雇员，留住优秀的人，让所有员工保持良好的状态。南海皮业公司的邓总，每逢母亲节、父亲节都会给员工家人寄发贺卡，"付出不多，收效很大"。有的侨商还通过本企业员工从穷乡僻壤的家乡引来更多的打工仔，"听话"而廉价，略加培训就可上岗。有的侨商每年为职工和家属举办一次宴会，显示出老板与员工亲密无间，相处如一家。春源公司还开展先进档工等各项评比活动，每月一次为员工举行生日晚会。该公司的翁总说："这些经验都是从国企搬来的，如劳动竞争，评流动红旗。这样做，能让年轻人感受到一种精神，感受到自身价值。"1997 年汕头春源公司创立十周年之际，为连续服务八年以上的 38 位员工授予"忠诚奖"。在庆典大会上，公司董事长林先生特意介绍他的"老朋友"，自 1948 年加入春源公司总部，历时 50 载的一位老员工，林总说："这是春源大家庭中最忠诚的一员，和我是亦师亦友。"李锦记集团为服务 10 年的大陆员工颁发金牌，公司经理激励雇员说，有的香港员工在这家老字号服务长达 40 年，员工与企业共成长。

与此相关，华商企业注重培育团队精神，并将之贯穿于生产流程、生活服务、娱乐活动等各个方面。东莞嘉利公司的厂房内张贴着"管理之道：团队式工作流程"，以供"部门负责人安排下属工作借鉴"，共有 11 条。[1]不少华商公司设立有奖提案制度，如汕头华建公司，1998 年采访时一个月得到员工提案可达 60—100 件，既有利于及时改善公司管理，也有利于培养员工对公司的参与性与主动性，还推动了员工之间的合作与交流。公司还组建跨功能小组，以利各部门之间的沟通。华建公司的副总经理说："提案本身有奖励，此后还按其收益获得奖金。最重要

---

[1]　1. 任命一名程序协调人员；2. 确保所有成员对工作有明确认识和了解；3. 识别及清除不确实的假设；4. 在对工作有新认识之后，定期重新界定工作；5. 定下工作进度表；6. 定下应急措施；7. 评估各种可选择的方案，预测可能突然发生的事故；8. 分配资源和各成员的工作；9. 拟定首阶段工作完成日期，定下工作的准确时间；10. 执行工作；11. 循环继续推行下一阶段。

的是工人有被尊重感，就会去努力工作。"

不同的企业，各有高招，各显神通，让员工以公司为家，从而形成归宿感和凝聚力。春源集团公司力求创造"大家庭"式的企业文化，1997 年确定歌曲《春源是我家》为企业歌，[1] 公司要求所属各处、厂、子公司，每星期一上午八点零五分，或每次召开员工大会时，都要集体合唱《春源是我家》，以此表达来自五湖四海的员工以企业为家的自豪感，展现集团以人为本的经营理念和春源人团结拼搏的团队精神。公司办有企业内部报刊《春源报》(《春源通讯》)，刊载公司活动、决议与员工作品。还有版报、宣传栏、通讯员队伍、广播系统等，形成了企业文化传播网络。

四、管理模式及其动向的解释

海外华商企业对中方员工的管理，从生产流程到日常生活都采取了全方位渗透、灌输与强化的方式，并通过多种形式的培训提高员工素质、技能与人力资本，这与外来农民工为主的员工队伍构成及管理层水平状况相适应，技能培训与进修机会也成为企业吸引员工的亮点。虽然企业需要在员工宿舍等设施方面进行投资并分配专人和部门管理，但这些投入都成为企业的资产，实际上因此节省了企业总成本。同时，企业力求营造大家庭的良好氛围，树立团队意识，培育企业文化。值得指出的是，不少企业如春源公司的中方管理者有的过去是国有企业厂长和领导，他们把国有企业的一些管理手段移植到外资公司中，与华商老板一拍即合，相得益彰。这体现出一种跨文化的融合与互动。

侨乡华商企业的竞争力主要建立在低成本运作的基础上，并以此在

---

[1] 《春源报》1997 年 11 月 1 日登载《春源是我家》歌词："春风吹绿粤东平原，我是春源骄傲的一员。春源的理念以人为本，产物育人栽培栋梁。纪律效率，尽心协作，企业作风光大发扬！雄伟的工厂沐浴着朝阳，企业兴旺是我的心愿。春源的追求品质一流，实业报国任重道远。你我来自五湖四海，共同编织春源的理想！春源春源是我家，团结拼搏把青春献，为企业争荣光，我爱我春源。为社会添砖瓦，报效大中华。"

全球产业链中确立和强化自身的比较优势与竞争力，本文中的受访企业大多是劳动密集型，低成本主要有赖于工薪低廉。

首先，通过内部化的员工服务，降低公司成本，维持低廉工薪，并弥补低薪造成的激励不足。通常内部化服务会被视为提高成本，但在外部社会化程度不高与工薪低廉的前提下，它是维持低工资从而降低成本的有效手段。企业并不担心雇佣员工人数增多，反而是在一定程度上人数越多越赢利。

其次，低工资留不住熟练工人与高技术人才，公司招收的员工不少来自穷乡僻壤，听话而廉价，但需要技能培训，需要素质培训与行为约束，因此华商企业多实行员工集中管理与统一服务，公司在生产流程乃至日常生活上，都贯穿着强化约束与细致渗透。

最后，公司营造大家庭的氛围，通过内部化的各种服务凝聚员工，通过各种评比与奖励来激励员工，同时也能淡化意识形态的冲突。基于这些原因与效果，华商对大陆员工的管理都会尽可能地采取内部化服务与集中管理，在大家庭环境中强化对员工的约束与激励。

这种管理模式与企业文化，改革开放以来具有适应性，取得了成功，但随着外部条件的改变，这种管理模式最近开始显露一系列问题，出现新的变动趋势。

第一，侨乡由乡村变为城镇，在工业化与城市化进程中，企业的社会化服务与市场化环境大大改善。内部化服务的管理模式逐渐失去其最初的动因与需求推动，目前只是在路径依赖的轨道上维持运行。

第二，以"80后"为代表的新一代外来工（包括独生子女）已明显不同于其前辈，他们的基本生存问题的重要性已边际递减，20世纪90年代初以来几乎不变的工资水平对农民工的吸引力已趋减弱，而且侨乡之外的选择开始增加，这是导致劳动力无限供给的侨乡开始出现"民工荒"的因素之一。一些企业不得不增加工资，地方政府也提高了最低工资标准。新一代农民工崇尚自由，注重工作环境与事业发展空间，强制约束的统一管理模式也开始出现不适应性。

第三，2008年前后的金融危机与制度变革加速了转变。在金融危机冲击出口导向的侨资企业的同时，一系列制度变革加剧了冲击、转型与变化。新劳动保护法直接冲击着侨资企业的核心竞争力——中低成本的根基。新企业所得税法的正式实施，使侨资企业的税收优惠政策被国民待遇替代，一些侨资企业的税负增加。加工贸易政策进行了重大调整，禁止和限制的类目大增。一批侨资企业因此歇业，或转移，或谋求转型。

这些变化有着不可逆转的趋势性，只不过其表现形式不一，或渐变，或剧变。在此进程中，侨乡企业的管理模式面临挑战。这种管理模式的成本将增加，更重要的是企业承担的风险将扩大。2010 年深圳富士康 12 连跳事件是一个极端的案例，富士康在大幅度增加工资的同时，将本企业负责的员工宿舍管理外包给物业公司，让政府、社会与市场来分担其风险。

同时，按照国际产业地理转移的规律，以低工资、低成本为竞争力取向的劳动密集型企业，在一个地带发展 15—20 年，通常会向外转移。[1]中国腹地广大，劳动力供给充足，产业转移的规律被打破。但是，农民工的工资自 20 世纪 90 年代初以来近 20 年几乎没有增加，这表明建基于低工资之上的低成本策略已经达到极限。从这个角度而言，面对势在必行的产业升级与工资上升等种种变化，面对侨乡的市场化、城市化趋势，海外华商在侨乡投资企业的经营战略和管理模式也再次面临挑战与调整。

参考文献

［1］S. Gordon Redding, *The Spirit of Chinese Capitalism*, New York, de Gruyter, 1990.

［2］Chan Kwok Bun, *Chinese Business Network*, Prentice Hall,

---

[1]　20 世纪 90 年代中后期东南亚劳动密集型产业，就因为劳工成本上升与劳力短缺，造成利润下降，出口减少，成为直接引发金融危机的主要原因。

Singapore, 1999.

［3］Wong Bernard, *Ethnicity and Entrepreneurship: The New Chinese Immigrants in the San Francisco Bay*, Allyu and Bacon, 1998.

［4］方雄普，《海外华商夜话》，北京:中华工商联合出版社，1999 年。

［5］龙登高，《海外华商经营管理的探索——近十余年来的学术述评与研究展望》，《华侨华人历史研究》2002 年第 3 期。

［6］谭天星、龙登高主编，《中国侨资企业发展年度报告 2008》，2009 年。

［7］龙登高，《海外华商经营管理探索》，香港：香港社会科学出版社，2003。

［8］S. Gordon Redding 著，张遵敬等译，《海外华人企业家的管理思想》，上海：上海三联书店，1993 年，第七章。

［9］吴文焕，《中国传统文化与华人经济》，载萧效钦、李定国主编，《世界华侨华人经济研究》，汕头：汕头大学出版社，1996 年。

［10］关于华人家族企业的忠诚与信任问题的研究，可参阅储小平的成果，《信任与中美家族企业演变的比较及其启示》，《学术研究》2001 年第 5 期;《信任与家族企业的成长》，《管理世界》2003 年 6 月。

六　风云际会

东南亚华商与经济民族主义*

梁英明

21世纪将是经济全球化加速的时代。这是世界经济发展不可逆转的总趋势。在这一历史进程中，经济水平差异的国家或民族之间，以及经济利益不同的社会阶层之间，必然存在各种矛盾和冲突。因此，伴随着经济全球化进程出现的必然是经济民族主义的兴起。处在经济全球化大潮中的东南亚华商，在国际上同样必须应对全球化与民族主义这两种力量的激烈碰撞。与此同时，他们在各自国家内部还要受到政治上居于统治地位的原住民的民族主义或种族主义的压力。在战后半个多世纪中，东南亚华商曾经走过怎样的艰难曲折道路，他们又将如何适应经济全球化与国内原住民经济民族主义或种族主义的复杂环境，谋求自身更大的发展空间，这是值得我们关注的问题。

一、“原住民优先”政策

第二次世界大战结束后，东南亚各国相继获得政治上的独立。其后，除了印度支那国家和缅甸由于战争和政治经济体制的僵化以致制约其国民经济的发展以外，东南亚各国经济的迅速成长，使当地华商都获

---

* 本文原载《华侨华人历史研究》2008年6月第2期，第18-22页。

得了发展的有利时机。在 20 世纪 80 年代以前，东南亚各国一批华人大企业集团的相继涌现，就是华商经济实力增强的一种象征，东南亚华商这一令人瞩目的成就，无疑主要得益于战后这个独特的历史机遇。

中国在 20 世纪 80 年代开始实施的经济改革与对外开放政策，使中国迅速成为东亚地区的一个庞大市场和经济发展的强大推动力。这是历史给予东南亚国家及华商企业的又一个难得的机遇。因此，东南亚国家的一些有识之士开始认识到，东南亚各国企业（包括华商企业）必须抓住这一有利时机，及时搭上"中国快车"。

东南亚华商企业在这两个阶段获得的迅速发展，除在华人占人口大多数的新加坡以外，都在相关国家的原住民社会中引起了强烈的反响。在战后东南亚华商的第一个发展阶段（40 年代后期至 70 年代末），各国政府曾相继颁布了一系列制度、法律、条例和政策，以国家的名义建立起一批政府拥有的大型企业，同时宣布扶植和保护原住民的私人企业，限制外侨企业的发展。例如，1959 年菲律宾总统提出"菲律宾人第一"政策，并据此制定了"米黍业菲化法案"和"零售商业菲化法案"；[1] 1960 年老挝政府实施"禁止外侨经营 12 种行业法令"；[2] 1971 年马来西亚开始实施为期 20 年的"新经济政策"，积极扶持马来人向工商业领域发展，给马来人提供"保留地"以及在经济、政治、社会、文化等领域内的多种特权；[3] 1948—1960 年间，缅甸推行"企业国有化运动"；[4] 1949

---

[1] 1959 年，菲律宾总统加西亚提出"菲律宾人第一"的口号，并据此制定一系列相关政策，限制华侨在粮食贸易和商业零售等领域的经营。

[2] 老挝禁止外侨从事的 12 种职业为：海关职员、移民局职员、汽车司机、水陆运输、武器买卖、收音机买卖、印刷行业、林业、柴炭业、典当业、鱼肉业和理发业。

[3] 1969 年马来西亚联盟党在大选中获胜，但所得席位比上届减少 23 席。5 月 13 日，反对党华人选民游行庆祝，遭到马来族激进分子攻击，造成流血事件。据官方宣布，在事件中死 196 人（华人 143 人），伤 439 人，逮捕 9000 余人（多数为华人）。马来西亚总理拉扎克认为，5 月 13 日事件是马来人对自己所处经济地位不满的一种信号。1970 年，马来西亚政府制定"新经济政策"，进一步保护马来人的特权，积极扶植马来人向工商业领域发展，壮大马来人的私人资本，使马来人最终在经济上占据主导地位。

[4] 缅甸于 1948—1964 年间将外侨经营的约 15000 家企业先后收归国有，华侨工商业者被迫回国或移居他国。

年，泰国开始实施"保留职业条例"，保留给泰人的职业逐渐增多，到 1960 年时达到 17 种；[1]1950 年，印度尼西亚政府实施照顾原住民进口商的"堡垒计划"，1957 年实施"15 种工业印度尼西亚化法令"，1958 年实施"雇佣外侨法令"，直到 1959 年实施限制外侨经营零售商业的第 10 号总统法令；[2]南越政府从 1948 年至 1956 年间陆续实施多种限制外侨经营大米、布匹等商品的法令；[3]等等。[4]

上述各国的法令、条例，虽然针对各自不同的情况而制定，但显然具有一些共同的特点。一方面，由于 20 世纪世纪 60 年代前的东南亚各国华侨仍具有双重国籍身份，他们仍被视为中国公民，这些法令条例均以保护东南亚本国公民利益的名义颁布和实施，因此显然是以限制华侨拥有企业的发展为其主要目的。另一方面，由于在泰国、菲律宾和印度支那国家中，华侨与当地原住民之间通婚的现象比较普遍，一些经营工商企业的华侨，往往可以用他们的原住民配偶作为企业所有人，从而可以避免受到这些法令、条例的限制而继续经营。结果，除了印度尼西亚、马来西亚和缅甸以外，这些法令、条例在东南亚多数国家中并没有得到真正的实施。在印度尼西亚，1959 年的总统法令导致几十万名在乡镇地区的华侨小商人离开他们的居住地而回到祖国。在马来西亚，马来族对自己在经济上所处弱势地位的不满情绪，终于酿成 1969 年的"五·一九种族冲突事件"，并促使马来西亚政府实施进一步保护马来族特权的"新经济政策"。即使在这两个国家内，限制华人企业发展的做

---

[1] 1949 年，泰国公布保留给泰人的职业包括漆器和金银器制造、三轮车和汽车驾驶及理发等。此后到 1960 年间，禁止外侨从事的职业不断增多。

[2] 1950 年 4 月，印度尼西亚政府开始实施"堡垒计划"，规定向原住民资本占 70% 以上的进口公司提供贷款和贸易特权。1957 年又规定外侨经营的 15 种工业必须在 5 年内将 50% 资本转移给原住民。5 年后，原住民可用分期付款方式收购其余 50% 股权。1959 年，苏加诺总统颁布第 10 号总统法令，规定在一级（省）、二级（县）、自治区和州的首府以外地方经营的外侨零售商必须在 1960 年 1 月 1 日前停业。

[3] 1948 年，南越当局先后颁布谷米统制法令和布商统制法令，1956 年又颁布第 20 号、53 号和 55 号谕令，规定外侨不得经营杂货业、碾米业、水陆运输业等 11 种行业。

[4] 以上各国法令的内容，可参阅梁英明主编，《华侨华人百科全书经济卷》，北京：中国华侨出版社，2000 年。

法也没有完全达到政府预期的目的。至于缅甸的国有化政策，其作用并不限于华商企业，而直接影响到缅甸国民经济的发展，华商自然也不能幸免。

在战后东南亚华商发展的第二个阶段（20世纪80年代以后），东南亚各国的政治形势和商业环境已经发生了很大的变化。

首先，战后30多年间，东南亚绝大多数华侨已经陆续加入居住国的国籍，成为各国的华裔公民。华侨政治身份的转变使各国原有限制外国人经营某些企业的规定已丧失了对他们的法律效力，这对华商自然是一个有利因素。然而，法律并没有能够解决所有的问题。在东南亚国家的原住民统治集团中，经济民族主义或经济种族主义仍然是他们确保政权获得原住民拥护的重要政治基础。因此，这些原住民统治者往往夸大和强调华裔公民在本国国民经济发展中具有的强势地位，而以维护原住民的经济权益作为他们的政治口号和施政目标。

其次，中国自20世纪80年代开始经济改革和对外开放后，中国经济力量的不断增强给东南亚华商的发展提供了新的契机。同时，这也使东南亚一部分华人自觉或不自觉地彰显自己的民族自豪感甚至优越感。这些因素增加了原住民政府对华商与中国扩展贸易、投资关系的疑虑。正是在这一新形势下，有些人开始宣扬所谓东南亚华人将"重新中国化"等说法，从而在某种意义上为原住民经济民族主义或种族主义提供了新的理论依据。

从法律上来说，原有的华侨既然已成为居住国的公民，他们自然应该具有与其他族群同等的政治、经济权利，而在东南亚各国同中国已建立了外交关系，这些国家与中国之间的贸易、投资活动也在逐步扩大的情况下，东南亚各国华商与中国企业间的交往合作应该是完全正常的商业行为。因此，上述对东南亚华商的种种指责是没有根据的。东南亚国家的华商早已长期定居当地，许多华商家族甚至已经世代生活在那里。他们的前途和利益已经同居住国息息相关，可以说是"一损俱损，一荣俱荣"。随着时间的推移，他们的后代必然将更加深深地植根于他们居住的国家。因此，东南亚华商是不可能"重新中国化"的。尽管作为华裔，他们与祖籍国之间必然还会有文化上的联系，但是不应将文化认同看作一种"政治效忠"。

近年来，越来越多的中国公民出国经商，他们可能由于种种原因而与居住国人民发生商业纠葛或利益矛盾，有的地方甚至酿成流血冲突，一些华商被迫离开这些国家而回国。我们可以从各种新闻媒体中看到这类报道。然而，东南亚各国华商与上述所谓新华商的情况不同，他们并没有以推销中国的廉价商品来占领当地商人的传统市场，更不是依靠假冒名牌或盗版侵权来攫取暴利。他们绝大多数是通过辛勤劳动，合法经营而赢得顾客认可的。然而，由于经济民族主义或种族主义情绪的高涨，东南亚华商在企业经营等方面实际上还没有完全获得平等的国民待遇，华商在中国的贸易与投资活动也往往被官方舆论抨击为国内资本的"外逃"，或甚至被指责为缺乏对国家的"效忠"观念。这说明，尽管东南亚华商在法律上已拥有公民的身份，却仍然被当作与所谓原住民不同的"外来者"。因此，在一些国家的任何一次国内经济危机或政治动乱中，华商都可能成为替罪的羔羊。1998 年 5 月印度尼西亚首都爆发的大规模抢劫和焚烧华人商店的骚乱事件，就是一个显著的证明。

世界各国关于民族有各种不同的定义。在东南亚地区，有的国家如印度尼西亚虽自称只有一个民族，但实际上同时存在着多元种族和多元文化，这是无可讳言的现实。东南亚国家摆脱殖民统治并建立统一国家的时间还比较短暂，它们建设现代意义上的民族国家（Nation）的历史任务还没有完成。因此，有些原住民政权以经济民族主义为号召，而以经济种族主义为实际内容的做法是不难理解的。

在这一情况下，某些华商大企业采取与原住民企业家或官员"合作经营"，或以其他形式直接向某些官员行贿而获得某些商业利益，是他们不得已的一种选择。可以说，在公民中区分所谓原住民与非原住民，而又给予原住民商业优惠越多的国家，在官员权力越不受约束的情况下，"官商勾结"现象可能越带有普遍性。在这些国家里，华商也往往被抨击为造成政府腐败的主要责任者。实际上，经常向官员行贿的华商实际上只是极少数大企业，而一般中小企业并没有能力，也没有必要这样做。还应该指出的是，在任何国家的"官商勾结"现象中，"官员"总是起主导作用的一方，"商人"则只能是从属的一方。因为"官员"拥有的无限权力才是"官商勾结"现象存在的决定性的因素。在菲律宾等国，相互对立的政治势力甚至公开要求某些华商提供经济上的支持。[1]

苏哈托在统治印度尼西亚的 32 年中，确实与某些华商大企业集团建立了密切的"合作关系"，在这些大企业中拥有一定股份。这使他的家族和部属得以聚敛大量财富。在他下台 9 年后，清查和追缴苏哈托家族贪污所得的呼声仍不绝于耳，但是法律诉讼仍毫无进展。有些人认为苏哈托对印度尼西亚经济建设有"重要贡献"，因而"功大于过"，并以此为他的贪污腐败罪行辩护，也有人以苏哈托家族的贪污罪行"证据不足"为由而为他开脱罪责，更有人认为苏哈托过于信任某些华商大企业家，而被他们所利用，又由于这些华商大企业家的"背叛"，才迫使苏哈托下台。[2] 这些言论将苏哈托统治时期的贪污腐败完全归咎于华商，同时又将华商描绘为一群背信弃义的奸诈之徒，显然是出于对华人的种族主义偏见，是为了达到某种政治目的而制造误导社会的舆论。

二、民族主义的对立

经济民族主义或种族主义的另一个作用，是原住民统治集团企图将它作为对华人实施全面同化政策的一个工具或手段。但是，它显然并没有能够达到这一预期的效果。历史证明，民族融合只能通过各民族自愿的和平交往方式来实现，它必然要经历漫长的历史进程。强制推行的民族同化政策只能激起被同化民族的抗拒，从而增强被压迫者的凝聚力和民族主义精神。对存在多元民族和多元文化的东南亚国家来说，国内不同族裔间的民族主义或种族主义情绪的高涨和对立，对东南亚国家的经

---

[1] 《联合早报》2007 年 5 月 23 日。

[2] 根据对雷特诺瓦蒂·阿卜杜加尼《苏哈托：印度尼西亚第二任总统传记及其遗产》（Retnowati Abdulgani, *Soeharto, The Life and Legacy of Indonesia's Second President*, Singapore，2007）一书所作的评论。

济发展和社会稳定不可能带来积极的效应。

即使处在苏哈托专制政权的压力下，禁止使用华文、华语，取缔所有的华文学校和华文报刊，不准华人庆祝本民族的传统节日，甚至强迫华人改用印尼人姓名，所有这些措施都没有可能消灭华人的民族意识和传统文化。相反，东南亚一部分华商由于感到在国内受到某种歧视和压制，于是企图在国际上寻求更大的活动空间，特别是希望获得生活在异国的同胞们的合作与帮助。这样，自 20 世纪 70 年代开始，由东南亚国家的一些华人社团发起，相继举办了一系列国际性的华人社团联谊活动，如 1971 年开始举办的世界客属恳亲大会，1981 年开始举办的国际潮团联谊年会，1989 年开始举办的海南乡团联谊大会，1990 年开始举办的世界福州十邑同乡大会，1993 年开始举办的世界广东同乡恳亲大会，以及 1994 年开始举办的世界福建同乡恳亲大会，等等。这些活动的共同特点是：首先，它们都是以乡亲组织的名义举办的，一般每两年举行一次。此外，还有许多宗亲会举办的类似活动，难以尽述。其次，这些活动的实际内容是希望建立华商的国际联络网，用时兴的话来说，就是"文化搭台，商业唱戏"。最后，这些活动大多数是在中国的香港、澳门和台湾地区，某些东南亚国家（新加坡、泰国）等地举行的，它显示了中国政府及中国企业所起的主导作用。

然而，我们在看到这些频繁活动的同时，也不难发现它们对推进东南亚华商在国际上的合作与发展所起的实际作用仍然是很有限的。具有实质意义的国际华商网络并没有因此建立起来。20 世纪 90 年代，在新加坡中华总商会发起和推动下，出现了超越宗乡和宗亲关系的新型国际华商联谊活动形式，这就是世界华商大会。1991 年 8 月，第一届世界华商大会在新加坡举行，来自 30 多个国家约 800 名华商出席了盛会。其后，大会每两年分别在不同地点举行。2001 年在中国南京市举行的第六届世界华商大会吸引了 3000 多名华商参加。2007 年在日本举行的第 9 届华商大会的参加人数甚至达到 5000 人。比起华人宗乡会馆或宗亲会馆举办的联谊活动，世界华商大会无疑具有更大的规模，更强的号召力和影响力。但是迄今为止，世界华商大会并没有获得与其组织规模及耗

费的财力相对应的商业成果。与此同时，在东南亚国家的原住民政府及
其企业界，对世界华商大会等活动却表示了保留和质疑的态度。他们认
为，各国华商的这类活动带有某些种族色彩和排外性质，不利于各国华
商与所在国家的其他族群企业界的合作，不利于东南亚国家的国内资本
积累和扶植原住民工商企业发展的国家政策，也不利于这些国家的华裔
公民积极融入主流社会的历史趋势。

　　然而，资本的国际流动是市场经济体制下必然出现的结果。早在第
二次世界大战前，新加坡陈嘉庚企业集团、胡文虎企业集团，印度尼西
亚黄仲涵企业集团和泰国陈弼臣企业集团等等就已开始在中国香港、澳
门等地开拓跨国经营。大约从 20 世纪 70 年代开始，由于东南亚国家
原住民经济民族主义的高涨，东南亚一些华商大企业集团又纷纷以中
国香港为基地，进一步建立跨国企业集团。[1]1997 年亚洲金融危机爆发
前，东南亚华商在中国香港上市的企业已有 58 家，其中 26 家的主要股
东为马来西亚华商，10 家为新加坡华商，14 家为印度尼西亚华商，7 家
为泰国华商，1 家为菲律宾华商。他们在中国香港商界被戏称为"南洋
帮"。1997 年亚洲金融危机爆发前，这 58 家企业的总市值约为 315 亿
美元，占中国香港上市公司总市值 5.6%。[2] 在亚洲金融危机中，东南亚
华商在中国香港的企业也受到了沉重的打击，直到 2001 年才有所恢复。
2005 年，名列香港《亚洲周刊》公布的"国际华商 500"的企业总市值
比 2004 年增加 21%，2006 年扣除新上榜企业效应，当年 500 家国际华
商企业的总市值仍较 2005 年增加 12.6%。[3] 但是，与同期在中国香港上
市的华资企业总体情况相比，在中国香港的东南亚华商业绩并没有获得
相应的扩展。2005 年，在"国际华商 500"中，有 144 家东南亚华商企
业榜上有名，到 2006 年，上榜的东南亚华商减少到 101 家。在经济全

[1]　冯邦彦，《香港华资财团》，香港：三联书店（香港）有限公司，1997 年，第 364-384 页。
[2]　《亚洲周刊》，1997 年 10 月 6 日—10 月 12 日；梁英明主编，《华侨华人百科全书经
　　济卷》，北京：中国华侨出版社，2000 年，第 467-471 页。
[3]　见《亚洲周刊》2006 年 10 月 8 日。

球化的大潮中，这些东南亚华商在中国香港的上市公司被评论为"仍缺乏国际视野"。[1]

无论如何，东南亚华商通过中国香港进军世界的举措还是应该予以肯定的。它与局限于华商之间的联谊活动不同，我们从中至少可以看到这样几个特点。首先，东南亚华商在中国香港建立新的企业主要着眼于企业的市场扩展和利润增长的需要，也就是遵循"在商言商"的原则。因此，对东南亚华商进军港、澳地区的动机赋予过多民族主义含义是不符合实际的，尽管文化、语言和习俗等因素所起的作用也不可完全否认。从根本上来说，中国香港国际贸易中心和国际金融中心的地位给东南亚华商提供了更加广阔的发展空间，中国香港相对自由宽松的商业环境和严格的法律制度也给东南亚华商的利益以更加确实的保障。而中国香港作为跨国企业进军内地的桥头堡的作用，更是其他地区所无法取代的。这就是为什么中国香港而不是新加坡或其他地方成为东南亚国家投资发展的首选之地的重要原因。

其次，在中国香港的东南亚华商往往采取与港、澳资本及其他外资合作的方式创建新的企业，再以这些合资企业的名义进入中国内地或返回东南亚国家投资。还应注意的是，在中国香港的一部分东南亚华商企业并非完全属于华商资本，而是包含有某些东南亚国家原住民的资本在内。例如，印度尼西亚华人企业家林绍良家族和林文镜家族在中国香港建立第一太平集团时，印尼原住民企业家苏德威卡特莫诺（Sudwikatmono）家族和伊卜拉欣·里斯贾德（Ibrahim Risjad）家族就一共拥有20%的股权。[2]

最后，东南亚各国华商在中国香港上市的企业大多由家族的第二、三代经营。他们当中包括印尼华商林绍良之子林逢生，李文正之子李棕，黄奕聪之子黄鸿年，马来西亚华商郭芳来之子郭令灿、郭鹤年之子郭孔丞，新加坡华商黄廷方之子黄志祥，泰国华商陈弼臣之子陈有庆，

---

[1]　《亚洲周刊》2006年10月8日。

[2]　参阅《华侨华人百科全书经济卷》，第95页。

谢易初之子谢国民，等等。这些新一代华商曾受过高等教育，具有新的经营理念，熟悉国际商业环境，他们必将在其企业集团走向国际市场的进程中发挥重要的作用。

三、融入社会，互利共赢

当今世界各国对民族主义概念有各种不同的界定或理解，对民族主义在国家经济发展中的作用也褒贬不一。这里不予评论。需要指出的是，在东南亚各国，多元民族和多元文化是历史的遗产，是政治的现实。然而，某些国家的原住民领导人认为本国只存在一个民族，即所谓原住民族，而拒不承认多元民族和多元文化的存在。有些国家则将本国公民分为不同的种族集团，分别实施不同的政策。因此，就东南亚发展中国家的情况来看，它们奉行的所谓民族主义实质上只是原住民的种族主义。只要这些观念没有改变，在特定的政治气候下，种族集团之间的矛盾和冲突就不可避免，华商也必然首先成为受害者。

现代民族统一国家的形成是一个漫长的过程。在这一过程中，多元民族和多元文化的存在是历史的合理选择。不同民族之间只能通过长期的交往而逐渐融合，而不是通过相互排斥而保持对立。在昔日的华侨已转变为各国的华裔公民以后，越来越多的人开始认识到，他们的唯一出路是融入社会，落地生根。当然，这一发展进程不会是很顺畅的。在经济全球化的背景下，在中国经济迅速发展和国力日益增强的影响下，东南亚国家原住民和华裔族群的民族主义情绪都可能高涨，从而促使民族矛盾加剧。

在这一情况下，针对某些华商喜欢炫耀财富、与中国官方关系过于紧密等问题，仅仅呼吁华商应该"谨言慎行"，"居安思危"是不够的。[1]这些呼吁虽然指出了华人社会存在的某些问题，却未能从根本上对症下药。华商如果只是采取某些收敛的态度，并不能消除族群之间的对立。

---

[1] 见《国际日报》2007 年 1 月 26 日等报刊。

而强调"弘扬中华民族主义"以对抗"原住民的民族主义",更不是解决东南亚各国族群矛盾的出路。

在经济走向全球化的浪潮中,国家之间,以及国内各民族之间和社会阶层之间必然出现贫富分化,少数富裕华商与社会贫困阶层之间也必然存在利益的矛盾。这是客观存在的事实。因此,各国政府为帮助社会弱势群体,缩小贫富差距,保持社会稳定而采取的某些政策措施,不应一概简单地视为"排华"行动。当然,这些政策的背后也可能带有原住民狭隘民族主义或种族主义的成分,或某些原住民官员利用这些政策而排斥华人企业,或要挟华人企业以谋私利,这类现象的存在也是不可否认的。

由于历史的复杂原因,东南亚华裔公民比其他族裔在私营工商部门仍占有一定优势。因此,华商与其他族裔在互利基础上加强合作,帮助其他族裔发展,实现互利共赢和发展国民经济的共同目标,是东南亚华商的唯一出路,是化解东南亚国家原住民经济民族主义或种族主义的正确途径。在世界各地,海外华人作为外来移民和少数族群,都会同样面对融入主流社会的问题,而对东南亚发展中国家内的华人来说,真正融入主流社会更是一个漫长而复杂的过程。

东南亚华人作为一个少数族群,必须接受本土多数族群的文化,同时保留自身的传统文化,才有可能为建设各国现代化民族的共同文化发挥积极的作用。在某种意义上固然可以说,东南亚华人的文化根基是中华文化,但华人必须入乡随俗,适应环境。如今,东南亚各国的华人文化显然已不完全等同于中国文化。同时,我们又必须认识到,东南亚华人的商业根基则是在东南亚。只有立足于东南亚,首先为各自国家的发展做出贡献,才能得到本国主流社会的认同。华商企业的活动和发展是所在国家的国民经济发展的组成部分,东南亚华商也只有随着本国国民经济的发展才能获得自身发展的机会。

有些人用"华人经济"来概括东南亚华人的商业活动及其成就,并对"华人经济"的规模、实力以及与中国经济发展的关系等津津乐道,甚至鼓吹在中国和东南亚等华商聚集的地区共同建立"华人经济圈"。这种观点是把华商的经营活动孤立于东南亚各国国民经济之外,同时片面强调华人族群经商的才能和成就，这是完全不符合事实的。在任何国家内，都不可能存在独立于整个国民经济之外的"华人经济"或任何其他族群经济，而只可能有来自不同族群的资本或由不同族群经营的企业、厂商或公司。实际上，如今许多华商企业已包含其他族群拥有的资本，但仍可以某些指标（如华人资本所占比例，主要经营者是否为华人，等等）来认定这些企业属于华商企业。而众所周知，资本、企业、厂商、公司等只是经济活动的要素，并不等同于经济。因此，"华人经济"只是一个虚幻的概念。还应该指出的是，"华人经济"似乎只是中国某些媒体和学者习惯使用的词语，而在国际学术界，相应的词语"Chinese economy"则是专指"中国经济"，而不是"海外华人经济"。因此，宣扬"华人经济"的虚幻概念，只能造成理论上的混乱，也给海外华商带来更大的困惑，使其面临更艰难的处境。[1]

东盟的成立为东南亚国家的经济合作开创了新的时代，大东盟的最终形成以及东盟 10+3 合作机制的实现，特别是中国—东盟自由贸易区的建立，使东亚国家的战略合作关系提高到了新的水平，当然也为东南亚华商走向海外提供了新的契机。东南亚华商应该审时度势，抓住这一机遇，主动搭上这一"顺风车"，加入这一经济合作的框架内，并推动其他族群的企业一道，在推进东亚国家经济合作——当然包括东盟国家与中国的经济合作——的过程中发挥更加积极的作用。在国家利益仍是国际经济合作出发点的情况下，东南亚华商自然要立足于各自国家的立场，维护并提升各自国家的根本利益，同时在国际合作的框架内谋求自身更大的发展。因此，在东盟与中国的经济合作中，东南亚华商既要努力实现东盟和中国的互利共赢，在东盟各国内又要实现国家和华商的互利共赢，而不可能脱离各自国家的立场，去追求所谓华商自身的利益，也不可能存在超越国家利益之外的所谓海外华人的利益。

---

[1] 参阅梁英明《关于海外华人经济研究》《从东盟看华人经济圈问题》《再论华人经济圈问题》等文，分别载《华侨华人历史研究》2000 年第 1 期，《亚非研究》1991 年第 1 辑，《华侨华人研究》1995 年第 3 辑；以及《海外华人经济活动研究若干问题》，载周南京主编《华侨华人百科全书总论卷》，北京：中国华侨出版社，2002 年，第 139-159 页。

东南亚跨界华商组织与"一带一路"战略的建构和实施[*]

刘　宏　张慧梅　范　昕

内容提要: 2013 年底,中国国家主席习近平提出"一带一路"的倡议后,引起了广泛的关注和探讨。这些讨论较多的是从宏观层面,如政府、政策、经济等普遍的关注点入手,较少以具体的"一带一路"枢纽国家及其内部商业和社会组织作为考察对象。笔者认为,这一倡议的实施必须落实到每个具体国家和相关组织的操作上。本文以 21 世纪海上丝绸之路的重要枢纽新加坡为例,以跨界治理作为理论分析架构,探讨东南亚华商组织的发展和制度化进程,及其在新时代背景下如何与"一带一路"战略互相契合,进而使历史资本、社会资本和跨界治理在新的发展局势下找到确切定位。

一、导论:跨界治理与"一带一路"

2013 年 9 月和 10 月,中国国家主席习近平先后提出了建设"新丝绸之路经济带"和"21 世纪海上丝绸之路"(简称"一带一路")的构想。这一倡议提出后,引起了世界各国的关注和回应,相关的研究大量

* 本文原载《南洋问题研究》2016 年 12 月第 4 期。基金项目:国务院侨办资助课题"沿线国家及当地华侨华人视角下的一带一路战略研究"(GQBY2016003)。

涌现。仅中国学者对该课题的研究论文就有数千篇之多，这些研究主要从政治、经济的角度来进行探讨。然而，大多数研究基本上是从中国角度审视这一课题，这一视角固然重要，但"一带一路"涉及 60 多个国家，当地的视野、感受和参与对这一倡议实施的成功与否至关重要。因此，从国内外互动的眼光来思考和分析这一问题非常必要。

国际学界对"一带一路"的研究相对较少，2015 年 6 月在北京举行的第五届亚洲研究论坛上，来自各国的专家学者从本国的利益和视角出发阐释了对"一带一路"的看法。[1] 一些学者还从经济合作与贸易关系的角度来分析"一带一路"的作用。此外，"一带一路"也引起了一些西方学者的关注，[2] 其中也涉及了"一带一路"对东南亚的影响，但因为语言和视野的局限，他们无法将中国和海外华人的视野融入其分析之中。除学界之外，部分业界人士也关注到"一带一路"的提出对于企业的影响。例如有评论注意到"一带一路"给金融业所带来的新商机。这些评论与研究各有千秋，但笔者认为"一带一路"倡议的实施，不能只停留在宏观的、一般性的建议上，而是必须落实到每个具体国家和相关组织的操作上。"一带一路"倡议的重要基点是古代"海上丝绸之路"，其最主要的一段即是以亚洲内部各个国家为节点而连接起来的。这一历史遗产既重现了古代亚洲内部贸易、文化、移民之间流动的景象，又被赋予了新的时代含义。

作为"一带一路"的倡议者，中国经济的快速发展以及其积极融入全球和地区经济一体化的趋势，从根本上重塑了亚洲的经济结构和国际关系格局。对于包括东南亚国家在内的一些发展中国家而言，相比美国

---

[1] 与会的印尼、俄罗斯、越南、缅甸等国学者的有关观点可参见：邓之湄，《第五届亚洲研究论坛在京举行，专家表示"一带一路"必将创造多赢结果》，http：//niis.cass.cn/news/751076.htm。

[2] Peter Ferdinand, "Westward ho-the China dream and 'one belt, one road'：Chinese foreign policy under Xi Jinping", *International Affairs*, vol. 92, no. 4 (2016), pp. 941–957; François Godement, AgathaKratz (eds) "One Belt, One Road：China's great leap outward", *Special issue*, June, 2015; Fukuyama, Francis, "Exporting the Chinese Model", *Project Syndicate*, no. 12 (2016).

的"华盛顿模式",中国的经济发展模式(或称为"北京共识"、"中国方案"、"中国道路")更具吸引力,促使中国的软实力在地区范围内得到较大提升。另一方面,东南亚各国是"一带一路"构想实施和推进中的重要节点,而东南亚国家中那些历史悠久、与中国有着长期密切往来、早已构建起自己商业网络的华商组织,更是不可忽视的群体。它们如何在商业层面和民间层面发挥其特点,借助已有的资源,助力"一带一路"倡议的推行,进而达到双赢的局面,是个值得探讨的课题。理解"一带一路"可以从双重视野入手:一是跨界治理的视野。将中国、"一带一路"沿线国家和地区,以及海外华人三者结合起来,放在"亚洲跨界治理"的框架内来思考。二是政策的视野。"一带一路"倡议不仅是中国的政策,我们也要关注到该倡议在"一带一路"沿线国家的反响,中国政府为此进行的适应性政策微调,以及资本、人员、技术和信息在该倡议实施中的跨界流动。

这种双重视野与习近平思想的重要特征理论与实践并重是一致的。他指出:"不谋全局者,不足谋一域。""一带一路"还是中国改革开放政策的延伸与扩展,有助于统筹国内外两个大局,以对外开放理念推动国内改革深化。因此,"一带一路"倡议的定位不仅仅是中国的国家战略,更是习近平"共赢主义"外交新理念的集中体现,将对世界政治和经济新秩序产生至关重要的影响。[1]

从理论的角度,跨界治理的概念为我们提供了新的方向。一方面,"跨界"的概念使我们的关注点不再仅仅局限于国家的内部,而是放诸一个更具灵活性的地理空间。这一空间涵盖整个东亚(包括东南亚)以及海洋亚洲,其核心内涵是机构、群体和个人在跨越民族国家疆界过程

---

[1] 刘宏、马亮,《"共赢主义"外交新理念与中国崛起》,《人民论坛》2015年11月;刘宏,《习近平经济思想的时代特质》,《人民论坛》2016年1月。有关跨界治理的理念和实践,参见刘宏,《跨国网络与全球治理:东亚政治经济发展的趋势和挑战》,《当代亚太》2013年第6期,第121–146页;有关治理的理论分析,详见 Liu Hong and Els Van Dongen, "China's Diaspora Policies as a New Mode of Transnational Governance", *Journal of Contemporary China*, vol. 25, no. 102 (November 2016)。

中所形成的观念、认同、秩序、模式以及亚洲现代性。"跨界"并非仅仅是一种开放性的地理和文化空间，它同时也提供了一种理解全球化和区域变迁的新路径和新视野。另一方面，在传统意义上，谈到政府往往是一种自上而下，有权威性和强制性的体制。因此，"管理"就成为核心概念。而"一带一路"是个跨国的倡议，它涉及 60 多个沿线国家，不可能完全按照中国的理念、政策或者制度来实施，更要注重协调、合作与沟通，而这些也正是"治理"的核心要素。正如习近平在 2016 年博鳌论坛上所强调的，"'一带一路'倡议不是中国一个国家的独奏，而是'一带一路'沿线国家的合唱。'一带一路'建设不是要替代现有地区合作机制和倡议，而是要在已有基础上，推动沿线国家实现发展战略相互对接、优势互补。"因此，"治理"的概念能够帮助我们更好地理解和应对目前出现或者将要发生的新现象。

同时，长期以来，作为东南亚华社与政府沟通的桥梁，东南亚华商组织有深厚的历史根基，辅助华商构建和维持了跨界商业网络。在"一带一路"的推行中，东南亚华商组织的作用不可忽视。本文以东南亚国家的华商枢纽新加坡为中心，并结合其他国家的实例，探讨跨界华商组织的历史发展、制度化进程及其在新的时代背景下，如何与"一带一路"倡议互相契合，使历史资源、社会资本和跨界治理几个相关的范畴与实践在新的发展局势下找到确切定位，为"一带一路"倡议的构想和实施提供另一个新的思考维度。同时，文章也将分析不同华商组织结构、领导人及成员的商业背景等方面的差异如何影响他们对"一带一路"的不同反应和参与度。

二、新加坡华商组织的跨界机制及其发展

新加坡是个多元种族的国家，华人占总人口 75% 左右。19 世纪中叶，华人大规模移民新加坡之后，大部分人在务工，少部分人开始从事自己的生意，并逐渐发展出跨国商业贸易，在新加坡与中国之间建立起了跨国商业网络。在这一网络下，新加坡的华人移民与中国之间有着频

繁的金钱、货物、文化等方面的往来。例如，侨批业是海外华人和家乡传递书信及汇款的行业，在华人生活（包括政治）中扮演着举足轻重的角色，为海外华人与家乡亲人搭建了重要的联系网络。[1]

随着华商势力的逐渐壮大及彼此之间建立合作的需要，若干规模不一的商会组织应运而生。这些商会组织主要分为两种类型：第一类是以一些跨行业商会（如中华总商会、工商联合总会等）为代表的组织，着重面对跨国市场和区域市场，他们的活动不只局限于新加坡本地，还包括中国、东南亚乃至全球；第二类以一些特定行业的商会为代表（如建筑商公会、当商公会等），其以本地市场为主，处理的是相关行业在当地的事务。本文着重讨论的是具有跨界功能的第一类商会组织。

在第一类组织中，1906年成立的新加坡中华总商会是东南亚最重要的商会组织之一。时至今日，总商会已发展成新加坡最大的商会组织，涵盖了各籍贯、各行业。从其成立伊始，就逐渐成为促进民间交流的商业组织、华人社团与政府联系的重要桥梁，而且跨行业、跨籍贯、跨国界成为它的明显特征。总商会是国家与社会之间联系的主要渠道，作为华人社会的代表，向政府反映要求，政府也通过总商会来传递政策和一些规定。与此同时，总商会也建立了一套系统化的机制，包括通信、商业资讯出版、商业展览和互访。这套机制为早期新加坡华人社会的商业发展提供了三个重要功能：作为个人和体制信用的监护者及社会监管机构；提供集体交涉能力，影响相关商业政策；促进经济发展和华人社会的团结。

总商会的成员来自各个行业，所从事的商业活动范围包括新加坡、

---

[1] 关于侨批业和侨批网络的具体研究，可参阅张慧梅、刘宏，《海外华商网络的多重交织与互动——以新加坡华人侨批和汇兑业为例》，载《"海外华商网络与华商组织"国际学术研讨会论文集》，2015年；张慧梅、班国瑞、刘宏，《侨批与政治》，载《华人研究国际学报》2016年第8卷第1期，第1–36页；Liu Hong and Gregor Benton, "The *Qiaopi* Trade and Its role in Modern China and the Chinese Diaspora：Toward an Alternative Explanation of 'Transnational Capitalism'", *Journal of Asian Studies*, vol. 75, no. 3(2016), pp.575–594；滨下武志，《华侨、华人与中华网：移民、交易、侨汇网络的结构及其展开》（日文版），东京：岩波书店，2013年。

中国、东南亚以及区域外的国家。因此，总商会成立之后，其所逐渐建立的机制就具有跨国功能，其早期与中国的关系尤为密切，又是中国政府认可的当地华人最高领导机构。如，总商会的首任总理吴寿珍是当时清政府所承认的新加坡侨领之一。商会领导人中，蔡子庸在暹罗（泰国）拥有四个规模庞大的碾米厂，也是和丰银行的合伙人，1908年在新加坡的企业营业额就达600万新元；陈嘉庚所经营的农工商各企业遍及东南亚各地，胡文虎的万金油事业也分布在东南亚和中国各城市。由于组织特性和领导人的商业背景，总商会从成立伊始就具有跨界特性和相关的机制支撑（如对外联络的部门），成为协助商家沟通新加坡与东南亚其他国家以及中国的桥梁。总商会是新加坡本地、亚洲区域乃至全球商业网络的维系者与协调者。其所建立的机制促进了不同网络层次的形成和发展，它们表现为国与国、地区与地区、组织与组织、机构与商家之间的相互交流。

20世纪70年代，新加坡中华总商会又带动其会员和商家，发起成立了新加坡工商联合总会。1978年，旧工商联合总会正式成立。[1]新加坡工商联合总会与其他的一些行业公会同总商会一样发挥着类似的作用，即成为华商、华人社会和政府间沟通的平台，它们同样也经历了一个制度化的进程。虽然它们的影响力可能没有总商会那么大，但它们仍是亚洲华商网络制度化进程中不可忽视的力量。而且，重组后的新加坡工商联合总会的跨界与全球化特征比总商会更为明显。

今天，新加坡乃至区域、全球的商业环境都发生了重要变化，新加坡华商组织为此也进行了相应的调整，一些新型的商业网络随之产生。它更多的是依托于科技，不再局限于国与国之间的联结，而是覆盖世界

---

[1] 1998年，时任总理的吴作栋吁请新加坡工商联合总会（Singapore Federation of Chambers of Commerce and Industry）进行重组，一方面增强它对会员的效用，另一方面试图维护新加坡商业团体的利益，进而促进新加坡的国家利益。2002年，新加坡工商联合会（Singapore Business Federation）正式注册成立，已成立24年的旧工商联合总会宣告解散。

各地。[1] 地处全球经济、文化交流有利位置的新加坡，是这一网络中的一个重要节点。新加坡华商组织的一个重要举措是联系世界各地的华商组织。世界华商大会每两年举行一次，旨在为全球华商和工商界提供经济合作、促进相互了解的论坛。世界华商大会的发起者和首创主办者就是新加坡中华总商会，首次大会在 1991 年举办。为了确保大会的延续性，新加坡中华总商会联合香港中华总商会、泰国中华总商会组成召集人组织，大会秘书处由三个召集人组织轮流担任，每六年一轮，旨在处理华商大会休会期间关于大会的一切事宜。迄今为止，世界华商大会已经举办了 13 届，在十多个国家和地区分别举行（见表 1）。总商会通过世界华商大会这个国际性商业平台，把本地华商与世界各地的商会和华商紧密地联系起来，一是帮助更多本地企业到外地发展，二是鼓励外国商家和本地商家携手合作，以新加坡为基地，拓展第三方市场。

表 1　历届世界华商大会概览表

届数	主办机构	日期	地点	大会主题
第一届	新加坡中华总商会	1991 年 8 月 10—12 日	新加坡	"环球网络"
第二届	香港中华总商会	1993 年 11 月 22—24 日	香港	"华商遍四海，五洲创繁荣"
第三届	泰国中华总商会	1995 年 12 月 3—5 日	曼谷	"加强世界华商联系，共谋经济发展繁荣"
第四届	加拿大中华总商会	1997 年 8 月 25—28 日	温哥华	"电子通讯与资讯科技对环球市场的影响"
第五届	澳洲维多利亚省中华总商会	1999 年 10 月 6—9 日	墨尔本	"新千禧年的挑战——从华商到全球商业"

[1]　有关华人社团国际化的兴起、特征、动力与作用问题，可参见刘宏，《海外华人社团的国际化：动力·作用·前景》，《华侨华人历史研究》1998 年第 1 期，第 48-58 页。

（续表）

届数	主办机构	日期	地点	大会主题
第六届	中华全国工商业联合会	2001 年 9 月 16—19 日	南京	"华商携手新世纪，和平发展共繁荣"
第七届	马来西亚中华工商联合会	2003 年 7 月 27—30 日	吉隆坡	"寰宇华商一心一德，全球企业共存共荣"
第八届	韩国中华总商会	2005 年 10 月 9—12 日	首尔	"与华商共成长，与世界共繁荣"
第九届	日本中华总商会	2007 年 9 月 15—17 日	神户、大阪	"和合共赢，惠及世界"
第十届	菲华商联总会	2009 年 11 月 19—22 日	马尼拉	"加强华商联系，促进世界繁荣"
第十一届	新加坡中华总商会	2011 年 10 月 5—7 日	新加坡	"新格局、新华商、新动力"
第十二届	中国侨商投资企业协会	2013 年 9 月 24—26 日	成都	"中国发展，华商机遇"
第十三届	印尼中华总商会	2015 年 9 月 25—28 日	巴厘岛	"融聚华商，共赢在印尼"

资料来源：根据世界华商大会网站信息整理汇编，http : // www.wcec-secretariat. org/cn/。

由上可见，在新加坡本地或亚洲区域的发展进程中，新加坡华商组织不仅是重要参与者，而且也是组织者、策划者。它们建立和逐渐完善的跨界机制使其更能与时俱进，适应今天全球化发展的需求。另一方面，新加坡华商组织所处的主客观环境，也使它们向周边、区域乃至全球发展的理念更强。作为城市国家，新加坡没有自己的腹地和自然资源，国内市场有限，经济发展主要仰赖转口贸易或旅游业等服务性行业。因此，华商必须走出新加坡，放眼区域乃至全球。在这方面，新加坡政府也积极鼓励和支持企业"走出去"，并成立了一些机构提供帮助。例如，创立于 2007 年的"通商中国"就希望汇集政界、商界和民间的力量，加强新加坡与中国的联系。另一个机构国际企业发展局（I.E.Singapore）推出"国际伙伴计划"（iPartners Programme），拨款支援商家"走出去"开拓业务。[1]新加坡最大的国有投资公司"淡马锡控股"的投资涵盖了本国、亚洲国家和非亚洲国家三大部分。

新加坡是个华人占多数的国家，华商和华商组织在其历史上一直扮演着重要的角色，华社擅长利用这些网络来拓展自己的业务。因此，中国政府提出的"一带一路"倡议正符合了新加坡华商和华商组织的现实需求，它们亦把握机会参与其中，在协助推动这一倡议的同时，也为自己获取更多的利益。虽然每个华商组织的成立时间、组织构成有所不同，参与的程度和模式亦有所差异，但它们根据自身的优势，在"一带一路"的发展中试图找到各自的契合点。"一带一路"倡议提出后，新加坡华商组织和领袖就表达了自己的态度，同时通过具体行动开始参与其中。

"一带一路"倡议会在沿线国家加大基础设施项目的投资，以打造全球供应链。资料表明，其中的一个重要着眼点就在东盟，预计从2011年到2020年，东南亚"一带一路"基建投资将达1.5万亿美元。[2]中国和东南亚国家已经有了密切的合作，尤其在基础设施的建设方面，在马来西亚、印尼、泰国等国家投资建设电厂、矿山及桥梁项目，"一带一路"成为集合和发展基建项目的有效平台。东南亚华人和华商组织兼备科技实力与营销网络，对当地的政策、法律了解，有广泛的政界和商界的人脉资源，这些得天独厚的优势，是东南亚华人和华商组织参与"一带一路"的独特优势。阿里巴巴集团在马来西亚签订第一个国外数码自贸区项目，"这个电子平台是专门为年轻人和中小企业而设，任何有好的生意点子的年轻人都可以透过这个平台创业"。马来西亚常青集团董事局主席张晓卿在参加2017年博鳌论坛时，认为"一带一路"为华人

---

[1]　有关"通商中国"和国际企业发展局的信息，可登录其网站，http://www.businesschina.org.sg 和 http://www.iesingapore.gov.sg。

[2]　陈经纬，《推进"一带一路"战略港澳台侨不可或缺》，《中华工商时报》2014年10月14日。

华商带来了历史机遇，他也指出，面对科技引领的创新创业新时代，海外华人是创新驱动发展的生力军。[1]

三、跨界华商组织对"一带一路"倡议的回应和参与

"一带一路"倡议提出后，新加坡华商组织就在媒体上表示支持。例如，2015 年 11 月习近平访问新加坡之前，一些华商组织领导人就发表了对新中两国合作及"一带一路"倡议的积极看法。[2] 除了舆论支持之外，新加坡华商组织还付诸行动。2015 年 10 月，新加坡中华总商会代表团前往北京、天津，与中国政企高层、商贸组织（如中国国际贸易促进委员会、中华全国工商业联合会）探讨"一带一路"带来的商机。2015 年 3 月，新加坡《联合早报》与新加坡工商联合总会联合推出的"一带一路"专网正式上线。专网是联合早报网的特别栏目，以推动新加坡企业深入了解"一带一路"，并为全球华文读者观察"一带一路"提供新加坡和东南亚的视角。2015 年 11 月 6 日，新加坡工商联合总会与中国银行签署了"一带一路"全球战略合作协议，根据协议，中国银行将在随后的三年内为新加坡工商联合总会的企业会员提供不少于 300 亿人民币的意向授信，协助该会的企业会员扩展在中国及区域市场的业务。新加坡工商联合总会与中国银行也将定期举办论坛、商务交流会、商务考察等促进新中两国经贸往来的活动。

华商组织不同的组织结构及其领导人和成员的商业背景差异，可能会影响到其对"一带一路"的反应和参与度有所不同。同时，不同的发展历程及所形成的运作模式，也使得这些华商组织在参与"一带一路"过程中的模式和活动类型有所不同。新加坡工商联合总会在 2002 年重组后，组织结构更契合当代商业发展的跨国、跨区域性的要求。例如，

---

[1] 江迅，《海外华商与创新发展》，《亚洲周刊》2017 年 4 月 9 日。

[2] 相关观点参见：丁子、刘刚、俞懿春，《共同的期待共同的祝愿：越南、新加坡两国各界热切盼望习近平主席访问》，《人民日报》2015 年 10 月 30 日。

总会下属的业务组和委员会就包括全球商业论坛、可持续发展事业群、中小型企业委员会、青年商业领袖联盟。秘书处下属的一个小组负责全球业务与联系。他们自身的定位之一就是作为新加坡企业的代表，协助企业建立双边、区域和多边的关系。此外，该会虽然还具有明显的华商组织的特性，但其理事成员的组成已不局限于华人企业家，而具有明显的跨族群和跨国家的性质。工商联合总会现任会长是著名华商张松声，理事除了新加坡华商之外，还有来自英国、尼日利亚、印度等国的商人。这一构成显示工商联合总会商业业务遍及世界，总会所需处理的事项和面对的对象也自然更为广泛。

在协助会员处理跨国业务的同时，工商联合总会在带领会员走向国际，建立跨国商业联系的过程中也扮演着重要的角色。例如，2015 年，工商联合总会带领 32 个海外商业考察团访问了亚洲、非洲和东欧的大部分地区，并接待了来自 32 个国家的 108 个代表团。2016 年 9 月 5 日，工商联合总会商业代表团随同新加坡总理李显龙赴重庆进行商务考察，寻求合作机会。该会是中新（重庆）战略性互联互通示范项目设立后，首个陪同李显龙对重庆进行正式访问的商业代表团。可见，新加坡工商联合总会组织结构和成员组成的跨界性和全球性，使得它的宗旨更能与政府的倡议和需求相契合，也使得它更为积极地参与"一带一路"的具体计划中。在这一过程中，工商联合总会的会长张松声发挥了关键作用。

张松声祖籍福建，生于新加坡，其父是东南亚航运巨子、太平船务的创办人张允中。张松声现任新加坡太平船务（私人）有限公司董事总经理、香港胜狮货柜企业有限公司董事会主席兼首席行政总监、中国远洋控股股份有限公司独立非执行董事。除担任新加坡工商联合总会会长外，他还曾是新加坡政府委任的官委议员。太平船务（私人）有限公司创立于 1967 年，先后开辟了东南亚、欧洲、美洲、南美洲、非洲等地区的航线，业务遍及全球。太平船务的业务特点使得张松声对于跨国商贸合作有更深入的了解，其商业及政治两重身份也有助于他参与政府组织的活动。他所担任会长的工商联合总会代表团经常随同新加坡政府官员出访。例如，2015 年陈庆炎总统访问墨西哥时，工商联合总会是随行代表团之一，同墨西哥对外贸易商业理事会、企发局以及墨西哥贸易投资局举行商业论坛，促进两国企业之间的交流。因此，无论是新加坡工商联合总会一贯的发展宗旨还是太平船务自身的发展轨迹，都与"一带一路"倡议的核心理念互联互通甚为契合。工商联合总会对于"一带一路"相关宣传和活动的支持相对于其他华商组织更为积极和深入。

新加坡中华总商会的会员组成相对单一，主要是华人企业家。除了举行华商大会以外，总商会的活动重点主要是组织参访、接待、讲座与培训。在新加坡华商组织中，中华总商会与中国的联系最为密切。总商会利用自己110年的发展经验和优势，寻求国际合作。如总商会副会长黄山忠所言，总商会根据已有的经验，继续通过组织考察团、海外代表处、讲座等方式，协助中小型企业开拓区域和国际市场，并利用"一带一路"的机遇，帮助他们将业务开展到更广泛的国家。

新加坡华商组织在新的时代背景下做出转型，积极地参与到区域和全球经济发展中。但是，不同的华商组织的参与程度和模式有所不同。首先，华商组织的历史传统和组织构成，使得一些历史比较悠久的组织的活动类型和范围会相对比较固定，而且遵循一定的历史发展模式。由于与中国长期而密切的联系，它们的跨界性主要体现在国内市场和中国市场，其商业交往比较集中于单向性的往来。一些较迟才成立的跨种族和跨国界的商业组织，在结构上已经突破了传统华商组织的建构，它们不再是传统意义上局限为华人企业和企业家为成员的华商组织，而是容纳了不同种族的企业家。这使得他们的眼光和活动都更具全球化色彩，其商业交往呈现出辐射性的特征。另一方面，华商组织领导人的商业背景和个人理念也影响组织的发展趋势。华商领袖本身就拥有丰富的商业资本，他们参与社团组织及政府活动也在积累一定的社会资本和政治资本。社会资本和政治资本的运用最后必将有益于其商业资本的运作。[1]

---

[1] 有关社会资本的理论及其在海外华人企业家中的实践，参见刘宏，《社会资本与商业网络的建构：当代华人跨国主义的个案研究》，《华侨华人历史研究》2000年第1期，第1-15页；任娜、刘宏，《本土化与跨国性——新加坡华人新移民企业家的双重嵌入》，《世界民族》2016年第2期，第44-53页。

因此，华商领袖个人的商业背景和发展目标会影响其所带领的华商组织的发展方向。如果华商领袖个人的商业理念及其公司所经营的业务具有明显的跨界和全球化特征，他所带领的华商组织也相应地具有类似特征。正是商业资本、社会资本和政治资本三者相辅相成，互为作用，才能为企业、华商组织和政府创造多赢的局面。

新加坡华商组织对"一带一路"的倡议持支持和乐观态度，虽然他们的历史背景和发展趋势各不相同。他们长期积累的跨国经验、沟通机制和当地政府的支持，有利于他们与"一带一路"倡议进行有机的对接。但是，这并不意味着这一倡议的实际推动将一帆风顺。相反，它面临着一定的挑战和困境。就华商和华商组织而言，这些挑战来自于他们自身的身份认同和政治经济考量、当地的政治环境以及中国政府对他们的定位。正视这些困境有助于寻求有效的策略，应对挑战，解除顾虑，使华商组织这一重要的民间资源成为真正的参与者，从而利用其历史资本和社会资本，协助消除各国间的壁垒，推进"一带一路"倡议的前行。

四、华商组织跨界性的移动与定位："一带一路"机遇下的挑战

"一带一路"提出后受到了大部分东南亚国家的欢迎，尤其是华商和华商组织，他们在这一倡议中看到了更多的商机。另一方面，随之而来的问题和挑战也是他们所必须面对的。在居住国方面，华商和华商组织必须面对错综复杂的国家关系，表明自己的政治立场和认同。例如，当菲律宾与中国在南海问题上闹得沸沸扬扬时，菲律宾华人都非常谨慎，菲华媒体极少触碰这一话题。菲律宾华人也希望通过华社的力量来协调、发展两国的关系，摆脱中菲关系的困局。在菲律宾新一届政府上台后，菲律宾菲华联谊总会理事长杨思育就指出，中国"一带一路"的推进，需要两国友好的外部环境作支撑。两国关系紧张也会影响在菲华人的发展。为此，他与华社都积极建言新总统上任后的出访首站应选择中国，推进两国关系发展，与中国政府展开双边对话谈判。

即使国与国之间没有存在明显的矛盾与冲突，不同国家内部存在的

一些问题也会带来影响。例如，马来西亚内部长期存在着马来族群与华印族群之间的民族问题，所以"一带一路"倡议要在马来西亚成功推行，面临的不仅是华人族群，还有马来人族群的关注和困惑。马来西亚前交通部长、大马中国丝路商会会长丹斯里翁诗杰就提醒，"华人社会目前只占大马人口的 23% 左右，另外有超过 70% 的马来人，我们必须要真正地放眼在多数民族的身上……希望往后越来越多登陆大马的中资企业，能够走进马来社群，让马来社会能够体会到他们也能从'一带一路'倡议中受惠"。马来西亚考量通过"一带一路"的契机，怎样对马来西亚现有的硬件设施，如港口做一些提升。2016 年开始中马在马六甲共建的皇京港预计投资 400 亿马币（约 90 亿美元）。马来西亚被中国视为全球推动"一带一路""最为积极的国家，配合度最高"。[1]

海外华商和华商组织可以为中国"一带一路"的推行提供重要的助力，但沿线 60 多个国家的政治和族群关系状况各不相同，中国在借助华人华侨这一角色时，需要因国而异、谨慎处理。就东南亚国家而言，由于发展进程、组织结构、国情各不相同，华商组织必然存在差异性。在过去数十年里，新加坡华商组织在推动和巩固区域网络，以及发展本地经济中扮演着不可或缺的角色，并得到了国家的强力支持。但并非每个国家的华商组织的地位都是如此，也不是各国华商都得到了官方的充分信任和支持。例如，近年来印尼华人社会与中国的关系日益密切。仅 2011 年就有 138 个中国代表团访问印尼，平均每三天一个。这些代表团经常绕过当地政府，直接寻找华人企业或华人社团。印尼一些学者认为，这种现象难免会引起当地政府的一些忧虑。印尼前外交官李克沃甚至提出，印尼华商不应该更多参与中国的建设发展，而应该首先投身于印尼国内经济建设。可见，虽然印尼华人大多数已经归化为印尼籍，但他们的忠诚和认同问题仍然是敏感话题。印尼政府虽然已经消除了歧视性的政策，但主流社会对中国、华人以及中华文化仍有不同程度的顾虑

---

[1] 《一带一路与东南亚愿景》，《亚洲周刊》2017 年 4 月 23 日，第 10-11 页。

和猜疑。

如上所述，在处理与各国华商和华商组织的关系时，相关机构有必要充分认识到东南亚华商组织是当地的有机组成部分。土生和归化的东南亚华人，自认、也被认为是当地人，已经不再是"侨胞"身份。当地政府希望它们所有的国民，是为了本国利益而参与"一带一路"的活动，他们所进行的一切应促进本国与中国关系的发展。所在国的经济利益和自身的商业权益是华商和华商组织关注的前提和重心。因此，须在尊重东南亚各国内部政治现状和具体国情，不干涉各国内政的前提下，推动经济合作，并且让各国都能从中受益，才能达到双赢的局面。沟通与协商基础上的合作是跨界治理理念和实践的精髓。

五、结语

当今世界是一个"流动的世界"，亚洲地区内部通过贸易、文化交流和移民而建立起来的广泛联系可以追溯到西方殖民者东来之前的数世纪。同样，基于古代"海上丝绸之路"而提出的"一带一路"，其最重要的一段是以亚洲内部各个国家为节点而连接起来的。它重现了古代亚洲内部贸易、文化、移民之间的流动景象，并被赋予了新的时代含义。今天的亚洲，彼此之间的联系与交流日益扩大和深化，跨越民族国家边界的贸易和移民趋势也在快速发展。在这种情况下，一个国家的策略与发展必然牵动着其他国家的利益与前途。中国提出的"一带一路"倡议，既有优势和希望，又面临着挑战。一方面，中国已经具备实力带领亚洲国家共建"一带一路"；另一方面，亚洲内部各国的权力制衡、利益关系、大国外交、历史问题等又会影响"一带一路"的顺利推进。因此，中国在推进"一带一路"时必须有新的合作模式。"亚洲跨界治理"框架下的多方协调、互惠互利、共谋发展或可作为模式之一。

在这种新的合作模式中，单靠政府力量自上而下进行推动是不够的，多方力量的参与和协作是题中应有之义。如上所述，以新加坡华商组织为例，它们的发展进程凸显了其在跨国商业网络制度化中的活力和关键性，在收集商业信息、保护商业信用、组织相关贸易活动、集体交涉能力及减少交易成本等方面，这种制度化组织在亚洲商业网络中扮演了不可或缺的角色。华商组织在长期的跨国商业活动中所建立和逐渐完善的机制充分发挥了其跨国功能，到了 20 世纪 90 年代初，它们又通过世界华商大会和世界华商网络等机制，推动了海外华商的全球化。与此同时，华商组织的会员，本身就是企业或企业的老板，所以它们是东南亚企业的最佳代言人。华商组织所具有的历史资源和自身优势，使它们可以成为"一带一路"在东南亚各国实际推行过程中较合适的对接组织之一。这些华商组织能够借助原有的影响力和资源，让华社和民众更加了解"一带一路"的具体实效，并将他们的诉求反馈给政府部门，协助政府调整政策和策略。它们所具备的跨界特性、跨国机制和商业网络，有助于消除国与国之间的壁垒，借用网络的跨国性打破国与国之间的政治界限，推动合作的顺利推行。

从学术研究的角度来说，"跨界亚洲"的概念或可提供一种理解海外华人与"一带一路"关系的新路径。它以历史性、网络、移民、跨国场域下社会与国家的互动等为主要着眼点，注重它们在制度上、文化上和空间上的相互联系。如何寻求网络与国家的共生，以及在地方—全球化背景下网络与社会、市场的互动作用，这不仅关系到某一特定区域的安全与发展，也关系到广泛的亚洲区域的可持续发展与社会平衡。这些都是中国和东南亚在推动或参与"一带一路"倡议，善用华商组织和华商网络的力量时所必须思考的。

中国与东南亚国家的关系一直在迅速地发展，中国是东南亚最重要的贸易伙伴之一。尽管国际上对中国的崛起有不同的解读与反应，但东南亚当地人士大多认为，机遇大于挑战。"一带一路"倡议的目标之一是加强亚洲内部各国的经济合作，推动经济发展的一体化，让亚洲各国都能从中受惠。然而，任何计划在实际推行过程中都不可避免地遭遇挑战与困难。"一带一路"倡议的提出，对东南亚各国所造成的影响和产生的变化是非均衡性的，不同组织、不同国家会出现不同的反应。这种差异源自组织本身的特征差异，也受各国政治差异的影响。各国政府在展开跨国合作时必定会受到国内政治因素的影响。政府政策和计划要准确地传达到民间和企业，需要良好的沟通桥梁。东南亚华商组织在长期的发展历程中已形成了一套完整的沟通、协调机制，并在东南亚区域乃至全球华商网络中扮演着重要角色。因此，他们将成为"一带一路"发展中重要的元素。当然，华商组织、当地政府和中国政府三者的关系在不同的国家有不同的互动模式。三者在合作中也须正视各国的差异，了解当地民间社会和商业团体的顾虑和利益需求，这样才能有效地消除阻碍，在"跨界治理"的新框架下促进历史资源和社会资本紧密地结合。

参考文献

［1］Feng Zongxian and Hua Wang, "The Mode of Economic Cooperation in the 'One Belt and One Road' Construction", *A New Paradigm for International Business: Proceedings of the Conference on Free Trade Agreements and Regional Integration in East Asia*, Springer, 2015;

［2］Tim Summers, "China's 'New Silk Roads': Sub-national Regions and Networks of Global Political Economy", *Third World Quarterly*, vol. 37, no. 9 (2016), pp. 1628–1643.

［3］D. Arase, "China's Two Silk Roads Initiative: What It Means for Southeast Asia", *Southeast Asian Affairs*, Singapore: ISEAS, 2015, pp. 25-45.

［4］鄂志寰、李诺雅，《"一带一路"的经济金融效应分析》，《金融博览》2015 年第 4 期。

［5］刘宏，《跨界亚洲的理念与实践：中国模式·华人网络·国际关系》，南京：南京大学出版社，2013 年。

［6］刘宏，《新加坡中华总商会与亚洲华商网络的制度化》，《历史研究》2000 年第 1 期，第 106-118 页。

［7］邢谷一，《打造合作平台助本地企业进军海外》，《联合早报》2016 年 9 月 20 日。

［8］卢凌之，《"一带一路"专网正式上线》，《联合早报》2016 年 3

月 8 日。

［9］胡渊文，《中国银行本地成立两全球大宗商品业务中心》，《联合早报》2015 年 11 月 7 日。

［10］新加坡工商联合总会网站，http: //www.sbf.org.sg。

［11］邢谷一，《打造合作平台助本地企业进军海外》，《联合早报》2016 年 9 月 20 日。

［12］Liu Hong, "Opportunities and Anxieties for the Chinese Diaspora in Southeast Asia", *Current History: A Journal of Contemporary World Affairs*, November 2016.

［13］《菲律宾华人：相信中菲会重回谈判桌》，侨胞网，http: //news. uschinapress.com/2016/0712/1071249.shtml。

［14］《翁诗杰吁中资走进马来社群》，诗华资讯，http: //news.seehua. com /?p =203401。

［15］刘宏，《跨国网络与全球治理：东亚政治经济发展的趋势与挑战》，《当代亚太》2013 年第 6 期，第 4-29 页。

［16］《李克沃呼吁印尼华商——应多参与国内建设》，《星洲日报》2012 年 4 月 26 日，http: //indonesia. sin-chew.com.my/node/31124。

［17］梁孙逸，《华人华侨如何参与一带一路系列：印尼篇》，http: // news.takungpao.com/mainland/topnews/2015-07/3048139. html。

［18］焦东雨，《对话王赓武：东南亚各国希望当地华人为本国利益参与一带一路》，http: // m.thepaper.cn/newsDetail_forward_1346605。

［19］刘宏，《中国—东南亚学：理论建构·互动模式·个案分析》，北京：中国社会科学出版社，2000 年。

作者简介

（按文章顺序）

龙登高，清华大学华商研究中心主任，社会科学学院教授。国家社会科学基金重大项目首席专家，国务院侨办专家咨询委员，中国华侨历史学会副会长，中国社会科学院经济研究所学术委员会委员。曾为哈佛大学、耶鲁大学、剑桥大学、鲁汶大学、政治大学等名校访问教授或客座教授。在《中国社会科学》、《经济研究》、《历史研究》、《社会学研究》等刊物发表中英文学术论文 80 余篇。主编或合作主编有"社会经济史译丛"、Global Migration and China、"清华经济史丛书"、"国际华商研究书系"、《华人研究国际学报》等。

刘　宏，新加坡南洋理工大学陈嘉庚讲席教授、社会科学学院院长、南洋公共管理研究生院院长、中国教育部长江学者讲座教授、国务院侨务办公室专家咨询委员。1995 年至 2006 年间任教于新加坡国立大学人文与社会科学院，并于 2000 年被授予终身教职；2006 年至 2010 年任英国曼彻斯特大学东亚系讲座教授、中国研究中心首任主任暨孔子学院创院院长；2011 年 4 月至 2017 年 3 月任南洋理工大学人文与社会科学学院院长。刘宏教授的主要研究领域包括中国与全球化、国际人才战略、中国与东南亚关系、海外华人企业家及其商业网络等。他目前还担任《华人研究国际学报》和 Journal of Chinese Overseas 的联合主编。近著包括《跨界亚洲的理念与实践：中国模式、华人网络、国际关系》（2013 年）、《海外华侨华人与中国的公共外交：政策机制、个案分析、全球比较》（2015 年）、《新加坡的人才战略与实践》（与王辉耀合著，2015 年出版）。

周　敏，美国洛杉矶加州大学（UCLA）社会学系教授、亚美研究学系教授（首任系主任）、王文祥伉俪美中关系与传媒基金讲座教授。曾任新加坡南洋理工大学陈六使基金讲座教授、社会学系主任和华裔馆馆长以及中国中山大学社会学长江学者讲座教授；北美华人社会学学会会长；美国社会学学会国际移民分会会长；美国社会学学会亚洲与亚裔研究分会会长。目前还担任中国多所大学的客座或兼职教授以及中国国侨办专家咨询委员会委员。2017 年获美国社会学学会国际移民分会终身成就奖。主要研究领域有：国际移民与发展，国际移民的社会融入，新移民二代问题，族裔经济与民族企业家等，发表了 17 本学术专著和 180 多篇期刊、著作篇章。她与李智英合著的《亚裔美国人成就的悖论》一书获美国学界多项最佳学术著作奖，最近还出版了与卡尔·班克斯顿合著的新书《新移民第二代的崛起》英文版以及编著《海外华人新移民社区》英文版。目前正在研究"环太平洋地区的国际移民、社会融入和社会转型"、"全球华人与印度人创业模式比较研究"和"美国新移民第二代"等问题。

林闽钢，社会学博士、教授 / 博导。南京大学政府管理学院教授，南京大学社会保障研究中心主任。曾任美国洛杉矶加州大学（UCLA）和约翰·霍普金斯大学（JHU）访问学者。

林小华，在中国民族大学获得哲学学士学位，在中国社科院经济所获得经济学硕士学位，在美国俄克拉荷马州立大学获得管理学博士学位。现任加拿大怀亚逊大学管理学院国际商务及创业学教授，加拿大—中国商务与发展中心主任；兼任加拿大中小企业及企业家协会副会长。

2008—2016 年间任国际商业学会加拿大分会主席。推崇多元文化，致力于移民创业的研究与实践，于 2008 年在多伦多发起创立海鸥创业平台。

关　键，女，加拿大怀亚逊大学管理学院教授，主要研究方向为移民就业与创业。

李佳明，毕业于北京工业大学，获金融学硕士学位。2013 年入选国家建设高水平大学公派研究生项目，赴加拿大怀亚逊大学进修。现就职于北京首都创业集团有限公司。

李明欢，荷兰阿姆斯特丹大学博士，厦门大学公共事务学院社会学系教授，社会学与人类学专业博士生导师，暨南大学华侨华人研究院特聘教授，获国务院颁发政府特殊津贴专家，国务院侨务办公室专家咨询委员，中国华侨历史学会副会长。长期从事国际移民、海外华人社会及中国侨乡研究。曾在五大洲约四十个国家和地区及国内闽、浙、粤侨乡从事华侨华人历史与现状的实地调查。曾先后应邀前往哈佛、牛津等十多所国际著名学府讲学或参加国际学术会议。出版《当代海外华人社团研究》（1995）、《欧洲华侨华人史》（2002）、《国际移民政策研究》（2012）、*We Need Two Worlds*（1999）、*Seeing Transnationally*（2013）等中英文专著七部，在国内外学术刊物发表中、英文论文上百篇。

庄国土，知名的海外华人研究和东南亚研究专家，广西首批"八桂学者"（"中国与东南亚关系研究"岗），华侨大学讲座教授。厦门大学历史学和政治学博士生导师、特聘教授，曾任厦门大学国际关系学院院长和厦门大学南洋研究院院长、厦门大学马来西亚研究所所长、广西民族大学东盟学院学术院长；教育部人文社科委员会委员兼综合学部（含国际问题、港澳侨台和交叉学科）召集人、国务院侨办专家咨询委员会委员；中国东南亚学会会长、中国华侨华人研究学会副会长、中国亚太学会副会长、中国世界民族学会副会长、中国中外关系史学会副会长、中国海外交通史学会副会长。同时任《世界历史》、《当代亚太》、《东南学术》等学术刊物编委和《南洋问题研究》主编。近 10 年来，出版专著、译著 8 部；发表论文 68 篇。承担和完成国家社科基金和教育部社科基金重点、重大项目 10 余项，获得省部级奖项 11 项，包括国家图书奖和省部级一等奖 5 项。

王望波，浙江武义人，厦门大学东南亚研究中心副教授，博士。

张志楷，现为英国杜伦大学政府及国际事务学院副教授及杜伦大学当代中国研究所主任。自 2004 年开始出任国际著名学术期刊 *East Asia: An International Quarterly* 主编至今。他现为中国清华大学华商研究中心学术委员会委员及荷兰 *Asia Matters: Business, Culture and Theory* 学术期刊编辑委员会委员。曾先后在中国人民大学、香港大学、香港中文大学、香港岭南大学、新加坡国立大学、英国牛津大学、英国伦敦大学亚非学院、德国图宾根大学、美国夏威夷大学（马诺亚分校）、美国东西方研究中心及瑞士世界知识产权组织访问、研究及教学，于 2016 年出任中国清华大学社会科学学院伟伦特聘访问教授。已经出版的英文专著分别讨论中美国际政治经济关系、大中华政经互动和中国知识产权问题等，曾先后于国际著名学术期刊发表近 30 篇英文学术文章。近期研究兴趣包括台商与两岸经济整合、海外华商及中国与全球政治经济关系。

刘海铭，加州州立理工大学美国亚洲和亚裔研究终身教授，北京外国语大学英语学院美国研究中心客座教授，2012—2013 年香港大学美国研究福布赖特教授。曾获加州大学人文研究院研究奖，加州大学洛杉矶矶校区亚美研究中心洛克菲勒基金会研究奖，加州州立大学王氏家族教授研究奖，美国蒋经国基金会国际交流研究奖。学术著作包括 *The Transnational History of a Chinese American Family: Immigrant Letters, Family Business, and Reverse Migration*（《一部跨越国界的华人家史》），*From Canton Restaurant to Panda Express: A History of Chinese Food in the United States*（《从广东酒家到熊猫快餐：美国华人餐饮历史》）等。学术文章包括 "Flexible Authenticity: Din Tai Fung as a Global Shanghai Dumpling House Made in Taiwan"（《台湾制造的上海小笼包》）；"Jewish Americans and Chinese Restaurants in New York"（《犹太裔美国人与纽约中餐馆》）；"Food, Culinary Identity, and Transnational Culture: Chinese Restaurant Business in Southern California"（《美国华人餐饮业及其文化认同》），"Chop Suey as an Imagined Authentic Chinese Food: Chinese Restaurant Business and its Culinary Identity in the United States"（《炒杂碎的正宗与臆造：美国华人餐馆史及其餐饮形象》）等。

李培德，香港中文大学历史系本科毕业，东京大学文学硕士和博士，专研中国近代经济史。现任香港大学名誉教授、香港科技大学兼任教授、华中师范大学中国近代史研究所特聘教授兼亚洲研究院副院长。近期著作有："The Cantonese emigration and family business networks in Hong Kong, South China and North America in the late 19th and the early of 20th centuries: A research note"（2017），"Dealings with CCP and KMT in British Hong Kong: The Shanghai bankers, 1948-1951"（2017），"The re-adoption of Asianism in postwar Hong Kong and Japan, 1945-57: A comparison between Ch'ien Mu and Ōta Kōzō"（2016），"Avoiding isolation by the revolution: K.P. Chen's dealings from Hong Kong with Shanghai and Taipei, 1948-1956"（2013）等。

廖赤阳，1982 年厦门大学历史系毕业后任华侨大学助教、讲师，1997 年东京大学大学院东亚历史与社会博士课程毕业，文学博士，同年任东京大学讲师。1998 年起任武藏野美术大学副教授，2002 年起任同校教授至今。现任日本华人教授会代表、两岸关系研究中心（日本）代表。主要研究留学、移民与离散族群，华商网络与东亚地域秩序，东亚传统文化、知识体系的跨域移动。主要著作有《跨越疆界：留学生与新华侨》（主编，2015），《日本留学与东亚"知"的大循环》（合著，

2014），《气功：思想方法与实践体系》（合著，2012），《东亚的离散》（合著，2011），《大潮涌动：改革开放与留学日本》（主编，2010），《气功读解的老子》（2009），《错综于市场、社会与国家之间：东亚口岸城市的华商与亚洲区域网络》（主编，2008），《长崎华商与东亚交易网络之形成》（2000）。

黎志刚，美国加州大学戴维斯分校博士，现任澳大利亚昆士兰大学历史哲学学院教授（Reader），并兼任中国社科院近代史研究所社会史研究中心学术顾问、上海社科院特聘研究员、清华大学华商研究中心学术委员、香港中文大学访问教授、山东大学访问教授；"全汉昇讲座"（2012）发起人之一。其博士学位论文《中国第一间公司与政府：轮船招商局中的官僚、商人及其资源分配》（"China's First Modern Corporation and the State: Officials, Merchants and Resource Allocation in the China Merchants' Steam Navigation Company, 1872—1902"），曾获颁美国经济史学会（EHA）1993年度的亚历山大·格申克龙奖（Alexander Gerschenkron Prize），美国经济史研究的最佳博士学位论文奖。

李正熙，韩国仁川大学中国学术院教授。1968年出生于韩国星州。1993年毕业于韩国庆北大学经济学系，1996年同校院系硕士毕业。2012年获得日本京都大学文学博士（东洋史专业）学位。曾任韩国岭南日报记者。2000年赴日本福知山公立大学经营情报学部任教，先后担任讲师、助理教授、教授。京都大学人文社会科学研究所共同研究员（2012—2014年）。主要研究领域是华侨史和东亚经济史。著有《朝鲜华侨と近代东アジア》（日语，京都：京都大学学术出版会，2012年，2013年日本华侨华人学会赏获奖），《近代仁川华侨的社会与经济》（韩语，首尔：学古房，2015年，2016年世宗学术优秀图书获奖），《东南亚华侨与东北亚华侨的比较》（韩语，首尔：学古房，2015年，2016年大韩民国学术院学术优秀图书获奖）等。

张洵君，清华大学经济学博士后，清华大学华商研究中心研究员，担任全国金融青联委员，中国侨联青年委员会委员，贵州省金融研究院常务副院长，贵州财经大学兼职教授，中国保险学会理事，中国区域经济学会理事，福建省新侨人才联谊会理事。

周丽莎，清华大学经济研究所博士后，现国务院国资委研究中心企业改革处副研究员，中国国有企业改革研究会研究员，新华社经济管理智库特聘研究员。

梁英明，长期从事东盟国家及华人问题的研究和教学工作，现任北京大学华侨华人研究中心顾问、中国华侨历史学会顾问等。1950 年在雅加达巴城中学高中毕业后，留校任文史教师。曾任雅加达华文中学学生联合会秘书，《学联月报》主编，《中学生月刊》主编及雅加达华校教师公会秘书等。1955 年回国考入北京大学历史系。1960 年毕业后留系任教。1964 年调入北京大学亚非研究所。1983 年转入南亚东南亚研究所，1989 年起任副所长。1983 年 10 月作为访问学者在美国哈佛大学哈佛燕京学社（Harvard-Yenching Institute）从事研究工作一年。1990 年晋升教授。1991 年因机构合并，回到亚非研究所（后并入国际关系学院）任教授，1997 年离休。主要著作:《东南亚历史词典》（常务编委），《世界华侨华人词典》（副主编），《华侨华人百科全书》（副主编兼经济卷主编），《融合与发展》（作者），《东南亚华人研究——新世纪新视野》（作者），《东南亚史》（作者）及《民族融合进程中的印度尼西亚华人》等。主要译著:《华侨与抗日战争》（编委兼英文审校），《日本集中营生活纪实》（译者）及《巴城中华会馆四十周年纪念刊》等。

张慧梅，毕业于新加坡国立大学中文系并获博士学位，现为新加坡南洋理工大学中华语言文化中心博士后研究员，主要研究领域为海外华人、东南亚华商、侨批、潮人社群等，曾在各类期刊及专著中发表相关论文。

　　范　昕，毕业于新加坡南洋理工大学，获硕士学位，现为南洋理工大学人文学院博士生。博士论文研究方向为东南亚华人及华社。曾任职于中国教育部、合肥工业大学等。